ARKANA

W0067515

Buch

Bereits während ihres Jurastudiums findet Phyllis Curott heraus, daß sie übersinnliche Fähigkeiten besitzt. Aber erst durch die Verbindung zu einem magischen Zirkel von Hexen, die die Rituale der »Alten Religion« pflegen, erkennt sie ihre große Begabung als Weise. Sie lernt die Arbeit mit Ritualen, magischen Energien und veränderten Bewußtseinszuständen kennen und dringt immer tiefer in die »Religion der Göttin« ein. Gleichzeitig arbeitet sie als erfolgreiche Anwältin in einer hochangesehenen New Yorker Kanzlei. Im Konfliktfeld zwischen patriarchalen Arbeitsplatzstrukturen und matriarchaler Hexentradition findet sie schließlich ihren Lebensweg: Sie kündigt ihren prestigeträchtigen Arbeitsplatz und empfängt die Weihe zur Wicca-Priesterin.

Autorin

Phyllis Curott studierte an einer amerikanischen Eliteuniversität Jura und handelte für eine New Yorker Anwaltskanzlei mit Musikrechten. Sie ist Hohepristerin der ältesten und größten Wicca-Organisation.

PHYLLIS CUROTT

IM MAGISCHEN ZIRKEL

Der Weg zu Hexenkunst und mystischer Erfahrung

Aus dem Amerikanischen
von Gisela Kretzschmar

ARKANA
GOLDMANN

Die amerikanische Originalausgabe erschien 1998
unter dem Titel »Book of Shadows« bei Broadway Books, New York
Die deutsche Erstausgabe erschien 1999 unter dem Titel
»Im Namen der Großen Göttin«
beim Wilhelm Goldmann Verlag, München

Umwelthinweis:
Alle bedruckten Materialien dieses Taschenbuches
sind chlorfrei und umweltschonend.
Das Papier enthält Recycling-Anteile.

Vollständige Taschenbuchausgabe Juni 2002
© 1999 der deutschsprachigen Ausgabe
Wilhelm Goldmann Verlag, München
in der Verlagsgruppe Random House GmbH
© 1998 Phyllis Curott
Umschlaggestaltung: Design Team München
Umschlagfoto: W. Huber
Satz/DTP: Martin Strohkendl, München
Druck: Elsnerdruck, Berlin
Verlagsnummer: 21586
Redaktion: Claudia Alt
WL · Herstellung: WM
Made in Germany
ISBN 3-442-21586-2
www.goldmann-verlag.de

1. Auflage

Für meine Eltern
und für all jene, die unter der
Hexenverfolgung gelitten und
Widerstand geleistet haben.

Inhalt

Vorwort

Vor Tausenden von Jahren schufen die Sumerer eine legendäre Sammlung von Beschwörungen der Göttin und weihten ihrem magischen Werk von Gedichten und Liedern ein »Buch der Seiten«. Heutzutage meint man mit dem Buch der Schatten die Aufzeichnungen einer Hexe, die Niederschrift spiritueller Weisheiten, ein Tagebuch von Zaubersprüchen, Liedern, Gesängen, Ritualen und Beschwörungen. Dies ist mein Buch der Schatten, die Geschichte meiner ersten Begegnung mit der Alten Religion der Göttin. Es ist die wahre Geschichte über die spirituelle Reise einer modernen jungen Frau in ein Reich, das in der westlichen Kultur längst in Vergessenheit geraten war. Es ist eine Chronik der Entdeckungen, Herausforderungen und Verwandlungen.

Als Hohepriesterin und Lehrerin der Alten Religion habe ich in den letzten zwei Jahrzehnten festgestellt, daß die Erwähnung des Wortes Hexe die Menschen oft an rebellische alte Weiber denken läßt, die ihre Opfer verzaubern, an zügellose junge Frauen, die sich mit dem Teufel einlassen, oder an Zauberer, die übernatürliche Dämonen auf den Plan rufen. Auf der positiveren Seite denken sie vielleicht an eine strahlende Veronica Lake in dem Film »Meine Frau, die Hexe«, eine sexy Kim Novak in »Meine Braut ist übersinnlich« oder an die entzückenden Fernsehhexen in »Bezaubernde Jeannie« und »Sabrina«, die den amerikanischen Vorstadtbewohnern eine Prise des heißersehnten Nervenkitzels und manchmal auch einen Hauch unerwarteter Moral vermitteln. Vielleicht erinnern sie sich aber auch mit kindlichem Vergnügen an den *Zauberer von Oz* und Glinda, die gute Fee des Nordens, die der jungen Dorothy sagt, daß sie schon seit jeher die Kraft hatte, ihr Glück und ihren Weg nach Hause zu finden. Dieses letzte Bild kommt der Realität und der unbekannten Wahrheit über den Hexenkult am nächsten. Wie die meisten Menschen habe auch ich eine Weile gedacht, Hexen existieren lediglich im Reich der Phantasie. Ob es sie wirklich gab, und ob sie tatsächlich magische Kräfte hatten, das waren Fragen, über die ich als Philosophiestudentin an der Brown University nicht einmal nachdachte, und schon gar nicht später als praktizierende junge Rechtsanwältin in Manhattan. Warum sollte sich auch eine gut ausgebildete, beruflich erfolgreiche Frau für Hexen interessieren oder gar freiwillig eine werden?

Doch dann führten mich vor zwanzig Jahren eine Reihe mysteriöser Zufälle in eine Welt, wo ich nicht nur Antworten auf diese Fragen fand, sondern auch auf Fragen, die im Innersten meiner Seele begraben waren; Fragen, auf die, wie sich inzwischen herausstellt, Millionen von Menschen nach Antworten suchen. Denn diese Antworten sind die Hoffnung für die Zukunft der Menschheit auf der Schwelle zum nächsten Jahrtausend. Wie können wir unsere verlorenen Seelen wiederfinden? Wie können wir das Heilige wiederentdecken, von dem wir über Tausende von Jahren getrennt waren? Wie können wir frei von Furcht und voll göttlicher Liebe und Leidenschaft leben? Wie können wir unseren magischen Lebenssinn finden und erfüllen? Wie können wir diesen Garten Eden, der unser zerbrechlicher Planet ist, wiederherstellen und schützen?

Die Antworten habe ich nicht im Reich der Phantasie gefunden, sondern dort, wo man sie am wenigsten zu finden erwartet – in der verborgenen Welt der wirklichen Hexen. Aber im Gegensatz zu den Klischees, die in Märchen und Hollywood-Filmen verbreitet werden, ist der Hexenkult keine Subkultur satanischer Riten, die von verrückten Spinnern oder wahnsinnigen Dämonengläubigen praktiziert werden. Sie ist vielmehr eine alte, formvollendete Art der Spiritualität, die die Magie des Lebens in den Mittelpunkt stellt – jene Art von Magie, nach der wir uns immer gesehnt, aber von der wir traurigerweise angenommen haben, daß es sie nur in Märchenbüchern gibt.

Wicca, wie der Hexenkult von denen, die ihn heute praktizieren, oft genannt wird, ist die Wiedergeburt einer prä-hebräischen, prä-christlichen und prä-islamischen Spiritualität, die die Göttin verehrt. Das englische Wort *witch* (Hexe) stammt von dem alten angelsächsischen Wort *Wicce* ab, das eine »Weise«, eine Seherin, Priesterin oder Schamanin bezeichnet, die über die Fähigkeit verfügt, mit den unsichtbaren göttlichen Kräften zu wirken. Hexen haben die heiligen Lieder gesungen, sie waren Hebammen und Heilerinnen, Führerinnen und Lehrerinnen der spirituellen Weisheit der Göttin. Wie die amerikanischen Indianer, die Taoisten, die australischen Aborigines, die Yoruba-Stämme in Afrika, die Eskimos, die Ureinwohner Hawaiis, die Lappen und andere eingeborene Völker lebten die Menschen des alten Europas in enger Verbindung mit der Erde und respektierten ihre Beziehung zur Natur als heilig, denn sie erfuhren ihre Welt als Verkörperung des Göttlichen.

Die schamanischen Praktiken der Alten Religion befähigten Frauen und Männer, ihre Seelen und ihr tägliches Leben mit den Kreisläufen der Natur und den mystischen Weisheiten, die sie in den grundlegenden Rhythmen der Natur vorfanden, in Einklang zu bringen. Eine Spiritualität göttlicher Vollmacht, die von Hexen, Schamaninnen, Priesterinnen und Mystikerinnen praktizierte heilige Magie, feierte eine erleuchtete Verbundenheit mit der Erde.

Die heiligen Wahrheiten wurden innerhalb von magischen Zirkeln und in den Familien weitergegeben, wo man die Religion der Großen Göttin sorgfältig hütete und bewahrte. Diejenigen, die die alten Riten praktizierten – im Süden Italiens, in den Kleinstädten der Britischen Inseln, und einige Jahrhunderte später in den ländlichen Gegenden von West Virginia und Neuengland –, waren gezwungen, das im geheimen zu tun, nachdem man sie etwa fünfhundert Jahre zuvor, als sie zum ersten Mal des Satanismus angeklagt wurden, in den Untergrund getrieben hatte. Aus diesen Anklagen entstand der »Hexenwahn«, der Kreuzzug der Kirche, mit dem die Alte Religion der Göttin unterdrückt und die christliche Hegemonie in Europa errichtet wurde. Hunderttausende wurden in einem unheiligen Feldzug getötet, die meisten davon Frauen, die große Verluste an wirtschaftlicher und sozialer Macht hinnehmen mußten. Aber das war nicht die einzige Wunde, die man der westlichen Kultur zufügte. Das alte Wissen der weisen Frauen und Männer in den Dörfern ging nahezu verloren, und gleichzeitig wurden die heiligen Riten, die bis dahin die Verbindung zwischen den Menschen, der Erde und dem Göttlichen aufrechterhalten hatten, in Stücke gerissen.

Auch Jahrhunderte nach dem Hexenwahn hat der Archetyp der bösen Hexe noch eine moderne Macht, denn er ist die Quelle der Ängste unserer modernen Kultur vor Frauen, Sexualität und individueller Freiheit. Das widerliche alte Weib ist unser »Hüter der Schwelle« geworden, eine Herausforderung für unsere Bereitschaft, eine Welt der Ekstase und Verzauberung zu betreten. Wer über genügend Mut, Neugier, Leidenschaft und Abenteuerlust verfügt, wagt vielleicht die Konfrontation und findet dann hinter der Maske der bösen Hexe das beseligende Antlitz der Großen Göttin.

Ich habe meine Ausbildung bei den Priesterinnen der Göttin als junge Frau, die am Anfang ihrer Karriere stand, begonnen. Sie haben mich in die zeitlosen Künste der spirituellen Transformation eingeführt, haben mir Werkzeuge gegeben und Techniken vermittelt, die jeder Mensch verwenden kann, um das Göttliche im eigenen Inneren und in der Welt zu erfahren. So habe ich das Reich der Magie betreten, das so alt ist wie die Geschichte der Menschheit und so modern wie die Theorien der Quantenphysik. Und mit Hilfe ihrer Riten konnte ich sehen, daß die Welt ein Ausdruck des pulsierenden göttlichen Lebens ist, reich an Weisheit und Schönheit.

Seit ich damit begonnen habe, die geheimen Künste der heiligen Erde zu praktizieren, hat sich die Spiritualität der Göttin aus dem Schatten der Mißverständnisse befreit und ist nun die am schnellsten wachsende spirituelle Praxis in den Vereinigten Staaten. Ich habe mich an die Öffentlichkeit, die Medien, das Rechtssystem, die kirchlichen Vereinigungen, das Parlament der Weltreligionen und die Konferenz der Vereinten Nationen gewandt. Ich habe die Weisheit der Großen Göttin gelehrt. Ich habe ein Leuchtfeuer der Wahrheit gefunden, eine Fackel, die ich Ihnen für Ihre Reise in die Zukunft, in das Reich der Wunder, der Magie und des Göttlichen anbiete.

Wir stehen an der Schwelle einer neuen Ära und betreten das Zeitalter der göttlichen Weiblichkeit, in dem die erleuchteten Kräfte von Frauen und Männern der sterbenden Welt neues Leben bringen werden. Es ist eine Zeit entscheidender

Veränderungen, die von unserer spirituellen Erweckung, einem kollektiven Sichtbarwerden der Göttin, einem Ruf nach dem Göttlichen in unserem Leben abhängen. Jetzt ist die Zeit für die Rückkehr der Göttin, für die Rückkehr unserer verlorenen Seelen, für die Rückkehr des Lebens in eine Welt, die durch spirituelle Krisen und die Zerstörung der Natur zu einer Wüste geworden ist.

Indem die weiblichen Prinzipien wieder Macht erlangen, kann unsere Welt für alle Menschen ein heiliger Kessel der Verbundenheit, der Gnade und der Freude werden. Mit ihrer Rückkehr werden wir das Paradies wiederentdecken, das in unserem Inneren wohnt und das uns auf diesem geheiligten, geliebten Planeten umgibt.

Hinweis der Autorin:

Die folgende Geschichte ist uneingeschränkt wahr. Um die Privatsphäre der Menschen zu schützen, deren Leben mit meinem in Berührung gekommen sind, sind alle Namen der in diesem Buch erwähnten Personen und viele Details verändert worden. Um die Identität einzelner Menschen nicht preiszugeben, habe ich in einigen Fällen auch Romanfiguren konstruiert.

1

Die dunkle Seite
des Mondes

*Könnte ein Mensch im Traum ins Paradies gelangen
und eine Blume als Beweis mitbringen,
daß seine Seele wirklich dort war,
und er fände diese Blume beim Aufwachen in seiner Hand.
– Ah! Und was dann?*
SAMUEL TAYLOR COLERIDGE, »Anima Poetae«

In Träumen beginnt die Verantwortung
WILLIAM BUTLER YEATS »Responsibilities«

*Mondlicht fällt durch das Dachfenster eines Hauses in der Stadt. Der
Duft von Blumen und Räucherwerk liegt in der Luft. Flackernde
Kerzen tauchen unsere Körper in goldenes Licht. Wir halten uns an
den Händen und beginnen mit einem leisen Gesang: »Isis, Astarte,
Diana, Hekate, Demeter, Kali, Inanna...« Während wir die Namen
der alten Göttinnen singen, verschmelzen unsere Stimmen miteinander und schwellen an, unsere Körper wiegen sich im Tanz, und wir
bewegen uns schneller und schneller im Kreis.*

*Der Raum, der uns umgibt, verschwimmt, die Erde verschwindet
unter unseren Füßen, und gemeinsam spinnen und weben wir ein
wildes, zeitloses Netz der Energie. Plötzlich stoppt die Kreisbewe-
gung. Unsere Arme fliegen nach oben, die Kraft, die wir heraufbeschworen haben, schießt von unseren Fingerspitzen in den Nacht-*

himmel über uns. Ein Schrei explodiert auf unseren Lippen und vergeht dann im Hauch unseres Atems.

Ich atme langsam ein und spüre, wie die Energie durch mich hindurchschießt. Noch nie habe ich mich so lebendig gefühlt. Ich blicke die Frauen an, die mit mir im Kreis stehen – ihre Augen sind voller Feuer, ihre Haut ist gerötet und glüht, ihr Haar tanzt um die strahlenden Gesichter. »Du bist die Göttin«, sagt die Frau neben mir. »Du bist die Göttin«, antworte ich und wende mich der nächsten Frau zu, um den Segen in unserem Kreis weiterzugeben.

Unsere Magie ist vollbracht.

Als ich an jenem Montagmorgen erwachte, füllte der Duft von Rosen mein Zimmer, und über meinem Bett lag silbernes Mondlicht. Ich griff nach meinem Stift und dem Notizbuch auf dem Nachttisch. Die Bilder verschwanden schon wieder, während die Worte auf dem Papier erschienen. Ich saß da, den Kopf in die Hände gestützt, und versuchte mich an Fetzen des Traums zu erinnern, der sich schon verflüchtigte. Isis! Da war er wieder – der Name, der seit Wochen im Schlaf und im Wachen durch mein Bewußtsein geisterte und einen Zauber seltsamer Erwartung hervorbrachte. Ich wußte nur, daß Isis eine alte ägyptische Göttin war, aber ihr Name löste in meinem Inneren einen Widerhall aus, als sei er ein magisches Wort, das mir die Türen zum Paradies aufschließen könne.

Draußen zerriß das Heulen einer Sirene den verschlafenen Morgen. Ich warf die Decke zurück und ging zum Fenster. Auf der anderen Straßenseite waren ein Rettungswagen und ein Polizeiauto mit Rotlicht an den Bordstein gefahren. Eine kleine Menschengruppe hatte sich auf dem Gehweg daneben versammelt, magnetisch angezogen vom Unglück oder von der Furcht, es könnte jemand sein, den sie kannten. Obwohl es noch früh war, schlief New York niemals vollständig, und so erblickte ich diejenigen, die entweder die ganze Nacht wach geblieben waren oder einen Grund hatten, schon vor dem Morgengrauen aufzustehen – Mr. Rocco auf dem Weg zu seiner Bäckerei um die Ecke auf der Bleecker Street; Mr. Tomanello, der von der Spätschicht heimkam; und die alten Frauen in ihren schwarzen Kleidern, versammelt wie Krähen, die eine letzte Reise ankündigten.

Ein Gefühl der Traurigkeit überkam mich, als ich einen Mann sah, der vielleicht Ende Sechzig war, oder auch nur frühzeitig gealtert durch ein hartes Leben mit zu vielen Enttäuschungen, die Bartstoppeln des Wochenendes noch auf dem Kinn, ein altes T-Shirt straff über dem Bauch gespannt. Seine Frau stand in der Tür zum Schlafzimmer, bekleidet mit einem Morgenrock, den ein lebhaftes Rosenmuster zierte. Sie zitterte vor Kummer, während zwei Männer in weißen Uniformen ihrem Mann eine Maske aus durchsichtigem Kunststoff über das Gesicht hielten. Ein Name schoß mir durch den Kopf: Paul Berzini. Als Studentin lebte ich zwar am Rande dieser Gemeinschaft, aber meine Nachbarin Renata hatte mir vor zwei Wochen erzählt, Berzinis Frau habe Angst, er könne seinen Job als Versicherungsvertreter verlieren. Er hatte dreißig Jahre lang für die Gesellschaft gearbeitet und war nun zu alt, um woanders unterzukommen. Die Rezession der siebziger Jahre forderte immer noch ihren Preis. Irgendwie wußte ich, daß meine Vermutungen stimmten. Während ich auf das alte Apartmenthaus starrte, überwältigte mich eine Welle der Furcht. Der Schmerz war zu stark, und so schob ich ihn beiseite und wandte meine Augen westwärts zum Fluß, den ich nicht sehen konnte. Ich suchte die Landschaft aus schwarzem Asphalt nach den wenigen Dachgärten ab, in denen rote Tomaten, gelbe Sonnenblumen und Hoffnung wuchsen, bis das Gefühl der Panik verging. Auf meiner Feuerleiter tauchte ein leuchtendblauer Fleck auf, ein blauer Eichelhäher, der jeden Morgen kam und laut kreischend um Brotkrumen bettelte.

Als ich auf die Uhr sah, stellte ich fest, daß mir nur noch zwanzig Minuten bis zum Vorlesungsbeginn blieben. Ich sprang unter die Dusche, warf mich in meine Kleider und rannte die Treppe hinunter, wobei ich auf dem letzten Absatz fast mit Renata zusammenstieß.

»Lauf nicht so schnell, dann lebst du länger«, schimpfte Mrs. Tomanello. In ihren ewigen Witwenkleidern war sie wie eine unverwüstliche alte Krähe. Ihr Mann war Steinmetz gewesen, und sie lebte in diesem Haus in derselben Wohnung, in der ihr Mann aufgewachsen war.

»Also, Mikey, einer der Polizisten, hat Toni erzählt, daß es Pauli Berzini war – ein Herzanfall. Arme Maria, was wird sie jetzt anfangen? Zwei Söhne hat sie im Krieg verloren, und nun das!« Renata bekreuzigte sich, eine Geste, die die umstehenden Frauen ihr schnell nachmachten, als sie sich genau wie ich umdrehten, um die Gestalt eines Mannes zu sehen, der auf einer Tragbahre festgeschnallt in den Krankenwagen gehoben wurde.

»Heilige Mutter Gottes«, murmelte Mrs. Cardozi, und das kleine Gebet plätscherte wie eine Geste der Beschwörung durch die Gruppe.

»Wird schon wieder werden«, versuchte ich Renata zu beruhigen. Sie nickte traurig, und in dem Bewußtsein, daß ich nichts weiter tun konnte, lief ich den Block zur juristischen Fakultät der New York University hinunter. Also hatte meine Vision dessen, was Mr. Berzini passiert war, der Wirklichkeit entsprochen. Ich fühlte mich selbst hin- und hergerissen zwischen der Befriedigung, die mir dieses merkwürdige neue Talent verschaffte, und dem Grauen vor dem, was ich gesehen hatte.

Diese Visionen hatten vor einigen Monaten begonnen – sie äußerten sich als übersinnliches Aufblitzen, Vorahnungen oder sogar als Träume, in denen ich Ereignisse vorhersah. Es war 1978, das Jahr vor meinem juristischen Examen, und während sich das Gesichtsfeld der meisten meiner Studienkollegen zunehmend auf die Frage verengte, für welche Firma oder welches Anwaltsbüro sie in Zukunft arbeiten wollten, erweiterte sich meine Welt auf eine Weise, die ich nicht verstehen konnte.

Mein sechster Sinn hatte sich zunächst in Kleinigkeiten bemerkbar gemacht – beispielsweise indem ich wußte, daß das Telefon klingeln würde, bevor es tatsächlich klingelte. Und dann wußte ich im voraus, wer am anderen Ende der Leitung war. Ich konnte die Fragen eines Professors beantworten, ohne die betreffenden Gesetzestexte gelesen zu haben, und oft spürte ich, was Leute sagen würden, bevor sie das erste Wort gesprochen hatten. Obwohl es sich nur zeitweise bemerkbar machte, hatte ich ein fotografisches Gedächtnis entwickelt, das mir erlaubte, Textseiten mit enormer Geschwindigkeit zu überfliegen und mich dann später daran zu erinnern, als ob sie direkt vor mir lägen.

Ich rannte unter den Arkaden und dann über den Hof in das große Gebäude aus Ziegelsteinen, in dem sich die juristische Fakultät befand. In der Eingangshalle stand ich vor einer Reihe von Aufzügen und wußte instinktiv, welche Tür sich für mich öffnen würde. Ich betrat den Aufzug mit dem Gefühl, als ob die »normale« Welt sich einmal mehr verwandelt hätte und mir eine Seite der Wirklichkeit zeigte, die dem menschlichen Auge gewöhnlich verborgen bleibt. Diese Fähigkeit, die dunkle Seite des Mondes zu sehen, war fesselnd, auch wenn sie mich gelegentlich etwas verstörte. Sie war das provozierende Gegenstück zu den Regeln und Gesetzen, denen ich bis vor kurzem meine vollständige Aufmerksamkeit gewidmet hatte. Vielleicht hatte das alles mit der alten Sizilianerin zu tun, die in meinem Haus gelebt hatte und gestorben war. Mrs. Cardozi hatte sie als eine »Strega« bezeichnet, deren machtvolle und mysteriöse Präsenz noch lange, nachdem die Seele den Körper verlassen hatte, fortbestand. Vielleicht war der Auslöser auch das kleine Bündel aus blauem Mais und seltsamen Kräutern gewesen, das ich von einem jungen Mann bekommen hatte, der in einem Hopi-Reservat lehrte. Er nannte es ein Medizinbündel und erzählte mir, er habe es von einer älteren Frau mit der Anweisung erhalten, es dem Schmetterlingsmädchen zu geben, das ihr im Traum erscheine und nach Gerechtigkeit suche. Manchmal dachte ich auch, die Visionen kämen durch meine Yogaübungen oder durch den süßlichen Marihuanarauch, der sich unter den Türen meiner Mitbewohnerinnen hervorkräuselte, wenn sie Besuch von ihren Freunden hatten.

Es konnte aber auch begonnen haben, weil tief in meinem Inneren, irgendwo unter meinem gut ausgebildeten, überentwickelten analytischen Verstand ein Instinkt mich dazu brachte, aus dem Gefängnis meines rationalen Selbst auszubrechen. Und vielleicht hatte es auch einfach mit dem Zeitpunkt zu tun, denn später erfuhr ich, daß andere Leute ähnliche Erscheinungen genau zu der Zeit erlebt hatten, als Jupiter und Saturn in Konjunktion zueinander standen, ein astrologisches Ereignis, das alle zwanzig Jahre eintritt und eine neue spirituelle Vision hervorbringt.

Unser Gedächtnis wählt die Ereignisse nach ihrer Bedeutung aus und läßt uns so nachträglich ein Muster erkennen, das in der Gegenwart unsichtbar ist. Ich weiß mittlerweile, daß meine Bewußtseinsveränderung durch eine magische Kombination all dieser Dinge zustandegekommen ist. Sie sind im Kessel einer jungen Frau auf der Schwelle zum Leben miteinander verrührt worden. Das Einzigartige daran war nicht das verborgene Geschenk – denn ich weiß, daß dieses in uns allen wohnt –, sondern meine Fähigkeit, meine Bereitschaft und mein Verlangen, den weiterführenden Zeichen und Hinweisen aufmerksam zu folgen. Aber in diesem Jahr wußte ich nur, daß erstaunliche Dinge geschahen. Das Universum schien lebendig zu sein und meine Existenz zur Kenntnis zu nehmen. Es schien mir Botschaften zu senden, als wolle es mich in eine Richtung lenken, an die ich nie gedacht hätte. Die Frage war: wohin?

Im Hörsaal angekommen, schob ich meine Überlegungen beiseite und konzentrierte mich darauf, das komplizierte Gefüge von Pensions- und Sozialplänen zu verstehen, denn ich hatte meine eigenen Vorstellungen von der Zukunft. Ich hatte eine Position als Leiterin der Rechtsabteilung einer reformorientierten gewerkschaftlichen Basisverteidigung übernommen, die gegen das organisierte Verbrechen in ihrer Gewerkschaft kämpfte. In einigen Monaten würde ich nach meiner Zulassung als Anwältin im Hauptbüro der Vereinigung in Washington, D. C., arbeiten.

Aber der Name *Isis* hallte weiter als Echo durch meinen Kopf und ließ mich nicht los, während ich durch die geschäftigen Straßen von Manhattan ging. Sie war eine mysteriöse Gestalt, die mich anzog und mich dazu verleitete, mir ab und zu zwischen den Vorlesungen eine Stunde des Tages zu stehlen, um nach ihrem Namen, ihrem Gewicht und ihrer Bedeutung zu suchen. Und so fand ich mich bald zwischen den Ruinen und Kunstwerken in den hohen Marmorhallen der ägyptischen Sammlung des Metropolitan Museum of Art wieder.

Stundenlang stand ich in einem Ausstellungsraum mit wunderschönen Fresken, die bis zur Decke reichten. Die Farben waren atemberaubend – Meergrün und Lapislazuli, Honiggelb und Karneolrot. Frauen mit breiten Juwelenkragen und langen schwarzen Haaren, gekleidet in Sarongs aus gefaltetem weißen Leinen, starrten mich mit ihren großen Mandelaugen über den Abgrund der Zeit hinweg an. Ich konnte das hypnotisierende Schütteln der traditionellen Rasselinstrumente in ihren Händen hören, das »Ting« der goldenen Fingerzimbeln, das provokative, die Seele herausfordernde »Tock« der Trommeln aus gehämmertem Silber, gebranntem Lehm aus dem fruchtbaren Niltal oder geschnitztem Holz aus den Stämmen duftender Myrrhebäume, geformt wie der Vollmond oder ein Frauenkörper und mit Antilopenhaut bespannt.

Im Geist sah ich diese eleganten Frauen bei ihren traditionellen Schlangentänzen, die von Sexualität, Tod und Wiedergeburt erzählten, von den Mysterien des Mondes, von Verlangen und vom schwangeren Leib, der die Macht hat, Leben hervorzubringen. Ich sehnte mich danach, mit ihnen zu tanzen, in der Gegenwart der großen Ibisse, Vögel mit schwarzen Schnäbeln, die gebogen sind wie die Krummsäbel der Speerfische im smaragdfarbenen Wasser des Nils. Ich sah Männer mit sichelförmig gehörnten Ochsen die braunen Felder pflügen, und überall blühte der Lotus in den Farben eines Regenbogens in der Wüste. Ich fühlte in mir eine vibrierende Lebendigkeit, eine Energie, die so lebhaft war wie die Farben, die mich blendeten, und ich war unbeschreiblich glücklich. Die Schönheit dort machte es schwierig, zu den Gesetzestexten zurückzukehren, die wie tot und verstaubt wirkten, nachdem

ich erst einmal in die auf den Wänden des Museums darge-
stellte Welt eingetaucht war.

Lange bevor ich den Namen *Isis* träumte, hatte ich mich
nach den Farben des Nils gesehnt. Als ich vor über einem Jahr
in mein Apartment im West Village gezogen war, hatte ich
mein Schlafzimmer in demselben Korallenton gestrichen, den
ich nun auf diesen Wänden fand. Ich hängte Poster mit den
Portraits ägyptischer Priesterinnen und Königinnen im Zimmer auf, Papyruswedel, die in unsichtbaren Brisen wogten,
und Lotusknospen, die aussahen wie sphärische Träume, die
darauf warteten, geöffnet zu werden. Ich schlief in terrakotta-
farbener Bettwäsche, die mit alten ägyptischen Hieroglyphen
bedruckt war. Diese schweigsamen Symbole einer ehrwürdigen Magie, diese Zauberformeln der Reinkarnation und Ekstase, die ich im Wachzustand nicht lesen konnte, aktivierten
den Teil von mir, der allnächtlich in meinen Träumen unter-
wegs war.

In jenen Träumen fand ich Wahrheiten und Vorahnungen,
die meinem logischen Verstand nicht zugänglich waren – den
plötzlichen Tod einer geliebten Tante, die Rückkehr eines alten
Freundes, den ich lange verloren geglaubt hatte, die Genesung
meines Vaters von einem Koma. Ich hatte auch einen erschreckenden Alptraum von einem Unfall, der am nächsten
Morgen in den Schlagzeilen der Zeitungen auftauchte. Und
mehrmals hatte ich den gleichen mysteriösen Traum, bei dem
ich mich mehr wach als schlafend fühlte: Ich war allein in einer
großen Halle, Musik füllte den Raum wie Wasser, das sich
kräuselt, und vor mir saß eine Frau. Ihr Gesicht war nach-
denklich und gelassen, und auf ihrem Schoß lag ein geöffnetes
Buch. Ihren Kopf krönte strahlendes Licht, und um den Hals
trug sie eine Kette mit einem sechsstrahligen Stern. Die Ener-

gie, die von ihrem gekrönten Haupt und von ihrem Hals ausstrahlte, war so hell, daß sie mich vorübergehend blendete. Ich blinzelte, und sie war verschwunden. Wer war sie? War sie vielleicht Isis?

Ich suchte in meiner Erinnerung nach Antworten, aber anscheinend kamen sie nur in der dunklen Höhle des Schlafes zu mir, wenn sich das Tor zum mysteriösen Reich der Kraft öffnet. In unseren Träumen gehen wir bereitwillig auf die andere Seite hinüber, reisen an weit entfernte Orte, begegnen Dämonen und Liebhabern, fliegen wie Vögel und schwimmen wie Delphine. Wir lernen eine Sprache, die aus Symbolen besteht, und Geister reden mit uns, die uns im Wachbewußtsein führen, obwohl wir uns bei Sonnenaufgang vielleicht nicht erinnern, warum wir plötzlich die Wahrheit kennen oder einen unerwarteten Weg einschlagen. Wir werden mit Zeichen und Glücksbringern belohnt, die unser Tagbewußtsein verändern, indem sie die Magie der Träume wahr werden lassen. Und eines Morgens wachen wir genau in dem Moment auf, wo der Mond untergeht und die Sonne am Horizont erscheint, und uns ist klar, daß das neue Leben mit einem Traum beginnt.

Im letzten Semester meines Jurastudiums wurde ich fünfundzwanzig Jahre alt, und unter meinen Geburtstagsgeschenken befand sich eine Biographie des Schauspielers James Dean, der ebenfalls am 8. Februar geboren wurde. Ich sehnte mich danach, im Park zu sitzen und zu lesen, aber es war ein bitterkalter Tag, und so nahm ich das Buch mit ins Metropolitan Museum. Ich saß im Café und las. Ein Zitat aus dem »Totenbuch der Ägypter« sprang mir überraschend ins Auge. »Mir ist mein Mund zurückgegeben, so daß ich mit ihm sprechen kann vor den Göttern der Unterwelt ... Ich bin gekommen, nachdem ich dem Wunsch meines Herzens gefolgt bin in der Flammeninsel, und ich lösche die Flamme, wenn sie hervorgeht…«

Mir war, als hätte ich eine Zeitkapsel geöffnet und darin eine Nachricht von Isis mit meinem Namen darauf gefunden. Und ich war hingerissen von dem doppelten Zufall, daß ich im Museum auf diese Worte gestoßen war. Durch die Statuen und Kunstwerke der Sammlung wußte ich, daß Isis eine Mutter war, die ihren Sohn auf dem Thron sitzend gestillt hatte, daß sie als Symbole der göttlichen Macht eine Krone aus Geierfedern und einen Schlangenkopf trug, daß sie großartig und schön anzusehen war. Aber ich sehnte mich nach mehr. Ich fragte mich, ob das Buch mir weiterhelfen würde.

Am nächsten Tag lief ich während einer Pause zwischen den Vorlesungen in die Studentenbibliothek und streifte durch die Bücherregale, bis ich gefunden hatte, was ich suchte – das »Totenbuch der Ägypter«. Der Ledereinband der alten Ausgabe öffnete sich mit einem leisen Knacken, und der Nachmittag war im Bann der bezaubernden Prosa schnell vergangen. Ich versäumte meine Vorlesungen. Behutsam blätterte ich die vergilbten Seiten um und las, wie Isis – Göttin, Ehefrau, Schwester und Hexe – in die Unterwelt reiste, und durch die Kraft ihrer Magie ihren geliebten Gatten, den getöteten und zerstückelten Osiris wieder zum Leben erweckte. In der folgenden Nacht blieben meine Gesetzbücher geschlossen, denn ich las die Klage der Isis über den Tod des Osiris. Ich fuhr mit ihr hinab in die Unterwelt, um seine verwundete Gestalt zu heilen, reiste durch das fruchtbare Niltal und durch die Wüste, um die dreizehn Teile von Osiris Körper einzusammeln, den dessen neidischer und gehässiger Bruder Seth zerstückelt hatte. Ich beobachtete, wie sie über dem Leichnam kniete, hörte ihre Stimme, die die rästelhaften Verse der Wiedergeburt sang, sah, wie sie Osiris mit ihrem Haar bedeckte, um ihre magischen Handlungen vor unerwünschten Blicken zu schützen. Ich staunte über die alten Mysterien und die magischen Kräfte der Liebe, die das Leben aus dem Reich des Todes zurückzuholen vermochten. Aber noch immer wußte ich nicht, was diese Wunder aus alter Zeit mit mir zu tun hatten.

Alles in meinem Leben war durchdacht und vernünftig. Meine Eltern waren Intellektuelle, die die abergläubischen Zwänge der Religion längst hinter sich gelassen hatten. Ich erinnere mich, daß ich als junges Mädchen meine Mutter gefragt habe, ob wir an Gott glaubten. Sie antwortete, wir würden an das Gute im Menschen glauben, und wenn ich erwachsen sei, könne ich für mich selbst herausfinden, ob es Gott gäbe. Ich war mit ihrer Antwort zufrieden und lebte mein Leben, wie es meiner Erziehung entsprach – nach der goldenen Regel und Grundüberzeugung, daß jeder der Meister seines eigenen Schicksals sei. Das Leben war das, was wir daraus machten, und es war unser aller Aufgabe – und oblag nicht irgendeinem fernen Gott –, gemeinsam das gelobte Land für jedermann hier auf Erden zu schaffen.

Aber obwohl die Moral meiner Eltern auf Vernunft gründete, waren sie doch zwei der spirituellsten Menschen, die mir je begegnet sind. Ich lernte durch ihr Vorbild, während sie ihren Glauben lebten. Mein Vater, der schon im Alter von zwölf Jahren zur See gefahren war, hatte sich jahrelang gewerkschaftlich engagiert; meine Mutter war eine Diplomatin, die trotz ihres wohlhabenden Elternhauses zu den ersten gehörte, die sich für Rassengleichheit einsetzten. Ich war aufgewachsen mit Woody Guthrie und der Metropolitan Oper, John Steinbeck und William Shakespeare in einer Familie, die die Schranken von Klasse, Religion und Rasse ablehnte. So wie meine Eltern definierte auch ich mich über meine intellektuellen Fähigkeiten und Überzeugungen. Ich studierte Philosophie an der Brown University und anschließend Jura an einer der führenden juristischen Fakultäten des Landes.

Mein Idealismus und meine Berufswahl wirkten absolut vernünftig. Demokratische Gewerkschaften bedeuteten eine demokratische Gesellschaft, und soziale Gerechtigkeit war der einzig rationale Weg für eine große Nation. Doch meine jüngsten übersinnlichen Erfahrungen waren in keiner Weise »vernünftig«. Sie waren okkult, und die Welt, in der ich lebte, hatte keine Erklärung dafür. Und so behielt ich meine Geheimnisse für mich.

Später wurde mir klar, daß ich einen schamanischen Durchbruch erlebt hatte – einen Durchbruch, bei dem gesellschaftlich definierte Realität sich in die höhere Wirklichkeit des heiligen, lebendigen Universums öffnet. Einige amerikanische Indianer und Hexen würden das eine »Berufung« nennen. Aldous Huxley sprach im Hinblick auf solche Ereignisse davon, daß sich die »Pforten der Wahrnehmung« öffneten. In anderen Kulturen, anderen Epochen, hätte man mich wohl schleunigst beim Dorfschamanen in die Lehre geschickt oder mich zur Priesterin ausbilden lassen. Vielleicht wäre ich auch auf dem Scheiterhaufen verbrannt worden. Aber dies war New York City in den siebziger Jahren. Für die psychedelischen sechziger Jahre war ich zu jung gewesen, hatte nie Carlos Castaneda gelesen, und Esalen war für mich eine fremde Welt in Kalifornien. Mir fehlte jeder Bezugsrahmen, um das, was mir geschah, verstehen oder entwickeln zu können. Doch weil meine übersinnlichen Wahrnehmungen immer wieder durch objektive Ereignisse bestätigt wurden, wandte ich mich der Wissenschaft zu, um vernünftige und rationale Erklärungen zu finden.

Zwischen den Vorlesungen ging ich immer wieder in die Studentenbibliothek. In Büchern über Physik, der ursprünglichen »Naturwissenschaft«, die sich der Untersuchung von Materie und Energie widmet, las ich, daß die Physiker eine neue Ebene der Wirklichkeit entdeckt hatten. Der dreidimensionalen Welt, wie sie von den Newtonschen Gesetzen beschrieben wird, liegt ein »unsichtbares« Reich zugrunde, eine Quantenebene subatomarer Teilchen und Energien. Dieses Reich bildet die Grundlage der »sichtbaren« Welt unseres alltäglichen Lebens, es durchdringt und gestaltet sie.

Auf der Quantenebene ist alles miteinander verbundene Energie. Sogar Materie ist Energie, organisiert als Information. Die Quantenwirklichkeit ist eine andere Ebene und Dimension des Seins. Hier ist das Energiefeld die zugrundeliegende Ordnung, eine verborgene Realität oder Schattenwirklichkeit unseres täglichen Lebens. Wir nehmen Gegenstände aus festen Stoffen wahr, die voneinander getrennt sind – einen Stein, einen Tisch, ein menschliches Wesen –, aber auf der Quantenebene sind materielle Gegenstände in Wirklichkeit Bündel vibrierender, miteinander in Wechselwirkung stehender Energie, und obwohl wir sie als getrennte Einheiten wahrnehmen, sind diese Energien – die Steine, Tische und Menschen – miteinander verbunden. Wie Einstein sagte: »Unser Getrenntsein ist eine optische Täuschung des Bewußtseins.«

Was noch bemerkenswerter ist: Quantenphysikalische Experimente haben gezeigt, daß es möglich ist, Gegenstände, Menschen und Ereignisse auf eine Weise zu beeinflussen, die ich nie für möglich gehalten hätte. Die Wissenschaft öffnete die Pforten meiner Wahrnehmung für eine erstaunliche Realität: Die Rolle des menschlichen Verstandes in diesem Quantenreich geht weit über die eines analytischen Werkzeuges hinaus. Experimente haben tatsächlich bewiesen, daß wir die Bewegung von subatomaren Teilchen beeinflussen können. Mit anderen Worten: Der Experimentierende kann allein durch seine Gedanken und seinen Willen das Ergebnis des Experimentes verändern. In der Tat ist es so, daß unsere Beobachtungen und unsere Erwartungen die Bewegung der subatomaren Partikel abwandeln. Die Magie von gestern ist die Wissenschaft von heute.

Ich saß an meinem Schreibtisch mit einem Haufen von Physikbüchern auf der rechten Seite, den Gesetzbüchern auf der linken Seite und dem »Totenbuch der Ägypter« in der Mitte. Obwohl es drei Uhr morgens war, konnte ich nicht schlafen. Angesichts der Folgerungen hatte mich Ehrfurcht ergriffen. Mit unbekannten Kräften schaffen wir unsere Wirklichkeit auf nahezu magische Weise. Aber was ist mit den Sehnsüchten des Herzens und den Ängsten, die im Dunkeln lauern? Welche Wirklichkeiten könnten durch sie geschaffen werden?

Mit wachsender Erregung erkannte ich, daß meine Erfahrungen ein völlig anderes Bild von Regeln über die Wirklichkeit widerspiegelten. Diese Regeln widersetzten sich den Erwartungen, mit denen wir alle aufgewachsen waren, und die unser Leben bestimmten. Und noch wichtiger: Die Physik verschaffte mir den Haken, an dem ich meinen Skeptikerhut aufhängen konnte. Wie ein Kind, dessen Märchenbuch plötzlich zum Leben erwacht, war ich irgendwie in ein Universum voll erstaunlicher Möglichkeiten hineingestolpert. Dennoch konnte die Wissenschaft mir nicht helfen, die besondere Qualität meiner Erfahrungen zu erklären – warum die Welt nun so berauschend lebendig, voll von Wundern, merkwürdigen Ereignissen und strahlender Schönheit war. Am stärksten belebte mich das unerschütterliche Gefühl, daß es ein Wesen gab, das mich beobachtete, begleitete und sogar führte. Ich begann zu spüren, daß ich Verbindung zu einem *Élan vital*, einem intelligenten und kreativen Universum aufgenommen hatte.

Manchmal hatte ich das Gefühl, daß mich das Universum wie eine Mutter umarmte, und dann wieder schien es mir wie die bezaubernde Anziehungskraft eines Liebhabers. Doch warum mir dies alles geschah, was die Ereignisse bedeuteten, und welche Rolle ich dabei als Experimentierende spielte, blieb ein Geheimnis.

Nach meinem Schulabschluß bereitete ich mich intensiv auf das Examen für die Zulassung als Rechtsanwältin vor und staunte darüber, wie nützlich mein verbessertes Gedächtnis war. Nach dem Examen packte ich meine Habseligkeiten und zog nach Washington, D. C. Dort angekommen, fehlte mir jedoch New York, und mir wurde bald klar, wie sehr ich die Magie vermißte, die ich dort zurückgelassen hatte, denn meine Vorahnungen, Einsichten und Träume hatten aufgehört. Doch ich schob meine Enttäuschung über die nun verschlossene Tür zu jener anderen Welt beiseite und hoffte, sie würde sich im Lauf der Zeit wieder öffnen. Derweil kniete ich mich mit völliger Hingabe in meine Arbeit. Wie so viele junge Idealisten, die in unsere Hauptstadt kommen, war ich entschlossen, etwas für die Menschen zu bewegen, die auf der Schattenseite des amerikanischen Traums lebten.

Mit geradezu missionarischem Eifer versuchte ich Kongreßabgeordnete zu beeinflussen, beriet Fahrer bei Problemen mit den örtlich zuständigen Gewerkschaften und sagte vor Kongreßausschüssen aus, wenn es um eklatante Sicherheitsmängel bei Lastwagen und Bussen und die verheerenden Gesundheitsschäden der Fahrer ging. Ich beriet mich mit Anwälten, wie man durch Prozesse die Kriminalität in den Gewerkschaften bekämpfen konnte, unterhielt Kontakte zur Presse, entwickelte Anträge und Gesetzentwürfe, die die Gesundheit und Sicherheit der Arbeiter verbessern sollten, reiste durch das Land, um Demonstrationsfahrten zu organisieren, und drängte die Gewerkschaftsmitglieder, sich für Veränderungen zu engagieren. Doch knapp ein Jahr, nachdem ich begonnen hatte, wurde das Büro in Washington leider geschlossen, und mein Arbeitsplatz wurde bei einer Fusion von Reformorganisationen Opfer der Budgetkürzungen, veränderten Prioritäten und vor allem der Politik, wobei sicher auch die Geschlechterpolitik eine Rolle spielte.

Ein Schatten war auf meine idealistischen Erwartungen gefallen, und ich war erleichtert, nach New York zurückzukehren. Ich wußte jetzt, daß ein Leben ohne Magie mir nicht mehr genügen würde. So quartierte ich mich in einem winzigen Einzimmerapartment ein und wartete darauf, daß die Magie beginnen würde. Ich ging wieder zu der Stiftung, für die ich als Studentin gearbeitet hatte. Ich stellte Anträge, um korrupte Gewerkschaften zu demokratisieren, schrieb Artikel, organisierte Kläger für Gerichtsverfahren aus dem ganzen Land. Und ich wartete.

Monate vergingen ohne irgendwelche übersinnlichen Ereignisse. Vielleicht braucht die Magie eine Starthilfe, dachte ich, und so begann ich in Rock'n'Roll-Clubs wie dem CBGB und Max's Kansas City herumzuhängen, wo ich mich mit schwarzgewandeten Punks und Rockern von der Lower East Side drängelte. Es war eine Subkultur von Rebellen, die wußten, daß Musik ein magischer Teppich sein konnte, der einen in eine Welt von leidenschaftlicher Intensität fliegen ließ. Und immer hoffte ich auch, daß meine romantischen Träume eine menschliche Gestalt annehmen würden, bekleidet mit alten Jeans und einer abgetragenen Lederjacke, mit leuchtenden Augen und einem Herzen voller Poesie. Ich hatte mich instinktiv dafür entschieden, in diese Atmosphäre einzutauchen, und obwohl ich es nicht beweisen konnte, war ich mir sicher, daß Leidenschaft, Musik und Magie untrennbar miteinander verwoben waren.

Bald fand ich mich selbst als Managerin einer Band wieder. Nach der Arbeit ging ich ins Music Building, ein altes Lagerhaus auf der Eighth Avenue, das von den Klängen vibrierte, die die verschiedensten übenden Bands erzeugten: Heavy Metal und Blues, Punk, New Wave und Rockabilly. Es war eine Szenerie voller Leben, voll von heiserem Jubel und der Verzückung einer erstaunlichen Harmonie. Ich begleitete meine Band zu Auftritten oder hing mit den Musikern bis zum Morgengrauen herum. In vielen Nächten sank ich auf eine Matratze, die auf dem Boden des Übungsraums lag und schlief dort mit meinem neuen Freund, einem explosiven und attraktiven linkshändigen Schlagzeuger. Morgens wurde ich wieder zur Geschäftsfrau und rannte los, um gegen die Korruption in den Gewerkschaften zu kämpfen. Aber obwohl die Musik magisch und meine Arbeit erfreulich war, spürte ich immer noch keine Magie in mir.

Und dann brachte die Musik Sophia zu mir. Sie kam ins Music Building wie eine Botschafterin, die mich wieder auf den richtigen Weg führte. Wir verstanden uns auf Anhieb, als wir uns im dritten Stock begegneten, wo die Band, die sie betreute, Räume gemietet hatte. Sie wartete darauf, daß die Wagen kamen, die ihre Band zu einem Auftritt in der Stadt bringen sollten. Sophia war scharfsinnig, witzig und immer auf dem laufenden. Nur eins fand ich merkwürdig: Sie bezeichnete sich selbst als eine Hexe, eine weiße Hexe.

Nun war es keineswegs so, daß ich die Menschen nach einem bestimmten Etikett beurteilte – ganz gleich wie seltsam sie sein mochten. Hinter solchen Stereotypen, so hatten meine Eltern mir beigebracht, steckte oft eine völlig andere Wirklichkeit. Und so beschloß ich, die Sache zu ignorieren und als Überempfindlichkeit abzuhaken. Dann jedoch, einfach weil es mir in den Sinn kam, fragte ich sie schließlich: »Was meinst du eigentlich genau mit dieser Hexengeschichte?«

Sophia ließ sich in eine durchhängende Couch am Eingang zu ihrem Studio fallen, aus der eine Staubwolke aufstieg. An den Wänden des Raums standen überall Musikinstrumente, und auf dem Flur lagen haufenweise Kleider und Wasserflaschen herum – die übliche Unordnung, die die Jungs hinterlassen. Sophia und ich waren zwar ihre Kindermädchen, aber wir weigerten uns, auch noch hinter ihnen aufzuräumen.

»Erst mal«, begann sie, »bevor ich dir sagen kann, was es ist, muß ich erklären, was es nicht ist. Es hat überhaupt nichts mit Satanismus zu tun. Das war eine völlig falsche Anklage, die die Kirche erhoben hat, um die Alte Religion zu unterdrücken. Sie haben vom Satanismus gesprochen, um zu rechtfertigen, daß sie ihre Konkurrenz mit Folter und Gewalt beseitigen wollten.«

Ich nickte. Die Praktiken und Konsequenzen der Hexenverfolgung waren mir allzu vertraut. »Weiter!«

»Das Wort Hexe im Englischen *witch*, stammt von dem angelsächsischen Wort *Wicce* ab.« Sie sprach das Wort so aus, daß es wie Witch mit einem weichen a am Ende klang. »Es bedeutete weise Frau, Seherin oder Schamanin. Es kann auch eine Verbindung mit dem nordischen Wort *Vitke* haben, womit jemand bezeichnet wurde, der die heiligen Gesänge intonierte. Die Alte Religion ist der Spiritualität der amerikanischen Indianer sehr ähnlich – es ist die ursprüngliche Erdreligion Europas.

Es gibt eine Göttin und einen Gott, und alles, was in der Natur existiert, gilt als heilig, als Verkörperung der Göttin und des Gottes. In der Wicca-Kosmologie findet man auch Überreste aus den alten griechischen und ägyptischen Mysterienschulen.«

»Mysterienschulen?« fragte ich, weil die Erwähnung von Göttinnen und Ägypten meine Aufmerksamkeit erregt hatte. Ich dachte an Isis, die mir in meinen Träumen erschienen war.

»Ja, sie waren über Jahrtausende die vorherrschenden religiösen Traditionen in Griechenland und ganz Kleinasien. Die Mysterienschulen verehrten besonders die Große Göttin. Ihr wichtigster Mythos war die Geschichte vom Abstieg der Göttin in die Unterwelt und von ihren göttlichen Gaben, die neues Leben auf die Erde brachten.«

Es war die Geschichte der Isis. Ein prickelndes Gefühl durchfuhr mich, verbunden mit der Hoffnung, daß meine Magie zurückkehren würde. »Jedenfalls enthalten unsere heutigen Praktiken Reste von zeremoniellen Traditionen, die diese Mysterien zu bewahren versucht haben, und volkstümliche Praktiken, die sehr schamanisch sind.«

»Schamanisch? Meinst du eine Art europäischen Schamanismus?

Sophia nickte.

In meinen Anthropologie-Vorlesungen am College hatte ich gehört, daß Schamanismus eine alte religiöse Praxis war, die den Schamanen, den »Medizinmann« oder die »Medizinfrau« befähigte, in einen Zustand ekstatischer Bewußtseinserweiterung zu gelangen. Er oder sie erhielt dann die Hilfe und Führung eines spirituellen Wesens, das dem Schamenen oft in Gestalt eines Tieres erschien. Meine Erregung wuchs, als wir darüber sprachen, wie der Schamane in diesem ekstatischen

Zustand über die Fähigkeit verfügte, Krankheiten zu diagnostizieren und zu heilen, mit den Göttern zu sprechen und Erkenntnisse über praktische Probleme zu erlangen, beispielsweise wo sein Volk jagen oder etwas anpflanzen oder leben sollte. Ich hatte gelesen, daß Schamanismus von den Naturvölkern in der ganzen Welt praktiziert wurde, etwa von amerikanischen Indianern, Aborigines, Afrikanern, Inuit (Eskimos), Lappen, Sibiriern, Hawaiianern, Tahitianern, Japanern und anderen. Aber mir war nie klar gewesen, daß auch die Europäer Schamanismus praktizierten.

»Gehörst du zu einem ... Hexenzirkel?« Ich zögerte, das Wort auszusprechen, das mir so schnell dunkle und furchterregende Bilder ins Gedächtnis rief.

Sophia schüttelte den Kopf. »Nein, ich arbeite lieber allein. Aber ich kenne einige andere Hexen, falls du dich gerne mit ihnen treffen möchtest. Aus verständlichen Gründen geben sie sich meist nicht zu erkennen, aber sie können dir mit Sicherheit ... Türen öffnen.«

Ich lächelte. »Nein, danke. Eine Hexe in meinem Leben ist mehr als genug für mich.«

»Du würdest überrascht sein«, sagte sie geheimnisvoll und stand auf, um die Transporthelfer hereinzulassen.

Ich ließ das Thema fallen, weil es mir zu peinlich war, in Gegenwart anderer weitere Fragen zu stellen, und weil ich nicht verstand, wieso ein intelligenter Mensch wie Sophia etwas mit einer derart ... ausgefallenen Geschichte zu tun haben konnte. Zwar glaubte ich ihr, daß die Sache nichts mit Satanismus zu tun hatte, aber was war mit den Zaubersprüchen, den Besenritten und den magischen Tränken und ... – dennoch, ich respektierte sie und war gerne mit ihr zusammen. Wer weiß, dachte ich, möglicherweise war an der Hexerei ja doch mehr dran, als man auf den ersten Blick erkennen konnte. Und schließlich hatte Hexerei auch etwas mit Magie zu tun – vielleicht würde die Bekanntschaft mit Sophia die Magie in mein Leben zurückbringen.

Einen Monat später wachte ich mit steifem Nacken auf, hörte Stimmen, die mir nicht vertraut waren, und roch starken Kaffee. Schlaftrunken fragte ich mich, wo ich war. Und dann überfiel mich die Erinnerung mit einer Welle von Traurigkeit: Letzte Nacht hatte ich mich endgültig von meinem Freund getrennt, und Sophia hatte mich auf ihrer Couch übernachten lassen. Jetzt stand sie mit einer Tasse dampfenden Kaffees vor mir.

»Guten Morgen. Ich habe eine Idee. Hast du dir je die Karten legen lassen?« Ich schüttelte den Kopf. Es war zu früh für diesen Blödsinn. Es war zu früh, um überhaupt wach zu sein. Es war Samstag, und ich wollte nichts als schlafen.

»Also, du solltest unbedingt Maia kennenlernen. Ich habe sie angerufen, und sie sagt, sie könnte dir heute morgen die Karten legen.«

Zu müde, um zu protestieren, murmelte ich meine Zustimmung und verließ das Zimmer, um schnell zu duschen. Ich will nach Hause, dachte ich beim Anziehen. Andererseits wollte ich eigentlich nicht alleine sein. Wir waren schon aus der Tür, als mir mein silberner Jadering einfiel. Sophia hatte ihn mir letzte Nacht abgenommen, um ihn auf ihrem Altar »aufzuladen«, und obwohl das etwas verrückt klang, hatte ich sie gelassen. Ich hatte beobachtet, wie sie den Ring auf einen langen Weidenzweig steckte, an den Federn und Glöckchen gebunden waren, die bei jeder Bewegung leise klingelten. Sie legte den Zauberstab mit meinem Ring auf einen kleinen,

niedrigen Tisch neben ihrem Bett, der mit einem rosa Seiden-
schal bedeckt war. Darauf lagen sorgfältig arrangiert die spiralförmigen Gehäuse der Nautilusschnecke sowie Rosen,
Edelsteine, Kristalle und die Statue einer weiblichen Figur. Als
ich auf der Couch einschlief, hätte ich schwören können, daß
ich Frauenstimmen hörte, die sangen und lachten.

»Hier ist er.« Sophia war noch mal zurückgegangen und
brachte mir den Ring. Ich steckte ihn auf den Ringfinger
meiner rechten Hand. Dann schüttelte ich meine Hand mit ungläubig aufgerissenen Augen – mein Finger prickelte, als
würde elektrischer Strom hindurchfließen.

»Na los, wir wollen doch nicht zu spät kommen«, drängte
Sophia und lächelte über meine Verwunderung. Sie wohnte im
Village, nicht weit von meinem alten Apartment entfernt.
Rasch gingen wir die Sixth Avenue hinauf und bogen weiter
oben an einer Ecke ab.

Schließlich hielten wir an einer Stelle, wo ich nie erwartet
hätte, mich wiederzufinden – in einer unbekannten kleinen
Seitenstraße vor einem schmutzigen Schaufenster, hinter dem
auf einem langen grünen Band mit großen goldenen gotischen
Lettern stand: Magischer Kessel. Ich spähte durch das schmut-
zige Fenster und sah einen kleinen schwarzen Kessel, die Statue einer ägyptischen Göttin und Bucheinbände mit seltsamen
Mustern. Außerdem gab es Tarotkarten, sonderbaren Silber-
schmuck, Scarabäen aus grünem Stein und eine große Kristallkugel. Ein Besen mit einem roh geschnitzten Handgriff
und langen gelben Strohreisern lehnte an der Glasscheibe.
Und inmitten von all dem war eine Erscheinung, ein Gesicht,
das so schnell auftauchte und wieder verschwand, wie die
Wolken über den Himmel jagten. Ich blinzelte, und da war es
wieder und starrte mich an – mein eigenes bestürztes Gesicht,

das von der Glasscheibe reflektiert wurde. Jemand spielt mir einen Streich, dachte ich. Dann sah ich nach unten und stellte fest, daß ich mitten auf einem großen Symbol stand, das aussah wie die mittelalterliche Ziffer Vier, umgeben von nicht zu entschlüsselnden Schriftzeichen, die in grüner Kreide auf den Gehweg gemalt waren. Ich hörte den Klang von Glocken und sah Sophia durch die alte Eingangstür verschwinden. Was soll's, dachte ich, betrachten wir das Ganze als Abenteuer.

Als ich eintrat, umfing mich eine Wolke von parfümiertem Rauch, die in der Luft hing wie dahintreibende Spinnweben. Angespannt blickte ich mich um. Einen solchen Buchladen hatte ich noch nie gesehen. Das Geschäft war nicht sonderlich hell erleuchtet, und nur einige schwache Glühbirnen, die von der Decke aus Zinn herabhingen, spendeten ein wenig Licht. Zu meiner Linken zog sich ein langes, überfülltes Bücherregal bis in die Mitte des Ladens. Zu meiner Rechten reihten sich entlang einer Ziegelmauer große Glasgefäße mit seltsamen Kräutern, verdrehten Wurzeln, getrockneten Blüten und Pulvern, die die Farbe der Wüste bei Sonnenuntergang hatten. Ich beeilte mich, Sophia einzuholen. Sie war im hinteren Teil des Ladens und schnupperte an einer exotischen kleinen Flasche mit einen roten geschliffenen Verschluß.

»Hmmm, ein neues Öl. Riech mal.« Sie wedelte mir den Duft unter die Nase, und Bilder von Tigern und Elefanten, überfüllten offenen Marktplätzen und wehenden Vorhängen aus rosa und safrangelber Seide flogen vor meinem geistigen Auge vorbei. Ich roch Koriander und Kardamom, dann Ingwer, Zimt und Blumen, die ich nicht kannte. »Ich muß dabei an Indien denken.«

»Sehr gut – es ist ein Lakshmi-Öl. Lakshmi ist eine indische Göttin der Fruchtbarkeit und Liebe.«

Dunkelbraune und kobaltblaue Apothekerflaschen füllten die schmalen Regale, die an der hinteren Wand des Ladens standen. »Ölkammer«, verrieten die kalligraphierten Buchstaben auf einem kleinen Schild. Verschiedene ledergebundene Bücher mit gelben Seiten lagen geöffnet auf einem Holztisch neben Trichtern und einer Menge winziger Glasflaschen.

»Ich frage mich, wo Maia ist«, sagte Sophia und lächelte mich beruhigend an.

»Vielleicht ist sie unsichtbar«, witzelte ich. Ich fand diesen Buchladen einfach zu merkwürdig. »Hör zu, es macht mir überhaupt nichts aus, ein andermal…«

Die Mauer vor mir begann zu zittern, und die farbenprächtigen Gewänder, die an einem Holzpfahl hingen, fingen an zu tanzen, als ob Gespenster für ihren mitternächtlichen Auftritt hineingefahren wären. Die Mauer schwang auf, und vor mir stand eine kleine Frau mit olivfarbener Haut, rabenschwarzen Haaren und einem hübschen runden Gesicht. »Ich sage Herman immer wieder, daß wir diese verflixte Tür reparieren müssen.«

Mit einem warmen Lachen umarmte sie Sophia und wandte sich dann an mich.

»Ich bin Maia. Also, Sophia hat mir gesagt, du brauchst jemanden, der die Karten für dich legt. Setz dich.«

Sie bot mir einen Platz an einem kleinen Tisch an und begann sorgfältig, etwas aus einem purpurroten Seidentuch auszupacken.

Es war ein Deck Tarotkarten. Sie waren größer als Spielkarten und hatten auf der Rückseite ein elegantes blauweißes Mosaik. Mit flinken Händen begann Maia zu mischen, und ich sah Farben aufleuchten, während die Karten von einer Hand zur anderen flogen.

»Hat dir schon mal jemand die Karten gelegt?« fragte sie mit einer dunklen, vollen Stimme, die den erdigen Klang eines Bensonhurst-Akzentes hatte.

Ich schüttelte den Kopf.

»Ah«, murmelte sie mit einem kleinen Lächeln, und dann herrschte Schweigen.

Ich betrachtete ihr Gesicht – sie war das Abbild einer sizilianischen Madonna. Obwohl ihre Bewegungen schnell und energiegeladen waren, wirkte sie ruhig. Sie blickte auf, und ihre tiefschwarzen Augen trafen meine.

»Welche Frage willst du stellen?«

Während ich kurz an die Zigeunerinnen auf Volksfesten denken mußte, ging ich die Liste sinnvoller Fragen durch, die ich hätte stellen können – wird mein Stipendium verlängert, so daß ich weiter für die Stiftung arbeiten kann? Werde ich die wahre Liebe finden? Soll ich meine Band weiter managen? –, als ob es sich dabei um reine Nebensächlichkeiten handeln würde. Aber schließlich hatte ich mich so sehr danach gesehnt, wieder mehr Magie in meinem Leben zu finden, daß ich trotz aller Skepsis die Frage stellte, die aus dem Herzen kam.

»Wo finde ich den Weg?«

Ohne Zögern antwortete sie: »In deinem Inneren.«

»Aber wie komme ich dort hin?« Das war keine unwichtige Frage, denn wenn ich eins mit Gewißheit von mir selbst sagen konnte, dann, daß mein Leben immer mit Bedacht auf die äußere Welt gerichtet war – gute Noten in der Schule und beim Studium, harte Arbeit, Kampf für soziale Gerechtigkeit, Weltverbesserung. Die Idee eines inneren Lebens hatte gerade erst angefangen, in meinen Vorstellungen Formen anzunehmen. Aber die Ereignisse hatten in meinem Herzen die unerwartete Fähigkeit geweckt, dieses verborgene Reich des Seins zu er-

kennen, und ich hungerte danach, zu jener Magie zurückzu-
finden, die mein Leben verzaubert hatte.

Maias Antwort bestand darin, daß sie die Tarotkarten
mischte und lächelte.

»Heb zweimal ab und lege die Karten dann wieder beliebig
zu einem Stapel zusammen.«

An den abgenutzten Ecken konnte ich fühlen, daß sie schon
oft benutzt worden waren. Während ich abhob und den Stapel
neu ordnete, dachte ich an all die Schicksale, die die Karten
schon vorhergesagt haben mußten, und ich fragte mich, was
mein Schicksal sein würde. Maia nahm die Karten auf, hielt sie
zwischen ihren Händen, schloß die Augen und saß einen endlosen Moment still da.

Dann öffnete sie die Augen und legte sehr langsam eine
Karte nach der anderen aus, bis sich auf dem Tisch vor mir
sechzehn Karten in einem komplizierten Muster ausbreiteten.
Obwohl ich nur die Rückseite sah, erkannte ich, daß auf den
Karten Menschen, Tiere, Kelche, Stäbe, Schwerter und strahlende Scheiben dargestellt waren. Ich betrachtete sie und
fragte mich, ob die unbewußten Kräfte des Geistes – meines
Geistes – tatsächlich die Lage dieser Karten beeinflußt haben
könnten. Würden diese alten Symbole ein Muster bilden, das
einem völlig Fremden mehr Wahrheiten über mich enthüllte,
als ich selber kannte? Würden die Gesetze der Quantenphysik
wirken, indem meine Erwartungen die Bewegung der Energie, der Teilchen und der Karten beeinflußten?

Die Antworten übertrafen bei weitem meine Erwartungen.
Aber nicht die Tatsache, daß Maia mir einen neuen Job pro-
phezeite, in dem ich viel Geld verdienen würde, und nicht ihre
Einsichten in mein rastloses Herz überzeugten meine skepti-
sche Seele, daß diese Frau ein Talent für die Wahrheit hatte. Als

sie die Bedeutung der Karten für mich interpretierte, sprach Maia von Dingen, die ich nie jemandem erzählt hatte, Kleinigkeiten, die mich in Erstaunen versetzten – beispielsweise der fehlende Karneolring, den ich gewöhnlich an der linken Hand trug und den Antonio, ein Mann, den ich auf einer Party kennengelernt hatte, als Pfand genommen hatte, damit ich mich wieder mit ihm verabreden würde. Maia hätte von Sophia etwas über meine Arbeit als Rechtsanwältin oder etwas über meinen familiären Hintergrund oder zahllose andere Dinge erfahren können. Aber niemand wußte etwas von Antonio und diesem Ring. Ich konnte jedoch nicht umhin, mich zu fragen, ob sie vielleicht doch nur gut geraten hatte, trotz der genauen Details, mit denen Maia mir sowohl den Ring als auch Antonio beschrieb. Doch dann machte sie eine Pause, als sei sie überrascht, und sagte: »Da ist ein geistiges Wesen, das dich führt… die Frau mit dem Stern.«

Ein Schauer lief mir über den Rücken. Wie konnte sie das wissen? Ich hatte niemandem von meinem Traum erzählt.

»Du hast sie im Traum gesehen, nicht wahr?«

Ich nickte, wohl wissend, daß in meinem Unterbewußtsein irgendeine mysteriöse Kraft und Intelligenz im Spiel sein mußte.

»Du warst klug, dich ihrer Führung anzuvertrauen.«

Ich starrte auf die brillante Anordnung der Karten, die ich erhellend und verwirrend zugleich fand. Mir am nächsten lag als oberste einer Reihe von vier Karten das Bild einer Frau. Sie saß unter einem großen Baum, und neben ihr lag ein Schild, der das Symbol der Venus trug. Die Frau war schwanger und arbeitete, glückselig lächelnd, an einem Spinnrad. Ein mit Früchten und Getreide gefüllter Korb stand ebenfalls neben ihr, und im Hintergrund erstreckte sich eine weite, fruchtbare

Landschaft. Darunter las ich die römische Ziffer III. Ich erfuhr, dies sei die Kaiserin, die Karte der Göttin. Als ich das Bild anstarrte, wußte ich aus irgendeinem Grund plötzlich: Die Dinge passierten nicht einfach zufällig, sondern waren die außergewöhnlichen Wirkungen einer Schicksalsmacht oder einer Sehnsucht, die so stark war, daß sie ein lebloses Universum bewegen konnte.

Ereignisse entwickelten sich wie Seidenfäden aus einem Kokon des Verlangens, und unsichtbare Hände webten sie zu einem bezaubernden Muster. Vor mir saß eine Frau, die gelassen mit dem Spinnrad und den mysteriösen Augenblicken, in denen das Schiffchen durch den Webstuhl des Lebens glitt, umgehen konnte. Hier war jemand, der die Bedeutung des Musters verstand. Vielleicht kannte sie sogar die Weberin.

In weniger als einer Stunde war mein Weltbild wie die Karten, die vor mir ausgebreitet lagen, auf den Kopf gestellt worden. Das oberste war nach unten gekehrt worden, dachte ich, und im selben Moment ließ mich Maia zwei letzte Karten aus dem Stapel ziehen. Sie reichte mir die erste – ein Mann, der kopfüber an einem Baum hing. Darunter standen die Worte »Der Gehängte«.

»Das ist der Gott Odin.«

Ich fühlte, wie mein Herz raste, denn den skandinavischen Gott Odin kannte ich bereits. Mein Vater hatte Sagen über ihn erzählt, die er von seinen norwegischen Vorfahren gehört hatte, denn Odin war die herrschende Gottheit des nordischen Pantheon. Ich erinnerte mich an Vaters Gutenachtgeschichten von Odin, seiner Gemahlin, der Göttin Freya, Thor und Loki und anderen skandinavischen Gottheiten. Odin hatte neun Tage kopfüber am Weltenbaum Yggdrasil gehangen, hilflos und alleine, bis ein Rabe ihm ein Auge aushackte. So verlor er die Fähigkeit, »normal« zu sehen. Zum Ausgleich für sein Opfer erhielt Odin die Runen, die ersten Buchstaben eines heiligen Alphabets, die ihn befähigten, nach innen zu sehen, in die Vergangenheit und in die Zukunft. Ohne die Runen gäbe es keine Sprache, keine Dichtung, keine Geschichten über Liebe und Heldentum. Und es gäbe keine Prophetie, denn jeder Buchstabe hat eine magische Bedeutung. Um die Kraft der Weisheit und das Geschenk der Innensicht zu erlangen, mußte Odin die Art und Weise opfern, in der er bisher die Welt gesehen hatte.

»Manchmal wird die Karte im Sinne von Selbstsucht interpretiert, manchmal aber auch als Opfer, das man bringen muß, um Weisheit zu erlangen.« Maia nahm die Karte aus meinen verkrampften Fingern. Unsere Augen trafen sich, als sie mich fragte: »Kannst du dieses Opfer bringen?«

Mir war klar, daß ich vollkommen aufrichtig sein mußte. »Ich weiß es nicht«, antwortete ich.

Maia grinste. »Ein Punkt für Ehrlichkeit. Aber vielleicht findest du noch eine andere Antwort auf deine Frage.« Sie gab mir die zweite Karte. »Weißt du, was diese Karte bedeutet?«

Ich betrachtete das winzige Gemälde in meiner Hand. Es war hinreißend – eine rätselhafte Frau in einem weißen Kleid, das mit dunkelroten Granatäpfeln bestickt war, saß zwischen zwei Pappeln, einer weißen und einer schwarzen. Hinter ihr war ein strahlender Mond, und in ihrer Hand hielt sie eine Schriftrolle. Unten auf der Karte standen die Worte »Die Hohepriesterin« und die römische Zahl II. Ich dachte an die mysteriöse Frau in meinen Träumen.

»Die Geheimnisse des Lebens?« fragte ich.

Maia nickte. Sie wirkte zufrieden, so als hätte ich damit mehr gesagt, als nur ihre Frage zu beantworten.

»Und diejenige, die danach sucht«, fügte sie hinzu. Ich fühlte, wie sie meine Reaktion beobachtete, und spürte in ihrer Zustimmung eine wachsende Neugier. So schnell wie Maia mir die Karte gegeben hatte, nahm sie sie wieder zurück, steckte sie in den Stapel und mischte die Karten noch einmal kurz durch. Dann wickelte sie sie behutsam wieder in das Seidentuch und legte sie beiseite.

»Ich habe gerade mit einer Frauengruppe angefangen. Wir treffen uns einmal in der Woche, meist am Sonntagnachmittag, manchmal auch an anderen Tagen«, erklärte sie sachlich. »Warum kommst du nicht einfach dazu. Wer weiß, vielleicht findest du die Antworten, nach denen du suchst.«

»Danke«, sagte ich. »Das Kartenlegen war beeindruckend. Und danke für die Einladung, aber ich muß morgen vielleicht arbeiten.«

Ich fühlte mich benommen, als Sophia und ich aus der stillen Höhle des dunklen Ladens in den hektischen Lärm der Straße zurückkehrten.

»Na, was hältst du davon?« Sophia tänzelte auf dem Gehweg herum wie ein Schulmädchen nach dem ersten heimlichen Kuß. »Sie ist erstaunlich, oder?«

»Gehst du morgen zu dieser Gruppe?« fragte ich zurück und vermied ihren forschenden Blick. Wieder in der gewohnten Welt, während wir versuchten, die Straße zu überqueren, ohne von blindwütigen Taxis überfahren zu werden, verlor Maias Zauber rasch seine Wirkung.

»Ich habe wirklich keine Lust auf Gruppen, ich arbeite lieber allein, aber wenn du dich dann wohler fühlst, gehe ich mit. Nur für den Anfang, weißt du. Es gibt nicht viele Gelegenheiten, mit jemandem wie Maia zu arbeiten. Bevor du nein sagst, solltest du es wenigstens mal ausprobieren.«

Ich zögerte. Im hellen Tageslicht begann ich mich bei dem Gedanken an ein Treffen mit Fremden unwohl zu fühlen – und dann auch noch mit Hexen.

»Hmmm, ich glaube, ich muß mir das noch mal überlegen.«

Wir umarmten uns zum Abschied, und ich machte mich auf den Weg ins Büro, um mein Gefühl für Normalität zurückzugewinnen. Bei der kleinen gemeinnützigen Organisation, für die ich arbeitete, mußten wir jeden Pfennig dreimal umdrehen, und so war das Büro klein, überfüllt, alt und mit gespendeten Möbeln ausgestattet. Ich schob die Erinnerung an das Kartenlegen beiseite und setzte mich an meinen lädierten Schreibtisch, wo ich mich in die Arbeit stürzte und jedes Zeitgefühl verlor.

Schließlich löschte ich meine Schreibtischlampe und lehnte mich so weit wie möglich in meinem Stuhl zurück. Während ich meinen schmerzenden Nacken und die Schultern dehnte, beobachtete ich, wie die strahlendblaue Dämmerung von Manhatten mein Büro mit Stille erfüllte. Ich schloß ein Auge und blinzelte durchs Fenster in die auf dem Kopf stehende Welt dort draußen. Kopfüber und einäugig wie der Gehängte. Wie konnte ich so an die Welt herangehen und überleben? Es klang mehr nach einem Rezept, um sich den Schädel einzuschlagen, als nach einer Möglichkeit, den eigenen Weg zu finden. Ich bezweifelte, daß ich zu dem merkwürdigen kleinen Laden zurückkehren würde.

An jedem anderen Abend wäre ich zu meinem Übungsraum im Music Building gegangen. Aber heute hatte ich das Gefühl, als hätte ich den Boden unter den Füßen verloren, und irgendwie mußte ich wieder mit der Magie in Berührung kommen.

Der Weg liegt in deinem Inneren.

»Zum CBGB«, sagte ich dem Taxifahrer.

Im Club war es überfüllt und laut, aber das Gedränge und der Lärm reichten nicht aus, um mir Maias Worte aus dem Kopf zu treiben. Als ich mich im Raum umschaute, sah ich eine Legion junger Männer, die für eine Rolle gekleidet waren, die sie nicht zu spielen wußten. Ich hatte es aufgegeben, nach dem Inbegriff meines Rebellen, meiner anderen Hälfte, meiner unbekannten Liebe, meinem Mensch gewordenen Gott in alten Jeans und mit einem schnellen Auto zu suchen. Ich hatte genug von den langweiligen Äußerlichkeiten. Irgendwie wußte ich, daß ich das, was ich brauchte, in meinem Inneren finden mußte. Ich trank mein Glas aus, verabschiedete mich von meinen Freunden und ging nach Hause.

Unter der Dusche spülte ich den Geruch von Zigarettenrauch ab und legte mich ins Bett. Ich glaubte, wach zu sein, als der Traum wieder kam. Sie saß neben mir, überlebensgroß, und der Stern an ihrem Hals strahlte in einem blendenden Licht. Dann war ich plötzlich wach, und die Magie war wieder verschwunden.

Ein Jahr war seit meiner Rückkehr nach New York vergangen, und das Universum zwang mich, meine Pläne und Erwartungen zu ändern. Es war klar, daß ich einen neuen Job finden mußte, von dem ich auch leben konnte, denn es fehlte an Geld, seit mein Stipendium abgelaufen war. Telefonate, Bewerbungsgespräche, Mittagessen und Kaffee mit Gewerkschaftsvertretern und den Inhabern verschiedener progressiver Anwaltskanzleien, die auf Arbeitsrecht spezialisiert waren, hatten mir nicht mehr eingebracht, als den Ausdruck von Respekt und freundliche Entschuldigungen, daß man mir zur Zeit leider außer einem Platz für meinen Schreibtisch nichts anbieten könne.

Doch ich gab nicht auf. Immer wieder warf ich mich in mein seriöses graues Kostüm, dazu eine pinkfarbene Seidenbluse mit Schleife und eine Perlenkette, die meine Mutter mir gegeben hatte. Das Haar frisierte ich mir zu einem ordentlichen Knoten. Ich zeigte Empfehlungsschreiben von Kongreßabgeordneten und Anwälten, die sich für Bürgerrechte engagierten. Ich wartete in Empfangshallen, die größer als mein Apartment waren, saß auf glatten Lederstühlen, übte mich im festen Händedruck und hielt ständigen Augenkontakt. Von der Vergeblichkeit meiner Bemühungen merkte ich nichts, bis mir schließlich ein Rechtsanwalt, der jahrelang in der Gewerkschaftsbewegung gearbeitet hatte, die Augen öffnete. Ich suchte jemanden, der mir helfen würde, für die Basis gegen den Mob und gegen korrupte Führer zu kämpfen. Doch diesen Kampf wollte keine große Kanzlei aufnehmen. Ich fühlte mich verloren und richtungslos, doch die Ereignisse verschworen sich, um mir eine wichtige Lektion zu erteilen: Wenn du das große Abenteuer erleben willst, deinen Weg zu finden, dann mußt du erst einmal vom Weg abkommen.

Als ich nach Hause ging, brach der Damm der Kontrolle unter meinen Tränen der Frustration, die ich wochenlang bewahrt hatte, zusammen. Ich weinte, und gerade als ich in ein dampfendheißes Bad steigen wollte, um meine Traurigkeit abzuwaschen, klingelte das Telefon. Ich wickelte mich in ein Handtuch und lief durch die Diele, um den Hörer abzunehmen.

»Habe ich geträumt, daß ich dich zu Maia mitgenommen habe? Oder warst du auch dort?« fragte Sophia.

»Ja – es war ein Traum, und ja, ich war auch dort.«

»Also, was ist nun? Du hattest reichlich Zeit, darüber nachzudenken – gehst du zu der Frauengruppe oder nicht?«

»Na ja, ich war ziemlich beschäftigt mit so unwichtigen Dingen wie überleben, weißt du.«

»Es ist deine Entscheidung. Vielleicht hast du einfach in der falschen Richtung gesucht. Ich meine, du kannst überleben oder du kannst dich weiterentwickeln – alles hängt davon ab, welchen Weg du wählst. Ruf mich an, wenn du dich entschieden hast. Wenn du deiner eigenen Entscheidungsfähigkeit nicht traust, dann solltest du vielleicht dem Schicksal vertrauen. Manche Gelegenheiten bieten sich nur einmal im Leben – *carpe diem*, Schätzchen.«

Entscheide dich. Das klang gut – als ob ich die Situation unter Kontrolle hätte, als ob ich eine Wahl hätte, statt darauf zu warten, daß man mich wählte. Aber vielleicht hatte Sophia ja recht, und das Schicksal hatte mich bereits erwählt. Schließlich hatte ich in den letzten Jahren gelernt, nichts zu tun als den Zeichen zu folgen. Fiel mir die Entscheidung, es mit diesem Zirkel, wie Sophia die Frauengruppe nannte, zu versuchen, deshalb so schwer, weil ich direkt damit konfrontiert worden war? Oder weil es so eine verdammt ungewöhnliche Entscheidung war? Immerhin handelte es sich um Hexen. Ich zog mein Tagebuch aus der Schublade des Nachttisches und öffnete es, um meine Gedanken aufzuschreiben. Als ich hineinsah, fiel mein Blick auf die Sätze, die ich vor Jahren geschrieben hatte: »Mondlicht fällt durch das Dachfenster eines Hauses in der Stadt… Ich blicke die Frauen an, die mit mir im Kreis stehen…«

Ein Schauer überlief mich. Ich warf mich in meine Freizeitkleidung – Jeans, T-Shirt und Lederjacke – und machte mich auf den Weg zu meiner ägyptischen Oase im Metropolitan Museum, denn ich erinnerte mich daran, wie wohl ich mich dort während des letzten merkwürdigen Jahres meiner Studienzeit gefühlt hatte. Von neuem erlebte ich die Faszination beim Anblick der Bilder von Isis und der alten Anrufungen des Horus, der mysteriösen kleinen Amulette und des großartigen Tempels von Dendur. Doch dann machte ich eine Kehrtwendung, ließ die ägyptische Sammlung hinter mir und ging in die amerikanische Abteilung, die, wie ich gehört hatte, durch einen Garten erweitert worden war. Ich öffnete die große Glastür und betrat das dahinterliegende Gewächshaus.

In einer Nische gelegen, die von den äußeren Steinwänden des Museums gebildet wurde, war der riesige Garten großzügig angelegt, wobei man die neoklassische Architektur des ursprünglichen Gebäudes geschickt mit seiner modernen Umhüllung kombiniert hatte. Eine Glaswand entlang der nördlichen Seite ragte mehrere Stockwerke hoch und ließ sanftes Licht hereinfallen. Durch das Glas konnte ich das sich ausbreitende Grün des Central Park sehen. An den Wänden zogen sich bogenförmige Tiffanyplatten entlang, dazwischen die Statue eines weinseligen Trinkers, der ein Kind mit Trauben fütterte, und ein riesiger offener Kamin auf Säulen. Diese Stücke hatten, ebenso wie der Garten selbst, gewaltige Ausmaße. Vier mit englischem Efeu bewachsene Quadrate unterteilten den Raum, hohe Papyrusstauden wuchsen aus einem rechteckigen Teich, der das Licht reflektierte, und in der Mitte des Ganzen stand eine goldene Statue der Jagdgöttin Diana, nackt, wie eine Ballerina auf den Zehenspitzen, den Bogen gespannt.

Ich ging langsam, damit die Schönheit dieses Zufluchtsortes mich erfüllen und meine Nerven beruhigen konnte, schlenderte von einer großen Marmorstatue zur nächsten, dachte nicht über meine Entscheidung nach, sondern genoß einfach nur die Stille und Größe. Und dann sah ich sie: Eine Krone auf dem Haupt, den sechsstrahligen Stern am Hals, saß sie da mit einem Buch in der Hand – eine strahlend weiße Marmorstatue der Frau aus meinem Traum.

Ich hatte das Gefühl, an meinem eigenen Atem zu ersticken, mein Herzschlag setzte aus, und ein entsetzlicher Druck preßte meine Schläfen zusammen. Der Raum wurde blendend hell, und eine Woge der Benommenheit überkam mich, als ich neben meinem Wunder auf einen Stuhl sank.

Fast hatte ich Angst, sie anzusehen, so erstaunt war ich, daß mein Traum Wirklichkeit geworden war. Statt dessen blickte ich auf das unauffällige kleine Schild neben ihren bloßen Zehen. »Die libysche Sibylle.«

Meine Augen folgten den eleganten Falten, die der Marmor über ihren Schoß warf. In ihrer linken Hand hielt sie ein Bündel Papiere; ihr Kinn hatte sie auf die rechte Handfläche gestützt. Wie in meinem Traum waren ihre Brüste unbedeckt. Ihr Haar fiel in Zöpfen über die bloßen Schultern. Der sechsstrahlige Stern hing an einer Kette um den elfenbeinfarbenen Hals, und eine schlichte dreieckige Krone ruhte auf ihrem Haupt. Ihr Gesicht war ausdrucksvoll, intelligent, mit einer Adlernase und vollen Lippen. Ich studierte jede Nuance dieses Gesichtes, das in ein Reich blickte, wo Träume wahr werden.

Der Nachmittag verging, während ich dort in der Gegenwart einer unerklärlichen Offenbarung saß. Als das Museum schloß, verließ ich das große Gewächshaus und stieg die breiten Steinstufen zur Straße hinab. Ich ging die Fifth Avenue hoch und dann in den Park, fasziniert von dem strahlenden blauen Zwielicht und dem feuchten grünen Gras. Die Begegnung hatte mich so mit Energie aufgeladen, daß ich fast den ganzen Weg zurück nach Hause rannte.

»Sibylle, Sibylle, Sibylle«, sang ich, während ich in mein

kleines Zimmer lief. Ich holte mein liebstes Wörterbuch hervor, eine Ausgabe des »Shorter Oxford English Dictionary«
aus dem Jahre 1933, und fand, was ich suchte: »Sibylle ...1. Eine
Frauengestalt aus der Antike, die über die Gabe der Prophetie
und Weissagung verfügte ... 2. Eine Prophetin; Wahrsagerin,
Hexe.«

Ich beschloß, Maias Einladung anzunehmen.

2

Die verborgenen Kinder
der Göttin

Eine Anklage wegen Hexerei wirft einen langen Schatten.
ANNE LLEWELLYN BARSTOW, »Hexenwahn«

Nichts hätte mich auf das vorbereiten können, was ich erlebte,
als ich den Raum hinter der Geheimtür betrat. Ich hatte nie gedacht, daß es wirklich Hexen gäbe, und wenn ich überhaupt
an sie dachte, hatte ich trotz der hübschen blonden Sophia mit
ihrem modischen Haarschnitt und ihrer schicken Garderobe
die Vorstellung im Kopf, die sich an Märchen und Shakespeare, Kino und Fernsehen orientierten. Da waren die rebellischen Hexen, die das Schicksal von Macbeth vorhersagten,
Schneewittchens Apfel vergifteten oder nach Dorothys roten
Schuhen trachteten – häßliche alte Weiber mit Warzen auf der
Nase, die schwarze Hüte trugen, auf Besenstielen ritten, Zaubertränke in ihren Kesseln brauten, schwarze Katzen in ihrer
Nähe hatten und üble Verwünschungen ausstießen.

Ich ließ meinen Blick durch den Raum schweifen – es war
kein einziger spitzer Hut zu sehen. Ich stand mitten unter
Dutzenden von Frauen aller Altersgruppen, Figuren, Größen
und Hautfarben, die alle völlig normal aussahen. Während ich
mich umsah, dachte ich an die positiven Hexenbilder, mit
denen ich ebenfalls aufgewachsen war, wie Glinda, die gute

Fee des Nordens, die sexy Kim Novak in »Meine Braut ist übersinnlich«, die bildschöne Veronica Lake in »Meine Frau, die Hexe«, und Elizabeth Montgomery, den Star von »Bezaubernde Jeannie«, einer der beliebtesten Fernsehshows. Liebenswürdig plaudernd standen sie in kleinen Gruppen zusammen oder saßen in den alten, mit rotem Samt bezogenen Theaterstühlen, die entlang der Zimmerwände aufgestellt waren. Sie trugen Jeans, elegante Hosenanzüge und Kleider. Einige sahen wie Künstlerinnen aus, andere wie Geschäftsfrauen, und einige hätten Freundinnen meiner Mutter oder Großmutter sein können.

Mitten in ihre angeregten Gespräche hineinzugehen, erweckte in mir das Gefühl, als begebe ich mich in eine Wolke sprühender Energie. Auf meinem Weg durch den Raum fing ich Fetzen exotischer Dialoge: »Es ist das beste Stück, das ich je choreografiert habe, ich muß nur noch eine Tänzerin für die Rolle der Demeter finden.« Eine junge Frau in einem farbverschmierten Overall unterhielt sich mit zwei anderen Frauen, die Anfang Dreißig waren. Sie nickte mir lächelnd zu und sprach weiter, während ich an ihnen vorüberging.

»Ich habe es ihm noch nicht erzählt ... Ich meine, was soll ich denn sagen – Liebling, es gibt etwas, was ich dir noch nicht erzählt habe: Ich bin eine Hexe!« Eine Frau, groß und schlank mit hohen Wangenknochen und einer Zwanziger-Jahre-Frisur unterhielt sich angeregt mit ihrem Gegenüber, einer kleinen, pummeligen Frau mit grünen Augen, roten Haaren und einer Haut, die aussah wie pinkfarbene Rosenblüten. Langsam bahnte ich mir meinen Weg durch die Gruppen und hoffte, daß Sophia, wie versprochen, hier sein würde. Vier leuchtendbunte Spruchbänder – gelb, rot, blau und grün –, geschmückt mit verschiedenen geometrischen Mustern und rätselhaften

Symbolen, hingen an den vier Wänden des Raumes. Unter jedem Band stand ein hoher schmiedeeiserner Kerzenständer mit einer dicken weißen Kerze. Einige verblichene Perserteppiche bedeckten den Boden, und die hohe Decke wurde von einem Oberlicht aus Rauchglas gekrönt. In den Ecken des Raumes standen alte Holzkommoden und Bücherregale. Im Hintergrund erklang leise Musik, wobei sich östliche Töne mit keltischen Melodien mischten. Ein Frauenchor wurde von Flöten und Trommeln, Fingerzimbeln und Streichinstrumenten begleitet, und ich stellte mir vor, ich stünde auf einem hohen Kliff im Norden des Landes, unter mir das wilde Meer ...

Im gleichen Moment sah ich Sophia, die mir von der anderen Seite des Raumes zuwinkte, wo sie mit zwei Frauen zusammenstand, die in meine Richtung sahen. Als ich näher kam, hatte ich das Gefühl, als hätten sie über mich gesprochen.

»Ich bin so froh, daß du gekommen bist.« Sophia umarmte mich. »Das ist Nonna.« Ich wollte ihr die Hand geben, doch ich fand mich in einer stürmischen Umarmung wieder.

Es ist so lange, lange her, hörte ich mit meinem inneren Ohr. *Sie ist genauso, wie ich sie in Erinnerung habe. Ob sie mich erkennt?* Waren das ihre Gedanken oder meine? Ich wußte, daß ich diese Frau noch nie gesehen hatte, und doch wirkte sie angenehm vertraut.

»Nonna ist eine sehr angesehene Alte, das ist bei uns ein Ehrentitel für eine ältere Frau. Sie hat schon praktiziert, bevor du und ich geboren waren«, setzte Sophia ihre Vorstellungsrunde fort.

»Was für eine elegante Art, mich uralt zu nennen.« Nonna warf ihren Kopf zurück, und als sie lachte, füllte der Duft von Rosmarin den Raum. Alles an ihr war üppig – ihr Lachen, ihre Figur, ihre Gesichtszüge, ihr dichtes schwarzes Haar.

»Und das ist…« Sophia wollte mich vorstellen, doch Nonna unterbrach sie. »Nicht nötig. Ich weiß genau, wer das ist. *La fia.*« Während ich mich noch fragte, was sie meinte, legte sie meinen Arm um ihren. Bei aller Verlegenheit genoß ich dieses Gefühl der Vertrautheit. Nonna machte mich mit der anderen Frau neben uns bekannt. »Das ist Bellona. Sie ist ebenfalls Hohepriesterin und Maias Partnerin.«

Bellona war ein schlanker, drahtiger und muskulöser Wildfang. Unter ihrem rotbraunen Kraushaar war ein Gesicht mit scharfen Wangenknochen und großen grünen Augen. Sie sah aus wie eine Katze. Im Gegensatz zu Nonnas geheimnisvollen Worten war Bellona gleich sehr direkt, was ich genauso angenehm fand. Bei unserem festen Händedruck spürte ich das Feuer einer Kriegerin.

»Schön, daß du kommen konntest. Ich muß mich jetzt leider entschuldigen, Maia braucht mich beim Aufbau des Altars. Sophia, könntest du mir helfen?« Und plötzlich war ich mit Nonna allein.

»Sophia hat mir gesagt, du seist Anwältin«, wandte sich Nonna an mich. »Kämpfst du gegen Kriminelle?« Ihre Aufmerksamkeit fühlte sich an wie Sonnenstrahlen an einem kalten Winternachmittag.

»Früher, ja. Ich habe für verschiedene Stiftungen gearbeitet, die das organisierte Verbrechen in den Gewerkschaften bekämpfen. Es geht darum, die Gewerkschaften für ihre Mitglieder zurückzugewinnen.«

»Klingt gefährlich.«

»Für die Gewerkschaftsmitglieder ist es das auch. Aber es ist schwer, mit dieser Arbeit seinen Lebensunterhalt zu verdienen; deshalb muß ich einen neuen Job finden.«

In der Vergangenheitsform über meine Tätigkeit zu sprechen, ließ bei mir ein Gefühl von Verlorenheit aufkommen. Wer war ich ohne die Arbeit, die meinem Leben Sinn gab?

»Du wirst ihn finden«, versicherte sie mir und löste meine Hand von ihrem Arm.

»Was für ein schöner Ring. Der Stein ist ein Karneol, ja?« Ich nickte. Ich hatte Maias Rat befolgt, mir den Ring von Antonio zurückzuholen, und war glücklich, daß er wieder an meinem Finger steckte. »Karneole verbessern die übersinnliche Wahrnehmung.« Sie drehte meine Handfläche nach oben, und ich dachte, sie wolle mir aus der Hand lesen. Doch sie hielt sie nur einfach zwischen Daumen und Zeigefinger und schloß ihre Augen. Ich fühlte mich sehr befangen und dann merkwürdig entspannt.

»Laß den Kopf nicht hängen. Da kommt etwas völlig überraschend auf dich zu. Jede Menge Geld. Es wird dir vorkommen, als werde ein Traum wahr… aber…« Sie öffnete die Augen.

»Aber was?«

»Aber die Dinge sind nicht immer das, was sie zu sein scheinen. Lerne deinem Herzen zu folgen, dann wirst du erfahren, daß nicht das Ziel, sondern der Weg entscheidend ist. Du wirst viel über dich selbst lernen und darüber, wo dein eigentlicher Weg liegt. Du magst doch Abenteuer, oder?« Nonna lächelte wieder.

Ich war überrascht, auf welche Weise sie offenbar meine Gedanken lesen konnte, setzte ihren poetischen Vorhersagen jedoch praktische Erwägungen entgegen. »Ich glaube schon, aber ich esse auch gerne, und Jobs haben nichts mit Abenteuern zu tun, heutzutage jedenfalls nicht mehr. Heute haben sie etwas mit Rechnungen zu tun, die bezahlt werden müssen.«

»Ich weiß, was du meinst, wenn du sagst, daß du gerne ißt«,

lachte Nonna, und legte die Hände auf ihre Hüften. Ich liebte ihr Lachen, das voll und kehlig war. »Aber das Leben ist verschwendet, wenn man es nicht als Abenteuer lebt. Und immerhin bist du doch hier, oder? Also mußt du Fragen haben, eine gescheite Rechtsanwältin wie du.«

Ich hatte Millionen von Fragen und gleichzeitig keine. »Warum tragen Hexen schwarze Kleidung. Ich meine, tragen sie Schwarz?« Ich fühlte mich wie eine Idiotin. Aber was sollte ich sagen: Tötet ihr wirklich Katzen, eßt ihr kleine Kinder, betet ihr den Teufel an? Instinktiv wußte ich schon längst, daß diese Fragen und die dahinterstehenden Stereotype wirklich idiotisch waren.

Nonna hob die Augenbrauen, und ihr schallendes Gelächter füllte plötzlich den Raum. Alle drehten sich nach uns um, und ich wäre am liebsten in einem Mauseloch verschwunden.

»So wie dein Gesicht jetzt aussieht, tragen sie manchmal auch Rot.« Nonna kicherte über ihren Witz.

»Aber ich bin keine Hexe«, protestierte ich.

»Das denkst du, hm? Aber zufällig weiß ich, daß heute in jeder Frau eine kleine Hexe steckt.«

Als ich all die lächelnden Gesichter um mich herum sah, verschwand meine Befangenheit, und ich lächelte ebenfalls.

»Im Grunde, meine Liebe, ist deine Frage so gut wie jede andere. Ich trage Schwarz, weil es schlank macht. Und außerdem sind wir in New York – hier trägt jeder Schwarz.« Wir lachten gemeinsam über ihre Scherze. Sie steckte voller Humor, und trotz ihrer königlichen Haltung war sie natürlich und zugänglich wie eine weise Großmutter, weder furchterregend noch transzendental abgehoben – wie man sich religiöse Führer oft vorstellt. »Tatsache ist, daß Hexen nicht häufiger Schwarz tragen als irgend jemand sonst. Es ist die katholische

Kirche, die ihren Klerus in schwarze Uniformen steckt. Die Vorstellung, daß Hexen nur Schwarz tragen, ist eine von vielen Verzerrungen, die über uns verbreitet werden. Also, worüber machst du dir nun wirklich Gedanken?« Ich staunte über ihre offensichtliche Fähigkeit, meine Gedanken zu lesen.

»Na ja, es ist nur…« Ich zögerte, weil ich plötzlich das Gefühl hatte, meine Frage könnte sie verletzen. »Um ehrlich zu sein, ich habe mich nicht ganz wohl gefühlt. Es ist einfach so, daß ich immer gedacht habe, Hexerei sei Satanismus.«

Nonna tätschelte meinen Arm. »Kein Wunder, daß du ausgesehen hast, als wären deine Schuhe zwei Nummern zu klein. Komm, ich will dir zeigen, wo all diese Zerrbilder herkommen.«

Ich folgte ihr aus dem überfüllten Raum hinaus in den Buchladen, wo immer noch Frauen ankamen, die zu der heutigen Versammlung wollten. Nonna las die Titel auf einem Bücherbrett mit einem kleinen Schildchen, auf dem »Geschichte« stand.

»Um zu verstehen, was es mit dem Hexenkult wirklich auf sich hat, mußt du dich mit den negativen Stereotypen, den pervertierten Vorstellungen, auseinandersetzen.«

»Sophia hat mir schon erzählt, daß Wicca nichts mit Satanismus zu tun hat, aber…«, begann ich höflich.

»Es ist ein Fehler, den viele Menschen machen. Du mußt verstehen, wie sich diese falschen Vorstellungen historisch entwickelt haben. Hier ist es.« Sie zog ein großes schwarzes Buch hervor und reichte es mir.

»*Malleus Maleficarum*«, buchstabierte ich langsam.

»›Der Hexenhammer‹. Zwischen diesen Buchdeckeln findest du die brutalsten Lügen, die je über Hexen verbreitet wurden. Und über Frauen. Als dieses Buch geschrieben wurde, hielt man beides für ein und dasselbe, und beide wurden als das Böse angesehen. In diesem Buch ist der Frauenhaß der katholischen Kirche kodifiziert. Es wurde 1486 von zwei Inquisitoren geschrieben, die Dominikanermönche waren. Das Vorwort ist eine päpstliche Bulle...« Während sie sprach, öffnete sich das Buch in meinen Händen an genau der Stelle, wo die päpstliche Billigung begann. »*Summis Desiderantes*, erlassen vom Papst Innozenz VIII. im Jahre 1484'«, las ich laut.

»Dieses vatikanische Edikt, das nie aufgehoben wurde, brandmarkte Hexen als Teufelsanbeterinnen«, erklärte Nonna. »Aber der Vorwurf war nicht zutreffend, weder damals noch heute. Es autorisierte den Einsatz der Folter, um Geständnisse zu erpressen und brachte eine entsetzliche Anti-Hexen-Hysterie über Europa. Mit dem hier niedergelegten kirchlichen Auftrag war es ein Bestseller, der alles außer der Bibel übertraf. Es wurde zum Leitfaden für Hexenjäger, die es benutzten, um einige der abscheulichsten Grausamkeiten und Gewalttaten zu verüben, die das menschliche Hirn je ersonnen hat. Und der Ursprung all dessen war die Angst der Kirche vor Frauen und die Unterdrückung der Sexualität.« Nonna seufzte. »Weiter. Schlag irgendeine Seite auf und lies.«

Ich begann: »Hexerei kommt von fleischlicher Lust, die in den Frauen unersättlich ist... Wenn eine Frau alleine denkt, denkt sie übel... Frauen sind in ihrem Denken wie Kinder...« Frauen sind Lügnerinnen, hieß es weiter, voller Niedertracht, und sie bedürfen ständiger männlicher Aufsicht. Sie sind verantwortlich für die Impotenz von Männern, sie verführen Männer und zerstören ihre Seele. Hexen wurden angeklagt, mit dem Teufel zu paktieren und mit ihm sexuell zu verkehren, Babys zu opfern und kleine Kinder zu essen, durch die Luft zu fliegen und den Penis des Priesters zum Verschwinden zu bringen. Am Ende wurde Gott gepriesen, »der bisher das männliche Geschlecht vor so großem Übel bewahrt hat«.

Meine Hände zitterten, als ich das scheußliche Machwerk zuschlug. Während ich las, hatte sich eine kleine Frauengruppe um mich versammelt.

»Es ist voller Haß«, sagte Maia, die mir vorkam wie ein Bündel voller Glut und Wärme, aus dem Flammen des Ärgers loderten. »Hinter ihren Lügen liegt die Wahrheit verborgen – ihre eigene Geschichte abscheulicher Gewalttaten gegen Frauen. Wenn du weiterliest, wirst du all die gräßlichen Einzelheiten darüber finden, wie man eine der Hexerei angeklagte Frau auf die Probe stellt, foltert und umbringt.«

»Es war ein Vernichtungszug gegen Frauen. Jeder weiß über die Inquisition Bescheid, aber die Leute machen sich das Ausmaß der Verfolgung nicht klar«, ergänzte Nonna. »Sie richtete sich nicht nur gegen die verschiedenen sogenannten christlichen Häretiker und Juden, sondern auch gegen die Alte Religion Europas und gegen Frauen. Mehrere Jahrhunderte lang überschwemmte eine Welle schrecklichen Hexenwahns Europa. Mindestens hunderttausend Menschen, überwiegend Frauen, wurden auf der Grundlage von ›Geständnissen‹ ermordet, die durch die brutalsten und sexuell abartigsten Formen der Folter erpreßt worden waren«, fuhr Nonna fort. »Die groteske Verzerrung der Tatsachen, gegen die wir heute immer noch zu kämpfen haben, daß nämlich die Anbetung der Göttin Satanismus sei, ist ein Werk der Kirche, die damals die Alte Religion zerstören wollte. In der Alten Religion gibt es keinen Satan. Er gehört voll und ganz in die patriarchalen Religionen als deren Verkörperung des Bösen. In Wirklichkeit ist die Behauptung der Kirche, der Hexenkult sei Satanismus oder Dämonologie, eine Projektion ihrer eigenen Ängste und Pho-

bien. Und sie haben diese Anklage benutzt, um ihre Gewalttaten zu rechtfertigen. Wer sich von der Kirche nicht bekehren
ließ, sollte durch die Hexenverfolgung letztlich zerstört werden. Und sie waren wirklich brutal.«

Nonna holte ein anderes Buch aus dem Regal und gab es
mir. Ich öffnete es, und mein Blick fiel auf eine Menge gräß-
licher Folterwerkzeuge: Eiserne Jungfrauen, die um die Opfer
gelegt wurden und deren Körper mit Metallspitzen durch-
bohrten, Gestelle, die dazu dienten, die Gliedmaßen vom
Rumpf zu reißen, Nagelbetten, ein »Hexenstuhl« mit einem
Sitz aus Metall, der durch ein darunter brennendes Feuer
erhitzt wurde, die »Schandmaske« in Gestalt eines eisernen
Käfigs, der Metallspitzen durch die Zunge des Opfers trieb,
und Schlimmeres. Angewidert und entsetzt hielt ich das Buch
in den Händen, unfähig hinzusehen, und gleichzeitig unfähig,
wegzusehen.

»Die meisten sogenannten Proben, mit denen man feststellen wollte, ob jemand eine Hexe war, waren extreme sexuelle
Perversitäten. Die Frauen wurden dazu immer nackt ausgezogen, und die Hexenjäger waren immer Männer. Weit verbreitet war das Stechen – dabei wurden Nadeln und heiße Feuer-
haken in die nackten Körper der Opfer gestoßen«, sagte Maia
grimmig.

Wir zuckten alle zusammen.

»Die Verfolger rechtfertigten ihren Wahnsinn mit der Behauptung, Hexen hätten irgendwo an ihrem Körper ein Teu-
felsmal, das nicht schmerzempfindlich sei«, fuhr Maia fort.
»Die Leute wurden aufgefordert und dafür bestochen, daß sie
sich gegenseitig denunzierten, und professionelle Hexenjäger
wurden für jede Verurteilung bezahlt. Es war eine Ära des Terrors, und sie dauerte mehrere Jahrhunderte.«

»Es gab auch eine Wasserprobe«, ergänzte eine ältere Frau mit langen grauen Haaren leise. »Die Frau wurde gefesselt und ins Wasser geworfen. Wenn sie unterging, war sie unschuldig, aber wenn sie es schaffte, an der Oberfläche zu bleiben, wurde sie für schuldig erklärt. In jedem Fall war die Frau anschließend tot. Viele, viele der ermordeten Frauen waren älter und verwitwet wie ich, beispielsweise Aldegonde in Frankreich, die siebzig Jahre alt war. Sie stellte sich freiwillig, um ihre Ehre zu retten, und wurde erhängt und verbrannt.«

»Chiara Signorini war eine italienische Bäuerin und Heilerin, die zu lebenslanger Haft verurteilt wurde«, sagte Maia wütend, und ihr sizilianisches Temperament loderte auf, als sie das Buch ergriff und es zuknallte. »Die meisten Frauen wurden so lange gefoltert, bis sie ein Geständnis ablegten, und dann wurden sie getötet. Sie wurden vergewaltigt, zur Sodomie gezwungen oder auf andere Weise sexuell gequält. All das und Schlimmeres taten sie im Namen ihres männlichen Gottes. Sie verkörperten exakt das, was sie angeblich bekämpften.«

»Aber diese Praktiken waren das genaue Gegenteil der Lehren Christi«, sagte Nonna mit traurigem Kopfschütteln. »Die meisten Leute kennen diese schreckliche Geschichte nicht, obwohl es ausführliche Berichte darüber gibt. Die Opfer des Terrors hatten Namen und Gesichter und Familien. Mir geht die furchtbare Geschichte der Walpurga Hausmannin nicht aus dem Kopf. Sie war eine Hebamme, die in Dillingen in Deutschland lebte, und deren Brüste und Arme mit heißen Eisen zerrissen wurden; sie schnitten ihr die rechte Hand ab, und dann wurde sie auf dem Scheiterhaufen verbrannt, alles unter der Gerichtsbarkeit des Bischofs von Augsburg, dem ihr gesamtes Eigentum zufiel. Diese Frauen waren nur einige unter Hunderttausenden, die überall in Europa und Rußland ermordet wurden. Aber wir erinnern uns an ihre Namen, und damit gedenken wir gleichzeitig aller anderen Opfer.« Nonnas ruhige Stimme war von bemerkenswerter Kraft. Sie nahm Maia besänftigend in die Arme und stellte das Buch wieder ins Regal.

Wir schwiegen, während wir das Ausmaß des Schreckens in uns aufnahmen. Wir alle kannten den Begriff »Hexenjagd«, aber ich hatte mir nie klargemacht, wie grausam und wie weit verbreitet sie gewesen war, und auch nicht, daß überwiegend Frauen die Opfer gewesen waren.

»Kommt«, wandte sich Nonna sanft an alle, die zusammenstanden, »laßt uns anfangen, dann könnt ihr selbst erleben, was es mit dem Hexenkult wirklich auf sich hat.« Sie hielt die Tür zum Tempel offen, und ich hatte keine Bedenken mehr, ihr durch das Portal zu folgen. Nonna ging in die Mitte des Raumes bis zu einem kleinen Tisch, der mit einem korallenroten Seidentuch bedeckt war, und läutete eine kleine Glocke. Als deren Echo im Raum erklang und sich mit Gelächter mischte, hatte ich ein *Déjà-vu*-Gefühl. Dann erinnerte ich mich – als ich vor einigen Wochen auf Sophias Couch eingeschlafen war, hatte ich Glocken klingen und Frauen lachen hören.

Schweigen legte sich über den Raum, und die Frauen bildeten einen großen Kreis. Vor Aufregung überlief es mich eiskalt, als ich mich neben Sophia in die Runde stellte. Auf dem Tisch war ein wundervolles Gesteck aus Lilien, ein mit Orangen gefüllter Korb, eine große Silberschale und eine schlichte Statue der Göttin Isis. Ich fühlte mich getröstet durch die Schönheit, die in einem so lebhaften Kontrast zu den abscheulichen Bildern stand, die ich gerade gesehen hatte, und ich spürte dankbar, wie Sophia meine Hand drückte. Ihre Gegenwart half mir, mich besser auf diese ungewöhnliche Erfahrung einzulassen.

»Willkommen in unserem Kreis.« Nonna strahlte eine enorme Selbstsicherheit aus, als sie sich langsam um die eigene Achse drehte und alle Frauen nacheinander ansah. Maia und Bellona standen neben ihr, und ich war fasziniert davon, wie einzigartig jede Frau war, und wie sie sich gleichzeitig ergänzten – Nonna erinnerte mich an meine Großmutter, Maia wirkte so mütterlich, und Bellona glich einer Amazone. »Wir versammeln uns heute, um uns der traditionellen Riten der heiligen Mutter Erde zu erinnern. Wir versammeln uns, um für ihren Segen zu danken, ohne den wir nicht existieren könnten. Sie ist die Mutter von allem und allen. Sie ist es, die uns nährt und erhält. Sie ist die Seele der Natur, die alle Dinge belebt. Wir kommen zusammen zu Ehren der Großen Göttin, die die Quelle allen Segens ist.«

Nonna hob die Schale vom Tisch und hielt sie hoch über ihren Kopf, während sie die Schlußworte des Gebets sprach: »Wir versammeln uns, um Dank zu sagen und uns der alten Riten zu erinnern, denn wir sind die verborgenen Kinder der Göttin.«

Vorsichtig trank sie aus der wunderschönen Schale und gab sie dann an Bellona weiter, die sie an ihre Lippen hob. Langsam wurde sie nun im Kreis weitergereicht. Einige Frauen tranken schweigend, viele sprachen.

»Ich bete für meine Mutter, die krank ist.«

»Ich bete für Mutter Erde, die krank ist. Laßt uns ihr helfen zu heilen.«

»Ich bitte die Große Göttin, daß sie mir hilft, schwanger zu werden. Segne mich mit deinen Gaben der Fruchtbarkeit und teile mit mir dein größtes Geschenk, die Kraft, Leben zu spenden.«

»Dafür mußt du aber auch noch ein kleines Gebet an den Gott richten«, fügte Maia hinzu, und viele Frauen lachten. Ihr lockerer Humor inmitten der Feierlichkeit überraschte mich. Doch statt die spirituelle Atmosphäre zu stören, schien er die Intimität und Offenheit zu stärken. Als ich in ihre lächelnden Gesichter sah, fühlte ich mich weniger angespannt.

Ihre Poesie und Sensibilität waren bewegend, und ich war beeindruckt von der Ehrlichkeit und Bedeutung dessen, was gesagt wurde. Doch je näher die Schale zu mir kam, desto größer wurden meine Bedenken – was war darin? Sophia reichte sie mir, und ich spürte, wie mein Herz raste. Ich blickte in die purpurfarbene Flüssigkeit, und vor meinem geistigen Auge tauchten Bilder von Fledermäusen, Molchaugen und Blut auf... hatte ich da gerade gesehen, wie sich etwas bewegte?

Sei nicht albern, sagte ich mir selbst. Entweder trink jetzt oder laß es. Ich blickte auf zu Sophia, die mich anlächelte.

»Ich sage Dank für Freundschaft und Vertrauen.« Ich hob die Schale an meine Lippen und stellte fest, daß sie den besten Traubensaft enthielt, den ich je getrunken hatte. So löste sich ein weiteres Vorurteil auf, während ich aus der Schale der Göttin trank.

Ihr Weg durch den gesamten Kreis zurück zu Nonna dauerte lange, denn es waren Dutzende von Frauen, die daraus tranken und Dank sagten. Doch ich fühlte mich weder gelangweilt noch ungeduldig, sondern die von Herzen kommenden Worte jeder Frau fesselten meine Aufmerksamkeit. Als die Schale schließlich zu Nonna zurückkam, stellte sie sie auf den Tisch.

»Seht die Schwestern an, die euch umgeben. Unsere Zahl ist groß, und sie wächst mit jedem Tag. Einige von uns sind zu jung, um schon Kinder zu gebären, andere sind zu alt dafür, und viele von uns sind Mütter. Wir sind weiße und schwarze Frauen, hispanischer, indianischer oder asiatischer Herkunft.«

Während Nonna sprach, blickte ich langsam im Kreis herum. Wir waren so verschieden, wie sie es beschrieb.

»Wir sind heterosexuell oder lesbisch. Wir sind verheiratet, alleinstehend oder verwitwet. Wir sind Schülerinnen und wir sind Lehrerinnen. Und obwohl sie heute nicht bei uns sind, gibt es in unserem Leben auch Männer, unsere Brüder, Ehemänner, Söhne und Liebhaber, die diesen Weg mit uns gehen. Wir sind die verborgenen Kinder der Göttin. Unser Kreis ist jetzt offen, doch ungebrochen. Ich danke euch allen für euer Kommen. Bleibt hier, und lernt einander kennen.«

Die Frauen wandten sich einander zu, umarmten sich und lachten. Alles war sehr schlicht und bewegend gewesen, und als ich auf die Uhr blickte, war ich überrascht zu sehen, daß die Andacht länger gedauert hatte, als mir bewußt gewesen war. Nonna und ich umarmten uns. Während ich spürte, wie ihre Wärme mich umfing, empfand ich ihre Worte genauso seltsam und provozierend wie dieses Abenteuer, das mir jetzt bevorstand.

»Ich habe so lange auf dich gewartet… wir alle haben auf dich gewartet. Es ist gut, daß du endlich hier bist.«

»Was meinst du damit?« fragte ich und trat einen Schritt zurück, aber Sophia wirbelte mich herum in die nächste Umarmung und Nonna verschwand in einen anderen Raum mit einigen Frauen, die strahlende Augen und fröhliche Stimmen hatten.

»Na, was meinst du? Interessant, oder?« Sophia zog sich bereits ihre Jacke über.

»Du hattest recht – es war völlig anders, als ich es mir vorgestellt hatte. Es war wirklich schön. Gehst du schon?«

»Ja, ich hasse es zwar, nach einem Ritual gleich loszurennen, aber ich muß weg. Ich bin mit meiner Band verabredet,

aber du solltest noch bleiben und die Leute hier kennenlernen.«

Ich kehrte in den Tempel zurück, wo sich schon eine große
Gruppe von Frauen im Kreis um Nonna gesetzt hatte. Sie
lächelte mir zu und klopfte auf einen leeren Stuhl neben sich,
während sie weitersprach. »Es gibt eine verborgene Geschichte, die nur wenige Menschen kennen, eine Geschichte,
die viele miteinander verwobene Wahrheiten enthält – über
Frauen, über die Erde und darüber, wie die westliche Kultur
ihre Seele verlor. Die Alte Religion existierte schon Tausende
von Jahren vor den drei patriarchalen westlichen Religionen –
Judentum, Christentum und Islam. Es ist eine traditionelle,
erdbezogene Spiritualität, eine Religion, die das Göttliche als
weiblich und männlich zugleich erlebt. Für unsere Vorfahren
war die Göttin genauso wichtig und oft sogar wichtiger als der
Gott. Die Alte Religion ist der Schamanismus des alten Europa
und Mittleren Ostens. Sie hat sehr viel Ähnlichkeiten mit dem
Taoismus und den spirituellen Praktiken der amerikanischen
Indianer und anderer Naturvölker.«

»Aber warum halten die Menschen den Hexenkult dann für
Satanismus?« fragte eine junge Frau mit rabenschwarzen Haaren und einer Stimme, die eine Abstammung aus dem Süden
des Landes vermuten ließ. »Ich meine, um ganz ehrlich zu sein,
ich habe deswegen lange gezögert, ob ich herkommen sollte.«

Ich war erleichtert zu hören, daß ich nicht als einzige mit
diesem Vorurteil gekämpft hatte.

»Natürlich hattest du Angst. Wir alle wachsen mit diesen
schrecklichen Vorstellungen von Teufelsanbetern auf«, sagte
Nonna. »Oder die Leute denken, das Ganze sei einfach Blödsinn oder Spinnerei. Sie kennen die wahre Geschichte ihrer eigenen Kultur nicht. Die Kirche hat Frauen dämonisiert, um

ihre eigenen Untaten zu verbergen. Die Hexenjagd ging über Jahrhunderte und hat dem Status der Frauen enormen Schaden zugefügt – es wurden Gesetze erlassen, die verfügten, daß Frauen nicht erben und kein Eigentum haben durften, keine Ausbildung erhielten, sich nicht scheiden lassen und nicht abtreiben durften. Wir kämpfen bis auf den heutigen Tag mit den Einschränkungen und negativen Stereotypen über die Macht von Frauen, die der Hexenwahn hervorgebracht hat. Deshalb ist die Wahrheit so wichtig, damit wir uns aus den Banden der Lügen und des Terrors befreien können.«

»Und wie hat der Göttinnenkult überlebt?« fragte ich.

»Diejenigen, die der Göttin dienten, mußten sich verbergen, um dem Tod zu entgehen. Und die Traditionen wurden im geheimen weitergegeben, innerhalb von Familien oder magischen Orden«, erklärte Nonna.

»Hast du uns deshalb als die verborgenen Kinder der Göttin bezeichnet?« wollte ich wissen.

»Genau. Wißt ihr, als die Kreuzzüge ihr Ziel nicht erreichten, steckten die Kirche und der Adel, die diese Kriege unterstützt hatten, in erheblichen finanziellen und politischen Schwierigkeiten. Und überall in Europa gab es Aufstände, und ihre Autorität wurde damit herausgefordert. Die sogenannten Häresien des zwölften und dreizehnten Jahrhunderts und die Aufstände der Leibeigenen und Bauern, die sich bis über das vierzehnte Jahrhundert hinaus erstreckten, bedrohten ihre Macht. Und während der Kreuzzüge hatte sich ein hohes Maß an Reichtum und Macht in den Händen von Frauen gesammelt, die, während ihre Männer im Krieg waren, sich um alles kümmern mußten, von riesigen Gutshöfen bis zu kleinen Krämergeschäften.«

»Ein anderer Grund für die Verfolgungen war die Entwicklung der medizinischen Berufe«, ergänzte Maia, die gerade den Raum betrat. »Nur Männer waren zur Ausbildung zugelassen, und nur Männer konnten Ärzte werden. Gewaltsam rissen sie die Rolle der Kräuterheilkundigen und der Hebammen in den Dörfern an sich, von denen die meisten Frauen waren, die jetzt nicht mehr legal praktizieren durften. Auf diese Weise wurde die unerwünschte Konkurrenz beseitigt.«

»Unglaublich«, rief eine junge Frau in einem purpurfarbenen T-Shirt und mit langen braunen Haaren. Eine kleine silberne Doppelaxt, die, wie ich erfahren hatte, Labrys genannt wurde und ein Symbol der Göttin war, hing an einer zarten Kette um ihren Hals.

»Ich weiß, daß es unglaublich klingt«, sagte Bellona, die ihren Arm um Maias Taille gelegt hatte. »Aber es ist wahr. Es war eine Zeit enormer Repressionen, und der Frauenhaß dieser Kultur hat tiefe theologische Wurzeln.«

»Ich habe gehört, daß mehr als neun Millionen Menschen dabei getötet worden sind«, sagte die Frau mit der Labrys.

»Die genaue Zahl ist schwer festzustellen, weil die Aufzeichnungen damals nicht so exakt waren, aber höchstwahrscheinlich lag sie zwischen ein- und zweihunderttausend. Proportional jedoch zur damaligen Gesamtbevölkerung Europas würde das nach heutigen Maßstäben etwa einer Zahl von neun Millionen Menschen entsprechen«, entgegnete Bellona. »Und das alles als Folge von Furcht, Haß und Unwissenheit.«

Maia schüttelte den Kopf. »Und Habgier. Eigentlich war die Kirche auch für die Pest verantwortlich – denn sie hatte sämtliche Katzen umbringen lassen.«

»Sämtliche Katzen umbringen lassen?« rief ich aus. »Warum denn?«

»Weil sie die Vertrauten der Hexen waren. Und ohne die Katzen haben die Ratten wahrlich auf dem Tisch getanzt.« Bel-

Iona hatte Abramelin, eine wunderschöne rotgetigerte Katze mit riesigen grünen Augen hochgenommen, die jetzt glücklich in ihren Armen schnurrte. »Sie haben auch sämtliche Trommeln verbrannt. Jede nicht kirchliche Musik war verboten.«

»Mehr als achtzig Prozent der Menschen, die bei der Hexenjagd getötet worden sind, waren Frauen«, ergänzte Nonna. »Manchmal sogar bis zu fünfundneunzig Prozent. Ganze Dörfer wurden ausgerottet, sogar die Kinder. Ein entsetzlicher mörderischer Wahn fegte über Europa. Aber es waren nicht nur die Kirche und die Ärzteschaft. Der Adel holte sich seine Ländereien wieder zurück und vertrieb die Bauern mit Gewalt von ihrem Grund und Boden, hinein in die wachsenden Städte, und Regierungsbeamte nutzten die Verfolgungen, um ihre Kontrolle zu verstärken.«

Ich erinnerte mich, daß ich während meines Studiums etwas über entsprechende Gesetze in England gehört hatte, die zu entsetzlicher Armut und Leiden für diejenigen geführt hatten, die von ihrem Land vertrieben worden waren, während der Reichtum der Aristokratie ins Uferlose wuchs. Ich erinnerte mich an die Lieder von Woody Guthrie, an die Geschichten, die mein Vater mir über seine eigenen Kämpfe erzählt hatte; Geschichten darüber, wie die Armen in diesem Land während der Jahre der großen Depression von ihrem Grund und Boden vertrieben und als Zwangsarbeiter mißbraucht worden waren. Und ich dachte an die Wanderarbeiter, die sich heutzutage auf den riesigen Farmen abmühten. Vielleicht war dies am Ende doch kein so merkwürdiger Ort für mich. »Es war eine sehr lange Zeit grausamer Verfolgungen. Die Kirchen und ihre politischen Verbündeten beschlagnahmten das Eigentum ihrer Opfer und wurden extrem reich. Und sie waren in der Lage, ihre Macht und Kontrolle wieder zu festigen. Später wandten

sich natürlich die verschiedenen christlichen Konfessionen ge-
geneinander. Ihre Geschichte ist sehr blutig. Was blieb, war die
Lüge, daß Hexen den Teufel anbeten. Aber nicht hier – hier lebt
die Wahrheit.« Nonna lächelte, und die Sonne kehrte in die
dunkle Welt zurück, die wir gerade kennengelernt hatten.

»Ich hoffe, du kommst nächste Woche wieder«, sagte Maia,
als ich meine Sachen zusammensuchte, um zu gehen.

»Bestimmt. Danke für die Einladung«, antwortete ich, während sich eine Gruppe von Frauen um sie scharte, die mit ihr
sprechen wollten.

Ich stand im Eingang zum Tempel und horchte auf das Gelächter drinnen. An diesem Nachmittag hatte ich einen weiten
Weg zurückgelegt – von der Angst zur Freundschaft, von der
Unwissenheit zum Verständnis. Und ich wußte, daß es ohne
diesen ersten Schritt der inneren Verwandlung keine Magie
geben konnte.

Ich spürte, daß jemand hinter mir stand, und als ich mich
umdrehte, sah ich Nonna, die ihre Hand ausstreckte. »Nimm
dies. Es wird dir helfen, einen Job zu finden.« Sie legte ein kleines Bündel aus grünem Stoff in meine Hand. Ich schloß meine
Finger darum und fühlte seinen mysteriösen Inhalt durch den
Stoff – etwas Kleines und Hartes wie ein Stein mit einer Ein-
buchtung in der Mitte, umgeben von etwas Weichem und Krü-
meligem. Es duftete schwer und süß wie die Erde nach einem
Frühlingsregen.

»Trage es auf der Haut, lege es beim Schlafen unter das
Kopfkissen und gib es nicht aus der Hand. Du bekommst den
Job, wenn der Mond voll ist. Öffne den Beutel anschließend
und streue den Inhalt auf die Erde. Und sage Dank.«

»Danke«, flüsterte ich und fühlte mich seltsam ehrfürchtig,
weil es mir vorkam, als brenne die Kraft in meiner Handfläche.

Plötzlich überkam mich ein Gefühl der Zuversicht. Ich würde einen Job finden, und zwar bald. Ich wußte es. Ob es nun Magie war oder Glück oder Hartnäckigkeit – es war mir egal. Meine Finger legten sich um das kleine Amulett. Ich wollte an die Magie glauben – wer würde das nicht wollen. Ob es sie nun gab oder nicht, es würde nicht schaden, sagte ich mir. Behutsam steckte ich das Bündel in meine Tasche und ging hinaus in die mondhelle Nacht.

12:12 Uhr dachte ich bei mir, als das Taxi vor der »Russischen Teestube« hielt. Ich sah auf die Uhr. Die Zeit stimmte exakt auf die Minute. Ich entwickelte kleine Spiele, um meine übersinnlichen Muskeln zu trainieren – eines davon war, die Zeit zu raten und dann auf der Uhr zu überprüfen. Ein anderes bestand darin, an ein Lied zu denken, dann das Radio einzuschalten und darauf zu hoffen, daß ich das Lied finden würde, was mir meistens auch gelang.

Synchronizität. C. G. Jung hatte den Ausdruck geprägt, aber ich hatte erst vor kurzem begonnen, seine Bedeutung zu verstehen. Ein Zufall ist mehr als ein Zufall, weil er eine tiefere Bedeutung hat. Synchronizitäten scheinen auf der Quantenebene aufzutreten. Sie sind Fingerzeige des Universums, und sie können uns zum Sinn unseres Lebens führen. Sie sind magisch. Und wenn ich daran dachte, wie nervös mich das bevorstehende Treffen machte, dann war Magie genau das, was ich brauchte.

Ein rotgekleideter Portier öffnete mir die Tür, und ich betrat das Restaurant. Es war die beste Adresse, um mit den Größen der Unterhaltungsbranche dem Luxus zu frönen. Ich war hier mit John Hadus verabredet, einem der bekanntesten Anwälte des Showbusiness in New York. Und einem ehemaligen Liebhaber. Er hatte mir lediglich gesagt, es gehe um geschäftliche Fragen, nichts weiter. Ich vermutete, daß es mit einer Schallplattenproduktion zusammenhing, an der wir beide gearbeitet hatten. Seit ich meine Band betreute, hatte ich verschiedene Klienten aus der Musikszene, deren Geschäfte mich finanziell über Wasser hielten, und in diesem Zusammenhang hatte ich auch Hadus kennengelernt. Aus den Geschäftsessen am Mittag wurden Geschäftsessen am Abend. Er kam in einer großen schwarzen Limousine und entführte mich in eine Welt üppiger Vergnügungen – Vier-Sterne-Restaurants, Wohltätigkeitsbälle, Galerieeröffnungen in der Stadt. Ich war geblendet von seiner Selbstsicherheit und seinem Erfolg, seinen brillanten Verführungskünsten und der entschlossenen Art, wie er mir den Hof machte. Es war ein Mann, der daran gewöhnt war, zu bekommen, was er wollte, und eine Zeitlang hatte ich ihn gewollt. Oder zumindest hatte ich geglaubt, ihn zu wollen. Es waren nicht unsere Streitereien – denn Leidenschaft kann eine Erklärung für Zornausbrüche sein. Es waren die subtilen dunklen Seiten seines Charakters, die sich in einem kurzen Augenblick enthüllen konnten, beispielsweise in der Nacht, als er nach einer Dinnerparty mein Handgelenk packte. Ich spürte, daß Hadus eine gefährliche Seite hatte und beendete unsere Beziehung. Monate später kreuzten sich unsere Wege wieder im Zusammenhang mit einem Plattenvertrag für einen neuen Klienten. Wir fanden zu einem vorsichtigen Gleichgewicht von Höflichkeit und Distanz, und ich war erleichtert, daß er eine Haltung formaler Gleichgültigkeit zur Schau stellte. Nein, dachte ich, Hadus würde seinen Stolz nicht dadurch aufs Spiel setzen, daß er versuchte, unsere Affäre wieder aufleben zu lassen. Wahrscheinlich wollte er nur einen Anteil an der vielversprechenden Zukunft meines Klienten.

Obwohl die Schallplattenindustrie in einem konjunkturellen Tief steckte, eroberte diese Gruppe mit ihrem Song die Charts. Ihre Karriere ging aufwärts, und damit auch meine.

Ich folgte dem Oberkellner durch den weihnachtlich dekorierten Speisesaal, vorbei an Woody Allen, der an seinem Stammplatz saß, Warren Beatty mit seiner jüngsten Eroberung, Tom Wolfe ganz in Weiß und zahllosen Rechtsanwälten, zu Hadus' Tisch. Er stand auf, um mich zu begrüßen, ergriff meine Hand und zog mich an sich. Ich verlor einen Augenblick die Balance, als er einen Kuß auf meine Wange drückte. Im stillen schalt ich mich selbst, weil ich nicht mit seiner Bewegung gerechnet hatte. Hadus war Ende Vierzig, groß und schlank, mit schwarzem Haar, das allmählich dünner wurde, und scharfen schwarzen Augen. Wie immer waren Anzug, Krawatte, Schuhe und seine gleichmäßig manikürten und polierten Nägel von untadeliger Eleganz.

»Ich bin so froh, daß du kommen konntest«, schmeichelte er mir lächelnd.

»Und welches Geschäft rechtfertigt nun dieses edle Ambiente?«

»Nun, ich wollte dir gratulieren – dein Song ist in den Charts, und das sollten wir feiern.«

»Danke, aber das war nicht nötig.« Ich wandte mich an den Kellner. »Ich nehme den Beluga, zehn Gramm, dazu ein Glas Champagner und den Lachs. Danke.« Ich gab ihm die Menükarte ungeöffnet zurück.

»Für mich das geschmorte Hühnchen, aber bitten Sie den Koch, das Fett zu entfernen. Und noch einen Whisky, mit Eis.«

»Also, was gibt es sonst noch?« fragte ich, während ich voller Unbehagen die Mischung aus Ärger und Faszinaton zur Kenntnis nahm, die mich früher einmal betört hatte.

Hadus hob sein Glas. »Immer präzise auf den Punkt. Das gefällt mir. Du wirst geschäftlich sehr erfolgreich sein. Und wenn
du Lust hast, mit mir zusammen erfolgreich zu sein, möchte
ich jetzt einen Toast auf meine neue Mitarbeiterin aussprechen.
Sofern sie mich haben will.«

Ein Kellner streifte meine Stuhllehne, und meine Handtasche glitt zu Boden. Nonnas kleines Amulett fiel heraus. War
das möglich? Rasch hob ich es auf.

»Was ist mit deinem bisherigen Assistenten? Hat er ein besseres Angebot bekommen?«

»Es gibt kein besseres Angebot. Es gibt keine bessere Kanzlei für Musiker in New York. Jeder weiß das. Seine Frau hat
einen Job in Chicago angenommen, und als wahrhaft liberaler
Mann gibt er seine Stellung auf, um mit ihr zu gehen. Arsch-
loch. Aber sein Verlust ist mein Gewinn, wenn du ja sagst. Du
kannst deine Klienten behalten. Wir werden das schon regeln.«

Er machte mir ein sehr attraktives Angebot. Für mich ging
damit ein Traum in Erfüllung. Seit der Rezession in der Musikbranche waren solche Jobs selten geworden. Es war ein
kostbarer Preis, der mir einfach in den Schoß fiel. Aber es war
auch ein gefährliches Spiel.

»Ich fühle mich geschmeichelt. Und ich bin selbstverständlich interessiert. Wer wäre das nicht, aber es gibt jede Menge
Anwälte, die auf diesem Gebiet sehr viel mehr Erfahrung
haben als ich, also … sei bitte ehrlich zu mir.« Es war mir peinlich, unsere persönliche Vergangenheit anzusprechen, aber ich
wußte, ich würde nicht für ihn arbeiten können, wenn das
seine eigentliche Absicht war. Während ich mich in diesem
Raum mit all seinen Erfolgsgeschichten umsah, wußte ich
plötzlich, daß ich den Job unbedingt haben wollte. »Ich werde

schon nach zehn Minuten wissen, ob du irgendwelche Hintergedanken hast, und wenn ja, dann werde ich nicht bleiben. Wir müssen uns absolut einig sein – die ganze Sache ist rein gschäftlich.«

Hadus lächelte. Ich hatte ihm gesagt, was er hören wollte – ich war interessiert. »Rein geschäftlich. Hundert Prozent. Ohne Hintergedanken.«

Er warf mir einen lüsternen Seitenblick zu, und ich hob meine Augenbrauen. »Na, komm schon – nur ein kleiner Scherz im Gedenken an alte Zeiten.« Er lächelte süß.

Zu süß, dachte ich sorgenvoll, während ich mein Champagnerglas hob, um mit ihm anzustoßen.

»Ich weiß doch, wie gut wir zusammenarbeiten – die Turner-Sache ist hervorragend gelaufen. Du hast einen scharfen Verstand, bist nicht leicht zu beeindrucken und zweifellos hübsch anzusehen. Du hast mein Wort – keine Hintergedanken.« Er lachte und führte mit einem Anflug von Herablassung sein überzeugendstes Argument ins Feld: »Und wenn du erst einmal meine neue Freundin kennengelernt hast, wirst du wissen, daß es keinen Grund zur Sorge gibt.«

Beim Essen, das er kaum anrührte, sprachen wir über Vertragsbedingungen, Klienten und meinen Wunsch, die ehrenamtliche Gewerkschaftsarbeit fortzusetzen. Als wir mit dem Kaffee fertig waren und Dutzende von Stars aus der Musikszene an unseren Tisch gekommen waren, um ihren Gruß zu entbieten, hatte Hadus' kunstvoll in Szene gesetztes Manöver seine Wirkung getan. Wir verabschiedeten uns mit einem Händedruck, und ich fühlte mich so, als habe er mir die Schlüssel zu einem Königreich übergeben.

»Wir sehen uns Montag.« Er griff in seine Jackentasche und zog eine elegante silberne Visitenkartenbox heraus. »Hier sind ein paar von meinen Karten. Benutze sie, solange deine noch nicht gedruckt sind.«

Ich spürte die erhöhten Buchstaben auf dem seidigen Karton zwischen meinen Fingerspitzen. Sie fühlten sich bedeutend an, wie ein Talisman der Macht. Behutsam steckte ich die Karten in meine Handtasche, gleich neben Nonnas kleinen, knubbeligen, grünen Beutel.

In der Zeit, die man brauchte, um einen Löffel voll Kaviar mit einem Schluck Champagner herunterzuspülen, hatten sich meine beruflichen Sorgen in nichts aufgelöst. Es war so, als habe jemand meine Gedanken gelesen und einen Zauberstab geschwungen. Es mußte magisch sein – von jetzt auf gleich mußte ich nicht mehr ums Überleben kämpfen, sondern arbeitete für eine der führenden Kanzleien in der Unterhaltungsbranche. Das Licht blendete mich, als ich auf die Fifty-seventh Street hinaustrat, und so sah ich den Mann nicht, mit dem ich frontal zusammenstieß.

»Es tut mir so leid.«

»Macht nichts, schöne Frau. Haben Sie vielleicht etwas Kleingeld?«

Ich gab dem Obdachlosen fünf Dollar, und mit dem Gefühl, etwas von meinem Glück weitergegeben zu haben, schwebte ich Richtung Kaufhaus Bendel, während durch meine Träume schon gezuckerte Pflaumen und Schuhe von I. Miller tanzten. Auf halbem Weg zum Käuferhimmel erinnerte ich mich jedoch an Nonnas Anweisungen, mich des Amuletts zu entledigen, sobald es seinen Zauber gewirkt hatte. Konnte es diese Art von Magie geben? fragte ich mich.

Also wandte ich mich auf der Fifth Avenue scharf nach links Richtung Central Park. Der Boden war gefroren, und es gab glatte Stellen, so daß ich nur langsam gehen konnte. Die

Bäume waren kahl, die Landschaft wirkte leblos und grau. Vorsichtig kletterte ich auf einen Felsvorsprung über dem Teich. Ich öffnete das kleine grüne Bündel und streute den Inhalt in alle Winde. Pulverartiger Staub verschwand in den Himmel, und ein kleiner, glänzender Stein flog ins Wasser hinaus. Leise, damit mich die Liebespaare, die Mütter mit ihren Kinderwagen und die alten Männer auf den Parkbänken nicht hören konnten, sagte ich. »Ich weiß nicht, wem ich nun danken soll, aber wer immer du sein magst, ich danke dir.«

Ich konnte das Treffen am Sonntag kaum erwarten, um Nonna von meinem neuen Job zu erzählen. In meiner Begeisterung hatte ich ihre warnenden Worte hinsichtlich meiner Zukunft vergessen. Obwohl die Skeptikerin in mir zweifelte, war es aufregend, sich die Magie als eine Art Weihnachtsmann vorzustellen – wie die Fähigkeit, Glück herbeizuzaubern. Ein Teil von mir tat die Wirkung von Nonnas Amulett ab, aber ein anderer Teil von mir war fasziniert von der Möglichkeit, daß sie auf irgendeine Weise eine wohlwollende Macht eingesetzt hatte. Der Vollmond saß wie aufgespießt auf den Wolkenkratzern, als ich aus der U-Bahn nach oben stieg und mich auf den Weg zum Hexenkreis machte.

Früher hatte ich nur selten auf den Mond geachtet – manchmal war er mir aufgefallen, wenn er als schmale silberne Sichel wieder am Himmel erschien oder wenn er besonders groß und golden über der Skyline von Manhattan stand. Aber heute nahm ich den Vollmond bewußt wahr, und ich erinnerte mich an den Zeitpunkt in Nonnas Vorhersage.

»Ich habe tolle Neuigkeiten!« Ich griff mir Sophia, die sich bereit erklärt hatte, noch an einigen Versammlungen mit mir gemeinsam teilzunehmen, und zog sie beiseite. »Ab morgen arbeite ich bei Rosen, Meiser, Dutton und Hadus. Kann sein, daß ich heute abend früh gehen muß – ich hab ja so viel zu tun.«

»Wirklich beeindruckend.« Sophia arbeitete für eine Plattenfirma. Sie kannte sich aus.

Diesmal waren deutlich weniger Frauen da als vor einer Woche. Sophia erzählte mir, die anderen seien nicht wieder eingeladen worden, und ich stellte fest, daß eine Art Auslese vorgenommen wurde.

Während Sophia Maia und Bellona beim Aufbau half, zog es mich zu dem kleinen Tisch in der Mitte des Raumes. Er war mit einem weichen Tuch aus grünem Samt bedeckt, und darauf stand eine Sammlung weiblicher Figurinen, von denen ich einige aufgrund meiner Lektüre erkannte. Eine hübsche Frau mit einer Haut, die so braun schimmerte wie fruchtbare Erde im Frühling, kam ebenfalls herüber und stellte sich neben mich. Sie schien Ende Dreißig zu sein, und ich hörte in ihrer sanften Stimme einen schwungvollen westindischen Akzent, als sie auf die kleine Statue einer kräftigen Frau mit rundem Bauch und üppigen Brüsten zeigte.

»Das ist die Venus von Willendorf. Sie wurde in Deutschland gefunden und stammt aus dem späten Paläolithikum. Figuren wie diese sind überall auf der Welt gefunden worden. Eine rundliche Figur wie ich. Es ist nett, weibliche Schönheit und Kraft zu sehen, mit der ich mich identifizieren kann. Nicht, daß ich etwas dagegen hätte, ein paar Pfund abzunehmen, aber es ist immer ein mühsamer Kampf.« Sie seufzte, und dann heiterte sich ihr Gesicht wieder so schnell auf, wie es sich zuvor verdunkelt hatte. »Die da ist mehr wie du.« Vorsichtig reichte sie mir eine lange, dünne Figur. »Sie stammt von den Zykladen im Mittelmeer. Sehr alt. Und dieses wunderbare Geschöpf mit dem Löwenkopf ist Sekmeth, die ägyptische Göttin der Zerstörung und Wiedergeburt. Sie ist die Schwester von Maat, der Göttin der Wahrheit, und sie hilft Maat beim Verspeisen von Lügnern.«

»Da würden mir einige Opfer für sie einfallen.«

»Mir auch«, stimmte sie zu, und unser Lachen befreite mich von meiner Schüchternheit.

»Ich bin Jeanette. Maia und ich haben eine gemeinsame Freundin, eine Manbo, die auf die Idee kam, es könnte mir Spaß machen, in einer Frauengruppe mitzuarbeiten.«

»Eine Manbo?«

»Eine Voodoo-Priesterin. Eine sehr weise Frau. Sehr großzügig. Wie bist du hergekommen?«

»Meine Freundin Sophia hat mich mit Maia bekanntgemacht, und die hat mich eingeladen. Wer ist das?« fragte ich und zeigte auf eine wunderschön geschnitzte Statue einer orientalischen Frau. Ihre schwingenden Gewänder vermittelten den Eindruck von Eleganz und Bewegung, und sie hielt eine Kugel in den Händen.

»Das ist Kuan Yin, eine alte chinesische Göttin des Mitgefühls.«

»Ich glaube, diese Göttin kenne ich.« Ich hatte eine schwere Messingstatue in die Hand genommen, die eindeutig aus Indien stammte. Sie hatte volle Brüste, Mandelaugen, runde Hüften und trug prächtigen Schmuck. »Sieht aus wie Shakti, die Geliebte des Gottes Shiva. Man nennt sie auch Parvati, die schöpferische Kraft des Universums, die Macht des Verlangens, die sich in der Schönheit der Welt manifestiert.«

Jeanette wirkte überrascht.

»Ich habe früher viel Yoga praktiziert«, erklärte ich. Dann wurde ich ganz aufgeregt, als ich eine kleine grüne Figur der

Göttin Isis entdeckte. »Und wer ist das?« Ich zeigte auf eine sehr auffallende Gestalt.

»Das ist die japanische Sonnengöttin Amaterasu. Von ihr sollen die Kaiser abstammen. Und hier ist eine keltische Göttin, Brigida, von der der Name Britannien abgeleitet ist; sie ist die Muse der Dichter. Die aus Ebenholz geschnitzte ist die yorubische Göttin Yemonja, die Mutter der Meere, die Reichtum verleiht. Sie stammt aus Afrika, wird aber auch in Brasilien, der Karibik, in New Orleans sowie in den Santeria- und Voodoo-Traditionen angebetet. Aber sag mir doch, wie lange verehrst du schon die Göttin?« fragte sie.

»Ich verehre die Göttin nicht«, antwortete ich wahrheitsgemäß. »Ich kann eigentlich nicht behaupten, daß ich ein religiöses Interesse habe – was mich fasziniert, ist die Geschichte, und zwar aus einem feministischen Blickwinkel. Ich glaube nicht mal an Gott, insofern wäre es ziemlich mühsam, mir eine Göttin vorzustellen.«

»Ah«, hauchte sie sachte wie eine silbrige karibische Brise. »Weißt du, eigentlich glaubt man auch nicht so sehr an die Göttin, sondern man erfährt sie.« Sie lächelte mich an, und ich sah hinab auf die vielen Skulpturen. Die Sammlung war der unwiderlegbare Beweis einer lange vergessenen Geschichte aus allen Teilen der Welt.

»Und wie erfährst du die Göttin?« fragte ich.

Die Antwort gab Maia, die zusammen mit Bellona und Nonna in der Mitte des Raumes stand und uns willkommen hieß. »Bildet bitte einen Kreis und reicht euren Nachbarinnen die Hände.«

Sie begann, den Kreis abzuschreiten, blieb dabei viermal stehen und sprach über Vögel und Löwen, Delphine und Bären, Luft und Feuer, Wasser und Erde. Für mich klang das wie poetisches Geplapper, und ich verstand nicht, worüber sie redete. Jedesmal, wenn sie stehenblieb, drehten sich die Frauen mit ihr, um in dieselbe Richtung zu blicken. Einige hoben ihre Hände, andere wedelten mit ihren Armen in der Luft und vollführten Gesten.

Ich kam mir albern vor, und meine innere Skepsis entwickelte sich zur Rebellion. Ich sah mich um und fragte mich, was eine intelligente und demnächst höchst erfolgreiche Anwältin wie ich, die gerade in der »Russischen Teestube« zu Mittag gegessen hatte, hier suchte. Ich war von Gesprächen über Geschichte, wo ich mich ganz zu Hause fühlte, in ein Ritual geraten, das all meine Warnlampen im Hinblick auf religiösen Aberglauben aufleuchten ließ.

Maia begab sich zurück in die Mitte des Kreises und sprach: »Isis, Astarte, Diana, Hekate, Demeter, Kali, Inanna. Göttin der tausend Namen.«

Als der Name Isis fiel, durchströmte mich eine ungewohnte Welle der Erregung, schwemmte mein Unbehagen fort und lüftete meine Maske intellektueller Distanz. Der schnelle Fluß mysteriöser Namen ergriff mich und trug mich weit von den Ufern meiner anerzogenen Widerstände zu einer Insel der Frauenmagie. Ich hatte ein merkwürdiges Gefühl des *Déjà-vu*, so als hätte ich diesen Augenblick schon einmal im Traum erlebt.

»Große Göttin, die die Eine ist, aus der die vielen hervorgehen. Jungfrau, Mutter und Alte Weise. Liebliche Mondin, die sich auf ihrer mysteriösen Reise jeden Monat verwandelt. Mutter Erde, ohne die wir nicht existieren könnten«, fuhr Maia fort.

Vielleicht war es die poetische Sprache, die mich auf eine Weise erreichte, wie es Logik und Vorschriften, Edikte und Gebote niemals vermocht hätten. Vielleicht war es die Folge davon, daß ich mich wochenlang in die alten Reiche und Rezitationen der Göttin vertieft hatte, oder es war die Auswirkung subtiler Offenbarungen – jedenfalls vernahm ich eine Sprache der Gefühle, die mich in mein eigenes Innerstes führte, ein Reich unbekannter, aber fesselnder Mysterien.

Maia forderte uns auf, uns zu setzen. Sie zündete eine grüne Kerze an, setzte sich ebenfalls hin und schloß die Augen. Sie ruhte völlig in sich und schien die vielen Blicke, die auf sie gerichtet waren, gar nicht wahrzunehmen. Auf ein inneres Signal hin hob sie die silberne Schale, die im Kerzenlicht erstrahlte. »Große Mutter, möge die Wahrheit mit deinen Kindern wiedergeboren werden und möge die Erde wieder als deine heilige Gestalt verehrt werden.« Und mit einer gänzlich unvollkommenen, aber lieblichen Stimme begann sie zu singen:

> *»Von der Göttin kommen wir alle,*
> *und zu ihr kehren wir zurück*
> *wie ein Regentropfen,*
> *der in den Ozean fällt.«*

Einige Frauen kannten die eingängige Melodie bereits und fielen harmonisch mit ein. Zögernd, weil ich den Klang meiner eigenen Stimme nicht gewöhnt war, und unsicher, ob ich mich an die Worte erinnern und die Melodie halten konnte, begann auch ich zu singen. Als unser Gesang den Raum erfüllte, wuchs mein Selbstvertrauen, und ich begann, die Situation zu genießen. Ich fühlte mich von diesem Chor der Frauenstimmen getragen, erhoben und aufgerichtet.

Die Schale wurde herumgereicht, und als sie bei mir ankam, hörte ich mich Worte sprechen, die nicht in meiner bewußten Absicht gelegen hatten.

»Auf daß ich die Göttin finden möge, die in jeder von uns lebt.«

Als die Schale wieder zum Altar zurückgekehrt war, ließ Maia uns aufstehen, während sie erneut den Kreis abschritt und in jeder der vier Richtungen stehenblieb.

»Dank den Geistern der Luft, den Geistern des Feuers, den Geistern des Wassers und den Geistern der Erde. Dank der Großen Göttin, die alle Segnungen hervorbringt, und Dank ihren Töchtern, die zurückgekehrt sind zu den alten Riten der Mutter.«

Der Kreis löste sich auf in eine Vielzahl plaudernder, lachender Frauen. Ich stand da wie angewachsen, nicht fähig oder nicht willens, die Freude loszulassen, die mich erfüllte.

Und dann war Nonna neben mir, umfing mich mit einer warmen Umarmung und flüsterte Worte des Willkommens und der Beruhigung. »Die Welt ist voller Schönheit, aber die größte aller Schönheiten ist das Licht, das in deinem Herzen scheint. Fürchte dich nicht davor, es den Menschen zu zeigen.«

Eine emotionale Schleuse öffnete sich plötzlich und ließ Gefühle hervorbrechen, die ich schon vor meiner Geburt gekannt hatte; Gefühle, die hinter einer Mauer der Selbstentfremdung, errichtet durch Schule, soziale Herkunft und eine jahrtausendealte Geschichte, zurückgehalten worden waren. Ich weinte. Nicht sehr lange, aber lange genug, um wahrzunehmen, wie ein Strom der Sehnsucht durch die Wüste meines Lebens floß. Und ich spürte, wie in diesem heiligen Delta die Erde fruchtbar sein würde, wie die Myrrhebäume duften und köstliche Feigen dort wachsen würden, während ein Stern an meinem Horizont aufstieg.

Diese Hexen, diese Frauen waren Mitglieder eines alten Kollegiums von Priesterinnen, Bewahrerinnen der alten Riten. Sophia nannte sie Schamaninnen, Visionärinnen, die um die spirituelle Welt wußten und die Riten der Heiligen Erde und der Großen Göttin weitergaben. Seit den Anfängen der menschlichen Geschichte hatten Priesterinnen eine lebenswichtige, wenngleich lange verborgene Rolle als spirituelle Führerinnen gespielt. Sie waren weise Frauen, sie waren Hexen, und sie würden meine Lehrerinnen sein und mir die alten Weisheiten der Göttin vermitteln.

Als ich durch die mondhellen Straßen nach Hause ging, fühlte ich mich seltsam von dem Geheimnis gefesselt, das in mir verborgen lag, und das merkwürdige Niemandsland, das ich nun betreten würde, verunsicherte mich immer noch. Die liebevolle Offenheit, mit der ich in diesem Frauenkreis empfangen worden war, und die geheime Geschichte der Göttin trieben mich vorwärts. Aber angesichts des Kontrastes zwischen der Welt der Hexen und meiner zukünftigen Berufswelt fragte ich mich, wie ich beides vereinbaren sollte – die eine Seite geheimnisvoll und poetisch, während die andere Rampenlicht und Pragmatismus erforderte. Die eine wurde mit Argwohn und Feindseligkeit bedacht, die andere mit Ehrfurcht und Neid. Während ich zur U-Bahn hinabging, begriff ich noch nicht, daß alles auf dem Kopf stand. Ich war noch nicht weit genug auf meinem Weg, um zu erkennen, daß der Segen meines wundersamen beruflichen Aufstiegs eigentlich meinen Sturz in eine Unterwelt kennzeichnete, die ein verlockendes, aber letzten Endes unfruchtbares Terrain darstellte. Genausowenig wußte ich, daß meine Konfrontation mit den uralten, kulturell geprägten Bildern der Dunkelheit der Beginn einer Reise zur wirklichen Erleuchtung war.

Aber ich hatte auch noch nicht mein Auge verloren und dadurch sehen gelernt.

3

Ein Hexenzirkel

Die Wasser der heiligen Ströme fließen aufwärts,
Recht und alles hat sich auf Erden verkehrt…
Ändern wird sich mein Ruf, und die Ehre kränzt mein Leben;
Hoher Ruhm verherrlicht auch der Fraun Geschlecht;
Schmähend belastet der Ruf nicht mehr des Weibes Namen.
EURIPIDES, »Medea«

Für mich ist es nur sinnvoll, daß Gott eine Frau ist.
PERSÖNLICHER BRIEF VON JIM MORRISON
AN SEINE FRAU PATRICIA KENNEALY MORRISON,
FEBRUAR 1971

Es ist kein Traum – ich bin wirklich angekommen, dachte ich, als ich das Büro von Rosen, Meiser, Dutton und Hadus mit seinen schwarzen Polstermöbeln und den vielen Spiegeln an den Wänden betrat. Meine Begeisterung war auch nach acht Wochen noch genauso stark wie am ersten Tag. In dem Moment, in dem ich die schwere Mahagonitür öffnete, wußte ich, daß ich in einer eigenen Welt war – Wetter und Jahreszeit, Sorgen und Unsicherheiten, alles verblaßte in dieser sorgfältig gestalteten Domäne der Leistungsfähigkeit. Die Farbpalette dieser Welt – Schwarz, Weiß und Grautöne – wurde von allen Oberflächen strahlend reflektiert.

Nachdem ich auf magische Weise Zutritt zu dieser Welt der Privilegien erhalten hatte, stand ich in ihrem Bann. Ich ging an goldenen Schallplatten vorbei, die wie Glücksbringer glänzten, und wie die Künstler, die diese Räume betraten, konnte ich sicher sein: Auch wenn die Welt dort draußen voller Gesindel, Armut und Seuchen war, in diesen Hallen der Macht gab es nichts als strahlendes Licht. Hier wohnten Meister des göttlichen Universums, und wenn man über Talent, Beziehungen und vor allem Geld verfügte, würden sie einem auf dem Weg zu Reichtum und Ruhm behilflich sein.

Aus der erstklassigen Stereoanlage erklang die Musik einer bekannten britischen Band, die Hadus zu seinen Klienten zählte. Der Gedanke, sie kennenzulernen, einer meiner Rock'n'Roll-Tagträume, blitzte kurz auf. Von meinem kleinen, aber eleganten Büro aus konnte ich jeden Tag sehen, wie Stars, Megastars und Ikonen zu Besprechungen in die Büros der Partner gingen, um Verträge zu unterzeichnen, an Sitzungen teilzunehmen oder – völlig irre – einen dieser »Ich war gerade in der Nähe und hab gedacht, ich schau mal rein und sage Guten Tag«-Besuche machten. Es war berauschend, und ich konnte es kaum abwarten, ebenfalls Zugang zum Allerheiligsten zu bekommen.

»Guten Morgen«, begrüßte mich die stets wohlwollende Empfangsdame Madeline. »Wie geht's?« Sie war in den Vierzigern, ein elegant gekleideter Hippie und eine Frau, die sich mit den Größten dieser kurzlebigen Ära herumgetrieben hatte. Ihre Gegenwart war eine Reverenz an jene Zeit, als das Format dieser Kanzlei erst allmählich Konturen angenommen hatte.

»Großartig, wie immer. Schönes Halstuch.« Madeline trug stets außergewöhnliche Halstücher.

»Danke. Ist ein Geschenk von Jim Morrisons Frau. Sie hat einen fabelhaften Geschmack.«

»Pamela? Ich dachte, sie ist tot.«

»O nein, er hat Pamela nie geheiratet. Ich meine Patricia Kennealy Morrison, die Schriftstellerin, eine sehr anerkannte Rock-Kritikerin. Sie hat eine Weile für unsere Hauptgesellschaft gearbeitet. Sie ist eine Hexe, weißt du, eine gute Hexe.«

Fast wären mir meine Taschen aus der Hand gefallen. Madeline hatte sich umgedreht, um einen großen Blumenkorb mit purpurfarbenen Hyazinthen aufzuheben, und so gelang es mir, meinen Schock zu verbergen. Wußte sie etwas? fragte ich mich. Wie konnte sie es bemerkt haben?

»Ich habe gehört, daß Hexen eigentlich immer gut sind. Eine schlechte Hexe ist eine, die nicht weiß, was sie tut. Oder etwa nicht?«

Sie nickte zustimmend und kicherte. »Die Blumen sind für dich abgegeben worden.« Sie reichte mir den Korb, und ich zog eine kleine weiße Karte heraus, die zwischen den Blumen steckte: *Gute Arbeit, weiter so – John Hadus*

»Ein Verehrer?« fragte Madeline.

»Vermutlich, auf der beruflichen Ebene«, grinste ich. »Oh, ich war auf dem Weg hierher in der Bäckerei – Greenbergs süße klebrige Brötchen, magst du eins?«

»Du bist gräßlich.« Madeline griff in eine der weißen Tüten.

»Der Teufel hat mich geritten.«

»Deine Nachrichten.« Madeline reichte mir einen dicken Stapel pinkfarbener Notizzettel.

Seit ich meine Arbeit in der Kanzlei begonnen hatte, war ich mit Anrufen überschüttet worden: alte Freunde aus dem Music Building, Freunde von Freunden und Freunde von Leuten, die ich überhaupt nicht kannte. Alle wollten das Entrée und die Fachkenntnisse, die mit meiner neuen Position verbunden waren. Ich saß im Schnellzug auf dem Weg zum amerikanischen Traum, und da ich der Meinung war, daß der Erfolg süßer schmeckt, wenn man ihn teilt, half ich ihnen gerne. Meine Trophäe im Arm, begab ich mich auf meine morgendliche Pilgerreise durch die heiligen Hallen der Musikbranche. Telefone klingelten, Schreibmaschinen ratterten, und aus den Büros der Partner erklang Musik, alle Arten von Musik, von Show-Melodien bis Punk-Rock.

»Guten Morgen. Magst du ein klebriges Brötchen von Greenberg?« Ich legte die Tüte auf Sharons Tisch und hoffte, sie durch das, was Nonna »wohlwollende Magie« nannte, freundlicher zu stimmen. Sie war seit zehn Jahren Sekretärin bei Hadus und hatte die Assistenten kommen und gehen sehen. Doch ihre Ausdauer strafte ein Temperament Lügen, das so sprunghaft wie der Aktienmarkt war, so daß sie sich in Sekundenschnelle ohne erkennbaren Grund von einem Stier in einen Bären verwandeln konnte. Inzwischen dachte ich, daß sie diesen Charakterzug von Hadus übernommen hatte.

»Ich habe die McCarthy-Vereinbarung überarbeitet, und Hadus sagte, er wolle das korrigierte Exemplar noch heute haben.« Ich stellte die Blumen auf ihrem Tisch ab und zog das umfangreiche Dokument aus meiner neuen Mark-Cross-Aktentasche.

Sie wandte ihren Blick von den Blumen ab und fauchte: »Dafür habe ich keine Zeit. Sieh dir das hier mal an«, wobei sie ungeduldig auf die Papierstapel zeigte, die sich auf ihrem Schreibtisch türmten.

»Ich gebe ja nur weiter, was er mir gesagt hat«, erwiderte ich ruhig, aber fest, während ich vor dem Sperrfeuer zurückwich, das losbrach, als sie wieder in die Tasten ihrer elektrischen Schreibmaschine hämmerte. Nimm's nicht persönlich, sagte ich mir, sie ist einfach nur überarbeitet. Sharon hatte den strategisch günstigen Platz vor der Tür von Hadus' Büro an der

Ecke des Raumes, den die Sekretärinnen teilten und in dem außerdem die Aktenschränke und Geräte standen. Kein Wunder, daß man von einem Schreibpool sprach, dachte ich, sie leben wirklich im Aquarium, in einem grauen Aquarium. Ich konnte Sharons Unmut verstehen. Eingekesselt in der Mitte des Bürotraktes, ohne Tageslicht und ohne Rückzugsmöglichkeiten durften die Sekretärinnen ihre Schreibtische nicht einmal mit Familienfotos schmücken. Irgendwelche netten persönlichen Kleinigkeiten hätten sie vom ansonsten ungebrochenen Ruhm unserer Klienten ablenken können, und wir waren schließlich stromlinienförmig auf Erfolg getrimmt.

Die Büros an der Außenseite des Hauses, ausgestattet mit üppigem Luxus und einem Panoramablick auf den Park, gehörten den Partnern. Die Assistenten waren auf der gegenüberliegenden Seite des Schreibpools untergebracht. Unsere Büros waren klein und spartanisch mit Blick auf die Häuser auf der anderen Straßenseite. Trotzdem waren sie *unsere* Kämmerchen, mit Türen, die zwar nur geschlossen werden durften, wenn wir eine Besprechung hatten, aber sie hoben uns vom Pool ab. Die Hierarchie war durch die Lage und Ausstattung der Arbeitsplätze klar gekennzeichnet. Und es war auch unübersehbar, daß es in dieser Hierarchie eine geschlechtsspezifische Verteilung gab. Die Partner, mit Ausnahme von Jessica Dutton, und die Assistenten, abgesehen von mir, waren ausschließlich Männer. Im Sekretariat saßen jedoch nur Frauen. Ich drehte mich um und stieß mit Hadus zusammen, der hinter mir stand – zu nah hinter mir.

»Ich sehe, du hast mein Dankeschön bekommen.« Er lächelte.

»Sie sind wunderbar. Vielen Dank, aber das wäre wirklich nicht nötig gewesen.« Aus dem Gleichgewicht geraten, machte ich einen kleinen Schritt zur Seite. »McCarthy ist fertig und muß nur noch neu getippt werden.« Ich spürte Sharons Augen wie tausend kleine Nadeln in meinem Rücken.

»Gut. Laß das Zeug hier und komm rein.« Hadus war heute gut gelaunt, jovial und entspannt, und ich vermutete als Grund dafür einen besonders eindrucksvollen Klienten in seinem Büro.

Bisher hatte ich noch keinen persönlichen Kontakt mit Klienten außer meinen eigenen gehabt. Hadus beschäftigte mich mit Papierkram, Unmengen von Papierkram, meist Verträge, die im Hinblick auf Plattengeschäfte, Urheberrechte für Songs, Bücher und Waren überarbeitet werden mußten, wobei es um astronomische Beträge ging, die ausgereicht hätten, um die Menschen in einem Land der dritten Welt ein Jahr lang zu ernähren. Ich ordnete meine Haare, denn ich wußte, daß sich hinter dieser Tür entweder eine rein männliche Band oder ein männlicher Sänger oder Liedermacher befand, der mich unvermeidlich als Alibifrau erkennen würde. Aus irgendwelchen Gründen waren die großen Nummern immer Männer, und sie bekamen immer bessere Verträge als die Frauen, selbst als die wenigen Spitzenkünstlerinnen. Rock'n'Roll war Männersache, und ich begriff allmählich, wie wenige Frauen im Geschäftsleben Macht ausübten. Ich war entschlossen, eine der wenigen zu sein, die es schafften.

Ich folgte Hadus in sein Büro, und dort saßen in zerrissenen Jeans, alten T-Shirts und Armani-Jackets der Lead-Sänger und der Bassist jener Band, deren Musik ich gerade in der Empfangshalle gehört hatte. Beide erhoben sich rasch bei meinem Eintritt. Mein Puls raste. Ich fürchtete, meine Handflächen könnten schweißnaß sein, als der Sänger meine selbstsicher ausgestreckte Hand ergriff. Doch es war der Bassist, der mich vollends aus der Fassung brachte, indem er sich elegant vorbeugte und mir die Hand küßte. Wir setzten uns, und Hadus übernahm die Gesprächsleitung, indem er erklärte, ich würde ihm bei den Einzelheiten für den Filmvertrag assistieren, der ihnen gerade angeboten worden war. Jegliches Unbehagen, das ich im Hinblick auf Hadus' Jähzorn, Sharons Sticheleien oder die zermürbenden Überstunden empfunden hatte, war wie weggeblasen. Ich befand mich in der Gegenwart von Rock'n'Roll-Göttern.

Ich ging zurück in mein Büro und war bereit, so lange wie nötig zu arbeiten. Aber heute traf sich der Hexenkreis, und das war der einzige Abend, den ich versuchte, mir freizuhalten. Nur noch ein paar Seiten, sagte ich mir. Als ich das nächste Mal auf die Uhr blickte, stellte ich fest, daß der Zirkel schon vor Stunden begonnen hatte. Erschöpft beschloß ich heimzugehen. Dort erwartete mich eine besorgte Nachricht von Nonna. Ich wußte, warum sie angerufen hatte; dies war nicht der erste gemeinsame Abend, den ich wegen meines wunderbaren neuen Jobs versäumt hatte.

Ich sorgte dafür, daß ich das nächste Treffen nicht verpaßte. Als ich ankam, saßen die Frauen bereits im Kreis. Schnell streifte ich meine Schuhe ab und ließ mich auf ein Kissen neben Jeanette fallen, die wie eine Haremsdame auf den alten Perserteppichen lag. Ich hatte kaum einen Moment, um Atem zu holen, als Maia auch schon die kleine Glocke erklingen ließ, um die privaten Unterhaltungen zu beenden, mit denen das Treffen jedesmal begann. Von ursprünglich fünfundsiebzig Frauen waren jetzt nur noch elf übriggeblieben. Wir lernten einander kennen, tauschten Bücher aus, verabredeten uns zum Essen und – das war besonders wichtig – sprachen über unsere

Träume, Visionen und Erfahrungen. Ich konnte das alles nur als magisch bezeichnen. Dies war ein Zufluchtsort, ein sicherer Hafen, wo wir frei über unsere erstaunlichen übersinnlichen Wahrnehmungen und magischen Synchronizitäten reden konnten, die wir offenbar alle erlebten, von denen wir aber befürchteten, daß andere sie nicht akzeptieren oder verstehen würden. Es war mir eine enorme Hilfe, zu entdecken, daß ich nicht die einzige war, die zukünftige Ereignisse in Träumen vorhersah, Momente der Telepathie oder Synchronizitäten erlebte. Ich war nicht mehr allein.

Jede von uns war einzigartig im Hinblick auf ihre Abenteuer, Interessen und Talente. Doch unsere gegenseitige Unterstützung und Ermutigung schien unsere angeborenen übersinnlichen Fähigkeiten zu nähren. Und obwohl Maia nur wenige Jahre älter war als die meisten von uns, beruhigte mich ihre mütterliche Wärme im Verein mit Bellonas disziplinierter Konzentration und Nonnas langjähriger Erfahrung, wenn ich an den vor uns liegenden Weg dachte.

Die Priesterinnen wechselten einander in der Leitung des Kreises ab oder arbeiteten gemeinsam. Heute war Maia an der Reihe. Während Nonna redegewandt und würdevoll war, wirkte Maia warm und mütterlich mit einem Hauch von Dramatik, wenn sie uns umsorgte wie eine schnurrende Katze ihre Jungen.

»Setzt euch bequem hin und legt alles ab, was einengt oder drückt. Und nun, Frauen, schließt eure Augen und sitzt gerade«, begann Maia fröhlich. »Wir beginnen mit der Atmung – sie ist die einfachste Möglichkeit, Energie in Bewegung zu setzen. Atmen war das erste, was ihr nach eurer Geburt getan habt, und es wird das letzte sein, was ihr tut, wenn ihr diese Erde verlaßt. Achtet auf euren Atem. Und nun verlängert ihr die Atemzüge, langsam und tief einatmen, den Atem anhalten... eins, zwei, drei. Jetzt langsam ausatmen, bis die Lungen völlig leer sind. Und wieder einatmen, die Lungen und das Zwerchfell ausdehnen. Anhalten: eins, zwei, drei. Ausatmen und entspannen. Während ihr weiter tief atmet, fühlt ihr, wie ihr leicht werdet, wenn die reine, klare Energie der Luft in euch hineinströmt und euch mit Leben erfüllt.«

Innerhalb weniger Minuten fühlte ich mich federleicht wie eine Luftblase, die hätte fortschweben können. Ich hörte Maias Stimme, als komme sie aus großer Entfernung.

»Atmet weiter, langsam und tief. Fühlt, wie sich euer Körper entspannt. Erlaubt eurem Geist, ruhig zu werden. Wenn Gedanken auftauchen, laßt sie vorübertreiben und konzentriert euch auf den Klang meiner Stimme, die euch führt, konzentriert euch auf euren Atem... Fühlt, wie die Luft voller Licht und Energie ist...«

Mit jedem Atemzug floß die Energie kraftvoller durch mich hindurch. Ich ritt auf den Wellen meines Fühlens, das ihre Worte und meine konzentrierte Atmung hervorriefen. Ich war erfüllt mit Licht und Kraft, die mich belebten. Ich beobachtete mich, wie ich dachte: Alles ist Energie, und alles ist miteinander verbunden. Ich erkannte, daß die Technik der Yoga-Atmung sehr ähnlich war. Wir arbeiteten mit der universellen Lebenskraft oder Energie, die bei den Chinesen Chi und bei den Yogis Prana genannt wird. Alle Lebewesen haben Anteil an dieser Energie. Ich stellte begeistert fest, daß auch die Hexen diese alte Technik nutzten, mit deren Hilfe Menschen sich bewußt mit dieser Energie verbinden können.

»Wir atmen ein, als wären wir ein einziges Wesen, wir atmen aus, als wären wir ein einziges Wesen, wir werden eins mit jedem Atemzug, wir werden zu einem Kreis ohne Anfang und ohne Ende.« Maias Stimme war ein hypnotisierendes Summen. Die anderen Priesterinnen fielen ein, und zusammen intonisierten sie die widerhallenden Namen:

»Isis, Astarte, Diana, Hekate, Demeter, Kali, Inanna.«

Ein Schauer des Erkennens überlief mich. Allmählich fiel eine vierte Stimme ein, dann eine weitere und noch eine, so leise, als seien sie nicht mehr als ein Hauch von Gaze. Ich flüsterte die Namen und staunte, wie vertraut mir dieser Gesang vorkam. Als sich alle unsere Stimmen vereinigten, verging unsere Furchtsamkeit in einer wunderbaren Klangfülle. Der Gesang stieg und fiel und stieg erneut, und die uns umgebende Energie wuchs in dem Maße, wie sich unsere Stimmen gegenseitig stützten und trugen. Und plötzlich hörten wir alle ohne ein äußeres Zeichen im selben Moment auf. Wir öffneten unsere Augen, wie betäubt von einer Stille, die in ihrer Substanz und Dimension genauso reich war wie der Klang, der eben noch direkt aus der Mitte unserer Seelen emporgestiegen war. In unseren Gesichtern spiegelte sich ungläubige Freude, und plötzlich lachten wir alle. Schon jetzt konnte ich die Wirkung dieser anscheinend simplen Techniken spüren – erhöhte Entspannung und Konzentration, die Bündelung der Gruppenenergie und das Entstehen von Harmonie und Vertrauen.

Nach jedem Treffen fühlte ich mich gestärkt, vital und ungeheuer lebendig, so als ob ich die sprichwörtlichen Bäume ausreißen könnte. Diese Energie half mir, meine Arbeitstage zu überstehen, wo Druck und Anspannung mehr Kraft kosteten, als ich je vermutet hätte. Doch die Anforderungen eines jeden Arbeitstages verlangten von mir einen zunehmenden Verzicht auf mein Privatleben. Statt mich auf eine Weise zu nähren, wie dieser stärkende Kreis es tat, führte die Arbeit allmählich dazu, daß ich mich ausgelaugt und erschöpft fühlte. Da ich jedoch zum Erfolg entschlossen war, benutzte ich meine magische Energie, um den Belastungen standzuhalten.

»Was haben wir gerade gesungen?« fragte ich.

»Uralte heilige Namen der Göttin.« Maia gab uns eine ihrer seltenen, kurzen Erklärungen. Anders als Nonna, mit der ich gerne solche provozierenden Diskussionen über das Warum und Wozu austrug, unterrichtete Maia uns, indem sie uns einfach Techniken vermittelte und uns die Schlußfolgerungen selbst überließ. Ich fand ihre Methoden genauso unschätzbar wie Nonnas, weil sie mich aus meinem Kopf heraus- und in die Erfahrung hineinführten.

»Ich möchte euch etwas Wichtiges mitteilen.« Während sie sprach, goß Maia Rotwein in die Schale der Göttin, die in der Mitte des Altars stand. »Wir haben einige Wochen für unsere Entscheidung gebraucht. Ihr seid die Frauen, die wir ausgewählt haben, um sie auszubilden und dann in unseren Konvent, den ›Mutterhain der Schwesterschaft‹ zu initiieren«, sagte Maia mit einem liebevollen Lächeln.

Bei dem Wort *Konvent* zuckte ich leicht zusammen. Ich wußte, daß eine Gruppe von Hexen als Zirkel oder Konvent bezeichnet wurde, aber ich war nicht sicher, ob ich bereit war, mich selbst eine Hexe zu nennen. Ich verstand jetzt, warum Sophia das Wort Hexe für sich benutzte: Es war ein Akt der Herausforderung und Zurückeroberung – als ob sie durch die Verwendung dieses Ausdrucks die Welt zwingen könne, sich mit seinen negativen Vorurteilen, seiner dunklen Geschichte und dem zugrundeliegenden Frauenhaß auseinanderzusetzen. Indem sie sich das Wort zurückeroberte, forderte sie zugleich ihre Macht als Frau zurück.

Ich atmete tief ein und sah nach oben durch das Dachfenster. Ich konnte gerade die schmale Sichel des neuen Mondes erkennen, ein Zeitpunkt, zu dem nach den Wicca-Lehren neue Dinge begannen. Ich hatte angefangen, solche Dinge zu bemerken und darauf zu reagieren. Eine unerklärliche Aufregung hatte mich erfüllt, als ich am frühen Abend den schmalen Bogen der Hoffnung über Manhattan gesehen hatte. Es war die Zeit für neue Anfänge. Aber war ich zu diesem Anfang bereit?

Ich verstand die Alte Religion inzwischen als Überlebende früherer Religionen, in denen die Göttin verehrt worden war. Die Spiritualität der Menschen, die in enger Verbindung mit der Erde lebten, war ein natürlicher Ausdruck ihres Daseins. Aber was hatte der Hexenkult in diesem technologischen Zeitalter der Wolkenkratzer und Computer, der Wunderdrogen und Krankenhäuser, der Wissenschaft und Supermärkte zu bieten, was man nicht auch anderswo finden konnte? Wer wollte da eine Hexe werden? Und warum? Warum wollte ich eine Hexe werden? Was war die Anziehungskraft, die mich Woche um Woche hierhergetrieben hatte – war es das Versprechen eines Lebens voller Magie? War es die Energie, die ich hier gewann? Oder sogar ein noch grundlegenderes Mysterium? »Ich weiß, daß ihr schon begonnen habt, einander näher kennenzulernen, aber laßt uns trotzdem jetzt hier im Kreis eine Vorstellungsrunde durchführen. Bellona und ich sind Hohepriesterinnen der Schwesternschaft, und Nonna ist unsere Alte. Ich bin seit fast zehn Jahren eine Priesterin Dritten Grades.« Sie begann, Becher mit Wein und Fruchtsaft herumzureichen. »Wir praktizieren die alten Riten wieder, die wir zum Teil während unserer Ausbildung von der Priesterin und dem Priester, zum Teil aber auch von unseren italienischen und irischen Großmüttern gelernt haben. Und wir entwickeln neue Formen, die zu unserem heutigen Leben passen. Wie ihr vielleicht gemerkt habt, treffen sich noch verschiedene andere

Gruppen hier im Tempel – eine ist eine traditionelle Gruppe von Männern und Frauen, die andere ist eine reine Männergruppe. Unsere Gruppe ist, zusätzlich zur traditionellen Ausbildung, den weiblichen Mysterien geweiht.« Maia machte eine Pause und wandte sich an Bellona. »Willst du noch etwas ergänzen?«

Bellona nickte. »Es gibt gelegentlich Kritik an der Geschlechtertrennung in den Zirkeln, aber wir sind der Meinung, daß Frauen einen geheiligten Raum brauchen, um das gesamte Ausmaß ihrer eigenen Polarität und Kraft zu erforschen. Gelegentlich werden wir auch mit Männern und mit der Energie des Gottes arbeiten, aber wir konzentrieren uns hauptsächlich auf die Göttin, denn sie ist genauso lange vernachlässigt worden wie ihr als Frauen. Ich möchte euch auch noch sagen, wie glücklich ich bin, daß ihr heute abend alle hier seid. Jede von euch ist ein ganz besonderer Mensch, und wir freuen uns darauf, mit euch zu arbeiten. Maia und ich sind ein Liebespaar, und ich bin ihr magischer Partner.« Ihre Stimme strahlte ein beneidenswert ruhiges Selbstvertrauen aus. »Wir werden ein Jahr lang mit euch arbeiten, und diejenigen, die das überleben«, sie lächelte schelmisch, und wir lachten ebenfalls, »und entsprechend vorbereitet sind, werden dann initiiert. Danach folgen mindestens zwei weitere Ausbildungsjahre. Ich bin zweiunddreißig Jahre alt und leite das Büro einer Baufirma.«

Bellona wandte sich an die Frau, die zu ihrer Linken saß. »Wir machen deosil, das heißt im Uhrzeigersinn, weiter.«

Die Frauen hatten einen sehr unterschiedlichen Hintergrund. Da war Annabelle, die zierliche, schwarzhaarige Südstaaten-Schönheit von Mitte Dreißig, die meine Ängste in bezug auf den Satanismus geteilt hatte und als Schriftstellerin arbeitete. Sie hatte zarte und perfekte Gesichtszüge, und ihre blauen Augen tanzten, als sie beschrieb, wie sie sich als Kind für Märchen interessiert hatte und dadurch auf die irischen Göttinnen gestoßen war. Neben Annabelle saß Marcia, Anfang Zwanzig, dunkelbraune Haut, kurze, lockige Haare, muskulös. Geboren und aufgewachsen im Osten New Yorks, lebte sie immer noch bei ihrer Großmutter in Brooklyn und arbeitete als Pflegehelferin in einem Krankenhaus. »Ich bin lesbisch«, gab sie freimütig zu, »und verehre die Göttin, weil es keine andere Religion gibt, die die Macht der Frauen respektiert. Vor allem verehre ich Artemis, sie ist eine Kriegsgöttin und schützt die Frauen. Sie hat mir geholfen, zu meiner eigenen Stärke zu finden. Insofern bin ich wirklich dankbar, hier zu sein. Okay, das war's.« Sie grinste und nahm einen kräftigen Schluck Bier.

Links neben Marcia saß Mindy, eine Chiropraktikerin, Mitte Vierzig, Mutter von zwei Kindern und ebenfalls aus den Südstaaten. Ihr Vater war ein Methodistenpfarrer. Neben ihr saß Gillian, deren »gesellschaftlich prominenten« Nachnamen ich sofort erkannte. Sie war Ende Zwanzig, Herausgeberin eines Magazins, hatte einen Magisterabschluß in Mittelenglisch und verfügte über erstaunliche Kenntnisse der Gralsmythen, die sie schließlich, wie sie sagte, zur Göttin geführt hatten. Onatah, neunzehn und Collegestudentin übte schon seit ihrer Schulzeit exotische Tänze. Teils irischer, teils afro-amerikanischer und teils indianischer Abstammung, hatte sie Zeit ihres Lebens eine enge Beziehung zur Jungfrau Maria gehabt.

»Aber den ganzen Blödsinn über Sünde, und daß Frauen für den Sündenfall des Mannes verantwortlich seien, habe ich gehaßt. Und auch die Tatsache, daß Mädchen keine Meßdiener und Frauen keine Priesterinnen sein dürfen, und die Vorstellung, daß ein einziger Mann darüber entscheidet, was Gottes Wille ist, und daß man ihn nicht in Frage stellen kann – die

Menschen sollten alles in Frage stellen! Beispielsweise die Einstellung des Papstes zur Geburtenkontrolle – das ist einfach unverantwortlich, wenn man bedenkt, daß die Überbevölkerung die größte Bedrohung für das Überleben der Menschheit darstellt.«

»Und für das Überleben unseres Planeten,« ergänzte Gillian zu meiner Überraschung.

»Richtig! Und deshalb bin ich nun eine Katholikin in der Rekonvaleszenz.« Wir alle lachten. »Ich interessiere mich auch sehr für Kräuterheilkunde und bin bei einer indianischen Heilerin in die Lehre gegangen. Auf diese Weise habe ich auch etwas über den Hexenkult erfahren. Und ich weiß, daß dies hier eine ganz besondere Chance ist.«

Ich spürte, wie mein Herz schneller schlug, als sich alle Augen auf mich richteten. Ich holte tief Atem und beschrieb kurz meinen Hintergrund und wie ich zum Zirkel gefunden hatte. »Ich kann gar nicht beschreiben, wie sehr ich mich immer auf unser Treffen freue. Es ist für mich der beste Teil der Woche«, schloß ich und sah überall zustimmendes Nicken.

Neben mir saß Jeanette. Sie sprach langsam und mit einer vornehmen Zurückhaltung. »Ich bin Jeanette. Da ich aus Jamaika stamme, bin ich mit Göttinnen aufgewachsen, auch wenn wir sie als Ahnen oder Orisas bezeichnen. Ich arbeite für die Telefongesellschaft, und ich kann euch nur sagen, ich hasse es. Aber manchmal führt die Göttin uns eben einen schweren Weg. Mein Alter verrate ich nicht, aber ich bin älter als die meisten von euch, und ich bin Steinbock, ich werde also kein Blatt vor den Mund nehmen. Das ist alles, außer daß ich mich für die Einladung bedanken möchte.« Ihre Worte waren so präzise, daß sie fast schroff wirkten, aber am Ende lächelte sie, und das milderte die angespannte Förmlichkeit ihres Vorstellens.

Naomi war eine Bildhauerin aus Ann Arbor, die nach New York gekommen war, um die Kunstschule zu besuchen. Kettenrauchend beschrieb sie ihre jüdische Mutter und ihren zur Episkopalkirche gehörenden Vater. Obwohl sie von beiden Traditionen beeinflußt worden war, hielt sie ihre Erziehung, ähnlich wie ich meine, im wesentlichen für intellektuell und humanitär. Naomi war Mitte Zwanzig, hatte dunkelbraune Haare und trug einen farbverschmierten Overall und einen Samtschal. Auch sie war lesbisch.

Plötzlich meldete sich Gillian zu Wort. »Ich möchte etwas ergänzen, wenn ich darf.« Maia nickte. »Ich bin in der Episkopalkirche aufgewachsen. Die Lehren Christi sind voller Weisheit und Schönheit, und ich finde die gnostischen Evangelien wunderbar – ich bezeichne mich selbst sogar als ›Episkopaganin‹, worüber meine Familie schockiert ist«, sagte sie lächelnd. »Aber die religiösen Institutionen, die um die Lehren Christi herum entstanden sind, sind politisch. Und die institutionalisierte Misogynie der Kirche hat mich einfach abgestoßen. Der Hexenkult scheint die einzige religiöse Tradition zu sein, die das Göttliche als weiblich verehrt – und das, finde ich, verleiht uns so viel Kraft.«

»Was ist Misogynie?« fragte Marcia.

»Frauenhaß«, antwortete ich.

»Etwas, das allen drei patriarchalen Religionen anhaftet«, schaltete sich Naomi ein. »Es scheint darin einfach keinen Platz für Frauen zu geben.« »Und das ist einer der Gründe, warum so viele Frauen ihren Weg zur Göttin und zur Alten Religion finden«, ergänzte Bellona.

Wir stellten fest, daß wir alle mit den Lehren und Praktiken der Religionen, mit denen wir aufgewachsen waren, unzufrieden waren, und vor allem fanden wir ihre Haltung gegenüber

Frauen befremdlich: Marcia beschrieb, wie ihre Mutter vor den katholischen Priestern hatte niederknien und um Vergebung dafür bitten müssen, daß sie Marcias Bruder geboren hatte. Gillians Schwester hatte sich einem ähnlichen Ritual in der Episkopalkirche unterziehen müssen, und Naomi hatte man im Alter von zwölf Jahren verboten, aus der Torah zu lesen, weil sie, obwohl noch ein Kind, als Frau und damit als »unrein« galt. Naomi und ich, die wir beide in intellektuellen, agnostischen Familien aufgewachsen waren, teilten den unstillbaren Hunger nach etwas, das über den bloßen Intellekt hinausging.

»Nun, meine Lieben«, ergriff Nonna das Wort, »der Hexenkult ist eine spirituelle Praxis, in der Frauen eine führende Rolle als Priesterinnen spielen, und die Tatsache, daß wir das Göttliche als weiblich und nicht nur als männlich verehren, verleiht Frauen eine enorme Stärke. Unsere spirituelle Arbeit zielt auf ein Gleichgewicht zwischen männlich und weiblich; aber dieser Zirkel wird sich darauf konzentrieren, die verlorenen weiblichen Anteile wieder hervorzuheben, weil die Spiritualität, die Welt und unser Leben ohne sie völlig aus dem Gleichgewicht geraten sind. Danach werden wir mit den männlichen Energien arbeiten, wobei viele von ihnen gleichzeitig weibliche Eigenschaften sind.«

»Wie beispielsweise, ein Krieger zu sein«, fügte Bellona hinzu.

»Und viele Eigenschaften, die traditionell als weiblich gelten, wie Fürsorglichkeit und Mitgefühl, sind auch Eigenschaften des Gottes und der männlichen Energie«, sagte Maia.

Nonna nickte. »Ich denke, ihr kennt mich alle. Jeder nennt mich Nonna, und ich bin die Alte des Zirkels. Ich werde ebenfalls mein Alter nicht verraten, aber wahrscheinlich könnte ich eure Großmutter sein. Ich werde nicht jede Woche kommen, aber ich werde mir immer wieder ansehen, welche Fortschritte ihr kleinen Hexlein macht.« Wir lachten über diese Bezeichnung. »Ihr könnt mich jederzeit anrufen«, fuhr sie fort und sah mich dabei direkt an, »und ich werde all mein Wissen und meine Erkenntnisse mit euch teilen. Denn dazu ist eine Priesterin da. Wir werden uns nicht für euch bei den göttlichen Mächten verwenden; wir werden auch nicht sagen, was ihr zu glauben und zu tun habt. Dafür müßt ihr selbst die Verantwortung übernehmen. Eine Priesterin ist eine Lehrerin, und wir werden euch alles weitergeben, was wir selbst gelernt haben, alle Techniken, die wir beherrschen. Aber ihr müßt euren eigenen Weg gehen. Er ist so einzigartig wie jede von euch, und nur ihr könnt seinen Sinn verstehen und erfüllen. Aber als Gemeinschaft werden wir zusammen in das Reich des Herzens reisen, in das heilige Land der Göttin. Seid willkommen und gesegnet.«

»Was wird von uns als Gegenleistung für die Ausbildung erwartet. Gibt es eine Gebühr?« wollte Annabelle wissen.

»Nein«, antwortete Bellona rasch. »Priesterinnen könnten zwar Gebühren für Kurse, Vorträge oder Vorlesungen erheben. Aber solange wir kein College einrichten, gibt es auch keine Gebühren für die Vorbereitung auf die Initiation, wenngleich ihr euch an verschiedenen Kosten beteiligen könnt. Was wir von euch erwarten, ist viel mehr als Geld: Aufrichtigkeit, Mut, Mitgefühl, Kreativität. Und wenn ihr Priesterinnen geworden seid, werden wir euch auch bitten, an andere weiterzugeben, was ihr gelernt habt.«

Obwohl es niemand erwähnt hatte, wußte ich, daß noch etwas sehr Wichtiges von uns erwartet wurde: die Bereitschaft, über die Grenzen unserer gesellschaftlich anerkannten Rollen hinauszugehen. Wie in den bewußtseinserweiternden Gruppen der sechziger Jahre schufen wir, indem wir unsere Erfahrungen, Ängste und Träume teilten, zusammen lernten und arbeiteten, einen Ort der Sicherheit und Unterstützung, der Sympathie und des Beistands, der unser Selbstvertrauen, unsere Fähigkeiten, unser Vertrauen auf Instinkt und Intuition und unser Gemeinschaftsgefühl stärkte. Wir erforschten Ebenen des Bewußtseins, die uns noch größere Macht verleihen würden, und wenn es in dieser Kultur keinen Platz für Priesterinnen gab, würden wir einen schaffen.

Als Maia nun sprach, war ihre Stimme so rund und mütterlich wie ihre Figur. »Das Wichtigste, was von euch gefordert wird und was ihr bekommen werdet, ist vollkommene Liebe und vollkommenes Vertrauen. Das sind die spirituellen Ziele, auf die wir uns zubewegen. Auf den Alltag bezogen heißt das: Wenn ihr Probleme untereinander habt, kommt bitte zu mir, dann werde ich euch helfen, sie zu lösen. Probleme innerhalb des Zirkels bleiben innerhalb des Zirkels – das ist der Ort, wo wir daran arbeiten werden.« Ich hörte die Stimme einer erfahrenen Mutter, als sie weitersprach und uns freundlich aufforderte: »Wir bitten auch, eure Alltagsprobleme möglichst draußen vor der Tür zu lassen, aber wir wissen auch, daß das nicht immer gelingt.«

»Wir bitten euch außerdem, die gegenseitige Vertraulichkeit zu wahren«, fügte Bellona nachdrücklich hinzu. »Maia steht durch ihre Arbeit im Laden gewissermaßen in der Öffentlichkeit und ist aus dem Besenschrank raus, aber ihr anderen wollt vielleicht nicht, daß irgend jemand erfährt, daß ihr euch mit Hexerei beschäftigt. Die Zugehörigkeit zu einem Konvent war lange Zeit geheim, weil das Leben der Menschen auf dem Spiel stand. Heute landen wir zwar nicht mehr auf dem Scheiterhaufen, aber es gibt Leute, die haben ihren Job oder das Sorgerecht für ihre Kinder verloren, mußten erleben, wie ihre

107

Häuser angezündet wurden und Schlimmeres. Solange es also noch solche Vorurteile in der Welt gibt, müssen wir Verschwiegenheit wahren.«

Unsere Gespräche kreisten nun wieder um die Erfahrungen, die uns in diese geheimnisvolle Welt geführt hatten. Faszinierende Kindheitserlebnisse, ein wunderbares Buch über die Göttin oder in einigen Fällen eine Freundin, die eine Hexe war. Faden um Faden, Geschichte um Geschichte begannen wir, den verlorenen Teppich weiblicher Spiritualität neu zu weben. Die einander unerwartet ähnlichen Muster verstärkten sich gegenseitig, während die Unterschiede das Muster mit ihren gegensätzlichen Farben lebhafter hervortreten ließen. Wir sprachen miteinander, wie Frauen es seit Jahrtausenden getan hatten. Indem wir die ausgefransten Fäden unseres Herzens wieder miteinander verwoben, schufen wir ein seidenes Band weiblicher Werte, und indem wir seine Enden miteinander verknoteten, ließen wir den heiligen Kreis wieder entstehen, der die Welt aufs neue vereinte.

Wir waren Frauen, die eine spirituelle Heimat suchten, einen Ort, wo wir respektiert und willkommen geheißen wurden, wo unsere Seelen Heilung und neue Kraft fanden und wo unsere Erfahrungen als Frauen als eine Quelle spiritueller Weisheit respektiert wurden. Wir waren auf der Suche nach der Göttin – sogar ich, obwohl ich immer noch nicht wußte, warum ich mich zu ihr hingezogen fühlte. Vielleicht war sie es, die uns schon gefunden hatte. Ich konnte bereits sehen, wie die Vielfalt unserer persönlichen Eigenarten, Hintergründe und Erfahrungen dem Zirkel Lebendigkeit verliehen. Im Reich des Vergessenen, des Unterdrückten und für schlecht Erklärten waren wir dabei, unsere verborgene Geschichte zu entdecken. Mit dieser neuen Einsicht wuchs ein Gefühl von Freiheit und enormer Stärke. Wenn die Vergangenheit nicht so war, wie man uns hatte glauben machen wollen, dann enthüllte die Zukunft vor unseren Augen eine Vision völlig neuer Möglichkeiten.

Vielleicht glaubte ich nicht an die Göttin, aber ich konnte nicht anders, als die schwesterlichen Gefühle zu schätzen, die wir füreinander hegten. Ich erinnerte mich an Jeanettes Bemerkung, daß die Göttin nicht etwas war, woran man glaubte, sondern eher etwas, das man erlebte. Dies war ein Ort, wo Frauen sie selbst sein konnten, und es gab nichts Vergleichbares, denn hier in unserem Zirkel konnten Frauen wahrhaftiger, umfassender und freier sie selbst sein, als irgendwo anders in der Welt.

Auf meinem Weg nach draußen suchte ich in den Bücherregalen nach Informationen über die Göttinnen, die wir angerufen hatten. Ein Titel fiel mir ins Auge: »Als Gott eine Frau war« von Merlin Stone. Irgend etwas Provozierendes lag darin – sogar für einen Menschen wie mich, die ich mich für eine Intellektuelle hielt. Was würde es bedeuten, wenn die Welt sich das Göttliche nicht nur als männlich, sondern auch als weiblich vorstellte?

Die Vorstellung, daß die Menschen eine weibliche Gottheit anbeteten, begann mich zu faszinieren, und als Rechtsanwältin wollte ich Fakten: Namen, Daten und Orte. Wer waren diese alten Völker, die die Göttin verehrten? Ein Teil von mir war etwas skeptisch im Hinblick auf diese neue Version der Geschichte, die ich von den Hexen lernte. Wie konnte die Religion der Göttin so viele Jahrtausende weltweit praktiziert werden und dann einfach verschwinden? Wie eine Detektivin begab ich mich zum Haus meiner Eltern und durchsuchte die Regale der beachtlichen Privatbibliothek meines Vaters über klassische Geschichte, um dem Geheimnis auf die Spur zu kommen.

»Nun, es gibt zahlreiche Hinweise auf frühe matriarchale Kulturen.« Als glänzender Autodidakt reagierte mein Vater ohne die geringste Überraschung auf meine Frage nach der Existenz früher Kulturen, die die Göttin verehrt hatten. Die Überraschung war auf meiner Seite, als ich entdeckte, daß dieses Thema jahrelang zu seinen besonderen Interessengebieten gehört hatte. Sogar er wußte davon! Wieso ich nicht? Dad und ich saßen zusammen auf der sonnigen Veranda, und obwohl das Licht eigentlich zu grell war, malte mein Vater hier am liebsten. Er hatte seine Leinwand vor sich stehen, und während wir uns unterhielten, trug er mit einem dicken Pinsel leuchtende Farbstriche auf.

»Nimm das Willets-Buch über die minoische Zivilisation. Du weißt, das war eine matriarchale Kultur. Und dann solltest du dir noch verschiedene andere Texte über die frühe keltische Kultur ansehen – die Frauen waren dort hoch geachtet.« Er stellte seinen Pinsel in ein kleines Glas mit Terpentin, wischte sich die Hände an einem Tuch ab, und wir gingen ins Haus.

»Hier.« Mein Vater griff in das oberste Regalbrett, eine Kleinigkeit, wenn man über einsneunzig groß ist, und holte einen alten Lederband herunter. »Die Frauen kämpften und regierten gleichberechtigt mit den Männern. Du solltest die Quellen studieren – Herodot, Diodorus, Hesiod, Plutarch…« Er begann, mir ein Buch nach dem anderen zu reichen, jedes mit zahlreichen Lesezeichen zwischen den Seiten, dort wo etwas besonders Wichtiges stand.

Ich war erstaunt, daß ich das, was ich suchte, auf geradezu magische Weise in meinem eigenen Elternhaus fand. Überwältigt betrachtete ich den Stapel von Büchern, die sich vor mir auftürmten. »Danke, Dad.«

»Laß dir Zeit. Rom ist auch nicht an einem Tag erbaut worden.« Er zwinkerte mir zu und ließ mich mit den Büchern allein.

Ich folgte der Spur und fand mich schnell in den archäologischen, akademischen und klassischen Texten zurecht. Dies waren nicht einfach nur Bücher – es waren Schatztruhen voller Mythen, Etymologien, Architektur- und Kunstgeschichte, die alle unbestreitbar belegten, daß alte Kulturen existiert hatten, die der Göttin huldigten.

Wie die meisten Menschen war ich mit der Vorstellung aufgewachsen, daß die westliche Zivilisation mit den alten Griechen und der Entwicklung des hebräischen Monotheismus begonnen hatte. Ich hatte geglaubt, am Anfang der menschlichen Geschichte habe das Alte Testament und »Am Anfang war …« gestanden. So war ich erstaunt zu entdecken, daß es zuvor tatsächlich eine weitverbreitete und kulturell hochstehende Religion der Großen Göttin gegeben hatte. Meine Lektüre bestätigte, daß die Religion der Göttin in Europa sowie im Nahen und Mittleren Osten tatsächlich Jahrtausende vor den drei patriarchalen westlichen Religionen existiert hatte. Der erste Prophet des jüdisch-christlichen Gottes war Abraham, von dem die meisten Bibelgelehrten annehmen, daß er frühestens etwa um 1800 vor Christus gelebt hatte. Ich entdeckte jedoch, daß die Verehrung der Göttin bis in das späte Paläolithikum zwischen 25 000 und 30 000 vor Christus zurückreichte. Ich saß in einem großen, gemütlichen Sessel in der Bibliothek meines Vaters und las über die Ursprünge der weiblichen Figurinen und Statuen, die mir im Zirkel, im Museum und in meinem Lieblings-Trödelladen – einem Antiquitätengeschäft, das ich kürzlich auf der Upper East Side entdeckt hatte – begegnet waren. Die Figurinen, die ich gesehen hatte, waren höchstens 3500 Jahre alt – frisch geprägt im Vergleich zu den geschnitzten weiblichen Figuren, die man in der Nähe kleiner Gemeinden in einem riesigen Gebiet zwischen Europa und Sibirien gefunden hatte. Bildliche Darstellungen einer weiblichen Gottheit begleiteten die ersten Anzeichen menschlicher Zivilisation – Kunst, Ackerbau, den Gebrauch von Werkzeugen und den Bau von Häusern.

Schon 7000 vor Christus stand die Verehrung der Göttin im Mittelpunkt der neolithischen Ackerbau-Gemeinschaften, die sich auf der nördlichen Seite von Euphrat und Tigris erstreckten, in Ländern, die heute Irak und Syrien heißen, sowie in Anatolien, das heute zur Türkei gehört. Gemeinschaften, die die Göttin verehrten, gab es auch in Kanaan, einem weiten Gebiet, welches das heutige Palästina, Israel, den Libanon und Syrien einschließt. Nördlich des Tigris wurden weitere Figurinen der Muttergöttin aus der Zeit um 5500 vor Christus entdeckt. Schlangen, Doppeläxte und Tauben, als Symbole der Göttin, tauchten zusammen mit figürlichen Darstellungen der Göttin in einem Schutzgebiet auf, das Tholoi genannt wurde. Etwa um 3000 vor Christus erschienen in Sumer die ersten schriftlichen Zeugnisse einschließlich heiliger Gesänge, mit denen die Göttin angerufen wurde. Lange bevor die Menschen im Mittleren Osten eine männliche Gottheit verehrten, um deretwillen Kriege geführt wurden, beteten die Menschen in Kanaan eine Göttin an, die sie »Königin des Himmels« nannten. Sie war die göttliche Schöpferin, Gesetzgeberin, Mutter, Kriegerin, Heilerin, Beschützerin der Kultur und des Ackerbaus. Wie mein Vater mir geraten hatte, wandte ich mich den alten Historikern zu: Diodorus aus Sizilien, Herodot aus Griechenland und sogar Sophokles. Sie beschrieben die ägyptischen Gesetze, die den Frauen Vorrang als Herrscherinnen, Ehefrauen und Bürgerinnen einräumten. Diese Gesetze wurzelten in der Verehrung der Großen Göttin Au Set, die von den Griechen Isis genannt wurde. Sie gab ihrem Volk Gesetze, genauso wie Jahwe, der Gott Israels, Moses die Gesetze für sein Volk gegeben hatte. Sie lehrte ihr Volk auch die Mysterien von Ackerbau und Heilkunst. Voller Ärger erinnerte ich mich an einen Professor, der, seine Fliege viel zu eng um den Hals gebunden und mit herablassender Stimme, diese weitverbreitete und außerordentliche religiöse Geschichte abgewertet hatte, indem er die Religionen der Göttin als »primitive Fruchtbarkeitskulte« bezeichnete.

Ich erfuhr, wie ein Platz, der der Großen Göttin von Chaldäa, Magna Dea, geweiht war, mit einem riesigen schwarzen Stein markiert worden war, demselben Stein, in dem auch Al-Uzza, einer der drei Aspekte der Großen Göttin von Arabien, angebetet wurde. Und eben dieser Stein wird heute noch in der Ka'aba in Mekka, dem größten Heiligtum des Islam, verehrt. Im Stein findet man eine tiefe Kerbe, die Assoziationen mit Vulva heraufbeschwört und als Abdruck der Aphrodite bezeichnet wird. Sie ist jetzt verhüllt, und der Stein wird von Männern verehrt, die die heiligen Aufgaben der Priesterinnen der Großen Mutter an sich gerissen haben. Diese Männer nennt man *Beni Shay-Bah*, Söhne der alten Frau. Sie überlebt, sogar verschleiert.

Ich staunte darüber, wie die damaligen Gläubigen das Göttliche in seiner weiblichen wie auch in seiner männlichen Form verehrt hatten, wobei die Göttin genauso wichtig, oft sogar wichtiger war als der Gott, der zunächst als ihr Sohn und dann als ihr Liebhaber erschien. Priesterinnen der Göttin, deren Rat und Weisheit von Herrschern und Bauern gleichermaßen gesucht wurde, versetzten sich in ekstatische Bewußtseinszustände und kommunizierten mit dem Heiligen, übermittelten seine Weisheit und leiteten die Rituale und Feiern ihrer Gemeinschaften.

Ein Buch nach dem anderen enthielt eindeutige Hinweise: In der ganzen Welt hatten die meisten Menschen eine Göttin verehrt. In allen Gegenden des Nahen und Mittleren Ostens wurde der weiblichen Gottheit gehuldigt, und die frühen Siedlungen Kleinasiens, in denen man die Göttin anbetete, waren der Ursprung der westlichen Zivilisation.

Diese alten Kulturen der Göttin brachten die ersten schriftlichen Aufzeichnungen, Handel, Kunst, Musik und religiöse Rituale hervor. Frauen spielten herausragende Rollen als Priesterinnen und Führerinnen, und ihr Status spiegelte sich auch im Leben der »gewöhnlichen« Frauen. Es waren friedfertige Kulturen, die Ackerbau und Handel trieben, und archäologische Ausgrabungen zeigen, daß sie weder Waffen hatten, noch über irgendwelche Einrichtungen zur Verteidigung verfügten. Außerdem blühten in Deutschland, Frankreich (vor allem in der Bretagne) und auf den britischen Inseln – in England, Irland, Schottland und Wales – die keltischen (oder gallischen, wie die Römer sie nannten) Kulturen, in denen die Göttin verehrt wurde. Sie hinterließen zahllose Schreine, die nun unter den Kirchen und Tempeln der patriarchalen Religionen, die die Verehrung der Göttin an sich gerissen hatten, begraben liegen. Und überall im restlichen Europa wurde die Göttin in vielerlei Gestalt angebetet.

Erstaunt stellte ich Gemeinsamkeiten fest zwischen der alten Religion Europas und des Mittleren und Nahen Ostens sowie anderen erdverbundenen Religionen – dem Taoismus, dem Schintoismus, dem Glauben der amerikanischen Ureinwohner und anderen spirituellen Praktiken der Naturvölker. In all diesen Traditionen gilt das Göttliche als gleichermaßen immanent und transzendent. Die Göttin sprach mit der Freundlichkeit und Strenge einer liebevollen Mutter und traf damit die Lebenswirklichkeit der meisten Menschen mit ihrer engen Verbindung zur Erde, die sie ernährte und erhielt. Sie trieben Ackerbau und jagten, und alles, was in der Natur existierte, war für sie ein Ausdruck der Göttin. Sie erfüllte nicht nur den Himmel mit Sonne, Mond und Sternen, sondern sie offenbarte sich überall in der Welt, die die Menschen umgab – in den Obstbäumen, die blühten und Nahrung spendeten, im Korn, das auf den fruchtbaren Feldern gedieh, in den Tieren, die sie züchteten und jagten, und im Wunder ihres eigenen Lebens. Sie wußten, daß alles in einer heiligen Verbindung zueinander stand.

Es war Sonntagmorgen, und ich suchte nach Büchern über Kulturen, die die Göttin verehrt hatten. Ich ging hinüber zu den Antiquariaten auf der Third Avenue. Obwohl mich das Material über die alten Kulturen völlig faszinierte, fragte ich mich doch, ob es irgend etwas mit Magie zu tun hatte.

Licht strömte durch ein hohes Dachfenster in meinen Lieblings-Buchladen. Zahllose Staubpartikel tanzten im Sonnenschein, und während ich durch den strahlenden Vorhang aus Energie und Teilchen ging, war ich einen Augenblick geblendet. Als ich auf der anderen Seite, im hinteren Teil des Ladens, wieder herauskam, erschien mir alles verschwommen. Allmählich gewöhnten sich meine Augen an das Dämmerlicht, und ich bahnte mir meinen Weg durch die staubigen Tische. Ich hörte ein dumpfes Geräusch, und als ich mich umdrehte, sah ich eine braun getigerte Katze, die mich aus ihren wunderschönen gelben Augen ansah. Sie strich mir schnurrend um die Beine und ging dann fort. Dabei blickte sie noch einmal zurück, bevor sie tiefer in den Laden hineinlief. Ich durchforstete weiterhin die Büchertische, bis ich Nackenschmerzen bekam, und setzte mich dann auf ein Fußbänkchen, das behaglich zwischen Stapeln alternder Weisheiten stand, um meine steifen Muskeln zu massieren.

Die Katze streifte an einem kleinen Stoß von Büchern entlang, so daß sie mir vor die Füße fielen. Ich lachte und stapelte die Bücher neu, während sie mir um die Beine strich.

»Du bist keine große Hilfe, was? Oder vielleicht doch – indem du die Mäuse frißt, bevor sie diese herrlichen Bücher fressen können.« Die Katze ließ sich zwischen meinen Beinen nieder, während ich beiläufig einen der Bände aufschlug. Ich hatte eigentlich nach harten kalten Fakten gesucht. Aber heute hatte das Universum beschlossen, mir eine seiner gründlichsten Lektionen zu erteilen, indem es mir Fingerzeige gab, die in Metaphern gekleidet waren.

Hier, auf einem losen Blatt, fand ich ein Gedicht. Und so begann ich »Kubla Khan oder: Eine Traumvision« zu lesen, geschrieben 1797 von Samuel Taylor Coleridge, als er fünfundzwanzig Jahre alt war. Coleridge war ein britischer Poet, Philosoph, unitarischer Priester und Metaphysiker, der unter dem Einfluß Goethes die deutsche Philosophie und Literatur in England bekannt machte und mit Williams Wordsworth befreundet war. Glückseligkeit umgab mich, während ich die Zeilen las, die mich nicht mehr losließen:

In Xanadu ließ Kubla Khan
einen prunkvollen Freudenpalast errichten:
Wo Alph, der heilige Fluß,
durch Höhlen, die dem Menschen unermeßlich sind,
hinunter zu einem sonnenlosen Meer floß, …

Mein Puls raste, als ich die berauschenden Verse zu Ende gelesen hatte. Welches verzauberte Reich hellsichtiger und symbolischer Mysterien beschrieb er? Ich bezahlte das Buch und ging mit der seltsamen und erregenden Gewißheit, daß dieses Gedicht, auf das ich so zufällig aufmerksam geworden war, meine Schatzkarte und mein Führer zur geheimnisvollen Welt der Wunder sein würde, die mir so unverkennbar zuwinkten. Später erfuhr ich, daß dieses mysteriöse Meisterwerk entstanden war, als sich Coleridge in einem Zustand erweiterten Bewußtseins befand, jenseits der Grenzen von Raum und Zeit, während er aus einem Opiumrausch erwachte. Was bedeutete die Botschaft, mit der er zurückgekehrt war? Im Lauf der folgenden Tage und Jahre las ich das Gedicht immer wieder in der Gewißheit, daß ich den magischen Ruf, der an mich ergangen war, verstehen würde, wenn ich nur erst diese außerordentliche und rätselhafte Sprache entziffern könnte.

Ich ging oft in die Bibliothek meines Vaters. Meine Eltern freuten sich, daß ich sie so häufig besuchte – und ich brachte meine eigenen Lesezeichen mit, um all die Passagen zu markieren, die uns zu wundervollen Gesprächen anregten. Mein Ausweis als ehemalige Studentin gewährte mir Zutritt zu einer der besten akademischen Bibliotheken der Welt, und ich kaufte jedes Buch über Göttinnen, das ich im Magischen Kessel bekommen konnte. Wie eine Frau, die eben der glühenden Hitze der Wüste entkommen ist, war ich durstig nach Wissen.

Ich saß im großen Lesesaal der New Yorker Stadtbibliothek mit ihren Sibyllen an der hohen Decke über mir und blätterte in dicken akademischen Wälzern, in denen die Zitate aus dem Griechischen, Lateinischen oder Deutschen oft nicht übersetzt waren. Ich stellte fest, daß überall in der Welt und zu allen historischen Zeiten Göttinnen und Frauen, die Kriegerinnen, Königinnen, Priesterinnen und Gelehrte gewesen waren, Zeugnis für die vergessene Geschichte der Frauen ablegten und eine Inspiration für unsere Zukunft darstellten. Ich las ihre Geschichten und entdeckte auch die mächtigen Symbole und Metaphern der Göttinnen: Bäume und Höhlen, Tiere und Schlangen, Obsidian-Altäre und der Mond, Mohn und Weizen, Stiere und Labyrinthe, Vögel und Früchte und vieles mehr. Worte und Wunder verwandelten Staub in Ton, Ton in Figurinen, Figurinen in Göttinnen und Göttinnen in Frauen.

Und dann saß ich an einem sonnigen Nachmittag vor meiner libyschen Sibylle im Museum und las erneut »Kubla Khan«, meine poetische Landkarte:

Ein Mädchen mit einer Harfe
sah ich einst in einer Vision:
Es war ein abessinisches Mädchen,
und es spielte auf der Harfe
und sang vom Berg Abora.

Mit jedem weiteren Hinweis wurde das Mysterium und die unbekannte Macht, die es mit Leben erfüllte, zwingender. Ich suchte in den Büchern nach Göttinnen und Heldinnen abessinischer Herkunft. Beim Blättern in alten Enzyklopädien war ich wie elektrisiert, als ich feststellte, daß Abessinien ein Teil Ägyptens gewesen war und heute Libyen hieß. Meine libysche Sibylle war eine Abessinierin, eine Priesterin der ägyptischen Mysterien und folglich eine Priesterin der Isis. Wie verzaubert schien mir die Welt, als Träume und Statuen, alte Geschichte und Poesie, Göttinnen und mein eigenes Leben in einem magischen Strom zusammenflossen. Etwas rührte sich in mir: Ich empfand Vergnügen, fühlte Stolz, es verlangte mich, diese Bilder der Schönheit und Macht zu umarmen, und ich spürte die beginnenden inneren Veränderungen, die jene alten Offenbarungen schließlich hervorbringen würden. Ein Mondbaum war in die von der Sonne ausgedörrte Landschaft meines Herzens gepflanzt worden, und mit jeder Zeile, jedem Bild entfaltete sich ein neues Blatt, wuchs eine rubinrote Frucht, baute eine Taube ihr Nest, ruhte der Mond in den Zweigen, und eine uralte Schlange wand sich um den Stamm. Ich war nicht auf der Suche nach einer Epiphanie als Basis für Bekehrung oder Glauben. Ich mußte nicht an eine weibliche Gottheit glauben, um zu verstehen, welche Konsequenzen sich daraus für Frauen ergaben: Hier war eine historische Basis, um die Grenzen zu sprengen, die uns so lange auferlegt worden waren, und ihrer Rechtfertigung die Grundlage zu entziehen. Wenn wir damals Kulturen hervorgebracht hatten, würden wir es heute mit Sicherheit wieder tun können.

Also beschäftigten sich die Hexen nicht mit einer Art Verschwörungstheorie oder reinem Wunschdenken. Darstellungen der Göttin mochten einmal als bloße Fruchtbarkeitssymbole und primitive Werkzeuge abgetan worden sein, mit denen das Weiterbestehen des Stammes gesichert werden sollte. Diese Interpretation übersieht jedoch die tiefgründige Weisheit, die sich hinter den alten Metaphern, der Poesie und den Mythen, ja sogar zwischen den Zeilen der biblischen Geschichten verbirgt. Irgend etwas drängte mich, die Bibel meiner Großmutter aufzuschlagen, was ich im Lauf der nächsten Monate immer wieder tat. Ungläubig starrte ich auf Beschreibungen von Gewalttaten und brutaler Sexualität, die es schwermachten, sich vorzustellen, daß dieses Buch als Leitfaden für die Werte des Christentums angepriesen wurde.

Neben Poesie und Weisheit fand sich eine blutige Geschichte von Schlachten, Vergewaltigungen, Morden und verfälschten Informationen über die Göttin und ihre Kulturen: »...*sondern ihre Altäre sollst du umstürzen und ihre Steinmale zerbrechen und ihre heiligen Pfähle umhauen; denn du sollst keinen anderen Gott anbeten. Denn der Herr heißt ein Eiferer; ein eifernder Gott ist er.*« (2. Mose 34: 13–14). Und weiter ging es auf grausame Art: »*Da nahmen wir zu der Zeit alle seine Städte ein und vollstreckten den Bann an allen Städten, an Männern, Frauen und Kindern, und ließen niemand übrigbleiben.*« (5. Mose 2:34).

Die Vernichtung der Alten Religion begann etwa 4000 vor Christus, als viehzüchtende Nomadenstämme aus dem Norden in den Nahen und Mittleren Osten und nach Indien einwanderten, wo Göttinnen lange Zeit verehrt worden waren. Die Sonne hatte ihre feurigen Strahlen auf die fruchtbare Erde gesandt, und eine Klimaveränderung hatte um 4000 vor Christus einen großen Teil der grünen Fülle in Wüstensand verwandelt. Im Laufe mehrerer Jahrtausende, aber vor allem um das zweite Jahrtausend vor Christus, hatte die veränderte Sonneneinstrahlung zu anhaltenden Wellen der Völkerwanderung geführt, und die Fremden waren mit Waffengewalt in die fruchtbaren Täler der Göttin eingedrungen. Diese Stämme, die als Indogermanen oder Indoeuropäer bezeichnet werden, waren patriarchal und verehrten einen kriegerischen Sonnengott.

Diese Nomaden führten Waffen statt Ackergeräte mit sich, sie spannten ihre Pferde vor Streitwagen statt vor den Pflug, und die Kriegskunst galt ihnen mehr als die Liebe. Anfangs mischten sich die Eroberer mit den Einheimischen, und die Gottheiten und Bräuche beider Kulturen existierten nebeneinander. Die Götter und Göttinnen vermählten sich, doch allmählich verschwand diese Koexistenz, und die alten Kulturen der Göttin wurden fast vollständig zerstört. Die Geschichten der Göttinnen wurden Geschichten der Eroberung und Unterwerfung – die Großen Mütter wurden von ihren Söhnen, Liebhabern und Ehemännern bezwungen und zunichte gemacht.

Die mächtige Tiamat, Urmutter des Alls und aller Gottheiten, wurde von ihrem Sohn Marduk ermordet. Herakles tötete Ladon, den Schlangendrachen, der den Baum mit den goldenen Äpfeln der Göttin bewachte. Jahwe, der Gott der Juden, besiegte die alte Schlange Leviathan, die »Hure« Babylons. Eva wurde von einer Schlange »versucht«, die ihr die Frucht vom Baum der Erkenntnis anbot; sie war Gott ungehorsam (und trat damit in die Fußstapfen von Lilith, der wenig bekannten ersten Frau Adams). Indem sie die Frucht annahm, wurde Eva zum Fluch der Menschheit. Die alte irische Legende von St. Patrick, der die Schlangen aus Irland vertrieb, erzählt in Wirklichkeit davon, wie die Anhänger der Göttin in den Untergrund getrieben wurden. Nun begann ich zu verstehen, warum so viele der alten Mythen die Göttin und ihre Symbole wie die Schlange und den Apfel so negativ darstellen.

Schließlich wurde mir auch klar, warum so viele der wunderschönen Statuen, die ich in Antiquitätengeschäften und im Museum gesehen hatte, beschädigt waren, ihnen beispielsweise die Nasen fehlten. Als die Priesterinnen durch Priester ersetzt wurden und kriegslüsterne Könige die politische Macht übernahmen, hatte man die Tempel zerstört und die Statuen zertrümmert. Unter der militärischen Vorherrschaft der Hebräer wurde die Verehrung der Göttin mit dem Tod bestraft, und eine lange Zeit der kriegerischen Auseinandersetzungen führte zur allmählichen Zerstörung der benachbarten Kulturen, die die Göttin anbeteten. Das Ansehen von Frauen sank drastisch. Sie waren keine unabhängigen Bürgerinnen mehr, die Herrschaft ausüben oder über ihr persönliches Eigentum verfügen durften. Dabei war es den Frauen nicht nur verboten, religiöse oder weltliche Führungspositionen zu bekleiden, sondern sie wurden zu einer Sache degradiert, waren bewegliches Eigentum ihrer Väter oder Ehemänner, die absolute Macht über sie hatten.

Gewalt setzte sich auch in der Theologie durch; Frauen, die die Göttin verehrten, die eine arrangierte Heirat verweigerten, die bei der Hochzeit keine Jungfrauen waren, die außereheliche Beziehungen hatten oder vergewaltigt worden waren, wurden gesteinigt oder auf andere brutale Weise zu Tode gebracht. Im Gegensatz zu den wachsenden Einschränkungen für Frauen bezeugt die Bibel gleichzeitig eine zunehmende Polygamie bei Männern. Die Macht der Männer war so absolut, daß bestimmte Sitten in der islamischen Welt sich bis heute erhalten haben und junge Frauen, die sich einer arrangierten Heirat widersetzen, oft von ihren eigenen Vätern und Brüdern ermordet werden. Texte aus dem Koran und spätere Anhänge werden so interpretiert, daß sie den Frauen die Gleichberechtigung absprechen. Diese brauchen die Erlaubnis eines männlichen Verwandten, wenn sie zur Schule gehen, ihren Kindern Namen geben oder erwerbstätig sein wollen. Sie erben auch nur die Hälfte dessen, was ihre Brüder bekommen. Frauen können zur Heirat und sogar in eine polygame Ehe gezwungen werden; sie können geschlagen, getötet oder verstoßen werden; sie bleiben mittellos zurück, wenn der Ehemann von dem nur ihm zustehenden Recht zur Beendigung der Ehe Gebrauch macht – und es gibt keine Zuflucht für sie. Würde irgendeine dieser grundlegenden Menschenrechtsverletzungen aus rassischen oder ethnischen Gründen begangen, dann würde die Völkergemeinschaft sie nicht dulden.

Die Wurzeln der Benachteiligung von Frauen und der Zerstörung der Erde findet man in diesem frühen religiösen Wechsel von der Muttergöttin, die immanent und in der Welt gegenwärtig war, zu einem Vatergott, der transzendent und entfernt war. Ich erinnerte mich daran, wie es für eine meiner Freundinnen gewesen war, ohne Mutter aufzuwachsen, und mir wurde klar, daß unsere Seelen und unsere Kultur unter derselben schrecklichen Einsamkeit und unter denselben Verlusten litten – Liebe, Trost, ein positives weibliches Rollenbild, Fürsorge, ein Gefühl von Gemeinschaft und Sicherheit und so vieles mehr –, weil wir ohne eine göttliche Mutter lebten. Hier lagen auch die Wurzeln der tragischen Geschichte, wie die Menschheit ihre Verbindung zum Heiligen verloren hatte, wie sie sich in einem Labyrinth totaler Entfremdung verirren konnte, und wie wir nun schließlich an den Rand des Untergangs geraten sind.

Die heilige Kultur der Göttin verschwand allmählich aus der westlichen Welt. Ein männlicher Gott übernahm den Thron des Himmels, so wie Könige in jenen frühen Reichen die Herrschaft an sich rissen, und die Religion wurde zur alleinigen Domäne der Männer. Nur sie konnten Priester werden, nur sie konnten das Göttliche interpretieren, das nun ebenfalls vollkommen männlich war. Eine männliche Dreifaltigkeit ersetzte die alte Vorstellung der dreifaltigen Göttin in Gestalt der Mutter, der Jungfrau und der Alten Weisen.

Diese patriarchalen Religionen hatten völlig andere Vorstellungen vom Göttlichen und seiner Beziehung zur Menschheit und zur Erde. In dieser neuen Theologie war der Körper sündig, Frauen waren sündig, die Sexualität war sündig und die Erde selbst war sündig. Obwohl Gott das Universum geschaffen hatte, hatte er sich nun daraus zurückgezogen, auch wenn ihn die »Rechtschaffenen« regelmäßig anriefen, um ihr gegenseitiges Gemetzel zu rechtfertigen. Ein hierarchisches Universum ersetzte nun das zirkuläre. Der Mann gehorchte Gott, und alle Geschöpfe auf Erden einschließlich der Frauen hatten dem Mann zu gehorchen, denn er war nach dem Bild Gottes geschaffen, und Gott hatte ihm die Herrschaft über die Erde verliehen. Der Mann stand zwischen dem lodernden Feuer Gottes und der Welt, die nun im Schatten des Mannes lag.

Doch seit der Mann in Ungnade gefallen war, konnte er die spirituelle Einheit mit Gott nur erlangen, indem er sein Fleisch, die Sexualität und die materielle Ebene verleugnete. Und den Frauen warf man vor, für den Fall des Mannes verantwortlich zu sein. Daraus entstand eine grundlegende spirituelle Entfremdung. In der Alten Religion dagegen wurde alles in der Natur und im Verlangen der Menschen von der Göttin hervorgebracht und als ein Teil von ihr angesehen.

Meine Lektüre ließ mich erkennen, daß der Hexenkult, wie die Alte Religion oft genannt wird, und seine moderne Wiedergeburt in den alten Glaubensgemeinschaften wurzelt, die die Göttin verehrten und von denen die westliche Kultur ursprünglich abstammt. Ich glaubte nicht an eine Göttin, aber ich begann die umfassende Bewußtseinsveränderung zu spüren, die die Vorstellung von etwas Heiligem, das weiblich ist, begleitet. Ich hatte nun einen historischen Spiegel, in dem ich ein Bild von mir selbst fand, welches sich erheblich von dem unterschied, das mir meine eigene Kultur präsentierte. Die engen Beschränkungen, die Frauen auferlegt werden, sind durch religiöse Edikte oder weltliche Gesetze gerechtfertigt worden. Man hat uns als intellektuell unterlegen, unfähig, moralisch verdorben und gefährlich bezeichnet und behauptet, wir bedürften eines Herrn. Nun wußte ich, wo die Ursprünge dieser

Abwertungen und bis heute nachklingenden Unwahrheiten lagen.

Die Entdeckung der frühen Kulturen der Göttin wirkte enorm befreiend und ermächtigend; sie war ein Triumph für die Frauen. Und da ich unerwartet emotional reagierte, sowohl erregt als auch verärgert angesichts der Lügen, mit denen wir aufgewachsen waren, stellte ich fest, daß ich mich vom Kopf zum Herzen hin bewegte, vom bloßen Denken hin zum Fühlen, vom intellektuellen Wissen hin zur spirituellen Weisheit. Und ich erinnerte mich an die frühen Worte meiner Mutter über den Glauben an das menschliche Herz. So wie die Physik mir dabei geholfen hatte, meine magischen Erfahrungen anzunehmen, so führte mich diese verborgene Geschichte nun weiter auf meinem unerwarteten Weg.

In meinem Bewußtsein nahm eine Vorstellung von Spiritualität Gestalt an, und sie hatte die sanften Formen von etwas Weiblichem, denn ich hatte vom Baum der Erkenntnis gegessen und angefangen, vom Paradies zu träumen.

4

Magie

*Magie [altpers.-griech.-lat.], zusammenfassende Bez. für Praktiken,
mit denen der Mensch seinen eigenen Willen auf die Umwelt in einer
Weise übertragen will, die nach naturwiss. Betrachtungsweise irratio-
nal erscheint. Theoretisch lassen sich zwar Religion und M. voneinander abgrenzen, tatsächlich aber werden in den meisten Religionen
mag. Praktiken vollzogen, v.a. in dem für Volksglauben oft typ. mag.
Umgang mit eigtl. religiösen, v.a. kult. Phänomenen (Aberglaube). –
Schwarze M. beabsichtigt die Schädigung eines einzelnen oder einer
Gruppe, während die weiße M. nur die Praktiken umfaßt, die zur
Mehrung von Gütern irgendwelcher Art eingesetzt werden.*
aus »Meyers Lexikon«

Wer will bestimmen, was Magie ist?
JIMMY STEWART in »Meine Braut ist übersinnlich«

Ich war früh gekommen, und im Tempel brannte die Neonbeleuchtung. Der Raum wirkte völlig anders als sonst. Die
Wandfarbe war düster und vom Rauch zahlloser Kerzen
vergilbt. Die Teppiche waren an verschiedenen Stellen faden-
scheinig, und der Raum wirkte klein und überfüllt mit Sitz-
gelegenheiten, dem Podium, Kandelabern, Truhen, Bücherregalen, Mänteln und Taschen. Ein zerknülltes weißes Papier,
in dem Sandwiches eingepackt gewesen waren, eine leere Saftflasche und eine braune Papiertüte lagen auf zwei Stühlen
herum. Ich stand in der Mitte des Raumes, drehte mich langsam um die eigene Achse und sah mich um. Eine Welle der

Enttäuschung überkam mich. Wo waren die großen Marmor-
säulen, die Steinfliesen, die durchsichtigen Vorhänge? Wo war
die Magie? Statt Rasseln und Zithern hörte ich die dumpfen
Klänge von schlechtem Rock'n'Roll aus dem Übungsraum im
Keller. Hier drinnen wirkte alles schäbig, und der ganze Auf-
wand schien mir plötzlich absurd. Magie! Wer wußte schon,
ob sie tatsächlich wirkte. Schließlich, wenn etwas dran war,
warum arbeiteten diese Frauen dann immer noch in diesem
dunklen, geheimnisvollen Laden?

Nichts wie raus hier, beschloß ich.

»Was willst du bannen?« Es war Nonna, die in der offenen
Tür stand.

»Bannen?«

»Nun, du stehst in der Mitte des Tempels und drehst dich im
Widersinn.«

»Im Widersinn?«

»Gegen den Uhrzeigersinn, die Richtung, die wir benutzen,
wenn wir etwas verringern oder verschwinden lassen wollen.
Also, was ist los?«

Ich zuckte mit den Schultern. »Auf frischer Tat ertappt, nehme ich an.«

»Du bist nicht hier, um etwas zu tun, sondern um so echt
und so präsent zu sein, wie du überhaupt nur sein kannst.«

Ihre unerwartete Offenheit war wie eine kühle Meeresbrise,
die den Nebel aus meinem Kopf vertrieb. Ich hörte auf zu
schmollen, doch meine Zweifel blieben.

»Ich habe gedacht, wie wenig magisch dieser Ort aussieht.
Und...«

Ich machte eine Pause, weil ich fürchtete, sie zu verletzen,
»ich habe darüber nachgedacht, ob ich gehen sollte, weil ich
noch so viel zu tun habe...«

»Du hast nicht nur das gedacht. Du hast gedacht, daß es gar keine Magie gibt.«

Ich fühlte, daß ich auf die Art, wie sie meine Gedanken zu lesen schien, wie eine Blume reagierte, die sich der Sonne zuwendet, und ich hörte ihr mit meinem Herzen und nicht nur mit dem Verstand zu, als sie weitersprach.

»Es ist schwierig, das zu erkennen, was sich hinter den Erscheinungen verbirgt. Gewiß behandeln wir die Welt so, als sei sie das genaue Gegenteil von magisch. Im Grunde behandeln wir sie fast wie eine Müllhalde.« Sie begann, den Abfall aufzusammeln. »Nach dem, was wir der Welt angetan haben, ist es schwierig, das Göttliche in allem, was existiert, zu erkennen. Manchmal erscheint es geradezu unmöglich. Aber wenn man es einmal erkannt hat, kann man es nicht mehr vergessen. Und wenn du erst einmal gelernt hast, die Erde als Verkörperung des Heiligen zu sehen, wird deine Welt voller Magie sein.«

»Aber was ist mit all den Leuten, die sie als Müllhalde behandeln?«

»Die Menschen müssen sich erst innerlich verändern, bevor sich die äußere Welt verändern kann. Ein Mensch nach dem anderen. Dann wird die Erde unsere innere Schönheit, unseren inneren Frieden und unsere spirituelle Weisheit widerspiegeln. Du weißt, daß viele Naturvölker den Schamanen als den ›verwundeten Heiler‹ bezeichnen. Aber weißt du auch warum?«

Ich schüttelte den Kopf.

»Weil man andere nicht heilen kann, bevor man nicht gelernt hat, sich selbst zu heilen. Nun, warum stellst du nicht einfach deine Tasche ab und hilfst mir, den Tempel herzurichten. Fang damit an, die Kerzenständer zu reinigen. Ich werde unsere lärmenden Nachbarn daran erinnern, daß sie in fünfzehn Minuten Schluß machen müssen.«

Nonna gab mir ein altes Messer mit einem weißen Handgriff. »Nimm mein Ritualmesser. Und versuche, an nichts anderes zu denken als daran, diese Kerzenhalter so gut wie möglich zu säubern. Hacke Holz und trage Wasser, wie meine taoistischen Freunde sagen.«

Seufzend senkte ich die scharfe kleine Klinge in das geschmolzene blaue Wachs. Während ich arbeitete, begannen meine Finger von dem Duftöl zu glänzen, mit dem die blauen Kerzen überzogen waren. Als Nonna zurückkam, war ich mit allen vier Kerzenhaltern fertig und hatte meinen Frieden wiedergefunden.

»Gut, jetzt siehst du schon wesentlich entspannter aus.« Sie führte meine Hand an ihr Gesicht und atmete tief ein. »Oh, ich liebe dieses Öl – High John the Conquerer, Eisenkraut, Rosmarin und …«, sie schnupperte noch einmal, »Eberesche.«

»Frieden und Schutz?«

Sie nickte.

»Wir brauchen für heute abend weiße Kerzen und eine weiße Decke für den Altar«, sagte Maia, die sich zu uns gesellt hatte.

»Weiß«, erklärte mir Maia auf ihre fürsorgliche Art, während ich das Tuch über den Altar legte und die Kerzen aufstellte, »ist die Farbe, die Reinheit, Wahrheit und Aufrichtigkeit symbolisiert. Jede Farbe entspricht verschiedenen Eigenschaften und hat ihre eigene magische Bedeutung und entsprechende Wirkungen. Purpur hat einen Bezug zur Spiritualität, Grün wird mit Wohlstand assoziiert, Rot mit Leidenschaft, Blau mit Frieden und Heilung, und Pink war die Farbe der Göttin.«

Farben, das wußte ich, entsprechen bestimmten Wellenlängen der Energie – Violett ist die kürzeste, Rot die längste. Psychologische Experimente hatten ergeben, daß unterschiedliche

Farben bei Menschen verschiedene Reaktionen hervorrufen. Grün und Blau wirken beruhigend, weshalb die Eingangshallen öffentlicher Gebäude wie Schulen und Krankenhäuser oft grün gestrichen sind, während Rot und Pink eine stimmungsaufhellende und anregende Wirkung auf Menschen haben, vor allem auf solche, die unter Depressionen leiden.

Wir würden im Lauf der Zeit mehr über Magie, Farben und Energie lernen, versprach Maia. Plötzlich fiel mir ein, daß sie mich gebeten hatte, heute weiße Blumen mitzubringen, und so ging ich in den nächsten Lebensmittelladen, um Nelken, Lilien und Rosen zu kaufen. Als ich zurückkam, lag der Tempel im sanften Licht Dutzender kleiner weißer Kerzen, der süße Duft von Räucherwerk erfüllte die Luft, auf dem Teppich waren große Kissen verteilt, und das Lachen der Frauen erfüllte den Raum. Alles war verwandelt, und ich hatte mit dazu beigetragen.

Bellona führte die Gruppe durch die Atemübung, und ich fand es zu Anfang schwierig, stillzusitzen und nicht ständig an die Ereignisse des vergangenen Arbeitstages zu denken. Aber als wir mit der geführten Visualisierung begannen, ruhte ich entspannt in meiner eigenen Mitte und war bereit, mich auf die Bilder und Gefühle einzulassen, die ihre Worte hervorriefen.

Als wir uns anschließend streckten, Wasser und Wein tranken und miteinander flüsterten, wandte sich Annabelle an Maia.

»Wann werden wir anfangen, Magie zu praktizieren?« fragte sie.

Maia zog ein wenig die Augenbrauen hoch und schürzte die Lippen ein wenig.

Ich war erstaunt über Annabelles Direktheit, aber sie sprach das aus, was wir alle insgeheim dachten. Wir hatten mehrere

Wochen an Übungen gearbeitet, wie wir sie auch heute abend durchgeführt hatten. Nachdem wir unsere Atemtechniken benutzt hatten, um den Geist zu beruhigen, waren wir zu einfachen Meditationen übergegangen, hatten gelernt, uns auf bestimmte Bilder zu konzentrieren und sie klar und deutlich zu visualisieren. Wir stellten uns Äpfel und Türen vor und ließen Buchstaben und andere Formen im Raum schweben. Wir stellten uns vor, wie wir Wendeltreppen hinabstiegen und durch schwere Eichentüren gingen. Wir hatten in Waldlichtungen gesessen und in kristallklaren Bächen gebadet. Wir hatten sogar Visualisierungsübungen als Hausaufgaben bekommen, und ich konnte nun die entsprechenden Bilder eine Weile klar vor meinem geistigen Auge halten. Allmählich begann ich, sie mehr mit meinen »inneren« Sinnen zu erfahren, indem ich sie im geistigen Raum bewegte, die Äpfel schmeckte, die Hitze der Kerze fühlte und das regennasse Gras roch. Wir alle hungerten nun nach größeren Herausforderungen.

»Was glaubst du denn, was wir hier tun?« antwortete Maia, wobei ihre gewohnte mütterliche Sanftheit plötzlich dem sizilianischen Temperament wich. »Wenn ihr diese Grundlagen nicht beherrscht, wird eure Magie nicht wirken. Es wäre dann so, als wolltet ihr ein Auto fahren, ohne den Zündschlüssel herumzudrehen oder ohne zu lenken oder dabei aus dem Fenster zu sehen. Die Magie wirkt, Frauen, deshalb solltet ihr lernen, sie richtig anzuwenden, denn es könnte sein, daß ihr genau das bekommt, was ihr euch wünscht.«

»Aber was ist Magie?« hörte ich mich selbst fragen. Ich fühlte mich im Hinblick auf »Zaubersprüche« immer noch sehr skeptisch und unbehaglich. Sie schienen mir alle albern und überflüssig. Wer brauchte Magie für Liebe oder Geld? Lebe dein Leben, arbeite hart, sei ein guter und liebevoller

Mensch, und der Rest kommt von allein. Und gleichzeitig war die Vorstellung, übernatürliche Kräfte zu haben, mit denen ich alles erreichen konnte, was mein Herz begehrte, ein Kindheitstraum, den ich nicht aus meiner Erinnerung verbannen konnte. Wer hätte das schon gekonnt? Wichtiger noch, das einzige Wort, um meine spontanen Erfahrungen und erstaunlichen Synchronizitäten, ja sogar die Grundsätze der Quantenphysik zu beschreiben, war Magie.

Ich wünschte mir die Macht, dafür zu sorgen, daß sich diese Phänomene fortsetzten, und die Weisheit, die ich brauchte, um ihre Bedeutung zu verstehen. Diese Frauen verfügten über bemerkenswerte übersinnliche Fähigkeiten, aber über welche anderen Kräfte verfügten sie noch? Waren das Kräfte, die ich auch entwickeln und benutzen konnte?

»Hat denn Magie nicht etwas mit Zaubersprüchen zu tun? Ich meine, geht es dabei nicht um die Macht, so etwas wie Geld oder Liebe herbeizuzaubern?« warf Marcia ein. Sie hatte ihren Arm um Naomi gelegt. Obwohl die beiden so unterschiedlich waren, bestand offensichtlich eine Anziehungskraft zwischen ihnen, und sie waren gerade dabei, eine Beziehung miteinander einzugehen.

Bellona antwortete und sprang ein, um Maias aufgerichtete Nackenhaare wieder zu glätten. »Aleister Crowley hat gesagt, Magie sei die Wissenschaft und Kunst, Dinge nach eigenem Willen zu verändern. Aber mir gefällt die Version von Dion Fortune besser: Magie ist die Kunst, das Bewußtsein willentlich zu verändern. Wenn ihr erst gelernt habt, euer Bewußtsein zu verändern, werdet ihr auch lernen, die Wirklichkeit zu verändern. Darum geht es bei der Magie.«

Sie drückte es so einfach aus, aber die Schlußfolgerungen waren erstaunlich. Ich wußte bereits, daß Meditation den Geist klärt. Ein unruhiges, verwirrtes Bewußtsein kann die Gegenwart des Göttlichen nicht wahrnehmen und sich erst recht nicht an der Schöpfung der Realität beteiligen. Man muß den Geist beruhigen, damit man mit dem Herzen hören kann, denn wenn das Heilige in unser Herz Eingang findet, beginnen sich Mysterien zu enthüllen. Ich verstand allmählich, daß dies Magie war, nach der mein Herz verlangte.

»Die Übungen, die wir durchführen, sorgen dafür, daß ihr die Fähigkeiten entwickelt, die man zur Ausführung der Magie braucht. Ihr könnt eure Wünsche nicht verwirklichen, solange ihr nicht visualisieren könnt«, fuhr Bellona sachlich fort, so als ob sie erklären würde, wie man ein Auto fährt. »Ihr lernt jetzt, wie man eine gedankliche Form auf der Akasha-Ebene des Bewußtseins, der Ebene der reinen Energie, erschaffen kann. Sobald diese gedankliche Form dort existiert, werdet ihr lernen, sie zu beleben oder mit Energie zu füllen, so daß sie sich auf der materiellen Ebene manifestieren kann.« Konnte das wirklich so einfach sein, fragte ich mich.

»Ich kann definitiv den Typen visualisieren, der neben mir wohnt – jetzt brauche ich nur noch einen Liebeszauber, damit er… mich visualisiert«, witzelte Annabelle, unsere Südstaaten-Schönheit.

»Und wir sollen dir glauben, daß du Magie brauchst, um einen Kerl zu kriegen? Hör doch auf!«

Mindy versetzte Annabelle einen scherzhaften Stoß. Die Runde brach in Gelächter aus.

»Ah, einen Liebeszauber. Wenn du den auf Flaschen ziehen könntest, würdest du die reichste Frau der Welt werden«, kichert Naomi. »Wo ist denn die Rezeptur? Ich brauche nämlich was zur Stärkung, damit ich den ganzen Tag an meinen Skulpturen arbeiten kann.«

»Magie wirkt, täuscht euch da nicht. Und manchmal kann man ein bißchen davon sogar auf Flaschen ziehen.« Nonna hielt eine kleine Flasche mit einem honigfarbenen Öl hoch, die auf dem Altar gestanden hatte. Als sie es vorsichtig schüttelte, nahm die Farbe einen intensiveren Bernsteinton an.

»Was ist das?« fragte Annabelle mit einer Stimme, die in plötzlichem Verlangen sanfter wurde. Sie war seit einigen Jahren geschieden und sehnte sich nach einem Mann, der den Helden in ihren Büchern glich.

»Ein Aphrodite-Öl, das ich gerade zubereite. Es ist für einen Liebeszauber für eine Frau, die gar nicht weiß, wie sehr sie ihn braucht.« Nonna stellte die Flasche vorsichtig wieder auf das glänzende Kupferpentakel in der Mitte des Altars. Die runde Scheibe mit dem eingravierten fünfstrahligen Stern der Hexen war ein wichtiges magisches Werkzeug, um Gegenstände mit Energie aufzuladen und in einer magischen Handlung zu weihen. Die Scheibe symbolisiert die Erde und kann auch benutzt werden, um die Erdgottheiten anzurufen. Der Stern ist ein altes Symbol der Göttin. Er repräsentiert die Vereinigung der vier Elemente – Luft, Feuer, Wasser und Erde – mit dem Geist und ist ein Hinweis auf die Mysterien des Lebens selbst.

Maia tippte leicht an ihre Glocke, und die Privatgespräche, die plötzlich eingesetzt hatten, verstummten. Nonna ergriff das Wort.

»Bevor wir weitermachen können, gibt es bestimmte Prinzipien der Magie, die jede Hexe lernen muß. Magie wird niemals eingesetzt, um Macht über irgend jemanden zu erlangen, außer über euch selbst. Es ist eine schwere Verletzung unserer Spiritualität, wenn wir Macht einsetzen, um andere Menschen oder die Natur zu kontrollieren.

»Das verstehe ich nicht«, unterbrach Annabelle, und in ihrer

Stimme machte sich Enttäuschung bemerkbar. »Wie sollen wir denn Magie ohne Zaubersprüche praktizieren? Wie kann man dann einen Liebeszauber bewirken?«

Nonnas Stimme klang fest. »Ihr werdet Zaubersprüche lernen – ihr lernt sie sogar heute abend, genau in dieser Minute, aber nicht so, wie ihr denkt. Das ist eins der größten Mißverständnisse darüber, wie Hexen arbeiten. Der große Mythos besagt, daß wir mit übernatürlicher Macht arbeiten. Diese Vorstellung von Magie hat aber nichts damit zu tun, wie wir die alten Riten der Göttin praktizieren. Sie ist vielmehr ein Spielgelbild der patriarchalen Religionen und ihrer Sicht der übernatürlichen Kräfte, wie in der Geschichte, als Moses das Rote Meer teilte. Darin zeigt sich eine spirituelle Weltanschauung, die sich stark von unserer unterscheidet – eine Vorstellung, nach der Gott den Menschen auf die Erde gesandt hat, damit er sie sich untertan machen sollte. Wir arbeiten nicht mit übernatürlichen Kräften, sondern mit der göttlichen Energie der Natur.«

Ihre schlichten Worte machten mich wirklich betroffen, und ich lehnte mich voll konzentrierter Aufmerksamkeit nach vorne, während Nonna weitersprach.

»Bei unserer spirituellen Arbeit geht es darum, in Harmonie mit der Natur zu leben, denn für Hexen ist alles, was in der natürlichen Welt existiert, eine Form oder ein Ausdruck des Göttlichen. Durch unsere spirituellen Praktiken lernen wir, mit dieser Energie zu arbeiten, ihre Ebbe und Flut zu nutzen, nicht sie zu kontrollieren oder zu verändern, sondern uns und unser Leben zu verwandeln und anderen mit den Segnungen ihrer heiligen Macht zu helfen. Magie hat nichts mit Kontrolle über andere Menschen zu tun, sondern es geht darum, unserer eigenen göttlichen Kraft vollkommenen Ausdruck zu verleihen oder sie zu manifestieren. Wir streben nicht nach Herrschaft, sondern nach Schöpfung. Wenn Magie richtig praktiziert wird, bringt sie euch in Übereinstimmung mit den Kräften des heiligen Universums, so daß sie euch dabei unterstützen, eurem wahren Lebenssinn Ausdruck zu verleihen. Wenn wir weiterarbeiten, werdet ihr das alles besser verstehen.«

»Es gibt zwei hauptsächliche Anwendungsbereiche der Magie«, erklärte Maia, die ihre mütterliche Ruhe allmählich zurückgewann. »Der erste wird oft als ›Hohe‹ Magie bezeichnet – das ist die Magie, die etwas mit der Gegenwart der Göttin oder des Gottes zu tun hat und darin besteht, sie im eigenen Inneren oder in der Welt zu erfahren. Der zweite ist die praktische Magie, zu der gewöhnlich auch Zaubersprüche gehören. Diese Form der Magie wird für Alltagsbedürfnisse eingesetzt, beispielsweise für gute Gesundheit, Wohlstand, Erfüllung bei der Arbeit oder in der Liebe.«

»Nonna, du hast gesagt, daß wir heute abend einen Liebeszauber zubereiten. Aber wie kannst du einen Zauber wirken, wenn du nicht versuchst, jemanden unter deine Kontrolle zu bringen?«, fragte Gillian.

»Es geht nicht darum, es zu schaffen, daß sich Mister X in dich verliebt«, antwortete Nonna, »sondern es geht darum, dich selbst auf die Liebe einzustimmen und die Person anzuziehen, die zu dir paßt, die für dich bestimmt ist.«

»Ein Seelengefährte?« fragte ich, wobei meine eigene Sehnsucht näher an der Oberfläche lag, als ich gedacht hatte.

»Vielleicht. Das ist alles eine Frage der richtigen Zeit. Du kannst keinen Seelengefährten finden, bevor du nicht deine eigene Seele gefunden hast«, sagte Nonna beruhigend.

»Aber wie mache ich das?« fragte ich.

Nonna lächelte. »Nun ja, das ist die bedeutendste Suche, auf die du dich begeben kannst – manche Leute nennen sie die Suche nach dem Heiligen Gral.«

Wir drängten sie, mehr zu sagen, doch sie hüllte sich in Schweigen.

Bellona schloß die Versammlung, und Maia setzte ein verschmitztes Lächeln auf. »Vergeßt nicht, Frauen«, warnte sie uns wie eine Mutter, die ihre Kinder warm einpackt, bevor sie sie zum Spielen schickt, »überlegt euch gut, worum ihr bittet, denn es könnte euch gewährt werden.«

Ich blieb, nachdem alle anderen schon gegangen waren. Jede Woche übernahm eine von uns die Verantwortung dafür, das Räucherwerk zu mischen, den Tempel vorzubereiten oder anschließend aufzuräumen, und nun erlebte ich, daß die Betreffende dadurch belohnt wurde, daß Nonna, Maia oder Bellona sich während dieser Zeit besonders um sie kümmerten und ihr magische Unterweisungen gaben. Ich war froh, daß es heute abend Nonna war, die mich wieder unter ihre Fittiche nahm.

Die Stille des Tempels erfüllte mich, während ich vorsichtig den Altar abräumte. Den Wein und Saft aus der silbernen Schale der Göttin schüttete ich behutsam in den Ausguß und ließ dabei kaltes Wasser laufen. Wenn wir draußen arbeiteten, so erklärte mir Nonna, müsse der Inhalt der Opferschale begleitet von Dankgebeten auf die Erde oder in ein fließendes Gewässer wie einen Fluß oder das Meer gegossen werden. Hier bot sich eine weitere Gelegenheit, meine neu erworbenen Fähigkeiten zur Visualisierung einzusetzen, denn es erforderte sehr viel mehr Konzentration, diesen einfachen Ritus in seiner vollen spirituellen Bedeutung zu praktizieren, wenn man in einem überfüllten Badezimmer stand.

Sorgfältig steckte ich die verglühte Holzkohle und die Asche des Räucherwerks in einen Topf mit Erde, wickelte das Kupferpentakel in ein weißes Seidentuch, säuberte die Kerzenhalter und stellte die Statue zurück in das Bücherregal in der nördlichen Ecke des Zimmers. Einzig die weißen Blumen und Nonnas Liebesöl blieben noch auf dem Altar stehen.

»Darf ich an dem Öl riechen?«

»Natürlich, ich habe es ja für dich gemacht.« Nonna lächelte über meine unverkennbare Überraschung und öffnete die kleine Flasche. Langsam wedelte sie mir den Duft in drei kleinen, im Uhrzeigersinn durchgeführten Kreisbewegungen unter die Nase. Es roch köstlich und exotisch, und ich merkte, daß ich mich vorbeugte, als sie die Flasche wegzog.

»Hmmm. Was ist denn da drin?«

»Ambra, Patchouli, Moschus, Orange und schwarze Narzisse.«

»Aber warum hast du es für mich gemacht? Ich meine, ich habe wirklich keine Probleme damit, daß ich im Moment alleine bin.« Seit ich in meinem neuen Job arbeitete, hatte ich nicht mehr viel Zeit für Männer. Und ich war auch nicht bereit, mich an einen Mann zu binden, der keine magischen Qualitäten hatte.

»Es gibt viele Arten von Liebe, meine Liebe. Und man kann nie zuviel davon haben, ganz gleich in welcher Form sie einem begegnet. Im Augenblick hast du vielleicht zuwenig davon. Wir stehen kurz vor einem wunderbaren Vollmond, der am Freitag zu sehen sein wird, an dem Tag also, der der Göttin Venus geweiht ist, einer mächtigen Göttin, die mit den Kräften der Schönheit und Liebe assoziiert wird. Ich möchte, daß du eine pinkfarbene Kerze nimmst und darauf deinen Namen, das astrologische Symbol für Venus und das Wort Liebe eingravierst. Anschließend reibst du die Kerze im Uhrzeigersinn mit diesem Öl ein. Wenn der Mond aufgegangen ist, stellst du die Kerze an einen sicheren Platz, beispielsweise in das Wasch-becken im Badezimmer, zündest sie an und läßt sie so lange brennen, bis sie von selbst ausgeht. Nachdem du die Kerze an-gezündet hast, füllst du die Badewanne mit warmem Wasser und badest in einem Zaubertrank, den wir jetzt vorbereiten werden. Komm.«

Ein plötzlicher Schauer der Erregung wanderte durch meine Wirbelsäule nach oben, während ich ihr dankte. Ich steckte die kleine Flasche in meine Hosentasche und dachte dabei an die Wirkung, die ihr letztes magisches Geschenk gehabt hatte. Ich hatte schon etwas über den geheimnisvollen Inhalt der großen Gefäße erfahren, die ich jetzt aus den Regalen holte. Wenn man es in einem Säckchen bei sich trug, konnte Vetiver eine Pechsträhne beenden; wenn man Beifuß unter das Kopfkis-sen legte, würde man übersinnliche Träume haben, und High John the Conquerer würde einem Geld bescheren. Ich blieb skeptisch, denn das entsprach meiner Natur. Oder meiner Er-ziehung. Die Kräuter jedoch belehrten mich eines Besseren. Heilkräuter wie Digitalis, Johanniskraut, Echinacea, Kamille, Weide und Eukalyptusöl hatten mein starres Denken erfolg-reich herausgefordert, besonders, als ich erfuhr, daß die mei-sten unserer Medikamente aus Pflanzen gewonnen werden. Wenn alles Energie war, warum sollte es dann für die Pflan-zenenergie nicht auch andere Verwendungsmöglichkeiten ge-ben?

Das klang zwar immer noch weit hergeholt, aber was war mit all den anderen Dingen, an die Menschen glaubten? Chri-sten glaubten daran, daß Jesus Lazarus auf wunderbare Weise von den Toten erweckt hatte, und später selbst auferstanden war. Juden glaubten an das Wunder der Öllampe, die an Ha-nukkah acht Tage und Nächte gebrannt hatte, und daran, daß

139

Moses das Rote Meer geteilt hatte. Und diese Art von Glauben beschränkt sich nicht allein auf die alte Geschichte: Katholiken glauben an die Wandlung, Millionen glauben an die Macht des Gebetes, und fast alle Glaubensgemeinschaften benutzten die verschiedensten Rituale einschließlich brennender Kerzen und Räucherwerk. Die Kommunion, die zweifellos ein magisches Ritual ist, könnte jemanden, der nicht im christlichen Glauben erzogen wurde, recht merkwürdig erscheinen. Wir sind einfach nicht daran gewöhnt, über Hexenrituale auch nur etwas zu hören, und so sind sie uns doppelt fremd.

Im Laufe der Zeit sollte mir noch klar werden, daß Zaubersprüche Gebeten sehr ähnlich sind – aber im Gebet bitten wir eine äußere Gottheit, in unserem Interesse einzugreifen, weil wir selbst nicht fähig sind, eine erforderliche Veränderung herbeizuführen, wogegen ein Zauber die göttliche Energie aus dem eigenen Inneren aktiviert, während zugleich die äußere Gottheit um Hilfe gebeten wird, um eine Veränderung zu bewirken. Und – das wichtigste – Zauber werden im Einklang mit den Rhythmen der Natur bewirkt.

Wie viele Menschen in unserer hyperrationalen Welt hatte ich Schwierigkeiten mit der Vorstellung, daß ganz normale Dinge – Kerzen, Kräuter, Öle – tatsächlich eine materielle Veränderung im Universum bewirken können, wie es im Hexenritual geschieht. Diese Kurzsichtigkeit ist ein altes Problem – und einer der Gründe, warum den Naturvölkern einschließlich den Paganen zu Unrecht vorgeworfen wird, daß sie in ihrem »primitiven« Glauben Felsen und Steine »anbeten«, eine Fehlinterpretation, die, wie mir nun klar wurde, eine gewaltige Verdrehung grundlegender spiritueller Einsichten darstellt. Westliche Werturteile werden mit Scheuklappen vor den Augen getroffen – von Menschen, die unfähig sind, ins Herz des Universums zu blicken und zu sehen, daß ein Stein, eine Pflanze oder ein Mensch die Verkörperung göttlicher Energien ist. Aber rational betrachtet, nachdem ich einmal die grundsätzliche Vorstellung akzeptiert hatte, eröffnete sich für mich eine Welt unbegrenzter Möglichkeiten. Und ich konnte nicht bestreiten, daß unsere Rituale mir neue Kraft gaben.

Nonna reichte mir ein Gefäß mit getrockneten Rosenblüten. »Diese Techniken, die wir lernen, wirken ähnlich wie Yoga sehr entspannend, und das ist wunderbar nach einem harten Arbeitstag«, setzte ich unser Gespräch fort. »Aber ich verstehe immer noch nicht, was sie mit Magie zu tun haben.«

»Entspannung ist nur der erste Schritt. Yoga bewirkt mehr als nur Entspannung – es macht dich offen für die grenzenlose Göttlichkeit des Universums. Es ist ein wichtiges Mittel zur Bewußtseinsveränderung.«

»Meinst du damit wirklich die Veränderung von Gehirnwellen?«

Nonna nickte. »Von den Betawellen des Alltagsbewußtseins zu Alpha, Theta und den anderen.«

Während wir die Gefäße in die Ölkammer zurückbrachten, grübelte ich über die Folgen dessen nach, was sie gesagt hatte. Ich hatte gelesen, daß einige Neurowissenschaftler vermuteten, daß transzendentale Erfahrungen und mystische Bewußtseinszustände, wie sie durch Yoga, Meditation, psychoaktive Substanzen und andere ekstatische Praktiken hervorgerufen werden, ein Weg sein könnten, auf dem man Zugang zur Quantenrealität erlangt. Meine Gedanken überschlugen sich, und ich fragte mich, ob in jenen Momenten, wenn die Zeit stillzustehen schien und sich Dimensionen erstaunlicher Erfahrung öffneten, der menschliche Geist vielleicht eine geheimnisvolle Fähigkeit entwickelte, in das Reich der Quantenphysik zu »reisen«. Nahmen uns solche Techniken die Scheuklappen von den Augen? Riefen sie ekstatische Bewußtseinszustände hervor, in denen wir die Realität auf der Quantenebene erleben konnten? Entdeckten wir dann die heilige Natur der Wirklichkeit? Und war es möglich, daß wir einen Zeitpunkt grundlegenden historischen, evolutionären Wandels erreicht hatten, wo Metaphysik und Physik eine Verbindung eingehen konnten, aus der ein Sproß bemerkenswerter Erleuchtung und Macht entstehen würde? Die Poetin in mir reagierte auf die Vorstellung, daß Imagination eine Pforte zur göttlichen Offenbarung sein könnte. Künstler wurden durch die Imagination inspiriert, warum nicht auch Menschen, die Spiritualität praktizierten, Priesterinnen und Schamanen. Aber die rationale Skeptikerin hatte Beweise gefordert. Einige hatte die Physik geliefert; nun sorgte die Arbeit im Zirkel durch allgemeine Erfahrungen, Wahrnehmungen und Interpretation für weitere. Ich begann zu verstehen, daß »Magie« tatsächlich wirkte.

»Die Techniken, die ihr lernt, stammen aus dem Schamanentum und werden von Hexen benutzt, um geistige Kräfte zu aktivieren, Zugang zur spirituellen Welt zu finden und die latenten spirituellen Kräfte wieder zu wecken«, sagte Nonna, während sie im Regal nach der nächsten Zutat suchte. »Damit ist es möglich, eine völlig neue Verbindung zwischen dem eigenen Selbst und dem Universum herzustellen. Du begegnest deinen geistigen Führern… und deiner eigenen Seele.«

Während sie sprach, spürte ich, wie mein Herz sich öffnete und sich eine Welt ungeahnter Möglichkeiten vor mir auftat. Ich wurde von einer Macht geleitet, die stärker und geheimnisvoller war, als alles, was ich mir vorstellen konnte. Hier ging es nicht um irgendeinen unsinnigen Hokuspokus, bei dem Menschen in Frösche verwandelt wurden, obwohl ich eine ganze Menge Leute kannte, die das verdient hätten. Statt dessen entdeckte ich eine anmutige spirituelle Praxis, die stark im Leben von Frauen und im europäischen Schamanismus wurzelte, die heilen und das menschliche Herz öffnen konnte. Magie war die Kunst, sich das weite Feld der unberührten Geisteskräfte zu erschließen – Kräfte, die auf eine Weise wirken, die magisch scheint, aber doch völlig mit den neu entdeckten Gesetzen der Physik übereinstimmt, wo alles im Universum miteinander verbundene Energie ist. Konnte ich lernen, diese wunderbaren Kräfte zu entwickeln? Wie würden sie mein Leben verändern? Und noch bevor Bilder des Erfolgs und der Erfüllung mich berauschen konnten, fragte ich mich, wie das Universum meine Würdigkeit auf die Probe stellen würde, denn zweifellos war eine solche Begabung auch mit einer hohen Verantwortung verbunden, und man mußte sich den schwersten Herausforderungen stellen. Aber wie würden diese Prüfungen aussehen?

Die Techniken, die wir lernten, *waren* geeignet, die Pforten der Wahrnehmung zu öffnen, die Menschen in eine multidimensionale Wirklichkeit zu führen und sie zu befähigen, einmal auf der anderen Seite, sich dort nicht nur zurechtzufinden, sondern auch schöpferisch tätig zu sein. Aldous Huxley hatte unter dem Titel »Die Pforten der Wahrnehmung« ein Buch über die spirituellen Aspekte von psychotropen Drogen geschrieben. Dabei ging es um psychoaktive Pflanzen wie Psilocybin-Pilze, Peyote und Ergot, die ekstatische Zustände erzeugen, das Bewußtsein erweitern und das Göttliche offenbaren können. Dem Titel dieses Buches hatte eine der einflußreichsten und literarischsten Rockbands der sechziger Jahre, *The Doors*, ihren Namen entlehnt, und es beschrieb eine

143

ähnliche Entdeckungsreise wie jene, die Carlos Castaneda mit dem Yaqui-Medizinmann Don Juan unternommen hatte. Die Verwendung von psychotropen Drogen als spirituelles Sakrament war ein traditioneller Bestandteil der meisten schamanischen und mystischen Traditionen. Aber obwohl während der Sechziger sehr beliebt, waren sogar Marihuana und organische Psychotropika wie Peyote oder Psilocybin-Pilze illegal, und als Rechtsanwältin und Aktivistin hatte ich nicht vor, irgend etwas zu benutzen, das mich kompromittieren konnte. Ich fand es jedoch aufregend zu erfahren, daß man nicht nur mit Hilfe von Psychotropika in die spirituelle Welt gelangte, sondern daß es andere Schlüssel zur Ekstase gab, die mächtig, wirksam und legal waren.

»Du hast viel Stoff zum Nachdenken, und Denken ist das, woran du am meisten gewöhnt bist. Aber jetzt ist es wichtig, daß du praktische Erfahrungen machst und lernst, daß du der Weisheit vertrauen kannst, die sich dir auf einem anderen Erkenntnisweg erschließt.« Sanft berührte Nonna mein Herz. »Lerne damit, und im Lauf der Zeit wirst du den Grund dafür selbst herausfinden.«

Während ich ihre selbstsicheren Bewegungen beobachtete, spürte ich, daß hier vielleicht eine Gemeinschaft war, deren Werte die Wunden, die uns alle quälten, wahrhaft heilen könnten, eine alte Kunstfertigkeit, die wußte, daß der Körper ein wunderbares Instrument war, das die Klänge des Göttlichen, wenn es existierte, in die Welt trug. Es war ein traditionelles System, das sich auf die Göttin oder mehr noch auf die wesentliche Gottheit, das menschliche Herz, gründete. Bisher entsprach alles, was ich gelernt hatte, den Vorstellungen, mit denen ich aufgewachsen war, und stand nicht im Widerspruch zur wissenschaftlichen Weltsicht, die den meisten Menschen einfach nicht bewußt ist, sondern bestätigte sie. Rationalismus und Mystizismus – sie bildeten eine berauschende Mischung, eine Lizenz zur Erforschung der nächsten großen Grenze.

Nonna öffnete die Gefäße, nahm jeweils eine kleine Handvoll der duftenden Kräuter heraus und gab sie in einen Mörser. »Und jetzt das Öl, das ich dir gegeben habe.« Ich holte es aus meiner Tasche und fühlte seine Wärme. Sie nahm es mir ab, wedelte mir den Duft unter die Nase und gab drei Tropfen davon auf die Kräuter.

»Du mußt das alles in drei Tassen Quellwasser schütten. Laß es aufkochen und dann bei schwacher Hitze zwanzig Minuten köcheln, wobei du deosil rührst. Während du das tust, denkst du über die Liebe nach. Bevor du in die Badewanne steigst, gibst du noch fünf Tropfen Öl und die Blütenblätter von drei Rosen in das Badewasser. Dann schließt du die Augen, entspannst dich und gestattest dir, von Liebe zu träumen. Aber sieh zu, daß du aus der Badewanne kommst, bevor das Wasser kalt wird. Gib einen Tropfen Öl auf dein drittes Auge«, sie tippte auf die Mitte meiner Stirn, »auf deinen Kopf und unter den Nabel. Lege die Rosenblätter zwischen dein Kissen und den Kissenbezug und geh sofort ins Bett. Oh, und vergiß nicht, am nächsten Morgen deine Träume aufzuschreiben. So, und jetzt kannst du diese Kräuter mahlen«, wies Nonna mich an, indem sie mir Mörser und Pistill reichte. »Dreizehnmal im Uhrzeigersinn, und denke währenddessen über die Liebe nach.«

Ich konzentrierte mich auf das Gefühl, geliebt zu werden und Liebe zu geben. Mutterliebe mit ihren warmen Umarmungen und beruhigenden Worten, Liebe innerhalb der Familie voller Lachen und gegenseitiger Unterstützung, Liebe unter Freunden voll gemeinsamer Geheimnisse und Entdekkungen. Mein Herz schlug schneller, als die Kräuter beim Mahlen einen außergewöhnlichen Duft verströmten. Ich versuchte, nicht an meine unerfüllte Sehnsucht nach einem dunkelhaarigen Poeten aus der Arbeiterklasse zu denken oder an Küsse, die eine Seele aus ihrem Gespinst von Träumen erwecken können, oder an schwielige Fingerspitzen, die sich auf der Haut wie Feuerstein anfühlten und Brandspuren durch den nächtlichen Wald ziehen.

Am Abend des Venus-Vollmondes, zu der Stunde, als er mein Fenster mit silbrigem Licht erfüllte, beschloß ich, all meine schleichende Skepsis beiseite zu schieben, nicht nachzudenken, keine Fragen zu stellen und nicht zu zweifeln, sondern die Magie einfach zu praktizieren und das Erlebnis zu genießen.

»Sieh an, wen haben wir denn da! Ich habe dich kaum gesehen, seit du hier bist – komm doch einen Moment herein.« Warmherzig und jovial war mir Max Rosen immer wie ein jüdischer Weihnachtsmann vorgekommen. Doch statt des roten Mantels trug er die besten Anzüge, die das italienische Schneiderhandwerk zu bieten hatte. Und statt Spielzeug aus einem großen schwarzen Sack zu holen, ließ er Träume im Schallplattengeschäft wahr werden.

Unter allen Partnern war Max Rosen derjenige, der eine Legende in der Branche darstellte. Er war nicht nur der Seniorpartner, sondern auch Präsident einer sehr angesehenen Plattenfirma. In der Geburtsstunde des Rock'n'Roll gegründet, hatte sie einige seiner größten Künstler unter Vetrag und war nun die Tochtergesellschaft eines Industriegiganten. Und meinen ersten Plattenvertrag, meine kleine Single, die es in die Charts geschafft hatte, hatte ich mit Max abgeschlossen. Er war ebenso brillant wie warmherzig und großzügig. Ich verehrte ihn. Und aus Gründen, die mir ein Geheimnis blieben, schien er mich zu mögen.

Max Rosens Eckbüro hatte die Farbe des Geldes. Die grünen Wände schimmerten wie lackiert und waren mit goldenen Schallplatten, Postern und Fotos bedeckt, die auf erstaunliche Weise Erfolg, Berühmtheit und beiläufige Intimität zugleich darstellten. Ich setzte mich auf die mit grünem Leder bezogene Chesterfield-Couch. Ein großer Mahagonischreibtisch füllte die gegenüberliegende Fensterwand, aber Max saß immer neben der Couch in einem dazu passenden Sessel.

»Magst du einen Espresso?« Er reichte mir die winzige Tasse, bevor ich nicken konnte. Max hatte sich die Espressomaschine in der Kaffeeküche aus Mailand schicken lassen, und obwohl sie furchtbar laut war, machte sie einen ausgezeichneten Espresso. »Und nun sag mir, was du von der Musik hältst, die wir gerade hören.«

Der schwermütige poetische Gesang einer Frau, die von einer Hardrock-Band im Hintergrund begleitet wurde, erfüllte den Raum. Das erinnerte mich wieder an meine Liebe zur Musik und die Gründe, warum ich meinen Job trotz des wachsenden Drucks genoß.

»Es gefällt mir – sie hat wirklich Talent. Und es sind zu wenig Frauen im Geschäft.«

Max lächelte. »Hadus deckt dich mit Arbeit ein?«

Ich nickte.

»Er hat immer viel zu tun«, sagte Max mit einem Anflug von Geringschätzung. Seine Augen wanderten zu einem Foto, das ihn selbst mit Harold zeigte, seinem Partner, der vor einigen Jahren gestorben war. »Habe ich dir je über die Zeit damals erzählt, das war tief im Süden, Anfang der fünfziger Jahre, als wir von einem Lastwagen voller Männer mit Gewehren gejagt wurden? Wir waren in einen schwarzen Club gegangen, um einen Vertrag zu unterzeichnen.«

Max Rosens Freundschaft war kostbar und allseits begehrt, auch bei Hadus – für den er jedoch, abgesehen von flüchtigen Höflichkeiten, nichts übrig hatte. Während ich mich in der Wärme seiner zwanglosen Konversation sonnte, war ich dankbar, daß er sich für mich immer ein paar Minuten Zeit nahm. Wir plauderten dann über Musik oder Bücher oder Philosophie, und gelegentlich erzählte er mir auch Geschichten aus seinem bemerkenswerten Leben.

»Wir liebten dieses Geschäft, Gott weiß warum – es ist so voll von Piraten, Halsabschneidern und Haien. Aber mit Harold zusammen machte es so viel Spaß, ein Talent zu entdecken und das Leben eines Menschen zu verändern. Er war ein Gentleman und behandelte jeden stets mit Respekt.« Max nahm den silbernen Bilderrahmen in die Hand. »Außerdem war er ehrlich – eine Seltenheit. Wenn er sich mit jemandem per Handschlag einigte, dann war das eine Abmachung, auf die man sich verlassen durfte. Die Leute wußten, daß sie ihm vertrauen konnten.«

Max seufzte und stellte das Bild auf den Tisch zurück. »Na ja, die Sechziger sind vorbei, soviel steht fest.« Er nippte schweigend an seinem Espresso und fuhr dann mit seiner Geschichte fort. »An dem Tag, an dem er mir sagte, daß er sterben würde, waren wir gerade bei Pucci gewesen, und ich hatte ihm dort eine wunderschöne Krawatte gekauft. Wir saßen in einem kleinen Café abseits der Piazza Navona, und er wandte sich plötzlich zu mir und sagte: ›Max, das Geheimnis liegt darin, daß du deine Arbeit lieben mußt. Wenn du sie liebst, weißt du sie zu schätzen, und mit ihr alles, was das Universum

148

dir schenkt. Es ist die Liebe, die die Dinge wachsen läßt, sogar im Geschäftsleben, besonders in diesem Geschäft. Oder zumindest sollte sie es sein. Das Leben ist reich; es ist voller Geschenke – je mehr du hast, desto besser kannst du mit anderen teilen. Sie versuchen ständig, ihr winziges Stückchen von der Welt festzuhalten und sind dauernd schlecht gelaunt, weil es nichts gibt, was sie zufriedenstellen könnte. Sie sind verflucht, denn sie haben in ihrem Inneren ein Loch, das nie zu füllen ist. Sie können etwas erreichen, aber sie können das Erreichte nie genießen.‹« Max griff nach seinem Kaffee, doch wir hatten unsere Tassen schon geleert. »Na, hat die Arbeit immer noch ihren Glanz?«

Ich nickte lachend. »Sie blendet ziemlich.« Ich spürte, daß Max noch etwas anderes im Sinn hatte. Er wartete, bis ich weitersprach. »Ich hab in den letzten Wochen viele neue Klienten gewonnen, und Hadus hat immer reichlich Papierkram für mich zu erledigen.«

»Hättest du denn trotzdem Zeit, mir vielleicht gelegentlich auszuhelfen?« Ich war froh, daß ich meine Kaffeetasse hingestellt hatte, sonst hätte ich sie wahrscheinlich auf die Marmortischplatte fallen lassen. Max lachte über mein begeistertes Gesicht.

»Liebend gerne. Aber ich weiß nicht, ob Hadus vielleicht Schwierigkeiten macht…«

»Ich rede mit ihm. Ich werde dich nicht sehr oft brauchen, aber hin und wieder fehlt mir eine Assistentin – dann könntest du mir eine große Hilfe sein. Und wer weiß, vielleicht macht es dir Spaß.« Seine Augen funkelten. »Du meinst, ich würde meine Arbeit vielleicht lieben?« Ich lächelte ihn mit unverhüllter Dankbarkeit an und erinnerte mich plötzlich an Nonnas Worte über die verschiedenen Arten von Liebe.

»Du lernst schnell, mein Schatz.«

»Wenn ich einen guten Lehrer habe. Danke, ich werde dich nicht enttäuschen.«

»Das weiß ich. Ich spreche später mit Hadus. Jetzt gehst du besser wieder an die Arbeit – er fragt sich wahrscheinlich schon, wo du steckst.«

Hadus wirkte zunächst verblüfft und dann verärgert, als er mich aus Max' Büro kommen sah. »Ich habe dich gesucht«, sagte er mürrisch. Ich hatte noch keine Ahnung, welchen Preis ich für das schöne Geschenk, das Max mir gemacht hatte, würde zahlen müssen. Ich arbeitete jeden Tag und viele Nächte in einem Königreich unheiliger Allianzen mit verborgenen Mächten und versteckten Intrigen, die ich nach dieser Reaktion von Hadus erst zu ahnen begann.

Madeline gab mir auf dem Weg zurück in mein Büro eine pinkfarbene Telefonnotiz – eine Nummer, die ich nicht kannte und… »Jake hat angerufen.« Ich lächelte freudig überrascht – wie hatte er mich gefunden? Geboren und aufgewachsen in New Jersey, war er ein Schriftsteller mit schwarzen Haaren und schwarzem Humor, der seinen Lebensunterhalt als Lastwagenfahrer verdiente. Wir hatten uns kennengelernt, als ich in Washington arbeitete, und sofort eine leidenschaftliche Affäre begonnen, die endete, als ich nach New York zurückzog. Angesichts unserer ererbten Neigung zur Distanz war die Trennung unvermeidlich gewesen. Ich kannte nicht die Einzelheiten seines familiären Vakuums, aber meine Arbeit im Zirkel half mir, meine eigene Situation zu verstehen. Meine elegante, zurückhaltende Mutter und mein skandinavischer Vater, der nie ganz von der Seefahrt heimgekehrt war, hatten mir eine kühl-distanzierte Haltung vererbt. Und so blieb mein Herz rastlos und einsam, doch im Zentrum meines geheimen

150

Zaubergartens sehnte ich mich nach Liebe und Nähe. Wir spürten, daß die Grundlage unserer Beziehung Freundschaft war, und in diesem Sinne verband uns die innigste Liebe. Es tat gut, daran erinnert zu werden, daß die meisten Männer nicht wie John Hadus waren, und ich konnte es kaum erwarten, Jake zu sehen.

Nonnas Liebesmagie hatte gewirkt, aber auf völlig unerwartete Weise. Ich hatte an einen Seelengefährten gedacht, aber das Universum hatte mir gegeben, was ich am meisten brauchte – die Worte von Max über die Liebe zur Arbeit, die Energie der Freundschaft von Max, die Rückkehr von Jake, und vor allem eine wertvolle, magische Lektion: Es gibt viele Arten von Liebe.

»Sie verwandelt alles, was Sie berührt,
und alles, was Sie berührt, verwandelt sich;
Wandel bewirkt, Berührung wirkt …
berühre uns, wandle uns …«

Immer wieder sangen wir die einfachen Verse. Wie bei tibetischen Mönchen, deren wiederholtes Rezitieren heiliger Klänge eine berühmte Technik zur Meditation und Bewußtseinsveränderung darstellt, erlebte ich mit jeder musikalischen Wiederholung eine bemerkenswerte Veränderung und Bündelung von Energien. Ich verlor jedes Zeitgefühl.

Als der Gesang endete und sich wie ein goldener Nebel in die dunkle Höhle, die uns umgab, verflüchtigte, saßen wir eine zeitlose Weile in harmonischem Schweigen. Schließlich bewegte sich irgend jemand. Maia reichte Flaschen mit Wein, Wasser und Traubensaft herum. Jetzt merkte ich, wie durstig ich war und wie köstlich sich die Getränke auf meiner Zunge anfühlten. Wir waren sehr still, sprachen leise und bewegten uns langsam, während die Stille die inneren und äußeren Räume durchdrang und sie miteinander verband.

»Beim letzten Treffen haben wir angefangen, über magische Kräfte zu sprechen, was sie sind und wie wir sie benutzen können. Es gibt zwei grundlegende Regeln, die ihr über magische Energie lernen müßt. Jede Hexe benutzt diese Regeln als Richtschnur für ihre Arbeit«, begann Bellona. »Die erste lautet: ›Tu, was du willst, solange du niemandem schadest.‹ Und die zweite ist die Dreifachregel: ›Was du aussendest, wirst du dreifach zurückerhalten.‹ Das gilt sowohl für gute als auch für schlechte Energien, und deshalb senden wir niemals schlechte Energie aus. Wenn ihr nicht in Übereinstimmung mit diesen ethischen Vorschriften handelt, seid ihr keine echten Hexen.«

»Entschuldigung.« Ich haßte es, sie zu unterbrechen oder die außergewöhnliche Harmonie zu stören, die wir gerade geschaffen hatten, aber der Dialog war ein Teil des Zirkels, und ich hatte Ethik und politische Philosophie studiert. Ich konnte die Aussage so nicht stehenlassen. »Die Dreifachregel klingt mehr nach Eigennutz: Ich tue nichts Schlechtes, weil mir dann etwas noch Schlechteres widerfahren wird. Das ist eher ein Modell der Abschreckung als eine echte ethische Verhaltensgrundlage. Es ist wie die Moral der römisch-katholischen Kirche – wenn du ›sündigst‹, wird Gott dich mit Verdammnis und Hölle bestrafen, deshalb solltest du dich lieber gut benehmen. ›Tu was du willst, solange du niemandem schadest‹ – gut, das ist eine ethische Norm. Es ist eine moralische Feststellung über eine enorme Freiheit und die entsprechende Verantwortung, nichts und niemandem Schaden zuzufügen.« Ich genoß es, meine philosphische Ausbildung in diesem ungewohnten Rahmen anzuwenden und allmählich die dem Hexenglauben innewohnende Logik zu verstehen. »Dabei geht es nicht nur um den Menschen, und dem liegt wahrscheinlich die Vorstellung zugrunde, daß alles, was in der Natur existiert, eine Verkörperung des Heiligen ist. Also muß man entsprechend damit umgehen – mit Respekt und Sorgfalt.«

Nonna nickte und schien mit meinem Einwurf sehr zufrieden zu sein, und Bellona schien sich in keiner Weise angegriffen oder gestört zu fühlen, sondern wirkte so, als habe man ihr gerade etwas Interessantes zu bedenken gegeben.

»Und das ist auch der Grund, warum Magie wirkt – alles, was existiert, ist heilig und miteinander verbunden«, sagte Nonna freundlich. »Aber das ist nicht etwa eine Vorstellung, die auf Spekulationen oder theoretischen Überlegungen beruht, sondern eine direkte und persönliche Erfahrung, die jedem offensteht. Bei der Kunst der Magie geht es darum, das Heilige zu erleben und angemessen damit zu arbeiten. Wenn wir als Hexen unsere verschiedenen Techniken zu Bewußtseinsveränderungen einsetzen, können wir die grundlegendste spirituelle Wahrheit erkennen und erfahren: Alles, was in der natürlichen Welt existiert, ist ein Ausdruck der göttlichen Energie. Und weil alles miteinander verbunden ist, können wir alle möglichen Ereignisse positiv beeinflussen. Wenn wir Magie praktizieren, werden wir eins mit dem Objekt unserer Magie.«

»Was du eben gesagt hast, daß alles miteinander verbunden ist, das hat auch Häuptling Seattle gesagt.« Die schüchterne Onatah, die nur selten sprach, holte ein Buch aus dem hinter ihr liegenden Rucksack. »Darf ich euch das vorlesen?«

Maia nickte, und Onatah begann mit weicher Stimme: »Jeder Teil dieser Erde ist meinem Volk heilig, jede glitzernde Tannennadel, jeder sandige Strand, jeder Nebel in den dunklen Wäldern, jede Lichtung, jedes summende Insekt ist heilig in den Gedanken und Erfahrungen meines Volkes. Der Saft, der in den Bäumen steigt, trägt die Erinnerung des roten Mannes…

Wir sind ein Teil der Erde, und sie ist ein Teil von uns. Die duftenden Blumen sind unsere Schwestern, die Rehe, das Pferd, der große Adler – sind unsere Brüder…

Lehrt eure Kinder, was wir unsere Kinder lehren: Die Erde ist unsere Mutter. Was die Erde befällt, befällt auch die Söhne der Erde… Denn das wissen wir, die Erde gehört nicht den Menschen, der Mensch gehört zur Erde – das wissen wir. Alles ist miteinander verbunden, wie das Blut, das eine Familie vereint… Der Mensch schuf nicht das Gewebe des Lebens, er ist darin nur eine Faser. Was immer ihr dem Gewebe antut, das tut ihr euch selber an.«

Onatah hielt das Buch an ihre Brust, während wir ehrfürchtig schweigend dasaßen, ergriffen von der Macht der Worte. »Seattle war ein Häuptling der Duwamish, als er diese Worte 1855 sprach. Er wurde gezwungen, das Land seines Stammes an weiße amerikanische Siedler zu verkaufen.«

»Wicca hat dieselbe spirituelle Sensibilität und dasselbe Verständnis unserer heiligen Verbindung zum Netz des Lebens«, sagte Nonna. »Es ist eine Methapher für die göttliche Energie, die uns alle eint«, fuhr sie fort. »Bei der höchsten Wicca-Magie geht es um die Verbindung zu dieser göttlichen Kraft. Es geht darum, zuzulassen, daß sie uns erfüllt, verwandelt und uns Weisheit verleiht. Alle Magie entspringt unserer Verbindung zum Heiligen, deshalb muß all unser Tun durch die göttliche Natur der Energie gelenkt werden, mit der wir arbeiten. Weil die materielle Welt ein Ausdruck des Göttlichen ist, wurde die Magie immer für praktische Zwecke eingesetzt. Aber wenn sie ihre Form nicht durch das Heilige erhält, verkommt die praktische Magie, die allein auf der Projektion unseres Willens beruht, sehr schnell zu einer selbstsüchtigen Belohnung des Ego. Und wenn die Magie nur diesem Zweck dient, wirkt sie bald nicht mehr. Wie Maia schon gesagt hat, kann ein Auto nicht fahren, wenn man den Zündschlüssel nicht umdreht. Und alle Magie wird letztlich durch unsere Verbindung mit dem Göttlichen angetrieben. Es gibt eine Grundregel der Magie, die ihr nicht vergessen dürft: Die Energie, die ihr in einen Zauber hineinlegt, ist die Energie, die aus eurem Zauber herauskommt. Wenn ihr wütend seid, wird Wut zu euch zurückkommen, wenn es euch an etwas mangelt, wird Mangel zurückkommen; wenn ihr habgierig seid, wird Habgier zurückkommen. Ich denke, das ist es, was die meisten Leute unter der Dreifachregel verstehen.«

Bellona nickte. »Genau das. Bei unserer spirituellen Arbeit geht es darum, daß wir lernen, die Verbindung zum göttlichen Netz des Lebens herzustellen und dann den heiligen Kräften Ausdruck zu geben, die in jedem Menschen wohnen. Wenn ihr das gelernt habt, werdet ihr wissen, wann und wie ihr Zauber wirken könnt.«

Was du nicht willst, daß man dir tu, das füg auch keinem anderen zu. Alles, was Nonna sagte, schien diesen fundamentalen moralischen Grundsatz auf ein Universum auszudehnen, in dem alles – Erde, Tiere, Pflanzen, Luft, Wasser, Menschen – heilig war und deshalb mit Respekt behandelt werden mußte. Dies war unsere erste ernsthafte Diskussion über den spirituellen Sinn der Übungen, die wir mit solcher Begeisterung durchgeführt hatten. Wir hatten den Priesterinnen einfach vertraut und bereitwillig die Techniken geübt, die unsere Fähigkeiten zur Entspannung, Konzentration und Visualisierung verbessert hatten. Die Tatsache, daß diese Techniken wirkten, nicht nur bei mir, sondern bei uns allen im Zirkel, war einer der wichtigsten Gründe, warum ich weitermachte, obwohl ich mich bei den Ritualen immer noch etwas unbehaglich fühlte. Wie ein Hauptakkord, der auf einem großen Flügel angeschlagen wird, schienen die Übungen die Harmonie innerhalb des Zirkels zu fördern, indem sie den Ausdruck unserer individuellen Energien respektierten und diese einzelnen Töne gleichzeitig in eine melodische Resonanz brachten. Das waren bedeutsame Erfolge, aber nun wurde auch erfreulicherweise klar, daß wir gleichzeitig daran gearbeitet hatten, uns auf die heilige Verbindung vorzubereiten, die die Priesterinnen beschrieben hatten.

»Genug geredet. Jetzt wollen wir mal sehen, was ihr gelernt habt«, kündigte Maia an. »Ich denke, es ist Zeit, die Visualisierung mit einer sehr wichtigen Technik zu kombinieren, die wir als ›erden und zentrieren‹ bezeichnen. Setzt euch aufrecht hin, schließt die Augen und konzentriert euch ganz auf eure Atmung... Fühlt, wie ihr immer entspannter werdet. Während alle Anspannung aus eurem Körper weicht, spürt ihr eure innere Stärke und Klarheit.«

Dann fuhr sie fort: »Laßt euch von meinen Worten führen, während ihr die aufsteigenden Bilder und Gefühle erlebt.«

Plötzlich sah ich einen großen Baum vor mir, dessen strahlendgrüne Blätter sich im Wind bewegten, und mir kam ein Gedanke in den Sinn: Der Baum nahm das von mir abgegebene Kohlenmonoxid auf, um zu leben, und er gab als Stoffwechselprodukt Sauerstoff in die Luft ab. Ich atmete den Sauerstoff ein, der das Abfallprodukt des Baumes war, und er atmete das Kohlenmonoxid ein, das mein Abfallprodukt war. Ich konnte den Austausch der kostbaren Gase sehen, die sich wie strahlende Bänder zwischen uns hin und her bewegten. Wir waren in einem Prozeß verbunden, in dem wir uns gegenseitig Leben spendeten und gegenseitig unsere Energien wiederverwerteten. Maias Stimme drang durch meine Gedanken, und ich lächelte, weil ihre Worte ein Echo der Bilder darstellten, die bereits in mir aufgetaucht waren.

»Ihr fühlt, wie euer Körper zum Stamm einer großen, ausladenden Eiche wird… wie sich Wurzeln vom Grund eurer Wirbelsäule in die Erde unter euch senken… spürt, wie sie sich tiefer und tiefer in das dunkle Erdreich verzweigen… fühlt, wie ihr eins mit der Erde werdet… riecht die Feuchtigkeit des Bodens… fühlt die Nährstoffe, die euch umgeben… fühlt, wie die wunderbaren Lebenskräfte der Erde in eurer Wirbelsäule so aufsteigen wie im Stamm eines großen alten Baumes… fühlt, wie sie durch euch hindurchfließen und euch reinigen und erneuern…«

Die Bilder waren klar und die Empfindungen voller Kraft. Zuerst fühlte ich etwas am Grund meiner Wirbelsäule, dann schoß es nach oben und breitete sich wie ein Feuer über meinen ganzen Körper. Ich spürte Hitze und Elektrizität, Freude und Kraft. Es war zugleich erschreckend und ungeheuer belebend.

»Ihr seid der heilige Baum des Lebens… die Verbindung zwischen dem Geistigen und der Erde… spürt, wie ihr diese göttliche Verbindung herstellt… beide Seiten zur magischen Einheit des Lebens verschmelzt… und nun konzentriert euch auf die Energie in eurem Herzen… fühlt, wie sich euer Herz öffnet… ausdehnt…«

Jede von uns wurde ein Baum, und der Zirkel wurde zu einem heiligen Hain, wo Waldgeister aus der alten Verbindung zwischen Himmel und Erde hervorgingen.

»Nun laßt uns die Energie erden. Atmet vollständig aus,

und während ihr das tut, gebt ihr der Erde die Energie zurück, die sie euch gespendet hat. Sagt Dank und fühlt, wie der Strom durch eure Wirbelsäule nach unten und zurück in die Erde fließt.« Maia sprach langsam und machte nach jeder Anweisung eine Pause, damit wir Zeit hatten, alles zu spüren. »Zieht eure Wurzeln aus Mutter Erde zurück. Fühlt, wie sie sich aufrollen und wieder am Grund eurer Wirbelsäule ruhen. Und wenn ihr fertig seid, öffnet ihr die Augen.«

»Huiii«, atmete Marcia tief aus. »Das war erstaunlich.«

Ich blickte im Kreis herum. Jeanette hatte die Augen noch geschlossen, den Kopf zurückgelegt, und ihr rundes Gesicht mit den hohen Wangenknochen und den vollen Lippen war in diesem Moment ein unsterblicher Ausdruck von Gelassenheit und Kraft. Annabelles Augen glänzten fiebrig, und sie flatterte herum wie eine Motte, die ins Mondlicht eintaucht. Beth und Mindy hatten beide den Kopf gesenkt. Marcia sah schläfrig und ein wenig benommen aus. Gillian ließ ihre Hände immer wieder durch Abremalins Fell gleiten, während ihr Körper ein Abbild sinnlicher Entspannung bot. Ich fühlte mich hellwach, angeregt und doch entspannt, ausgeruht, belebt und ein wenig schwindelig.

Nur Onatah schien unsere Heiterkeit und Zufriedenheit nicht zu teilen. »Mir ist schwindelig und irgendwie übel«, sagte sie, während sie sich mit ihren langen Fingern die feuchten Locken aus der Stirn strich. »Erst habe ich überhaupt nichts gefühlt, und dann – es war zuviel.« Maia erhob sich und ging rasch zu ihr. Sie legte eine Hand auf Onatahs Stirn und die andere in Taillenhöhe auf ihren Rücken. »Du mußt die überschüssige Energie erden. Beug dich nach vorne, langsam. So ist es richtig. Und jetzt mit dem Kopf auf die Erde. Leg die Handflächen flach auf den Boden. Und jetzt ausatmen, langsam. Laß dabei die ganze überschüssige Energie aus deinem Körper herausfließen, immer nach außen und unten zu den Stellen, wo dein Körper die Erde berührt. Annabelle –«, sie sah plötzlich auf, »–du solltest das auch machen, und jede von euch, die sich extrem nervös oder ängstlich fühlt. Laßt die überschüssige Energie aus euch herausfließen, durch das dritte Auge, durch eure Hände und vor allem durch das Ende eurer Wirbelsäule. Gebt der Erde die Energie zurück.« Maia saß hinter Onatha, eine Hand jetzt auf deren Hinterkopf und die andere immer noch in Taillenhöhe auf dem Boden. So saßen sie einige Minuten, vereint in rhythmischem Atmen, wobei Maias Körper mit jedem Ausatmen leicht zusammensank. Als ich sie beobachtete, schien es mir, als ob sich ihre Züge auflösten und sich ihr Körper von einer üppigen Frauenfigur in die alten gerundeten Hügel der Toskana verwandelte. Sie streichelte zärtlich über Onatahs Kopf. »Wie fühlst du dich jetzt?« fragte sie leise.

»Gut, jetzt ist alles wieder in Ordnung«, antwortete Onatah.

»Schön, dann richte dich ganz langsam auf.«

Sie lächelte, und die Anspannung war von ihrem Gesicht verschwunden. »Jetzt geht es mir wieder gut. Danke.«

Maia umarmte sie. »Umarmen wirkt sehr erdend«, sagte sie. »Und dasselbe gilt für Essen.«

»Diese Technik wirkt noch stärker, wenn ihr direkt auf der Erde selbst sitzt«, erläuterte Bellona, »ihr könnt sie immer anwenden, wenn ihr müde, traurig oder krank seid, wenn euch eine Auseinandersetzung bevorsteht oder wenn ihr euch auf eine magische Handlung vorbereitet. Aber vergeßt nicht, die Energie anschließend wieder zu erden, sonst fühlt ihr euch wie Onatah oder noch schlimmer.«

Magie: Es gab eine Zeit, da konnte ich dieses Wort nicht hören, ohne an Kaninchen zu denken, die aus einem Zylinder hüpften, an Kartentricks oder an zersägte Frauen. Aber die Magie, die ich erlebte, war keine Illusion. Sie war kraftvoll, wirkte auf Körper und Seele, und diese Hexen verstanden es, sie nach ihrem Willen zu lenken. Würde ich das eines Tages auch können?

Als ich heimkam, ging ich sofort an mein Bücherregal, eine meiner Pforten zum Reich der Magie. Ich ließ meine Hände über die Bretter gleiten, hin und her, rauf und runter, ohne auf die Titel zu sehen. Dabei setzte ich meine Atmung ein, um meinen Geist von Gedanken freizuhalten, bis eine kleine Stimme, die ich immer als meinen Bibliotheksengel bezeichnete, mir sagte: »Dieses.«

Ich zog das alte Buch aus dem Regal, widerstand der Versuchung, auf den Titel zu schielen, und erlaubte meinen Fingern, es einfach zu öffnen.

Grad in der Mitte unsrer Lebensreise
Befand ich mich in einem dunklen Walde,
Weil ich den rechten Weg verloren hatte.

Es war der Beginn von Dantes Inferno. Wie perfekt und wunderschön. Aber auch beängstigend. Ich dachte, ich würde das Paradies entdecken, nach Eden zurückkehren, oder betrat ich vielleicht, ohne es zu wissen, die Hölle? Wenn alles miteinander verbunden war, wie stand es dann mit der erschreckenden Welt voller Grausamkeit und Habgier, Gewalt und Verzweiflung, in der ich Tag für Tag lebte? Gab es genug Magie in der Welt, um das zu ändern.

Das Leben scheint anfangs so einfach – ein gerader, ebener Weg, den die Gesellschaft für uns vorgesehen hatte, den unsere Eltern von uns erwarteten und auf den wir uns selbst einstellten: zur Schule gehen, Erfolg haben, einen guten Job finden, ein gutes Gehalt bekommen, eine glückliche Ehe, gut versorgt werden. Paß dich an, und der Lohn ist dir gewiß. Bis du vor die Wand läufst, mit dreißig, vierzig oder fünfzig, wenn der Aktienmarkt zusammenbricht, dein Partner dir fremd wird, deine Firma rationalisiert oder du einfach nicht genug Geld hast oder es dir an Dingen fehlt, die man für Geld kaufen kann, um das gähnende Loch zu füllen, das dich um Mitternacht verschluckt. Und schon bist du vom geraden Weg abgekommen. Aber das, so verstand ich allmählich, war der Moment, in dem die Magie des wirklichen Lebens begann.

Dantes Verse schlugen einen Weg der Annäherung an das Leben vor, an den ich bisher nie gedacht hatte. Es war eine unvorhersehbare Reise der Selbsterfahrung. Anders als die gradlinige Bewegung unserer kulturbedingten Erwartungen, die auf stetes Wachstum und immer größere Entfernung von der Erde setzt, folgte Dantes Reise dem Pfad der ursprünglichen Bewegung, einer heiligen Spirale der Energie. Und obwohl es mir nicht bewußt war, bewegte auch ich mich wie die Schlange, die zusammengerollt am Grund unserer Wirbelsäule schläft, stufenweise aufsteigt und sich wieder zurückzieht, die Weisheit der Vergangenheit zurückholt und wieder integriert, während sie sich ununterbrochen vorwärts bewegt.

Ich war völlig von der Vorstellung in Anspruch genommen, daß alles ein Ausdruck göttlicher Energie war. Doch abstrakte Vorstellungen genügten mir nicht mehr. Die Möglichkeit, die Welt als heilig zu *erleben*, erschien mir als das kostbarste Geschenk, das mir je gewährt werden könnte, ein Geschenk, das alles verändern würde. Diese Vorstellung gefiel auch dem offenen und weisen Kind, das ich in meinem Inneren nährte. Es erinnerte sich daran, wie sich die Gegenwart des Göttlichen anfühlte, wenn es allein in den Wäldern spazierenging, wenn ein Schmetterling auf seiner Schulter landete oder wenn ihm eine kleine Feldmaus auf die Hand krabbelte. Dieses Kind erinnerte sich auch daran, wie seine beste Freundin im Alter von zehn Jahren an einem sonnigen Nachmittag auf dem höchsten Hügel der Umgebung gestanden und einen Regenzauber gelesen hatte. Er stand in einem Buch über zwei kleine Mädchen, von denen eins eine Hexe war. Die Freundin hatte oben auf dem Hügel getanzt, während sich dicke Wolken über ihr zusammenballten und der Regen sie wie ein natürlicher Segen erhabenen Erkennens bis auf die Haut durchnäßte. Und dann war sie durch die Sintflut nach Hause gerannt, überzeugt, daß sie nun selbst eine Hexe war, ein Geheimnis, das sie nur mit mir teilte, und das sie bis auf den heutigen Tag in ihrem Herzen bewahrte.

Ich war in das Land Oz gestolpert, in das Reich der Sehnsucht des Herzens. Dorthin hatte mich eine spiralförmige Straße aus gelben Ziegeln gebracht, eine Form, die ich als die ursprüngliche Grundlage allen Lebens erkannte: die Form unserer DNS. Und wieder wurden die Verbindungen zwischen alten magischen Vorstellungen und der Wissenschaft klarer – der magische Gemütszustand, den wir im Zirkel erreichten, *war* die ekstatische Bewußtseinserweiterung, die die Pforten der Wahrnehmung nicht nur zur Quantenrealität, sondern auch zur göttlichen Realität öffnete.

Eins wußte ich plötzlich mit absoluter Gewißheit: Magie ist nichts, was man selber tut oder vollbringt, sondern etwas, was das Universum mit einem macht. Nichts ist magischer, als die Gegenwart des Heiligen im eigenen Leben. Sie verwandelt alles. Sie ist außergewöhnlich, sie ist faszinierend, und sie ist eine Herausforderung für die Grenzen unseres täglichen Lebens. Magie ist die Kunst, ein schöpferisches Leben zu führen, das mit der Gegenwart des Göttlichen gesegnet ist. Sie ist nichts, was man *selbst* tut, sondern etwas, was das Universum *mit uns* macht, sobald wir seine Göttlichkeit erkannt haben. Sie ist ein heiliger Tanz, an dem wir teilnehmen, voller Freude, voller Erotik, voller Ekstase. Und wenn sie geschieht, blühen Rosen im Dezemberschnee, Schmetterlinge schwärmen in Costa Rica durch die Bäume, und Liebende finden über den Strom der Zeit zueinander. Ich dachte an die letzten Jahre und meine Sehnsucht nach Liebe. Die meisten Menschen wissen intuitiv, daß die Welt voller Magie ist, wenn man sich verliebt. Was sie nicht wissen, ist dies: Wenn man entdeckt, daß das Universum voller Magie ist, verliebt man sich in die Welt.

Nonnas Zauber wirkte immer noch.

5

Zwischen den Welten

Wenn die Pforten der Wahrnehmung rein wären,
würde alles in der Welt dem Menschen so erscheinen,
wie es ist, grenzenlos.
WILLIAM BLAKE,
»Die Hochzeit von Himmel und Hölle«

Es war immer noch kühl, als das erste Rotkehlchen wieder im Central Park auftauchte. Ich hatte fleißig die Techniken geübt, die ich im Zirkel gelernt hatte, häufig in Verbindung mit Hatha-Yoga, manchmal am Morgen, bisweilen auch vor dem Zubettgehen. Aber am liebsten übte ich um die Mittagszeit, immer wenn ich Gelegenheit hatte, das Büro zu verlassen. Nach einigen frostigen Fehlschlägen wußte ich, daß es warm genug war, um draußen zu meditieren, wenn mein Atem keine weißen Wolken mehr in der Luft hinterließ. Ich eilte zu einer riesigen alten Weide, die neben dem Teich im Park stand. Ich saß an die silberne Rinde des Stammes gelehnt und lauschte den goldenen Zweigen, die wie Taft raschelten und mich, obwohl sie noch keine Blätter trugen, vor den Blicken der Passanten schützten. Und dann, nachdem ich den Baum um Hilfe gebeten hatte, sandte ich meine Wurzeln abwärts und zog die Energie aus der Erde.

Der Boden war noch winterhart, und selbst auf einer Decke war es schwierig, stillzusitzen. Doch jeden Tag harrte ich ein wenig länger in meinem Lotussitz aus, und es gelang mir, die Energie sanfter und kraftvoller durch meinen Körper fließen zu lassen. Wenn ich fertig war, streute ich Vogelfutter für die Spatzen und Erdnüsse für die Eichhörnchen aus und schenkte dem obdachlosen Mann, der sein Quartier an einem Aussichtspunkt in der Nähe aufgeschlagen hatte, eine heiße Suppe oder ein Sandwich. Mit diesen Gaben dankte ich Mutter Erde.

Und dann erschien eines Nachmittags das Rotkehlchen, nicht nur als Zeichen, sondern als Zauberer des beginnenden Frühlings. Das Licht war heller, der Wind sanfter, und die unerwartete Wärme der Sonne weckte einen schlummernden Appetit, der die Leute dazu brachte, ihre dicke Winterhaut abzulegen, Männer sahen Frauen an, und Frauen blickten zurück. Und Kinder, besonders die jüngsten, die gerade erst begriffen, daß sie lebten, rannten und hüpften und spielten mit einer Energie, die ihr Gewicht vervierfachen, ihre Größe verdreifachen und ihre Freude verdoppeln würde, wenn sie Jahre später nur fähig sein würden, sich an diesen denkwürdigen Tag zu erinnern.

Als ob sie durch die stetige Sonnenwärme und das Erwachen der Erde herbeigerufen worden wäre, schoß die Energie an diesem Nachmittag in meiner Wirbelsäule nach oben und explodierte durch meinen Hinterkopf nach draußen. Ich saß in einem Funkenregen, in einem Wasserfall aus Energie, der sich über mich ergoß und dann in die Erde zurückkehrte. Als ich schließlich aus meinem schattigen Plätzchen hervorkam, staunte ich über das, was ich sah. Das junge Liebespaar auf der Bank hatte einen sanften gelben Schimmer um sich, der ältere Chinese, der Tai Chi übte, war in Lavendelblau gehüllt, und zwei Männer in Anzügen, die es unangemessen eilig hatten, waren in einem blutroten Ei vereinigt. Ich schwebte den Weg hinunter, erstaunt über das Lichterspiel, das jeden Menschen umgab. Als ich an dem Karussell vorbeikam, das sich sonst nur ganz langsam dreht, wurde es schneller und schneller, bis die Pferde im Kreis flogen und die Kinder vor Entzücken schrien und lachten. Eine Explosion von Maiskörnern drückte den Deckel der Popcornmaschine nach oben, und der Inhalt ergoß sich auf den Gehweg, ein Festschmaus für Tauben und Hunde, der auf ewig ihre Träume vom Himmel bestimmen würde. Der Straßenverkäufer lächelte, und als ich an seinem Karren vorbeiging, begannen die feststehenden Räder sich zu drehen, und eine riesige Traube tanzender Heliumballons riß sich los und schoß gen Himmel. Der alte Mann, der jeden Tag bewegungslos in seinem Rollstuhl unter einer Wolldecke saß, hob den Kopf und lächelte.

»Sie sind sehr hübsch, Fräulein.« Seine Stimme war so lebhaft, als habe er gerade die Pointe einer Geschichte erzählt, die noch niemand vorher gehört hatte, so daß alle Frauen ihn nun anbeteten und alle Männer seine Freunde werden wollten. »Kommen Sie weiterhin jeden Tag hierher. Dann habe ich etwas, wofür ich leben kann.«

Ich blieb abrupt stehen, und wir lachten. Zu seiner und meiner Überraschung, und bestimmt zur Überraschung seiner düster blickenden Pflegerin, küßte ich ihn auf seine graue Wange.

»Danke«, sagte ich und roch sein Aftershave, das sich an meine Wange geheftet hatte.

Er streckte seine zittrigen Finger aus und griff fest nach meiner Hand. Ich sah, wie sich seine dünne Haut wie die alte pergamentene Landkarte eines verblaßten Lebens über lange Knochen spannte; die glänzenden blauen Venen waren Straßen, die zu den Gewürzmärkten von Samarkand und zu den entfernten Handelsposten von Temujin führten; Flecken, die seine ungeduldigen Kinder nur als braune Male bezeichnen würden, Grund genug für einen Besuch beim Arzt, der ebenfalls nicht mehr darin erkennen würde.

»Danke«, sagte er leise.

Als ich den Park an der Fifty-ninth Street verließ, schüttelten die Kutschpferde, denen ich jeden Tag Zuckerstückchen gab, ihre mächtigen Köpfe und wieherten. Sie tänzelten seitwärts und rückwärts, und einige befreiten sich von ihrem Geschirr. Statt zu fluchen, traten die überwiegend irischen Kutscher zurück, nickten und murmelten einander etwas zu. Einer von ihnen bekreuzigte sich, aber die anderen lachten und ließen eine kleine, in braunes Papier gehüllte Flasche Whisky kreisen.

Ich ging zurück an die Arbeit, einen dünnen Weidenzweig in der Hand, und mir war nicht bewußt, daß mir die unbändige Kraft des Frühlings und des Verlangens wie mein eigener Schatten folgte. Hätte ich mich umgedreht, dann hätte ich eine leuchtende Spiegelung gesehen, die jede Grenze und Einschränkung, auf die sie traf, beseitigte.

Die Weide ist rätselhaft, weil ihre Kräfte entgegengesetzte Reiche des Seins verbinden. Sie symbolisiert den Tod und die Unterwelt, wurde jedoch lange in der Liebesmagie, für Heilungszauber, Weissagungen und Geisterbeschwörungen benutzt. Seit Urzeiten hat man sie zu Schutzzwecken und zur Vertreibung des Bösen eingesetzt, und heute wird sie als Rohstoff für die Herstellung von Aspirin verwendet. Weide wurde benutzt, um Hexenbesen zu binden, und aus ihren Zweigen werden oft Zauberstäbe hergestellt. Ihre Rinde wurde als Opfer für die Mondgöttin verbrannt, ihre Blätter und ihr Holz wurden in der Mondmagie verwendet. Hatte ich, indem ich mich unter diesen Baum setzte, zufällig begonnen, die Welten des Todes und der Weissagung, der Unterwelt und des Mondes zu vereinen, die Geister und die Liebe zu beschwören? Welche Kräfte hatte ich unwissentlich freigesetzt, indem ich die Energie dieses Baumes im Park nach oben gezogen hatte?

Am nächsten Tag war der Boden unter meiner Weide mit Tausenden kleiner grüner Spitzen übersät, und bald saß ich inmitten purpurner Krokusse, deren Mitte orangefarben in der Sonne glühte. Als die Erde wieder erwachte, fiel es mir zunehmend schwerer, in meinen geschlossenen Glaskasten zurückzukehren, der mir allmählich wie ein goldener Käfig vorkam. Ich hatte nie auch nur einen Augenblick an die Vorstellung einer Seele verschwendet, aber irgend etwas, auf das keine andere Bezeichnung paßte, erschien wie ein gesprenkeltes blaues Ei in einem Nest aus Weidenzweigen und Flußschlamm in der Nähe meines Herzschlags und füllte den Raum, in dem meine Sehnsucht gelebt hatte.

Als ich nach meiner Mittagsmeditation ins Büro zurückkehrte, reichte Madeline mir einen Stapel pinkfarbener Notizzettel, und ich gab ihr einen Krokus.

»Danke, es ist schon eine Weile her, daß mir jemand Blumen geschenkt hat«, kicherte sie. »Hanson und ICM und ... ein paar andere Anrufe, und Hadus hat dies hier für dich dagelassen.« Sie gab mir den mit roten Korrekturen versehenen Vertrag, an dem ich gearbeitet hatte, beugte sich dann über ihren Schreibtisch und starrte mich an. »Schätzchen, du strahlst ja. Du siehst aus, als hättest du nicht deine Mittagspause, sondern eine Liebesaffäre gehabt. Oder als wärst du schwanger.« Ihre Stimme klang besorgt.

»Frühling liegt in der Luft«, antwortete ich mit einem kleinen Lächeln. »Und, nein – schwanger bin ich lediglich mit mir selbst.«

»Sieht so aus, als würdest du mehr rote Tinte brauchen als mein Oberstufenlehrer«, sagte Hanley Pearson mit einem Blick über meine Schulter. Er war der Mitarbeiter von Jessica Dutton, der einzigen Frau, die in der Kanzlei Partner war. Anfang Dreißig, strahlte er die zugeknöpfte, gut gewaschene Sauberkeit des Mittelwestens aus, doch wann immer er mit jemand anders als Deutsch sprach, wirkte er herablassend. Er kam mir vor wie ein perfekter Apfelkuchen, der zu lange auf Mutters Küchentheke gestanden hatte. »Er läßt dich rennen wie einen Hamster im Rädchen. Wie lange hast du gestern abend gearbeitet?«

»Hmmm, ich glaube, ich bin gegen halb zwölf gegangen.«

»Ah, die schlechten, alten Zeiten – ich kann mich erinnern, daß ich auch mal solche unmenschlichen Überstunden gemacht habe. Wenn es dabei bleibt, bist du die neue Gewinnerin der begehrten Trophäe für den schnellsten Hamster.«

»Gut, das Problem ist nur – auch nach dem Sieg ist man immer noch ein Hamster.«

»Aber du mußt zugeben, das Futter ist ausgezeichnet.«

»Ich gebe zu, daß es verlockend ist. Aber ich würde gerne das Rennen an sich genießen.«

»Du hast dich einfach noch nicht daran gewöhnt, ein Hamster zu sein. Laß dir Zeit.«

»Das wird's sein«, lachte ich, ohne zu merken, wie weit ich schon in meinem Hamsterrädchen gelaufen war. Ich legte einen kleinen Bund Krokusse, die ich unter meiner Weide gepflückt hatte, auf das Fensterbrett in meinem Büro, damit sie in der aufsteigenden Wärme des Heizkörpers trocknen konnten. Die Ägypter benutzten getrocknete Krokusse als Teil einer Kräutermischung, die Visionen hervorrief. Hexen verwendeten sie für Liebeszauber und um den Frieden zu fördern, und beides konnte ich im Moment gut gebrauchen.

Ich verbrachte den Nachmittag mit der Arbeit an dem Vertrag, den Hadus für mich hinterlegt hatte, und brachte ihn Sharon schließlich zum Tippen. »Hör zu, Bob, das ist mir schnuppe!« Sharon hatte eine Hand um das Mundstück des Telefons gelegt und versuchte erfolglos ihr Gespräch abzuschirmen. Lächelnd hielt ich den dicken Papierstapel hoch. Ihre Antwort bestand darin, daß sie mir den Rücken zudrehte.

»Ich hoffe, das ist der McCarthy-Vertrag.« Hadus war auf dem Weg in sein Büro. »Bezahle ich dich dafür, daß du Privatgespräche mit deinem Freund führst?« fuhr er Sharon an. »Wo ist der überarbeitete Vertrag?«

Ich reichte ihm die handschriftlich korrigierten Seiten.

»Warum gibst du mir das?« Er nahm meine Papiere und klatschte sie auf Sharons Schreibtisch. »Mach das noch vor der Mittagspause fertig. Denk dir, es wäre ein Liebesbrief an deinen Freund. Hattest du wenigstens Zeit, meine Telefongespräche anzunehmen? Scheiße, Charlie Michaels.« Er zerknüllte den Notizzettel und warf ihn in Sharons Papierkorb. »Diese Haie riechen immer das Blut im Wasser.

Sharon reichte ihm eine Akte. »Nicht jetzt!« brüllte er sie an wie ein ungezogenes Kind. Ich haßte es, wenn er so mit ihr sprach, und kürzlich hatte er mir gegenüber denselben herablassenden Ton angeschlagen. Ich fühlte, wie sich mein Magen zusammenkrampfte. »Ich habe zehn Minuten Zeit. Laß uns deine Rechnungen durchgehen.«

Als ich mit den Unterlagen in sein Büro kam, wies Hadus auf eine Tasse dampfenden Capuccino. Er hatte seine Krawatte gelockert, die Füße auf dem Tisch und eine brennende Zigarre im Mund. Es war Freitagabend, sieben Uhr, und die Arbeitswoche war offiziell beendet.

»Na, macht dir die Arbeit soweit Spaß?«

»Ja, eine Menge«, sagte ich, erleichtert, daß sich seine Laune gebessert hatte. »Obwohl ich gehofft hatte, ich würde etwas weniger Papierkram und mehr Klientenkontakte haben«, ergänzte ich und versuchte, beschwingt zu klingen.

Er reagierte überrascht auf meine Direktheit. »Hattest du das gehofft, ja?« Sein Grinsen wirkte ein wenig schadenfroh. »Wir wollen sehen, was wir tun können, damit du ein bißchen mehr Kontakt bekommst.« Sein Tonfall und die Art, wie er mit der Hand langsam über seine Kravatte strich, störten mich, doch ich unterdrückte mein Unbehagen.

»Das wäre großartig.«

Er nickte lächelnd. »Ein bißchen zu viele Überstunden?«

»Manchmal schon. Aber das ist auf diesem Gebiet wohl so, oder?«

»Sonst noch Beschwerden?«

Wollte er mich mit dieser Frage reinlegen? »Keine Beschwerden. Aber wir hatten ursprünglich auch besprochen, daß ich meine ehrenamtliche Arbeit fortsetzen könnte.«

»Ehrenamtlich, wie?« Er kicherte. »Nun, Schätzchen, wenn du dich dann besser fühlst, betrachte doch einfach das, was wir für die Hälfte dieser jungen Genies hier leisten, als deinen Beitrag zur Verbesserung der Welt.«

»Willst du damit sagen, daß sie nicht zahlen?« Ich war erstaunt.

»Oh, sie zahlen schon – schließlich fordern wir ja einen Vorschuß und Prozente. Aber was meinst du, wie viele es wirklich schaffen?«

Ich wußte, daß er die Wahrheit sagte. Während der letzten Monate hatte ich beobachtet, wie ein vielversprechender Klient nach dem anderen sich geschäftlich nicht durchsetzen konnte. Die Plattenfirmen benahmen sich wie Hollywood, wollten keine Risiken eingehen und investierten nur in Duplikate oder zuverlässige alte Hasen. Statt junge Künstler zu finanzieren, zahlten sie weiterhin enorme Summen an eine kleine Zahl von Megastars. Das Ergebnis waren Talente, deren Songs nicht produziert wurden, und eine träge Plattenindustrie. Aber wenn ich Kunst schon nicht mit dem Geschäft verbinden konnte, dann konnte ich doch wenigstens mit meiner ehrenamtlichen Arbeit einen Beitrag leisten.

»Da ist ein Fall, an dem ich bei der Stiftung gearbeitet habe – es geht dabei um eine lokale Gewerkschaftsorganisation der LKW-Fahrer. Niemand hat daran gedacht, in einem Zivilprozeß das RICO-Statut einzusetzen, um gestohlene Pensionsfonds wiederzubeschaffen, und das könnte bahnbrechend sein.« Meine Begeisterung ließ ihn kalt.

Er schnitt mir das Wort ab. »Wir stecken bis über beide Ohren in dieser McCarthy-Geschichte, und ich brauche dabei deinen vollen Einsatz. Du wirst noch reichlich Gelegenheit haben, gegen Windmühlenflügel zu kämpfen, wenn wir diese Situation erst einmal unter Kontrolle haben.« Geschickt wußte er mich zu besänftigen und mich gleichzeitig an die kurze Leine zu nehmen. Obwohl er mir gegenüber sein Wort gebrochen hatte, machte es keinen Sinn, mit ihm zu streiten. Es war ja nicht so, daß ich Zeit im Überfluß gehabt hätte – ich hatte kaum genug Zeit, um Luft zu holen. Und er war der Chef.

»Also, was hast du diese Woche abgeschlossen?«

»Die Sache mit dem Urheberrecht für die Jukebox-Queen ist fertig«, sagte ich. Ich gab ihm die Akte und die Rechnung. Dann griff ich nach meinem Kaffee, doch ich hatte kaum Zeit, sein edles Aroma zu genießen, als mich der nächste Stimmungswechsel traf.

»Wie kannst du ihr so viel Zeit für die Bearbeitung der Urheberrechte in Rechnung stellen. Verdammt noch mal – das kannst du nicht machen.« Hadus warf das Rechnungsformular quer über den Tisch zu mir zurück. Ich fühlte, wie mir das Blut ins Gesicht schoß.

»Aber ich habe wirklich so lange daran gearbeitet«, gab ich verwirrt über seinen unerwarteten Angriff zurück. Ich hatte meinen ersten »Star« betreut, eine Frau, deren Lieder zahllose Verführungen während der Cocktail- und Swimmingpool-Jahre der amerikanischen High Society begleitet hatten. Die Sache war anders gelaufen, als ich erwartet hatte. Ganz gleich, wie freundlich ich ihr gegenüber auftrat, sie reagierte so, als sei ich ein einziges Ärgernis für sie. Die Desillusionierung bei der Arbeit mit Leuten, die weniger Götter der Musik als Götter der Arroganz waren, ließ meinen Glauben an die Magie der Musik allmählich verschwinden. Die Frau hatte eine schöne Stimme, aber nicht mehr Talent als Heerscharen anderer Künstler, die um ihren Erfolg kämpften und die alles gegeben hätten, um nur einen Bruchteil der Aufmerksamkeit zu erlangen, die diese Frau gefordert und mißbraucht hatte. Bei all ihrem Glück und Glanz hatte sie ihre Dankbarkeit und ihren Charme verloren. Die Arbeit für sie hatte mich ständig frustriert und demotiviert.

»Es waren dauernd irgendwelche Veränderungen nötig. Erst hat sie mir falsche Informationen gegeben, dann hat sie wieder ihre Meinung geändert, welches Material nun in die Akte einbezogen werden sollte … Und im übrigen war sie sehr unhöflich.«

Er begann, mit seinem Stift schnell auf die Ecke des Schreibtischs zu klopfen. Das war ein Zeichen, auf das ich zu achten gelernt hatte, wenn er seine Wutausbrüche bekam. Plötzlich hörten die hektischen Bewegungen auf, und er explodierte.

»Das ist mir scheißegal. Meinetwegen leck sie am Arsch,

wenn sie das will. Oder sag ihr, sie sei ein Gottesgeschenk für jeden Salonlöwen. Mir geht es nur darum, daß du ihr nicht so viel Zeit berechnen kannst. Das ist dein Problem, nicht meins. Wenn dir dazu was eingefallen ist, sag mir Bescheid.«

Das Telefon klingelte; er nahm den Hörer ab und gab mir zu verstehen, daß ich das Büro verlassen sollte. Meine Audienz war beendet. Es war mein Problem? Ich hätte vor Wut spucken können.

»Diese Türen sind dünner als sie aussehen. Vielleicht solltest du deine Abrechnungsbesprechung nächste Woche lieber erst machen, wenn alle nach Hause gegangen sind«, empfahl mir Sharon, als ich herauskam.

»Danke für den Tip. Nächste Woche ziehe ich meinen Asbesthandschuh an«, gab ich zurück.

»Du siehst tatsächlich ein bißchen angekokelt aus«, stichelte sie mit einem Unterton von Genugtuung.

»Atme einfach tief durch, er war den ganzen Tag schon so.« Es war Madeline, die die Post holte.

»Eigentlich war er die ganze Woche schon so.«

»Also, auf die Gefahr hin, daß du kündigst, Tatsache ist, daß er seit Jahren schon so ist. Was meinst du wohl, warum wir ihn den Vulkan nennen?« flüsterte sie.

»Na ja, dann brauche ich es ja wenigstens nicht persönlich zu nehmen.«

»Stimmt. Und du solltest dich auch nicht über die Diva aufregen. Sie ist wirklich sehr nett. Wahrscheinlich hat sie an dir nur ausgelassen, daß er sich nicht persönlich um sie kümmert.«

Ich würde noch lange brauchen, um die Rangeleien mit den Divas zu meistern. Und ich nahm Hadus' Bemerkungen sehr wohl persönlich. Als ich in mein Kämmerchen zurückging, fühlte ich mich so, als sei mein Innerstes nach außen gekehrt und meine Demütigung wie ein roter Umhang für jeden zu sehen. Es war nicht nur sein Mangel an Fairness, seine Willkür und die Tatsache, daß er sich hatte gehenlassen. Es war die unnötige Brutalität seiner Energie. Ich fühlte mich aus meiner Mitte geschleudert, schwankend und unsicher. Hätte ich die Arbeit schneller erledigen können? Wie konnte es fair sein, mich für das Verhalten einer Klientin verantwortlich zu machen, über die ich keine Kontrolle hatte? Oder ärgerte er sich über etwas ganz anderes? Das Gift des Selbstzweifels und der Frustration hatte mich erwischt und der Gedanke an den Vorfall war so, als würde ich an einer Wunde kratzen – das Unbehagen wurde dadurch nur größer.

Ich arbeitete immer so lange wie nötig und hatte mir bisher nur den Zirkel-Abend freizuhalten versucht. Das war mein wöchentlicher Urlaub, wo die Welt sich auf eine Weise auftat, die man für Geld nicht kaufen konnte. Aber heute abend war ich an meinen Schreibtisch gekettet. Der Konflikt zwischen meiner Arbeit und meinem spirituellen Leben stand gerade erst am Anfang – wie konnte ich diese beiden Bereiche mit ihren zunehmend widersprüchlichen Werten und Anforderungen miteinander vereinbaren? Mein Gehirn, das gewöhnlich die trockene, effiziente Sprache zerlegte, wie ein Hai seine Bahn durch fischreiche Gewässer zieht, schien zu schrumpfen. Es war die Sprache, um die es hier ging, aber sie begann für mich wie das besessene Brabbeln von Idioten zu klingen. Ich fühlte Ärger in mir aufsteigen, als ich schließlich auf die Uhr sah und feststellte, daß der Zirkel in einer halben Stunde anfangen würde.

Ich stopfte den Vertrag in meine Aktentasche, warf mir die Jacke über und ging zur Tür. Wenn ich mich jetzt aufmachte, würde ich es gerade noch rechtzeitig schaffen. Das hysterische Lachen einer Frau erklang aus dem Büro eines der Partner. Ich blieb abrupt stehen, und irgend etwas drückte mit einem dumpfen Geräusch gegen die geschlossene Tür. Während ich in dem dunklen, menschenleeren Sekretariat stand und in das höhlenartige Büro von Hadus starrte, kamen mir plötzlich Zweifel an meiner Entscheidung. Was, wenn Hadus mir noch mehr Arbeit aufladen und ich diesen Vertrag nicht rechtzeitig fertig bekommen würde? Meine Sorge war größer als meine Sehnsucht nach dem Zirkel, und ich ging zurück in mein Büro. Dort schaltete ich das Licht an, schloß die Tür, zog meine Schuhe aus und öffnete die Akte.

Am nächsten Morgen konnte ich kaum den Kopf heben, weil der Schmerz vom Schlafen am Schreibtisch so scharf war. Die Dämmerung hatte die Farbe polierten Stahls, der vom Feuer des verwundeten Hephaistos glühte, Schmied der Götter und selbst ein Gott, dessen Kunstfertigkeit im Feuer unerwiderten Verlangens geschaffen wurde. Meine Kleider waren zerknittert, und die Wimperntusche hatte meine Augenlider über Nacht verklebt. Ich fühlte mich heiß und fiebrig, und ich hatte den Zirkel verpaßt, aber der Vertrag war fertig.

Ich wusch mein Gesicht in der Damentoilette, wobei ich einen Ausschlag aus winzigen roten Flecken auf Gesicht und Händen entdeckte. Verwundert dachte ich an den Ausschlag, den meine beste Freundin einmal im Sommerlager durch den Kontakt mit Giftsumach bekommen hatte. Ich starrte mein Spiegelbild an – meine innere Irritation zeigte sich außen auf der Haut. Es war eine Magie ganz eigener Art. Hexen bezeichnen den Giftsumach als kriegerische Pflanze. Einige behaupten, er sei dazu da, einen aus Gebieten herauszuhalten, die nicht betreten werden sollen. Selbst wenn man ihn nur aus Versehen berührt, verursacht er quälende Ausschläge, die jucken und Blasen werfen, Kopfschmerzen, daß man nicht mehr aus den Augen sehen kann, und ein unangenehmes Fieber. Selbst wenn man die Pflanze gar nicht bemerkt hat, weisen die Auswirkungen zweifelsfrei darauf hin, welches Gebiet man betreten hat. Der Ausschlag ist ein Symptom und eine Warnung, und wenn man den Angriff überlebt hat, kann man so berauscht sein, daß man sich in einem Wahn für immun hält. Wahnsinn ist etwas, das alle Sumachgewächse auslösen können; einige führen zu Leiden, andere zur Ekstase, denn sie sind Pflanzen des Dionysos, jenes Gottes, dessen Schattenseite als Herr der Unterwelt gilt.

Wie immer, seit ich diesen Job angenommen hatte, stopfte ich Akten, die ich am Wochenende bearbeiten wollte, in meine Tasche. Es war früh am Samstagmorgen, und die Straßen waren leer. Ich war erleichtert, daß ich auf dem Heimweg niemandem begegnen würde. Eigentlich hätte ich glücklich sein sollen. Ich hatte einen glänzenden Job. Ich hatte Jake. Ich hatte Zugang zu einer magischen Welt voller Macht und Möglichkeiten, von der die meisten Menschen nur träumen konnten. Und – was viele Leute für das Wichtigste halten würden – ich hatte ein erschwingliches Apartment in New York. Ich hatte keinen Grund zur Klage, warum also fühlte ich mich an diesem Morgen so unbehaglich? Ich behandelte den Ausschlag mit einer Lotion und schlief beim gleichmäßigen Rauschen des Regens ein.

In der folgenden Woche sorgte ich dafür, daß ich rechtzeitig zum Zirkel kam. Der Tempel und die Frauen waren wunderschön, übergossen vom Licht pinkfarbener Kerzen. Ein Strauß blaßrosa Rosen und ein Korb mit Erdbeeren schmückten den

Altar, und über allem schwebte der sanfte Duft von blumigem Räucherwerk. Maia, die ein Seidenkleid in tiefem Pink trug, führte uns durch die Atemübung und das Erden, und ich fand mich selbst unter meiner magischen Weide im Park wieder. Doch ihre Worte holten mich zurück zu dem kleinen Tempel.

»Von Hand zu Hand bilde ich diesen Kreis«, sagte Maia, blickte der links von ihr sitzenden Bellona lächelnd in die Augen und nahm deren rechte Hand.

Bellona drehte sich zu Jeanette, die links von ihr saß. Als sich ihre Augen trafen, ergriff sie Jeanettes rechte Hand und wiederholte: »Von Hand zu Hand bilde ich diesen Kreis.«

Die Energie bewegte sich langsam und wurde gezielt im Uhrzeigersinn weitergegeben. Jede Frau empfing sie, indem sie direkt in die Augen der Frau blickte, die zu ihrer Rechten saß, den magischen Worten lauschte und sich selbst für das Geschenk der Energie öffnete, welches sie anschließend an die Frau zu ihrer Linken weitergab, während sie selbst nun die magischen Worte sprach. Die Beschwörung ging im Kreis herum und wurde durch die Verbindung von Händen, Augen und Seelen, an deren Existenz ich mittlerweile zu glauben begann, sichtbar gemacht.

»Von Hand zu Hand bilde ich diesen Kreis.« Ich sprach die magischen Worte, während ich Nonnas rechte Hand in meine linke nahm. Als ich in ihre Augen sah, durchströmte mich ein Gefühl von Freude und Wohlbehagen, von enormer Stärke und Sicherheit.

Maia fuhr fort. »Der Kreis ist gebildet. Wir sind zwischen den Welten. Bitte schließt eure Augen. Visualisiert nun nacheinander vor eurem geistigen Auge die Gesichter aller Frauen, die mit euch im Kreis sitzen. Während ihr einatmet, zieht ihr die Energie aus der Erde. Haltet den Atem an, zählt bis drei, und laßt die Energie in euer Herz strömen. Spürt, wie es sich dem Energiestrom aus der Erde öffnet. Stellt euch euer Herz als eine rote Rose vor und fühlt beim Einatmen, wie sich ihre Blütenblätter eins nach dem anderen öffnen... Nun schickt ihr die Energie beim Ausatmen durch euren linken Arm und durch die Handfläche in die rechte Hand der Frau, die auf eurer linken Seite sitzt. Wenn ihr jetzt wieder einatmet, zieht ihr die Energie, die von der Frau auf eurer rechten Seite kommt, durch die Handfläche eurer rechten Hand und durch den Arm nach oben in euer Herz. Laß sie euer Herz erfüllen, bis es sich öffnet und ausdehnt, und dann schickt ihr dieses Geschenk der Energie beim Ausatmen der Frau auf eurer linken Seite. Atmet weiter tief ein und aus und benutzt die Atembewegung, um die Energie im Kreis zu senden. Einatmen und die Energie aufnehmen. Ausatmen und die Energie weitergeben. Geben und nehmen. Spürt, wie sich die Energie immer wieder im Kreis bewegt. Vor eurem geistigen Auge seht ihr, wie sich ein Kreis aus Farben und Licht dreht.«

Meine Hände begannen zu prickeln, und dann meine Arme und meine Brust, während ich spürte, wie die Energie durch mich hindurchfloß. Ich konnte sie fühlen, sehen, ja beinahe hören wie das statische Knacken von Elektrizität. Sie drehte sich im Kreis, und ich spürte, wie eine enorme Hitze mich umgab und erfüllte. Mit der Hitze kam das wachsende Gewahrsein außerordentlicher Stärke und Festigkeit. Dann sah ich die Gesichter meiner Schwestern, als wären meine Augen geöffnet, und ich spürte nicht nur ihre Gegenwart, sondern auch ihre Gedanken und Gefühle. Verblüfft fragte ich mich, ob einige der anderen dasselbe erlebten. Und die Antworten kamen schnell – ja! Es gab Entzücken, Schüchternheit, Überraschung, Gelächter. Ich sah zufällige Bilder – Skulpturen, oder die Gesichter alter Frauen; es gab Bruchteile von Sätzen oder von lange begrabenen Gefühlen. Und vor allem gab es Liebe.

»Nun laßt vorsichtig eure Hände los«, sagte Maia. »Dann erdet ihr die Energie. Legt eure Handflächen und eure Stirn auf den Boden, legt, wenn nötig, euren ganzen Körper flach auf die Erde … laßt die Kraft durch euren Körper zurück in die Erde strömen, wo sie hergekommen ist … spürt das Abwärtsströmen … atmet aus und laßt die Energie in die Erde zurückkehren … sagt Dank … und ruht euch aus. Und sorgt bitte dafür, daß ihr etwas zu Essen bekommt. Nahrung hilft beim Erden«, wies sie uns an. Platten mit Käse und Körbe mit knusprigem Brot, Trauben, Äpfel und die Erdbeeren vom Altar wurden im Kreis herumgereicht. Wein und Saft wurde ausgeschenkt. Wir aßen und tranken und redeten und scherzten über Freunde, Arbeit, Bücher und Musik, und als Einzelkind begann ich nun zu verstehen, was es bedeutete, Schwestern zu haben.

Vom ersten Augenblick an hatte ich das Gefühl gehabt, Nonna seit Anbeginn meines Lebens zu kennen. Und nun, während ich beobachtete, wie Maia plauderte und lachte, begann ich sie ebenfalls zu kennen. Sie hatte ein hitziges Temperament, das ich mehr als einmal hatte auflodern sehen – wenn ein Kunde unhöflich war oder wenn die Gruppe, die zeremonielle Magie praktizierte, wieder einmal ein Chaos im Tempel hinterlassen hatte. Aber ihre erdverbundene Wärme war ebenso nährend, wie ihre Wutanfälle furchterregend sein konnten. Während der Übungen im Zirkel war Maia beherrschend und großartig, aber vorher und nachher konnte sie kichern und schnattern wie ein Schulmädchen. Sie war in ihrer Widersprüchlichkeit vollkommen menschlich und verkörperte die reiche Vielfalt des Lebens.

»Der Kreis«, sagte Maia, »ist ein Weg, die magische Energie

zu bewahren und sie für die Magie einzusetzen. Der Kreis hält auch äußere Energien fern, die euch sonst beeinträchtigen könnten, wenn ihr euch in einem veränderten Bewußtseinszustand befindet. Wenn wir in einem Kreis arbeiten, gibt es eine Reihe sehr wichtiger Praktiken, die ihr alle beachten müßt, damit die Energie im Kreis nicht unterbrochen oder zerstört wird. Die erste Regel ist, daß alle Bewegungen in eine Richtung gehen müssen. Im allgemeinen ist diese Richtung deosil, also im Uhrzeigersinn. Das ist die Richtung des Wachsens. Wenn wir mit der Energie im Kreis arbeiten, soll sie sich immer in eine Richtung bewegen. Denkt euch das so, als würdet ihr in einem Topf umrühren – eure Mütter haben euch wahrscheinlich beigebracht, immer in eine Richtung zu rühren. Dahinter steckt dieselbe Idee. Wir gehen also deosil, geben Dinge deosil weiter, bringen Trankopfer deosil dar. Nur wenn wir einen Bannkreis bilden, bewegen wir uns im Widersinn, gegen den Uhrzeigersinn, also in die Richtung des Verminderns.«

»Sobald wir mit der Arbeit begonnen haben, solltet ihr möglichst bis zum Ende im Kreis bleiben«, ergänzte Bellona. »Um den Kreis zu verlassen oder wieder zu betreten, müßt ihr ein symbolisches Tor zeichnen, damit das Energiefeld, das wir geschaffen haben, nicht verletzt wird.« Sie zog mit ihrem Arm eine Bogenform von links nach rechts. »Auf diese Weise entsteht eine Öffnung, die ihr hinter euch wieder schließen müßt, wenn ihr den Kreis verlaßt oder erneut betretet.« Sie bewegte ihre Hand dreimal horizontal über den Bogen, den sie zuvor gezeichnet hatte.

»Der Kreis, den wir bilden, ist ein Schutzwall gegen negative äußere Energien und bewahrt gleichzeitig die heilige Energie, was für bestimmte Aspekte des magischen Wirkens sehr wichtig ist. Denkt dabei an einen Topf mit kochendem

Wasser«, setzte Maia ihre Erläuterungen fort. »Wenn ihr Wasser kocht, entsteht Dampf, der eine Art von Energie oder Kraft darstellt. Jeder weiß, daß man Wasser nicht ohne ein Gefäß kochen kann. Das ist bei der Magie ganz ähnlich, denn auch hier müssen wir Energie schaffen oder verstärken. Und wenn wir die Energie in einem Kreis konzentrieren, durch Atmung, Gesang, Tanz oder andere Mittel, die ihr lernen werdet, dann müssen wir diese Energie im Kreis festhalten. Ein Kreis ist ein Kessel voller Energie, in dem wir Zaubersprüche oder Zaubertränke und sogar uns selbst vorbereiten, um Heilung, Liebe, Geld, Führung, Verwandlung oder irgendwelche anderen positiven Lebensziele zu erreichen.«

Nonna nahm die silberne Schale von der Mitte des Altars und begann zu sprechen: »Der magische Kreis ist auch ein Symbol der Göttin. Er ist ein grundlegendes Symbol der Verbindung und ein Ausdruck dessen, wie wir unsere Macht erleben und einsetzen. In der Alten Religion sind alle gleich. Die Priesterinnen sind Lehrerinnen, die ihre Weisheit und ihre Fähigkeiten weitergeben, damit andere sie für sich selbst nutzen können. Priesterinnen werden als weise Frauen geehrt und respektiert, aber im Kreis ist niemand einem anderen überlegen, niemand verfügt über die alleinige Autorität, die göttliche Weisheit zu interpretieren. Das ist eine Gabe, die jeder, der die alten Riten praktiziert, selbst erlebt. Die Göttin nimmt unendlich viele Gestalten an, doch im Kreis verschmelzen sie alle zu einem Ganzen, so wie wir.

Und als ein Symbol oder eine Gestalt der Göttin ist der Kreis ein Ausdruck der zyklischen Bewegung der göttlichen Energie und stellt gleichzeitig die nährenden und anderen weiblichen Eigenschaften der Göttin dar. Ihr werdet sie erleben, wenn wir unsere Arbeit fortsetzen. In der westlichen Kultur wachsen die meisten Menschen in dem Glauben auf, daß sie einmal wöchentlich mit Gott an der Stätte seines Wirkens verabredet sind. Sie müssen zu einer bestimmten Zeit in ein bestimmtes Gebäude gehen, um ihn unter der Führung seines speziellen Repräsentanten – sei es nun der Priester, der Rabbi, der Pfarrer oder der Mullah – zu verehren. Für Hexen ist alles heilig, so daß der ›Gottesdienst‹«, Nonna zeichnete mit ihren Fingern Anführungszeichen in die Luft, »überall und jederzeit stattfinden kann. Man braucht dazu kein Gebäude, sondern bildet nur einen Kreis, um einen heiligen Versammlungsplatz zwischen den Welten abzugrenzen, wo man dem Göttlichen begegnen kann.«

Und dann löste Cybele unseren Kreis auf, indem sie uns bat, uns wieder bei den Händen zu nehmen, und sprach:

»Die Göttin lebt, die Magie ist in Bewegung. Unser Kreis ist offen, doch ungebrochen. Ein fröhliches Treffen, ein fröhlicher Abschied. Seid gesegnet.«

Mein Adrenalinspiegel lag auf dem Niveau eines normalen Arbeitstages, der mit Telefongesprächen und Aktenwälzen gefüllt war, als Hadus mir vorschlug, ihn als Belohnung für meine Mühe zu einem Abendessen mit einem wichtigen Klienten zu begleiten. Es war zwar unser Zirkel-Abend, der immer wichtiger für mich geworden war, aber da wir heute später als üblich beginnen würden, sagte ich zu.

Als das Taxi vor einem der edelsten New Yorker Restaurants hielt, wußte ich, daß der Tisch bereits seit Wochen reserviert sein mußte. Doch wie es Hadus' Stil entsprach, hatte ich davon erst in letzter Minute erfahren. Ein Angebot, das ich nicht ausschlagen konnte. Und warum hätte ich auch ablehnen sollen? Schließlich handelte es sich um eine Überraschung, eine Anerkennung für meine harte Arbeit und meine Leistungen. Oder, fragte ich mich, als seine Hand auf dem Weg zu unserem Tisch zu lange auf meiner Taille ruhte, war ich vielleicht nur eine Schaufensterpuppe oder schlimmer noch, eine stillschweigend inbegriffene sexuelle Trophäe? Während der kurzen Geschäftsbesprechung versuchte ich, juristische Strategien beizusteuern, die ich Hadus erst vor wenigen Stunden erläutert hatte. Meine bösen Vorahnungen wurden noch verstärkt, als Hadus eine Strategie schnell akzeptierte und eine andere, die er in der Abgeschiedenheit seines Büros noch für gut befunden hatte, jetzt herablassend verwarf. Nun wurde ich ignoriert und saß unsichtbar und schweigend dabei, als Hadus und der Klient sich über ihre teuren Uhren, über Golfspiele und Partys unterhielten. Das ausgezeichnete Essen und die edle Umgebung wurden mir durch den bitteren Beigeschmack der Demütigung verdorben.

Je länger sich der Abend hinzog, desto größer wurde meine Sorge, denn die Cocktails und der Wein zeigten bei Hadus allmählich ihre Wirkung. Obwohl meine Haltung und meine Konversationen nicht den geringsten Anlaß dazu boten, sprach er mit mir und über mich, als sei ich sein persönliches Eigentum. Bis zu diesem Abend war unser Verhältnis, wie versprochen, streng geschäftlich gewesen, aber jetzt mußte ich mich doch fragen, ob ich mit meiner Zusage zu diesem Abendessen nicht einen Fehler gemacht hatte. Als der Nachtisch endlich serviert war und die Herren Brandy bestellten, entschuldigte ich mich. Als ich mich erhob, um zu gehen, verabschiedete sich Hadus mit einem Handkuß. Seine Finger waren feucht und klebrig. Er war charmant und betrunken, aber als er meine Hand quetschte, fühlte ich, daß er vor Wut kochte, weil ich seine Absichten vereitelt hatte.

Im Taxi auf dem Weg zum Zirkel überlegte ich besorgt, ob ich die Einladung von vornherein hätte ablehnen sollen? Hatte ich mich unprofessionell verhalten, indem ich früher ging? War dieser vertrauliche, furchterregende Eindruck, den ich von Hadus gewonnen hatte, Wirklichkeit oder Einbildung? Der moschusartige Geruch von Brandy hing an meinen Fingern, und mit ihm verbunden nahm ich den Hauch eines geheimen Gefühls wahr, das ich bei Hadus ebenfalls gespürt hatte – eine unerwartete Schwäche, eine Verletzlichkeit, die er bisher nie gezeigt hatte. Schaudernd fragte ich mich: War es seine Verletzlichkeit oder meine? Besitzergreifend, kontrollierend, beherrschend – diese Eigenschaften kannte ich bei ihm nur zu gut, aber unter seinem Ärger hatte ich heute abend eine verzweifelte und ungewohnte Not gespürt. Worum ging es dabei? Die Frage beschäftigte mich, als das Taxi vor dem Magischen Kessel anhielt.

Ich eilte in den Tempel und stellte erleichtert fest, daß der Zirkel noch nicht begonnen hatte. Es war der erste Vollmond nach der Frühjahrs-Tagundnachtgleiche, und die Frauen lachten, berauscht von der milden Nachtluft. Ich zog meine Bürokleidung aus und schlüpfte rasch in ein weiches, weißes Seidengewand, das ich mir für den Zirkel gekauft hatte. Wärme und Sicherheit hüllten mich ein, und langsam begann ich, mich zu entspannen.

Der Raum wurde von lavendelfarbenen Kerzen erhellt. Eine Marmorstatue der Göttin, die einen Korb mit Früchten und Blumen hielt, beherrschte den Altar, der mit Frühlingsblumen – Veilchen, Krokussen, Forsythien, Narzissen, Tulpen – und den leuchtendbunten Eiern, die wir letzte Woche bemalt hatten, geschmückt war. Vor der Statue stand eine große silberne Schale, und davor schmiegten sich, in einer Reihe von

185

links nach rechts, die Symbole der vier Elemente zwischen die Blumen. Als erstes kam das Element Luft, repräsentiert durch eine große Kohlenpfanne, aus der Wolken einer süß duftenden Mondräucherung aufstiegen und den Raum mit einem köstlichen Nebel erfüllten. Daneben brannte als Symbol des Feuerelementes eine gelbe Kerze in einem silbernen Kerzenhalter. Zwei kleine silberne Schalen standen rechts davon. Eine war mit Wasser gefüllt, und die andere, die mit Glas verziert war, enthielt Steinsalz, ein Symbol der Erde.

Nonna erklärte, wie die katholische Kirche das Osterfest zeitlich so gelegt hatte, daß es mit dem ersten Sonntag nach dem ersten Vollmond, der auf die Frühjahrs-Tagundnachtgleiche folgte, zusammenfiel.

»Das Wort *Ostern* ist vom Namen der germanischen Fruchtbarkeitsgöttin Eostre oder Oestare und der slavischen Erdgöttin Ostra abgeleitet«, erläuterte Nonna. »Und was meint ihr, warum wir zu Ostern überall Eier und Häschen suchen?« Sie deutete auf die bemalten Eier, die unseren Altar schmückten. »Das waren traditionelle Symbole der Göttin und ihrer Gaben der Fruchtbarkeit in dieser Zeit der Wiedergeburt. Die katholische Kirche legte den Beginn des Osterfestes auf den ersten Sonntag nach dem ersten Vollmond nach der Frühjahrs-Tagundnachtgleiche, ein weiteres Überbleibsel der Alten Religion, das man dirket unter der Oberfläche des neuen Glaubens findet. Dies ist die Jahreszeit, in der die Wiedergeburt des Lebens gefeiert wird. Und der Kreis, das Ei, ist ein Symbol des Kreislaufs heiliger Erneuerung. Schon allein dadurch, daß wir einen Kreis bilden, daß wir im Kreis und nicht in einer Reihe wie in Kirchenbänken sitzen, drücken wir das göttliche weibliche Prinzip aus. Der Kreis ist nicht nur ein lebendiges Symbol der Göttin, sondern eine Verkörperung der Göttin. Also laßt uns anfangen.« Nonna kniete vor dem Altar nieder. Sie trug ein langes Gewand aus roter Seide, dessen Falten sich um sie legten wie die Blütenblätter einer großen roten Rose.

Nonna schloß die Augen, und wir folgten ihrem Beispiel, glichen unsere Atmung einander an, und unsere Körper wurden eins mit der Erde, auf der wir saßen. Ein sanftes *Om* schwoll an und ab, und wir öffneten unsere Augen, um zu sehen, wie Nonna sich mit ihrem rituellen Dolch in der Hand erhob. Sie ging nach Osten, hob ihren Zauberstab aus Haselholz und wies damit in die Dunkelheit. Während sie sprach, schritt sie langsam und würdevoll, aber doch gebieterisch dreimal im Uhrzeigersinn um den Kreis herum, den Zauberstab vor sich erhoben. Während sie ging, zog sich von dessen Kristallspitze eine dünne Linie aus flackerndem blauen Licht den Weg entlang.

»Ich beschwöre dich als Kreis der Kunst, ich beschwöre dich als Kreis der Macht, ich beschwöre dich als Grenze und Schutz zwischen den Welten der Mächtigen und den Welten der Sterblichen. Ich beschwöre dich als heiligen Kreis, der die Energie bewahrt, die wir darin aufbauen. Und da ich es will, so sei es.«

Während sie uns mit ihren Worten und ihrer Absicht umkreiste, nahmen wir uns bei den Händen und sahen uns in die Augen. Die Temperatur im Tempel stieg an, und zwischen meinen Brüsten liefen kleine Schweißbäche herunter.

»Der Kreis ist gebildet. Wir sind zwischen den Welten.« Ein Prickeln durchschoß mich, als ich die magischen Worte hörte, die immer gesprochen wurden, wenn der heilige Kreis gebildet war. Das bedeutete, daß wir durch ein magisches Ritual von einer Welt in die andere gereist waren. Jede magische Handlung beginnt damit, daß man den Kreis bildet. Ganz gleich, wie das geschieht – indem man sich bei den Händen

187

nimmt, oder eine Priesterin mit Stab oder Dolch, Feder oder Knochen herumgeht, indem man traditionelle Verse rezitiert oder spontan aus der Weisheit des Herzens spricht – das Bilden des Kreises ist eine alte Art, einen heiligen Platz abzugrenzen, und damit beginnt ein Prozeß der Bewußtseinsveränderung.

Als unsere Priesterinnen anfingen, förmlich einen Kreis zu bilden, wurde mir klar, daß ich bereit war, im Ritual mehr als einen abergläubischen Hokuspokus zu sehen. Ich fing an zu begreifen, daß auf diese Weise einem tiefgründigen Übergang von der profanen in eine heilige Welt Ausdruck verliehen wurde. Dieses Ritual war ein wesentlicher Bestandteil der magischen Bewußtseinsveränderung, die uns befähigte, das Heilige zu sehen, für das wir so oft blind waren. Ich hatte festgestellt, daß das Ritual, wie wir es von diesen weisen Frauen lernten, eine gelenkte Meditation war. Das Ritual war eine heilige Kunst, wie ein lebendiges Mandala – die symbolische geometrische Form des Kreises, der ein Quadrat enthält –, welches in den mystischen Traditionen Indiens und Tibets verwendet wird. Als Fixpunkt für die Meditation lassen Mandalas die Gegenwart des Göttlichen in der Welt erkennen, die sie umgibt. Und ein Ritual, vollständig mit allen Gesten, poetischen Anrufungen, Räucherwerk und was sonst dazugehört ist ein ausgezeichnetes Hilfsmittel, um denselben Zweck zu erreichen. Alles war Teil einer symbolischen Sprache, die langsam Resonanz in den Tiefen meines Seins fand und einen Aspekt meines Geistes ansprach, von dessen Existenz ich bisher kaum etwas gewußt hatte. Mein Unbewußtes erhielt ein Vokabular, mit dessen Hilfe es mit meinem Bewußtsein in Verbindung treten konnte. Ich lernte eine Sprache, die mein Herz verstand, und die meine Priesterinnen als »die Göttin« bezeichneten.

Wir nahmen uns bei den Händen, während Nonna zu singen begann:

>*Wir sind ein Kreis in einem Kreis,*
ohne Anfang und ohne Ende.«

Es war eine schlichte Melodie, in die wir schnell einfielen, und während wir sie wieder und wieder sangen, wiegten wir uns leicht hin und her. Der Gesang schwoll an, wurde leiser, schwoll dann wieder an und versetzte uns in Trance. Viele unterschiedliche Stimmen verschmolzen zu einer wunderbaren Harmonie und brachen dann auseinander in einer Runde, die den Klang zu einem schwindelerregenden Energiewirbel beschleunigte. Worte zerbrachen in Silben, die wiederum in Klangfragmente zerfielen, die wie Federn in der Luft schwebten, dann plötzlich anfingen, sich wieder rückwärts zu drehen und wie Paradiesvögel erneut Gestalt anzunehmen. Schließlich lösten sich unsere Stimmen an einem unbekannten Punkt in eine andere Dimension der Wirklichkeit auf, und wir brachen alle gleichzeitig den Gesang ab, wie es so oft auf völlig mysteriöse Weise geschah. Mein ganzer Körper vibrierte unter den Auswirkungen des Klangs. Wir saßen schweigend da.

»Legt euch bitte auf den Rücken, atmet und entspannt euch«, sagte Nonna. Der Perserteppich fühlte sich an meinen Schultern, meinen Fingerspitzen und an der Rückseite meiner Waden weich wie ein Katzenfell an. Tief entspannt lag ich auf dem Boden des Tempels. Mein Geist schwebte, und ich lächelte mir selbst zu, während ich das Gefühl hatte, der Teppich und ich konnten jeden Moment abheben.

»Heute wollen wir einen wichtigen Schritt in die Kunst der magischen Visualisierung tun. Eure Augen und euer Verstand sind Filter, die eure Wahrnehmung der Wirklichkeit verändern... Ihr werdet lernen, die Scheuklappen abzunehmen und das Paradies zu sehen, in dem wir leben... euch selbst für die Gegenwart des Göttlichen zu öffnen... fühlt die Scheuklappen vor euren Augen... entfernt sie... Wenn ihr eure Augen öffnet, stellt ihr fest, daß ihr euch nicht mehr im Tempel befindet... Ihr liegt auf einer grünen Wiese, weiße Wolken schweben am blauen Himmel über euch... Während ihr euch aufsetzt, seht ihr einen flammenden blauen Stern hell vor euch erstrahlen... dies ist die Pforte, die in das Reich der Göttin führt... Während ihr näher kommt, wird der Stern größer und größer und größer... Ihr geht hindurch und fühlt seine Kraft, als würdet ihr durch eine Mauer aus Elektrizität gehen... Blickt auf eure Hände, eure Arme, seht die tanzende Energie, die euer Körper ist. Blickt auf, ihr seid in einem Feld, eins mit dem Gras, den Wolken, dem Himmel und der Sonne, die alle ein strahlendes, tanzendes Spiel der Bewegung sind, von wogenden Lichtwellen und Farben, die sich miteinander verbinden und wieder auseinanderfallen...«

Nonna führte uns weiter in einen heiligen Tanz hinein, in dem Materie in Teilchen zerfiel und Teilchen zu Energiewellen wurden, die sich wieder in Teilchen verwandelten, und dann in Wolken und Gras und Frauen. Und als Nonna schwieg, tauchten die herrlichen Bilder unvermittelt auf, heraufbeschworen durch unsere individuellen schöpferischen Kräfte. Schließlich führte sie uns durch das flammende blaue Pentakel zurück in unsere Körper und in den Tempel.

Es war eine sehr schöne und seltsame Übung gewesen, und ich staunte über die Bilder, die durch meinen Geist geschwebt waren. Während ich mich streckte, bemerkte ich, daß Gillian mit gesenktem Kopf dasaß.

»Ist alles in Ordnung?« fragte ich sie leise. Vielleicht weil wir so viele Gemeinsamkeiten zu haben schienen – den sozialen Hintergrund, die Ausbildung, anspruchsvolle Jobs –, waren wir zu Vertrauten geworden, die sich gegenseitig anriefen, die Mittagspause gemeinsam in Restaurants in der Nähe unserer Büros verbrachten, zusammen mit unseren Partnern zu viert ausgingen. Sie sah mich an und hatte Tränen in den Augen. Ich legte meinen Arm um ihre Schultern. »Was ist passiert?«

Tränen liefen ihr über die Wangen. »Schon gut. Es ist nur – ich weiß nicht… am Ende, bevor sie uns zurückgeführt hat, dachte ich, ich hätte ihn gesehen.«

»Wen gesehen?«

»Den Gral. Ich dachte, ich hätte den Gral gesehen«, flüsterte sie.

»Einen Gral? Meinst du eine Art Kelch?« Sie nickte. »Wie hat er ausgesehen? War er aus Silber und schwebte irgendwie in der Luft?«

»Hast du ihn auch gesehen?«

Ich nickte, während mich eine Gänsehaut überlief. »Er war angefüllt mit Licht, das an den Rändern wie Wasser überlief.«

»Ja, wie schimmerndes Wasser. Es war, als würde die Sonne an seinem oberen Rand aufgehen.« Gillian und ich drehten uns um, verblüfft, Onatahs sanfte Stimme zu hören. »Ich kann mich nicht erinnern, daß Nonna ihn beschrieben hätte, oder?«

»Nein, sie hat ihn nicht beschrieben.«

»Ich habe ihn gesehen, gerade bevor wir durch den flammenden Stern zurückkamen. Er tauchte auf und verschwand wieder, einfach so.« Marcia schnippte mit den Fingern.

Inzwischen hörten alle anderen Frauen uns zu. Jeanette hatte einen großen Kessel gesehen, Mindy nur das schimmernde Wasser, und Naomi hatte gesehen, wie die Sonne über

191

dem Meer aufging. Annabelle hatte ebenfalls einen Kelch bemerkt.

Die Priesterinnen tauschten Blicke aus, und Nonna lächelte wie eine stolze Großmutter, als sie erklärte: »Der Kelch, den ihr gesehen habt, ist der legendäre Gral. Er ist ein altes keltisches Symbol für die Herrschaft der Göttin, den Geist der heiligen Erde. Der Kessel ist eine andere Gestalt des Grals. Man nennt ihn den Kessel der Cerridwen. Diese Visionen zeigen, daß ihr Fortschritte macht. Wir können jetzt einen Schritt weitergehen«, sagte sie und nickte Maia und Bellona zu.

Während alle lachten und redeten, erinnerte ich mich an die Geschichte von Cerridwens Kessel – ein magischer Kessel, in den die Körper gefallener Krieger gelegt wurden, um ihnen neues Leben zu schenken. Cerridwen ist eine alte keltische Göttin, und ihr Kessel ist ein Symbol für ihre geheimnisvollen, lebensspendenden Kräfte. Sie lebte auf einer Insel mitten im See Tegid in Wales. Sie bewohnte diese Insel nur mit ihren beiden Kindern, einer wunderschönen Tochter namens Creidwy und einem Sohn namens Afagdu, der so häßlich war, daß niemand mit ihm spielen wollte. Die Göttin grämte sich über das Unglück ihres Sohnes, und deshalb beschloß sie, ihm einen magischen Trank zu brauen, der ihm Weisheit und Klugheit verleihen würde.

Und so stellte Cerridwen ihren großen, schwarzen, runden Kessel auf. Sie füllte ihn mit heiligen Kräutern und kostbaren Flüssigkeiten, mit Kerbel und Eisenkraut, mit Vogelgezwitscher und Kinderlachen, mit den Geschichten von Heldinnen und Poeten. Dann holte sie Wasser von ihrer heiligen Quelle, und als der Kessel voll war, zündete sie das Feuer darunter mit großen Holzscheiten von Eichen, Eschen und Weißdornzweigen an. Es dauerte dreizehn Mondmonate und einen Tag, bis der Zaubertrank fertig war. Schließlich war es soweit, und Cerridwen wußte, daß sie den Kessel verlassen mußte, um die letzte Zutat zu finden: die erste Narzisse, die beim letzten Vollmond erblüht war. Wem konnte sie vertrauen, daß er die kostbare Flüssigkeit nicht stehlen würde?

Sie wählte einen kleinen Jungen namens Gwion und schärfte ihm ein, den Inhalt des Kessels nicht zu berühren, denn wenn nur ein Tropfen davon verlorenginge, wäre der Zauber gebrochen. Sie gab ihm einen großen Besenstiel und wies ihn an, damit vorsichtig im Kessel zu rühren. Das tat er, während er auf dem Baumstumpf einer gefällten alten Eiche stand. Doch dann zerbrach unter dem Kessel ein Holzscheit, und das Feuer, das nun seinem Gefängnis aus Holz entronnen war, schlug hohe Flammen und ließ den Inhalt des Kessels kochen und brodeln und spritzen. Drei Tropfen aus dem großen schwarzen Kessel verbrannten Gwions Finger. Er heulte vor Schmerzen und steckte seine Finger schnell in den Mund.

Seine Augen weiteten sich, und er begann zu zittern, denn plötzlich hörte er alles in der Welt, und er verstand die Geheimnisse aller Zeitalter. Er sah die Zukunft und verstand die Vergangenheit. Und in seiner heiligen Hellsichtigkeit wußte er, daß Cerridwen bei ihrer Rückkehr wütend darüber sein würde, daß ein Sterblicher nun über die Gaben verfügte, die sie ihrem Sohn zugedacht hatte.

Er ließ den Besenstiel fallen und floh, wobei er sich in einen Hasen verwandelte, um sich vor Cerridwen zu verbergen. Doch obwohl er rannte und sich versteckte, erkannte und verfolgte ihn die Göttin. Sie verwandelte sich in einen Windhund, und ihre roten Kiefer schnappten nur wenige Zentimeter hinter dem weißen Schwanz des Hasen zu. Er verwandelte sich in einen Fisch und sprang in den Fluß; sie wurde ein Otter und verfolgte ihn im Wasser. Er verwandelte sich in eine Taube, und sie wurde ein Falke. Er verwandelte sich in ein Weizenkorn, und sie wurde eine Henne.

Sie fiel über ihn her und verschluckte ihn, doch als sie sich wieder in die Göttin verwandelte, war sie mit ihm schwanger. Neun Monate trug sie ihn, und als er schließlich geboren wurde, konnte sie ihm kein Leid antun, und so setzte sie ihn in einer magischen Wiege auf dem schimmernden Wasser aus.

Er wurde von einem Prinzen gefunden, der ihn Talisien nannte und wie seinen eigenen Sohn aufzog. Schon als kleines Kind war er ein so begabter Poet, daß weise Männer und Narren von überall her kamen, um ihm zu lauschen. Seine Gedichte beschrieben die Kämpfe der Menschheit, die Süße des Landes, die Reise der Seele, die Mysterien von Tod und Wiedergeburt, das Rad des Lebens, das sich ewig dreht, den unendlichen Wandel der Formen und die Initiation des Poeten durch die Göttin, die seine Muse ist und aus deren Kessel alle Segnungen strömten.

Während wir unsere Sachen zusammensuchten, die Schuhe anzogen und uns mit liebevollen Umarmungen voneinander verabschiedeten, zog ich eine Tarotkarte aus dem Deck, das vorne auf dem Schreibtisch lag. Von der Macht der göttlichen Bestätigung elektrisiert starrte ich auf das As der Kelche – das perfekte Abbild des Heiligen Grals, das über azurblauen Wellen schwebte, umgeben von funkelndem Wasser, während die Sonne in seiner Mitte aufging. Ich würde dieses Bild während des nächsten Mondzyklus für meine Meditationen und Visualisierungen benutzen.

Die wichtigsten Eigenschaften des Kreises, den wir gebildet hatten, waren Gleichheit und gegenseitige Verbundenheit.

Aber es ging dabei noch um viel mehr. Wenn wir unsere Energien in einem Kreis vereinten, waren wir wesentlich stärker als jede für sich allein, und wir erlebten die Bewegung der Energie auf erstaunliche Weise. Ich fühlte mich mit der Erde und mit den anderen Frauen verbunden, und diese Verbindung verlieh mir eine enorme Kraft. Ich wußte, was die Erde und der Zirkel mir gaben, aber ich fragte mich immer noch, was ich ihnen dafür zurückgab. Ich lernte, die organische und feminine Gestalt des Zirkels zu verstehen; begriff ihn als Versammlungsort, der zwei Welten vereint; hier wurde das Unsichtbare sichtbar, und das Sichtbare enthüllte sein wahres und heiliges Wesen. Ich begriff allmählich, daß alles, was existiert, heilig ist, und ich verstand auch, daß wir den heiligen Raum nicht so sehr »schufen«, als vielmehr die Heiligkeit des Raumes, den wir einnahmen, *enthüllten*. Ich lernte, mich zwischen den Welten zu bewegen.

Obwohl schon fast der Morgen dämmerte, beschloß ich, zu Fuß nach Hause zu gehen. Ich war beeindruckt davon, wie Dunkelheit und Licht zugleich gegenwärtig waren, fasziniert von den hohen Häusern, die im Sonnenaufgang lange Schatten warfen, berührt von den Obdachlosen an den Straßenecken, wo teure Limousinen auf ihre wohlhabenden Besitzer warteten, denen nach einer durchgefeierten Nacht schwindlig war. Ich erlebte die Gegensätze, doch ich spürte darin eine außergewöhnliche Weisheit. Die Welt war weit davon entfernt, perfekt zu sein, aber die Energie, die diesen Widersprüchen zwischen Hell und Dunkel innewohnte, hatte etwas Erleuchtendes. Die Dunkelheit bestimmte die Gestalt des Lichtes, die Negation drückt aus, was sein *sollte*. Indem ich dies wußte, erkannte ich: Wenn wir bereit sind, das Unsichtbare zu sehen – wenn wir den Mut haben, uns mit den Schatten zu konfrontieren, die wir normalerweise zu meiden versuchen –, sind wir in der Lage, das zu schaffen, was sein *könnte*. Angesichts der Alltagstragödien ließ die bloße Möglichkeit der Heilung und der Transformation mein Herz höher schlagen.

Das Universum beantwortete meine Bewußtseinsveränderung mit einer Magie eigener Art: Als ich auf dem Heimweg um eine Ecke bog, fand ich im schmutzigen Schaufenster eines alten Antiquitätenladens, kaum erkennbar unter dem über die Jahre angesammelten Staub und Ruß der Stadt, einen silbernen Kelch, das Symbol der Göttin. Ich kaufte ihn, sobald der Laden am nächsten Tag geöffnet hatte, und er wurde mein erstes magisches Werkzeug.

6

Luft & Feuer,
Wasser & Erde

Bellona stand vor dem Altar und hielt ihre Athame, einen rituellen Dolch, in die Mulde zwischen ihren Brüsten. Die etwa fünfzehn Zentimeter lange Klinge wies nach unten, und auf den schwarzen Griff waren Symbole gezeichnet – Hexenrunen hatte Nonna sie genannt. Ich kannte ihre Bedeutung nicht, aber ich wußte, dieser Dolch repräsentierte das Luftelement und die Kraft des Geistes – sowohl rational als auch intuitiv – und wurde benutzt, um die Energie zu lenken. Er wirkte dramatisch und ein wenig furchterregend, aber Nonna hatte uns versichert, daß er nie benutzt wurde, um jemanden zu verletzen oder zu töten. Und als ich nun beobachtete, wie selbstsicher Bellona damit umging, wirkte er auf mich auch wie ein Symbol der Macht, welche die Frauen sich dadurch zurückerobert hatten, daß sie Gebrauch davon machten.

Rasch hob Bellona die Klinge und führte sie entschlossen durch die Rauchschwaden über der Kohlenpfanne. »Ich reinige und weihe dieses Geschöpf der Luft, auf daß es alles Gute aufnehmen möge, im Namen Nikes, der geflügelten Göttin des Sieges.«

Wieder durchschnitt sie die Luft mit einer unbeschreiblichen Bewegung, wobei sie den Dolch diesmal über und über durch die Flamme führte, die bei dem Versuch, zur Klingenspitze emporzusteigen, in einer langen gelben Linie aufflackerte.

»Ich reinige und weihe dieses Geschöpf des Feuers, auf daß es alles Gute aufnehmen möge, im Namen Amaterasus, der Göttin der wunderbaren Erleuchtung.«

Als nächstes tauchte sie die Klinge in eine schwimmende Wasserschale. »Ich reinige und weihe dieses Geschöpf des Wassers, auf daß es alles Gute aufnehmen möge, im Namen Yemanjas, der Göttin des nährenden Wassers.«

Die kleinen Meersalzkörner rasselten, als sie die Klinge hindurchführte. »Ich reinige und weihe dieses Geschöpf der Erde, auf daß es alles Gute aufnehmen möge, im Namen Brigantias, der Göttin des heiligen Bodens.«

Bellona ergriff die Kohlenpfanne an ihrer langen Metallkette und ging damit in das östliche Viertel des Kreises, wobei sie sich von uns abwandte und nach draußen in die Dunkelheit blickte, die den Tempel einhüllte. Sie hob die Kohlenpfanne hoch und begann deosil den Kreis abzuschreiten.

»Ich reinige und weihe diesen heiligen Kreis mit der Kraft des Feuers, das uns mit Leidenschaft, Mut und Willensstärke segnet.« Als sie an mir vorüberging, fühlte ich, wie mich eine Welle der Hitze erfaßte. Die Temperatur im Raum schien zu steigen, während sie das Feuer zum Altar zurückbrachte. Maia reichte Bellona nun die silberne Wasserschale. Wieder begab sich Bellona nach Osten, hob die glänzende Schale einem unsichtbaren Beobachter entgegen und trug sie langsam schreitend im Uhrzeigersinn außen um die im Kreis sitzenden Frauen herum, wobei sie klar und deutlich sprach:

»Ich reinige und weihe diesen heiligen Kreis mit der Kraft dieses sanften Wassers, das uns mit Heilung, Liebe und Mitgefühl segnet.« Sie tauchte ihre Finger in das Wasser und besprengte jede von uns damit. Wir zuckten zusammen und kicherten, als uns die kalten Tropfen trafen. Bellona grinste, und ich genoß die Leichtigkeit, mit der diese Frauen Spaß und Ernst vermischten. Es war ihre Bereitschaft zum Lachen, die es mir ermöglichte, ihre Ernsthaftigkeit zu akzeptieren. Ohne diese hätte ich wahrscheinlich wieder das Unbehagen empfunden, das mich früher immer bei den Ritualen ergriffen hatte. Lachen und Poesie und all die Freiheit, Spontaneität und Wahrheit, die darin lagen, waren meine Schlüssel zu der Tür, hinter der sich der Gral verbarg.

»Ich reinige und weihe und erde diesen heiligen Kreis mit der Kraft der Erde, die uns mit Fruchtbarkeit, Kreativität und materiellen Formen segnet.« Das Salz rieselte auf den Holzboden, als Bellona es vor sich ausstreute.

Ich fühlte die Festigkeit meines Körpers und spürte die Stärke der Frauen, die mit mir im Kreis saßen.

Alle vier Elemente waren nun einmal im Uhrzeigersinn um den Kreis herumgetragen worden, wobei der Weg jeweils im Osten begann und endete. Bellona nahm erneut ihren rituellen Dolch vom Altar.

»Steht bitte auf und seht nach Osten.«

Sie ging, deosil, nach Osten, und wir stellten uns alle zu ihr, das Gesicht nach draußen der Dunkelheit zugewandt, und warteten auf ein unbekanntes Licht, das unsere schlummern-den Seelen erleuchten sollte. Die Sonne tauchte gerade am Horizont auf.

Bellona hob die Arme, und mit einer Stimme voller Selbstvertrauen beschwor sie Kräfte, von deren Existenz ich bis zu diesem Moment nichts geahnt hatte.

»Auf und herbei
ihr Mächte des Ostens,
Geister der Luft,
Herrscher über Wunder und Phantasien,
seid Zeugen unserer Riten
und Wächter unseres Kreises
im Namen Nikes, der geflügelten Göttin des Sieges.
Heil euch und willkommen.«

Während sie sprach, durchschnitt ihre Klinge die Luft. Ich erkannte, daß sie mit einer ausladenden Geste die Form eines Sterns zeichnete. In fünf Zügen, die sie entschlossen mit ihrer aufblitzenden Klinge führte, schnitt sie eine Pforte, durch die die alten Luftgeister des Ostens nun in unseren Kreis und unseren Geist eintreten konnten, um für Bewegung zu sorgen, Lehren zu vermitteln und unseren Geist mit Bildern, Fragen, Ideen und Inspirationen aus dem Reich der Magie, das geduldig auf unsere Einladung gewartet hatte, zu öffnen, herauszufordern und zu erleuchten.

Danach begab sich Bellona in den südlichen Teil des Raumes. Sie hob ihre Athame und begann zu sprechen. Wir drehten uns ebenfalls nach Süden und hoben, ihrem Beispiel folgend, die Arme. Einige hoben nur den rechten Arm und streckten die Hand aus; andere hoben beide Arme und hielten die Handflächen nach oben. Ich fühlte mich am wohlsten, wenn ich den rechten Arm hob und meine Handfläche so hielt, als erwarte ich die Hand eines Freundes, während ich meinen linken Arm leicht angewinkelt unten ließ, so daß die Finger zur Erde wiesen. Auf diese Weise fühlte ich mich sowohl mit dem Himmel als auch mit der Erde verbunden, der »anderen« Welt und meiner »eigenen«. Später erfuhr ich, daß dies die traditionelle Haltung des Magiers war, der beide Reiche in sich vereinigt.

Bellona schuf eine weitere Öffnung zwischen den Welten und sprach erneut die archaischen, aber doch bewegenden Worte, die diesmal wie die Herausforderung eines Kriegers klangen:

>> *Auf und herbei*
ihr Mächte des Südens,
Geister des Feuers,
Herrscher über Mut und Leidenschaft,
seid Zeugen unserer Riten
und Wächter unseres Kreises
im Namen Amaterasus, der Sonnengöttin
und Himmelsherrscherin.
Heil euch und willkommen.«

Während sie sprach, sah ich einen flammenden roten Stern vor uns erscheinen, und durch ihn hindurch erblickte ich eine weite brennende Wüste. Eine gelbbraune Löwin, deren Muskeln sich unter dem Fell abzeichneten, näherte sich uns. Die Sonne war ein riesiger orangefarbener Feuerball an einem weißen, hitzeflimmernden Himmel. Eine Welle der Entschlossenheit ergriff mich, und ich spürte die Stärke meiner Überzeugungen, die mich wie ein strahlender Stern leiteten.

Bellona begab sich nun in den westlichen Teil unseres Kreises, und wir drehten uns mit ihr. Wieder schnitt sie die sternförmige Pforte in die Dunkelheit, aber diesmal waren ihre Gesten und ihr Tonfall sanft, weich und einladend.

>*Auf und herbei*
ihr Mächte des Westens,
Geister des Wassers,
Herrscher über Liebe und heilendes Mitgefühl,
seid Zeugen unserer Riten
und Wächter unseres Kreises
im Namen Yemanjas,
der sinnlichen Göttin der träumenden Wasser.
Heil euch und willkommen.«

Durch den blauen Stern vor mir sah ich einen smaragdfarbenen Ozean, in dem Wale und Delphine, Schildkröten und Ottern miteinander spielten. Ich erblickte eine Frau, die in den Wellen stand, den schwangeren Leib voller Leben, während das Wasser zwischen ihren Beinen hervorquoll, und dieses Wasser war die Grundlage allen Lebens auf unserem wunderbaren Planeten. Ich dachte plötzlich an meine Mutter, die sich Tag für Tag um meinen kranken Vater kümmerte, an ihre Liebe und Stärke, an ihre Fürsorge und ihren Humor. Ich schmeckte salzige Tränen, die mich daran erinnerten, daß wir alle aus dem Mutterleib des Ozeans hervorgegangen sind, den Nonna als die Große Mutter bezeichnete.

Bellona hatte schon mit ihrer Anrufung im Norden begonnen. Ich drehte mich in dieselbe Richtung, wie die anderen, während sie ihre Beschwörungsformel vollendete:

»Auf und herbei
ihr Mächte des Nordens,
Geister der Erde,
Herrscher über Fruchtbarkeit und Gestalt,
seid Zeugen unserer Riten
und Wächter unseres Kreises
im Namen Brigantias, der höchsten Göttin der
fruchtbaren Erde.
Heil euch und willkommen.«

Die Gefühle, die mich im Westen überwältigt hatten, ebbten ab, während ich durch den grünen Stern blickte. Visionen zogen in schneller Folge an meinem geistigen Auge vorbei: goldgelber Weizen auf fruchtbaren braunen Feldern, Obstgärten voll reifer Äpfel, eine riesige Bärin, die schwerfällig einen mit Kiefern bewachsenen Abhang hinunterging, während zwei Junge neben ihr hertrotteten, eine Büffelherde, die über eine weite Ebene donnerte. Ich wurde mir plötzlich der handfesten Kraft meines Körpers bewußt und nahm das schlichte und auserlesene Vergnügen wahr, das mir meine physischen Sinne vermittelten. Mir wurde klar, daß mein Körper nicht nur Heimstatt für meine Intelligenz und meinen Mut war, sondern auch über eigene Intelligenz und eigenen Mut verfügte. Er war der Tempel meiner Seele und gleichzeitig deren Gestalt. Mein Körper war geboren worden und verfügte über die außergewöhnliche Macht, zu gebären und, wie die Erde selbst und wie die Göttin, Leben zu schaffen und zu erhalten.

Gemeinsam wandten wir uns noch einmal nach Osten, um den abschließenden Gruß zu entbieten. Bellona drehte sich dann zu uns und sagte: »Unser Kreis ist gebildet. Wir sind zwischen den Welten.«

Ich fühlte mich hellwach, voller Kraft und Liebe – und ich hatte einen Bärenhunger. Wir waren mittlerweile im Hinblick auf unseren Festschmaus nach dem Zirkel außerordentlich kreativ geworden – Geschmack, Aroma, Konsistenz und Farben der Speisen waren so ausgezeichnet, als wären sie von den besten Küchenchefs zubereitet worden. Ich vermutete, diese Entwicklung könnte etwas damit zu tun haben, daß meine Sinne durch die Übungen geschärft worden waren. Wir alle griffen herzhaft zu, aber mir fiel auf, daß Jeanette immer nur kleine Portionen von den süßesten und kalorienreichsten Speisen nahm, ihren Teller dann aber mehrmals füllte, als ob dadurch niemand merken würde, wieviel sie aß, und sich niemand fragen würde, welche innere Leere sie auf diese Weise zu füllen versuchte. Nonna war heute abend nicht bei uns, und ich vermißte sie.

Während wir tafelten, erklärte uns Bellona die heutige Lektion: »Einen Kreis zu bilden und dabei alle vier Richtungen – ihre Eigenschaften, Kräfte, Tiere oder Totems und ihre Weisheit – vollständig zu visualisieren und darüber zu meditieren, ist eine sehr machtvolle magische Handlung. Ihr solltet euch darin üben, jedes Element anzurufen, zu visualisieren und darüber zu meditieren. Stellt zu Hause in der passenden Ecke einen Altar auf und verwendet dafür die Farben, Symbole, Werkzeuge, Bilder und Göttinnen des jeweiligen Elements.«

Die Erfahrungen im Zirkel waren intensiver geworden, seit wir angefangen hatten, die Elemente zu reinigen und die vier Richtungen anzurufen. Wir brauchten zwar länger, um den Kreis formal zu bilden, aber es fiel mir dadurch auch leichter, mich von den Sorgen und Pflichten des Alltags zu lösen und auf die bevorstehenden heiligen Handlungen zu konzentrieren. Die mehrmalige Wiederholung der Worte, Gesten und symbolischen Handlungen beschleunigten eine Veränderung meines Denkens: Das Ritual wurde eine effektive Technik zur gezielten Bewußtseinsveränderung und ließ mich die magische und heilige Natur der Welt intensiver wahrnehmen.

Ich erhielt einen mystischen Kompaß, der mich auf meiner magischen Reise führen würde, und in der Art, wie wir den Kreis bildeten und die vier Richtungen beschworen, fand ich ein Modell unseres spirituellen Weges: Wir begannen im Osten, im Reich der luftigen Inspiration, begaben uns dann in den Süden mit seiner feurigen Willenskraft und Leidenschaft, danach in den Westen, wo wir lernten, unsere Kraft durch Mitgefühl, Liebe und Hingabe an andere zu zähmen, und schließlich in den Norden, wo wir am Ende der Rundreise unserem Leben nun Gestalt und Ausdruck verleihen konnten. Indem wir uns weiter im Uhrzeigersinn bewegten, kehrten wir wieder zurück in den Osten, die Richtung der Weisheit, um aus unseren Reisen, unseren Mühen und unseren Veränderungen zu lernen und uns erneut auf den Weg zu machen, so wie die Sonne jeden Tag von neuem aufgeht, um eine weitere kreisförmige Entdeckungsreise zu beginnen. Und in der Mitte des Kreises, wo die Priesterin vor dem Altar stand, war der Geist.

Die Harmonisierung aller vier oder letztlich fünf Aspekte unseres Menschseins – Geist, Wille, Emotionen, Körper und Seele – ist in der Alten Religion wesentlich für die ganzheitliche Integrität unseres Charakters, denn alle sind gleich wertvoll. Jede Eigenschaft muß im Verhältnis zu den anderen entwickelt werden, um der Persönlichkeit kein statisches, sondern ein dynamisches Gleichgewicht zu verleihen. Diese Arbeit ist das Herzstück der alten »Alchemie«, von der die meisten Leute heutzutage meinten, sie sei der zum Scheitern verurteilte Versuch, unedle Metalle auf magische Weise in Gold zu verwandeln. Alchemie ist im Grunde jedoch ein altes

System von Metaphern, welches beschreibt, wie durch spirituelle Arbeit das wertlose, unedle Metall einer unausgeglichenen, spirituell zusammenhanglosen Persönlichkeit in das Gold eines spirituell erleuchteten Wesens verwandelt wird. Durch diesen spirituellen Prozeß hat die betreffende Person Anteil an ihrer eigenen Metamorphose und erwacht zu ihrer Rolle als göttlicher Mitschöpfer der Welt.

Leider hat unsere Kultur die Religionen und Metaphern der amerikanischen Indianer, Aborigines, Hexen und anderer ursprünglicher, erdbezogener Glaubenssysteme als primitiven Pantheismus abgetan, als Aberglauben, bei dem Bäume, Felsen und Quellen verehrt würden. Die westliche Welt ist sich ihrer eigenen Vorurteile nicht bewußt und betrachtet solche Religionen als ängstliche Unfähigkeit, den einen »wahren« transzendenten Gott zu erkennen. Irrtümlich als Gottlosigkeit verworfen, ist der Paganismus jedoch das genaue Gegenteil: eine Spiritualität, in der alles, was in der natürlichen Welt existiert, als heilig erlebt wird. *Pagane,* so hatte ich erfahren, kommt aus dem Lateinischen und bezeichnet einfach jemanden, der auf dem Land lebt. *Heide,* ein Ausdruck, mit dem die amerikanischen Indianer so häufig und abwertend belegt werden, bezog sich ursprünglich auf Menschen in Großbritannien, die in der Heide lebten. Es waren Menschen, die einen engen Bezug zur Erde, ihren wechselnden Jahreszeiten, ihrer Großzügigkeit und ihren Mysterien hatten. Dieser Vertrautheit und nicht etwa der Furcht entsprang ihr Wissen um das Heilige.

Diese alten Erdreligionen verwendeten oft Göttinnen sowie die Symbole von Samen und Sichel, Blumen und Früchten als Metaphern für das Göttliche. Doch diese Symbole bedeuteten mehr als bloße Metaphern, denn die heilige Weisheit dieser Formen und ihres Wandels wurde als grenzenlose Manifestation des Göttlichen erlebt – gesehen, gehört, gerochen, gefühlt und geschmeckt. Die Menschen, die erdbezogen lebten, erblickten und verehrten die Verkörperung des Heiligen im Wind, Wolf, Fluß, Weizen und Mond. Sie wußten, daß sie auf geheiligtem Boden lebten und daß die Natur als Verkörperung des Göttlichen ein spiritueller Lehrmeister von grenzenloser Weisheit war. Im Gegensatz zu den alten westlichen patriarchalen Interpretationen, die davon ausgingen, daß das Göttliche transzendent und die Erde in Ungnade gefallen war, hielten sie den materiellen Körper und die Erde für heilig, so daß sie weder überwältigt noch verleugnet werden mußten. Der Körper und die Erde sind nicht nur Tempel des Geistes, sondern dessen lebendige Manifestation. Die Weisheit des Körpers und der Erde ist die Weisheit des Geistes und deshalb zu verehren.

Mit jedem Treffen des Hexenkreises, mit jedem Tag, der verging, gelangte ich tiefer in die heilige Landschaft und lernte ihre Sprache. Die Elemente waren ein wichtiger Teil unseres Wortschatzes. Sie waren ein System von Gleichnissen, welches die Natur oder die charakteristischen Eigenschaften der Energie beschrieb, die in der Welt um uns herum Gestalt annahm. Luft war ein gasförmiger Zustand, Wasser war flüssig, Erde war fest, Feuer war Energie. Der Geist war der Mittelpunkt, wo sich alles verband, er war das Wesen der Wirklichkeit auf der Quantenebene. Gleichzeitig beschrieben die Elemente Aspekte unserer selbst als Wesen aus Energie.

In einem magischen Kreis entspricht jede Richtung oder jedes Viertel einem Element oder einem Zustand menschlicher oder natürlicher Eigenschaften. Spezielle Farben, Tiere, magische Werkzeuge und Kräfte werden ebenfalls einer bestimmten Richtung zugeordnet, genauso wie Tageszeiten, die Stellungen der Sonne am Himmel und die Jahreszeiten. Diese Korrespondenzen beschreiben eine heilige Beziehung zwischen der Menschheit, der Natur und dem Göttlichen, und sie waren die Vokabeln, mit denen ich lernte, meine Erfahrungen und Wahrnehmungen auszudrücken. Ich begann zu entdekken, daß man durch die Schönheit der poetischen Metapher die Welt tatsächlich verstehen und würdigen konnte, nicht nur durch Wissenschaft und Logik, sondern durch eine ästhetische Antwort. Diese Metaphern waren Pforten, die ins Reich des Numinosen führten.

In dieser Welt heiliger Offenbarung ist der Wind der Überbringer von Botschaften. Er verweht den letzten Atem derjenigen, die unsere Welt verlassen haben, er eilt zu den Neugeborenen, um sie zu begrüßen und ihre Schreie und ihr Lachen zu den wartenden Ohren der Eltern zu tragen. Er sagt die jahreszeitlichen Transformationen der Göttin vorher, trägt die Lieder des jungen Mannes über Kampf und Zuversicht in die Welt hinaus und erzählt flüsternd von den Geheimnissen eines sehnenden Herzens. Er trägt prophetische Botschaften eines lebendigen Universums, und wenn jemand dafür bereit ist, öffnet er einladend die Tore des Paradieses.

Die alten Phönizier, bekannt als hervorragende Segler, brachten Safran als Opfer dar für die Sylphen und Zephiren der Aschtoret, der Göttin der Fruchtbarkeit, und für den Mond, die Silberscheibe des Unbewußten, die die Gezeiten des Windes und der Meere, des weiblichen Körpers und der menschlichen Seele regiert. Hexen benutzen immer noch Safran, um diese Geister der Luft zu beschwören, die auf den leistesten Ruf des Herzens, die Hoffnungen der Seele und die innere Weisheit des Körpers reagieren. Wenn man darauf achtet, sagen sie einem, welche Richtung man an der nächsten Weggabelung einschlagen muß.

Als der Sommer blaßschimmernd nahte, flogen die Sylphen zwischen die stahlgrauen Hochhäuser, hoben ihre Röcke und erinnerten Frauen, die zu lange oder gar nicht verheiratet waren, an ihre Schönheit. Zephire eilten zu den Häuserschluchten der Stadt, rissen den besorgten Geschäftsleuten die Finanzseiten der Zeitung aus den winterharten Händen und füllten ihre an abgestandenen Tabakqualm gewöhnten Nasenlöcher mit den aufsteigenden Düften von Apfelblüten, Flieder und Frauen. Magie lag in der Luft.

Unsere Büros jedoch waren selbstverständlich luftdicht versiegelt. Aus den Fenstern von Wolkenkratzern kann man heraussehen, aber man kann sie nicht öffnen. Wir waren sicher in unserer Käseglocke eingeschlossen, während die Klimaanlage gefilterte Luft in unsere Kämmerchen blies. Hier gab es weder Düfte noch Feuchtigkeit, noch Botschaften. Wie die Neonbeleuchtung mit ihrem unnatürlichen Licht, war dieser Sauerstoff in seiner technischen Falle leblos. Obwohl mein Adrenalinspiegel durch Telefonate, Verträge und Sitzungen in die Höhe getrieben wurde, fühlte ich mich allmählich so, als enthalte die künstliche Luft, die in unsere Büros gepreßt wurde, ein unbekanntes Beruhigungsmittel, und nach ein paar Stunden Arbeit im geschlossenen Raum konnte ich keinen klaren Gedanken mehr fassen. Irgend etwas Lebenswichtiges fehlte in dieser von Menschen geschaffenen Umgebung.

Es war später Nachmittag, als ich gähnte und mich streckte und impulsiv beschloß, meine Arbeit und mein verspätetes Mittagessen mit nach draußen zu nehmen. Bald darauf saß ich unter meiner grünen Weide im Park. Ich dachte über den Frust des Tages nach: Sharons zunehmende Feindseligkeit, die Launen eines Klienten, Hadus kurz vor einem Wutausbruch.

Irgend etwas stimmte nicht in diesem Geschäftsparadies, dem

ich einen so großen Teil meines Lebens widmete. Über fast allem im Büro lag eine Spannung, eine seltsame Mischung aus Ärger, Furcht, Hunger und Traurigkeit. Irgend etwas fehlte, und trotz aller Mühe konnten sie dieses fehlende Teil nicht finden. Zwar herrschte immer Überschwang, wenn ein Handel abgeschlossen war oder ein wichtiger neuer Klient unterschrieben hatte, aber diese Hochstimmung schien sich fast augenblicklich zu verflüchtigen und einer unersättlichen Gier Platz zu machen. Der Hunger nach mehr brach immer wieder neu hervor.

Laß es los, ermahnte ich mich selbst. Ich schloß die Augen und sank in das schwüle Kissen aus sonnenwarmer Luft, die von der Musik des Parks erfüllt war – eine Mutter, die mit ihrem Kind sang, die entfernte Melodie des Karussells, die sich ständig wiederholte, die Lautsprecher der Radiorekorder, die Halbwüchsige auf ihren Schultern trugen, und die sich im Rhythmus ihrer Schritte auf und ab bewegten. Und der Gesang der Bäume – die perfekte unbeabsichtigte Harmonie von Spottdrossel und Kardinal, begleitet vom Rauschen der Blätter. Ich öffnete meine Augen und öffnete eine Akte, doch ein plötzlicher Windstoß erfaßte die Seiten und hob sie in die Luft wie Tauben, die alle zugleich aus einem Käfig herausfliegen. Ich rannte verzweifelt hinterher und versucht sie zu fangen. Eine alte Frau bückte sich vorsichtig, um mir zu helfen, und ein kleines Kind beteiligte sich ebenfalls und lachte voller Entzücken über dieses neue Spiel. Atemlos und klebrig vom Frühsommerschweiß ließ ich mich auf eine Bank fallen und hielt den zerfledderten unordentlichen Papierstapel fest.

»Können wir das noch mal machen?« fragte der kleine Junge.

»Nicht jetzt.« Ich mußte lächeln. »Vielleicht morgen. Danke.«

»Danke. Bis dann.« Damit lief er fort.

Peinlich genau begann ich die Seiten des Vertrages neu zu sortieren. Erst die Garantieerklärung und der Schadenersatz, dann die Regelungen des Staatsgesetzes, gefolgt von… fast hätte ich mein hart erkämpftes Durcheinander fallen lassen. Das Universum hatte mir eine Botschaft geschickt, eine magische Botschaft: In meinem Papierstapel fand ich ein blau liniertes Blatt aus einem Notizbuch. Sorgfältig mit der Hand geschrieben standen darauf die letzten Zeilen des rätselhaften Gedichtes »Kubla Khan«, das zu verstehen ich mich seit Monaten bemüht hatte, weil ich immer noch überzeugt war, daß seine geheimnisvollen Bezüge Hinweise auf meinen spirituellen Weg enthielten. Den Zeilen folgte die Interpretation eines Studenten mit Hinweisen auf die Ursprünge der poetischen Visionen des Künstlers in einem Opiumrausch. Ein Lehrer hatte am Rand mit Rotstift die Rechtschreibung und Zeichensetzung korrigiert.

> *»Zieht dreimal einen Kreis um ihn*
> *und schließt die Augen in heiliger Furcht,*
> *denn er hat sich am Honigtau gelabt*
> *und die Milch des Paradieses getrunken.«*

Hatte der Wind den Ruf meines Herzens vernommen? Diese magischen Zeilen schienen wie eine Beschwörung der Liebe, doch es war nicht Liebe, die mich erwartete, als ich ins Büro zurückkehrte. Meine Ruhe und Klarheit wurden sofort von Hadus zerstört, der im Eingang zu seinem Zimmer stand.

»Bezahle ich dich für Klatsch und Tratsch?« schnauzte er Sharon an, die schnell ihr Telefongespräch beendete. »Los, rein«, befahl er mir. »Ich will, daß du bei dieser Auseinandersetzung dabei bist. Und du«, zeigte er auf Sharon, »wenn du

211

einen Augenblick von deiner kostbaren Zeit entbehren kannst, ruf Harrison an, und dann komm rein, um mitzuschreiben.«

Er wühlte auf seinem Schreibtisch herum, während ich meinen üblichen Platz ihm gegenüber einnahm. Der Raum war zum Ersticken eng und schien zu klein für sein überreiztes Gehabe. Seine Blicke schossen wild über Papiere und Akten, die er frustriert auf den Boden warf. »Wo ist der McCarthy-Partnerschaftsvertrag?« fuhr er mich an. Ich holte ihn von Sharons Schreibtisch und reichte ihn Hadus.

Er warf die ungeöffnete Akte auf den Tisch und lehnte sich in seinen Stuhl zurück, wobei er wütend mit dem Stift auf die Tischplatte klopfte und nach dem Telefon griff. Seine Verhandlungstechnik war, wie bei vielen in diesem Geschäft, einfach und unkompliziert: Wer am lautesten brüllt, gewinnt. Ich begriff allmählich, daß es in Hadus' Welt nur darum ging, wer die Macht hatte und wieviel man zu zahlen oder aufzugeben bereit war, um sie zu erlangen. Er beherrschte die Kunst des schönen Scheins – in diesem Geschäft hatte ein Künstler, ein Schauspieler, ein Lied oder ein Gemälde nur einen Wert, wenn die Leute an diesen Wert glaubten, ungeachtet aller inneren Werte. Und ohne Macht und Herrschaft gab es überhaupt keinen Wert. Hadus' Spiel begann mit Verführung, doch es endete fast immer in reiner Gewalt.

Obwohl Hadus mich endlose Stunden mit der Überarbeitung von Vertragsentwürfen beschäftigte, hatte er mir nie wirklich erklärt, worum es ging oder genauer, worin die Machtpositionen der Vertragspartner eigentlich bestanden. Als Assistentin brauchte ich das seiner Ansicht nach nicht zu wissen. Ich sollte alles am Beispiel und in der Praxis lernen. Doch was ich in der Praxis zu tun hatte, lehrte mich eine ganz andere Lektion als das, was mir im Zirkel vermittelt wurde. Wenn es nur um das

Überleben des Stärksten ging, um Darwinismus im übelsten Sinne, dann mußte ich mich fragen, was ich hier zu suchen hatte. Schlimmer noch, ich fragte mich, ob ich in meinem Streben nach Erfolg nicht anfangen würde, mich genauso zu benehmen, mich an die Anforderungen meiner Umgebung anzupassen und ihre Spielregeln zu übernehmen.

Gab es keine anderen Möglichkeiten, um dieselben Ziele zu erreichen? Ich fragte mich, wie es die einzige Frau unter den Partnern geschafft hatte, obwohl es hieß, sie sei schlimmer als Hadus. Anfangs hatte ich mir keine Gedanken darüber gemacht, wie froh ich über eine Geste der Unterstützung oder Solidarität von ihrer Seite gewesen wäre. Monate waren vergangen, und als meine Schwierigkeiten als junge Frau in einem so wettbewerbsorientierten und aggressiven Berufszweig wuchsen, wurde mir klar, wie wertvoll eine solche Kameradschaft gewesen wäre. Während der Ausbildung hatten uns die weiblichen Professoren gewarnt, wir müßten doppelt so gut sein wie Männer, um als halb so qualifiziert zu gelten. Inzwischen begriff ich, daß wir auch doppelt so hart sein mußten.

»So sieht das also aus«, bellte Hadus ins Telefon. »Fünf Minuten vor zwölf erzählen Sie mir, daß die Abmachung nicht gilt, wenn wir nicht nachgeben. Sie haben wohl vergessen, daß das so nicht läuft.« Er brüllte jetzt in voller Lautstärke, was ein Zeichen dafür war, daß die Entscheidung kurz bevorstand. Ich beobachtete, wie der Ärger aus dem Hörer quoll, auf das Gesicht von Hadus übersprang, seinen Arm hinunterlief und ihn mit kleinen roten Funken überzog, die von seinem Körper wegsprangen und in den Raum prasselten. Sharon bewegte sich auf ihrem Stuhl, und ihr Kleid knisterte vor Elektrizität. Sie sickerte unter der Tür durch, und wir hörten es krachen und jemanden fluchen, als draußen etwas auf den Marmorboden fiel.

»Wenn Ihre Jungs denken, daß wir klein beigeben, dann haben sie sich die falsche Truppe ausgesucht. Ihr werdet vorher in der Hölle braten.« Er knallte den Hörer auf und wandte sich an Sharon. Im Raum herrschte eine Gluthitze, und ich merkte, daß die Klimaanlage nicht funktionierte.

»Du schreibst sofort einen Brief an diesen Drecksack. Ich reiß ihm das Herz raus und setze es ihm als Mittagessen vor.« Sharon und ich rührten uns nicht. Hadus sprang auf, und sein Stuhl knallte gegen die Wand. »Los jetzt. Sofort, habe ich gesagt. Und du«, fuhr er mich an, »rufst McCarthy an. Sag ihm, er soll herkommen.« Ich rannte in mein Büro, als wäre der Teufel hinter mir her. Der Adrenalinstoß ließ mich zittern. Seine Beschimpfungen waren entsetzlich, und seine grimmige Wut versetzte mich in Angst und Schrecken. Wovor fürchtete ich mich – daß er sie gegen mich richten würde?

Wir befanden uns in der feurigen Jahreszeit, und der Sommer hatte die Zementhaut New Yorks schon mit der heißen Luft versengt, die der wütende Drache als Warnung ausstieß. Als der Arbeitstag schließlich vorüber war, konnte ich mich nicht überwinden, in die stinkende Hölle der U-Bahn hinabzusteigen, und versuchte, ein Taxi zu ergattern. Während ich mit ausgestrecktem Arm an der Ecke stand, bemerkte ich neben mir einen Mann in einem Wollanzug, der schwitzend eine Zigarette rauchte. Warum zieht er seine Jacke nicht aus, fragte ich mich. Die Stadt löste sich in eine Fata Morgana aus flimmernder Hitze auf, als ein Taxi um die Ecke bog und mit quietschenden Reifen vor mir zum Stehen kam. In dem Moment, als ich den Schulterriemen meiner Tasche hob, lief der schwitzende Mann an mir vorbei auf das Taxi zu, warf seine brennende Zigarette in einen überfüllten Mülleimer und öffnete die Tür.

»Hey«, schrie ich verblüfft, »ich war zuerst hier.« Ich spürte eine überwältigende Wut. Und das, so vermutete ich plötzlich, war es genau, was Hadus aus mir herauskitzeln wollte, den Killerinstinkt, der sich von Wut, Angst und Demütigung nährt.

»Scheiße!« Der Taxidieb fluchte, schüttelte seine Hand, die er sich an dem glühenden Türgriff verbrannt hatte, und schlug die Tür hinter sich zu. »Du Bastard«, rief ich hinter ihm her.

Das Taxi fuhr los, und ein seltsamer Geruch warnte mich, als der Mülleimer in Flammen aufging. Alte Zeitungen, ein schmutziger rosa Babyschuh und fleckige braune Papiertüten gaben dem Feuer Nahrung. Ich sprang zu Seite, hörte ärgerliches Hupen, quietschende Reifen und dann das verhängnisvolle Krachen von zusammenstoßendem Metall. Ich sah hinüber, und da war mein entführtes Taxi – seinen rauchenden Kühlergrill in den zerdrückten Kofferraum eines anderen Wagens verkantet. Die Fahrer sprangen heraus und schrien sich in einer fremden Sprache mit Worten an, deren Bedeutung jeder verstand. Der Asphalt schmolz, und einige Passanten starrten neugierig auf den Geschäftsmann, der zusammengesunken auf der Rückbank saß. Die Straße stank höllisch, und eine plötzliche Welle von Übelkeit überkam mich und machte mich schwindlig. Ich ging zurück in den Park, lehnte mich gegen einen Baum und wartete darauf, daß die zitternde Wut meinen Körper verlassen würde. Ich atmete tief die süße Luft ein und fühlte, wie mein Blut mit den Tränen, die mir plötzlich in die Augen stiegen, kühler wurde.

»Ist alles in Ordnung, meine Liebe?« Eine ältere Chinesin, die weiches, weißes Haar hatte und Turnschuhe trug, stand neben mir.

Ich nickte.

»Diese Hitze ist unbarmherzig. Nehmen Sie das hier, das hilft.« Sie hielt mir einen kleinen Papierfächer hin, der sich wie ein Pfauenschwanz öffnen ließ. Er war in strahlenden Farben bemalt, und als ich in die blendende Sonne blinzelte, sah ich die Gestalt von Kuan Yin, der Göttin des Mitgefühls und der Gnade.

»Das ist sehr freundlich von Ihnen, aber ich kann Ihnen doch Ihren Fächer nicht wegnehmen.«

»Unsinn.« Sie drückte ihn mir in die Hand, und während sie mich anlächelte, wurden die Linien um ihre Augen tiefer und erinnerten an die geheimnisvollen Muster von auf dem Boden liegenden Schafgarbenstengeln. »Ich habe immer mehrere dabei«, sagte sie, und schon tauchte ein anderer Fächer in ihrer Hand auf. Ich zwinkerte und rieb mir das Wasser aus den Augen – sie hatte diesen Fächer nicht aus ihrer Tasche geholt; er war einfach da, bewegte sich schon schneller als die Flügel eines Kolibri, und sein Luftzug verwandelte meine Schweißtropfen in Kristallperlen, die über dem Gras unter mir schwebten. Ein Eichhörnchen huschte zwischen uns her, sammelte sie auf und sprang mit wippendem Schwanz auf eine nahegelegene Bank, um daran zu knabbern.

»Wahrscheinlich mag es das Salz«, sagte ich mit einem überraschten Lachen, das sich noch verstärkte, als ich mich umdrehte und feststellte, daß die Chinesin verschwunden war.

Ich fühlte mich wiederhergestellt, verließ den Park und stieg in das Taxi, das in dem Moment erschien, als ich meinen Arm hob. Einige Leute begreifen es einfach nicht, dachte ich, während wir an der überhitzten Unfallstelle vorbeifuhren. Ich fächelte mir Luft zu und kurbelte dann die Fenster herunter und ließ den Wind durch mein Haar wehen.

216

Maia hatte uns gesagt, daß unsere Horoskope ein grundlegendes Persönlichkeitsprofil von uns vermitteln würden, und so ließ ich meines erstellen. Ich war Wassermann, ein Luftzeichen, was ausgesprochen passend schien: Ich hatte am College Philosophie studiert und liebte die exklusiven Gedankenwelten. Ich las gerne, mochte Musik und Poesie, und ich war Rechtsanwältin – ich verdiente meinen Lebensunterhalt mit Worten und Logik, Argumentation und Überredungskunst. Maia war Löwe – ein Feuerzeichen. Und feurig war sie ohne Zweifel – leidenschaftlich, dramatisch, schnell in Wut geratend. Eine feurige Veranlagung muß durch kühlendes Wasser ausgeglichen werden – im Hinblick auf Mitgefühl und Liebe ebenso wie bezüglich der Impulsivität beim Sprechen und Handeln. Bellona war Krebs, ein Wasserzeichen, und tatsächlich hatte sie immer eine beruhigende Wirkung auf Maia. Plötzlich neugierig geworden, fiel mir ein, daß ich Nonnas Sternzeichen nicht kannte.

Ich wußte, daß Hadus Schütze war, ein Feuerzeichen. Das Bild einer Wüste kam mir in den Sinn, und mir wurde klar, daß Feuer ohne Wasser außer Kontrolle gerät und alles versengt und verwüstet. Auch die Willensstärke eines Menschen kann alles in seiner Umgebung zerstören, wenn ein Machtstreben nicht durch Mitgefühl gemäßigt wird. Ohne Liebe war sein Leben eine Einöde. Und plötzlich wurde mir auch klar, daß Feuer durch Luft angeheizt wird, genauso wie Holz die Flammen nährt. Ich hatte mich gehütet, Hadus irgendwelche Hoffnungen zu machen, daß wir unsere persönliche Beziehung wieder aufnehmen können. Aber war es vielleicht gerade die Vorstellung, daß er mich nicht haben konnte, die ihn in Wut versetzte? Was konnte ich tun, um mir mein Leben im Büro zu erleichtern? Ich folgte Bellonas Vorschlag, zu Hause Kreise zu bilden und langsam über jedes der vier Elemente zu meditieren. Ich konnte mich zwar nicht an die genauen Worte von Bellonas Beschwörungen erinnern, wohl aber an einfache Dinge wie die Farben, die Tiere, die wesentlichen Eigenschaften, und ich konzentrierte mich auf die Gefühle und Einsichten, die jedes einzelne Element in mir weckte. So stammelte ich spontane, poetische Beschwörungsformeln für jede dieser Richtungen, Anrufungen, die schlichter klangen und denen die archaische Sprache fehlte, die jedoch reich an persönlicher Bedeutung waren. Und das, so wußte ich, war das wichtigste überhaupt. Wochenlang stand ich jeden Tag, manchmal nur einen Moment, aber wenn ich Zeit hatte, auch länger, in meinem Zimmer, wo vier Kerzen brannten – gelb im Osten, rot im Süden, blau im Westen und grün im Norden. Ich hatte keinen Altar und keine Gerätschaften, nur mich selbst – aber das war alles, was ich brauchte.

Ich begann im Osten, riß meine Fenster auf und atmete die kühle Luft des frühen Morgens ein. Ich verbrannte sorgfältig zubereitetes Räucherwerk aus Bockshornklee, Mädesüß, Beifuß, Salbei und den Blättern von Zitterpappeln und heiligen Bodhi-Bäumen, bis die Visionen vor meinen geschlossenen Augenlidern schwebten und der Vorhang zwischen den Welten sich durch den Luftzug heiliger Einsichten hob. Ich lauschte der Musik von Miles Davis, Mitch Ryder und Mozart und flocht die Federn von Schwänen und Seemöwen in mein Haar. Mit dem Stift meiner Großmutter schrieb ich in ein kleines, ledergebundenes Buch, dessen Seiten aus perlmuttfarbenem Leinen bestanden. Ich trug lange Schals in Silber und Lavendel und wählte meine Worte sorgsam. Auf meinem Heimweg von der Arbeit ging ich an Spielplätzen vorbei, um Kinder lachen zu hören, und nach Tagen dieser Meditationen, als ich das Gefühl hatte, mein Geist sei klar, wandte ich mich gen Süden.

In der Jahreszeit des Feuers gab ich mich seiner Weisheit hin. In der Mitte eines Kreises aus roten Kerzen, benommen von der Hitze und dem Glanz, den so viele winzige Flammen gemeinsam hervorbringen, erinnerte ich mich an die Kraft, die jedesmal wuchs, wenn wir uns im Hexenkreis trafen – so viele kleine helle Flammen gemeinsam. Meine Haut war zu heiß, um sie zu berühren, und ich brannte äußerlich, bis ich das lodernde Feuer im Inneren fand. Jeden Tag erhob ich mich, um die Rückkehr der Sonne zu begrüßen, kletterte auf das Dach meines Hauses, hob meine Arme und laut schreiend wie die alten Paviane vom Tempel der Isis, die im Morgengrauen am Ufer des Nils saßen, begrüßte ich die Wiedergeburt ihres Gottes. Ich trug im Büro rote Kleidung und war nicht bereit, eine ablehnende Antwort hinzunehmen. Nachdem ich tagelang mit dem Feuer gearbeitet hatte und die Flamme der Leidenschaft in mir aufsteigen fühlte, als ich mich fragte, ob ihre sengende Hitze je das Opfer meiner Seele annehmen und meine Gebete mit Entzücken beantworten würde, wandte ich mich gen Westen.

Eine Woche lang badete ich jeden Tag in einer großen Porzellanwanne, gefüllt mit kühlem Wasser und Kräutertränken aus Engelwurz, Beinwell, Hundszunge, Galangal, kanadischer Gelbwurzel, Baldrian und Pfefferminze, um mein von der Arbeit erschöpftes Herz zu beschwichtigen. Ich trug Kleider in beruhigendem Blau und sprach in gleichmäßigem Ton. Ich tanzte mit einer Halskette aus Schneckengehäusen und drehte mich im Kreis, bis der Schweiß mir wie Regen über den Körper floß. Ich trank täglich acht Gläser Wasser und suchte die Flüsse auf, die an der Insel, auf der ich lebte, vorbeiflossen.

Ich weinte salzige Tränen, wenn Traurigkeit mich ergriff, und ich sehnte mich danach, die Wunden zu heilen, die ich zum ersten Mal entdeckte. Ich begann, meinen Gefühlen auf dieselbe Weise zu vertrauen, wie ich meiner Intelligenz vertraute, und als ich fertig war, wandte ich mich gen Norden.

Ich kaufte juwelenfarbene italienische Kostüme aus chinesischer Seide, gesponnen von magischen Seidenraupen, und ich opferte einen Teil der Früchte meiner Arbeit für andere, die in Not waren, indem ich kleine, aber nützliche Schecks für Gruppen ausstellte, die sich um die Erde oder um die Menschheit kümmerten. Ich füllte mein Zimmer mit Pflanzen und düngte sie mit Mineralstoffen, die ihr Wachstum förderten. Ich füllte einen kleinen Kürbis aus Afrika mit blauen Maiskörnern aus Arizona, und ich rasselte, um die Alten herbeizurufen. Ich achtete auf Blumentöpfe, die auf Fensterbänken standen, und ich wußte meine Besuche im Park zu schätzen. Ich ging tanzen und schlief mit Jake, aber die Kraft des Nordens, der Erde, schien mir von allen Richtungen am schwersten zu fassen. Ein voller Mondzyklus war vergangen, seit ich mit meinen Meditationen begonnen hatte, und so wandte ich mich gen Osten, um zu verstehen, was ich lernte. Mein Kreis war gebildet, und einen Teil des Tages verbrachte ich nun zwischen den Welten.

Die zahllosen einfachen Dinge des täglichen Lebens hatten jetzt ihren eigenen Glanz, und mein Herz füllte sich mit Dankbarkeit für die Wärme der Sonne auf meiner Haut, für die Musik eines Kinderlachens und die Kraft von Jakes Umarmungen. Doch während ich lernte, das Heilige in den kleinen Dingen des Alltags zu spüren, begann ich auch zu erkennen, wo es in unserem Leben fehlte, denn es gab überall Widersprüche. Die tägliche Arbeit in einem Geschäft, bei dem es um viel Macht ging, die Fahrten in überfüllten Zügen unter der Erde, Leben und Arbeit in klimatisierten Räumen, ständig abgeschnitten von der Schönheit der Erde, all dies machte mir klar, daß die einzige Alchemie, an der die meisten Leute heutzutage interessiert waren, darin bestand, ihre eigene Macht und die großzügigen Geschenke der Erde in das Gold materiellen Reichtums zu verwandeln. Und ich konnte nicht umhin, mich zu fragen, ob die Leute dadurch so verhärtet waren, daß die Medien jeden Tag rücksichtslos die Chronik des Horrors präsentierten, der aus dem Abgrund heraufkroch, den die verlorene Seele der Menschheit hinterlassen hatte. Auf dem kurzen Weg vom Ausgang der U-Bahn bis zur eleganten Empfangshalle unseres Büros beobachtete ich, wie gutgekleidete und eilig dahinhastende Menschen ihre Augen abwandten, um die Unterwelt nicht sehen zu müssen, die wir als Normalität hinnehmen – die Obdachlosen und die Sterbenden, die auf unseren Gehwegen und auf den Stufen zu unseren Kirchen vor sich hin vegetieren.

Das waren die unnatürlichen, von Menschen geschaffenen Folgen eines kulturellen Wandels, der vor Tausenden von Jahren begonnen hatte, weg von der heiligen Erde, hin zu einem fernen Gott im Himmel. Die religiösen Vorstellungen einer Gesellschaft definieren ihre Werte. Ihre Kosmologie hat enorme Auswirkungen auf das soziale und ökonomische System, auf Kultur, Geschichte, den Status von Frauen und Männern, Sexualität und zahllose andere Aspekte des täglichen Lebens. Wir haben die Verbindung zum Göttlichen, zum Weiblichen, zur Erde und zueinander verloren und leben in einer jahrtausendealten Entfremdung vom Heiligen. Gott wurde vom Mann getrennt, der Mann von der Frau und wir alle von der Erde. Allzu viele Jahrhunderte lang haben wir alle in einer schmerzlichen Trennung voneinander gelebt, und die Welt, die wir geschaffen haben, drückt diese schreckliche Entfremdung aus. Und genauso drückt sie unsere Sehnsucht nach Wiedervereinigung aus.

Im Zirkel und in meinen täglichen Übungen lernte ich, wie die Alte Religion der großen Muttergöttin die Verbindung mit der Erde, dem Mond, der Sonne und den Sternen sowie den Tieren und Pflanzen, die diesen Planeten mit uns teilen, verehrt und darstellt. Ihre Rituale sind Verstärkung und Ausdruck des ständigen Gewahrseins einer heiligen Verbindung mit allem, was existiert, und mit dem Göttlichen, das darin verkörpert ist. Vielleicht hatte ich hier, in der versengten Einöde unter der brennenden kriegerischen Sonne, tief im Inneren unserer kulturellen Schatten, eine Quelle der Einsicht gefunden, einen Brunnen, aus dem das Heilige in heilenden Wassern floß. Ländliche Gemeinschaften und magische Orden in der Stadt, die im Geheimen die westliche Mystik praktizierten, schützten weiterhin die Alchemie der spirituellen Transformation. Die Freimaurer sind aus dieser magischen und intellektuellen Tradition hervorgegangen, und es war ihre revolutionäre magische Bruderschaft, die die Vereinigten Staaten gründete. Sie glaubten an die menschliche Gemeinschaft, an die Existenz einer Gottheit und die Unsterblichkeit der Seele. Viele der geschätzten geheimen Rituale der Freimaurer waren ein Abbild der religiösen Zeremonien, mit denen die Göttinnen in Eleusis und Delphi verehrt wurden, und die weniger geheimen Symbole ihres Glaubens zieren unsere Nationalflagge, unsere Dollarnoten und Staatssiegel. So oft versichern uns heutzutage Politiker vom rechten Flügel und konservative Christen, daß wir als christliche Nation gegründet worden seien, wobei sie die Geschichte für ihre eigenen politischen Zwecke uminterpretieren. Doch in Wirklichkeit wurde unsere

Nation von Magiern als erstaunliches politisches Experiment gegründet und ist ein Ausdruck ihrer gleichermaßen rebellischen wie traditionellen Spiritualität.

Als ich das Metropolitan Museum besuchte, fand ich alchemistische und paganische Symbole auf vielen Renaissance-Gemälden; außerdem entdeckte ich allmählich, daß Dichter wie John Donne, Samuel Taylor Coleridge, William Wordsworth, Walt Whitman, William Butler Yeats, Henry Thoreau, ja sogar der junge T. S. Eliot, George Bernhard Shaw, John Steinbeck und viele andere ihre Lyrik und Prosa aus diesem Wortschatz komponiert hatten.

Ich hatte gerade erst begonnen, die Macht dieser alten Symbole und Archetypen zu verstehen und zu erfahren. Unter der Obhut meiner Priesterinnen lernte ich ein altes System von Symbolen kennen, das, wie Jung entdeckt hatte, eine lebendige Sprache für die Kommunikation zwischen den bewußten und unbewußten Aspekten unseres Geistes war. Und, noch spannender, dieses System enthielt auch das Vokabular für den Dialog zwischen den Menschen und dem Göttlichen.

In der Jahreszeit der Wiedergeburt, im Frühling, begann ich die Bedeutung der immanenten Gottheit zu spüren. Unsere Arbeit im Hexenkreis schloß eine Vielzahl magischer Praktiken ein, die meine Augen, mein Herz und mein Verstand weiter für diese wunderbaren Entdeckungen öffneten: Die Göttin lebte, die Erde lebte, und schließlich begann ich mich auch selbst auf eine Weise lebendig zu fühlen, die ich nie für möglich gehalten hätte.

Jeden Tag suchte ich einen stillen Moment voller Schönheit, den ich in mir zu bewahren versuchte, denn die beruflichen Anforderungen wuchsen, und ich hatte kaum Zeit, meine Wäsche zu waschen, geschweige denn regelmäßig einen magischen Kreis zu bilden. Ich hatte keine Zeit, mich mit Jake zu treffen, und wenn wir uns einmal sahen, war ich zu müde oder zu überdreht, um unsere Beziehung zu genießen. Mein Leben war aus dem Gleichgewicht geraten, und in mir entwickelte sich ein Pulverfaß aus Angst und Furcht, weil Hadus mit seinen Launen jeden Arbeitstag beherrschte.

Der Zeitpunkt könnte gar nicht besser passen, dachte ich mir deshalb, als Bellona ankündigte, daß wir heute Abend lernen würden, unsere magischen Kräfte einzusetzen, um etwas zu bannen. Wir würden uns von Negativität, unerwünschten Energien und Einflüssen befreien und reinigen. Ich sehnte mich danach, in kühles Wasser zu tauchen, doch wir sollten, der Jahreszeit entsprechend, mit der Kraft des Feuers arbeiten.

Eine kleine Flasche mit scharf riechendem Öl wurde herumgereicht. Ich tupfte je einen Tropfen davon auf mein drittes Auge, auf alle Chakras und Pulse, mein Herz und meine Brüste.

Bellona sah wie ein Löwin aus, als sie im südlichen Viertel unseres Kreises stand. Vier rote, spitz zulaufende Kerzen brannten hell in jedem Viertel und auf dem Altar, der mit rotem Mohn geschmückt war. Sie hob ihren Zauberstab, einen wunderbaren blühenden Mandelzweig, und während sie sprach, zeichnete sie ein beschwörendes Pentakel aus rotem Feuer, das vor uns in dem abgedunkeltem Tempel tanzte.

»*Auf und herbei*
ihr Mächte des Südens,
Geister des Feuers,
Kräfte des Wüstenlöwen,
Kräfte des feurigen Falken,
Kräfte des alten Drachen,
Kräfte des Mutes,

Kräfte des Willens,
Kräfte der Leidenschaft.
Seid Zeugen unserer Riten
und Wächter unseres Kreises
im Namen von Sekmeth und Horus.
So sei es!«

Sie schritt vollständig um den Kreis herum und blieb dort stehen, wo sie begonnen hatte, im Osten.

Die Statue der Sekmeth stand auf unserem Altar, davor ein großer schwarzer Kessel, in dem eine blaue Flamme brannte. Bellona warf etwas in den Kessel, und das Feuer explodierte knisternd und funkensprühend, und die lodernden Flammen züngelten in die Dunkelheit. Erschrocken sprangen wir beiseite, während Bellona sich auf furchterregende Weise wie ein Löwe im Käfig durch den Kreis bewegte. Dann blieb sie vor mir stehen und knurrte mich an: »Wovor fürchtest du dich? Wo ist dein Mut? Du wirst ihn brauchen, für den Weg, der vor dir liegt.«

Ich starrte in ihr außergewöhnliches Gesicht und sah die Augen der Göttin Sekmeth, die mich anstarrten. Sie ergriff mein Handgelenk und schüttete ihre magische Kräutermischung in meine Hand. Rauher Sand rieb gegen die zarte Haut meiner Finger und der Handfläche.

»Finde meine Antwort im Feuer.« Sie schob mich in die Mitte des Kreises, und ich fühlte, wie alle Augen auf mich gerichtet waren. Was sollte ich sagen oder tun? Ich blickte in den tiefen schwarzen Kessel und dachte an die Hölle. Die Hölle bedeutete Unwissenheit. Nein, die Hölle war die Angst vor der Unwissenheit.

»Ich fürchte die Furcht. Meinen Mut finde ich, indem ich mich der Furcht stelle, ganz gleich wie sie aussieht.«

Ich war selbst überrascht vor der Selbstsicherheit und Entschlossenheit, die ich in meiner Stimme wahrnahm.

Bellona lächelte: »Nähre das Feuer mit deiner Furcht, und nähre dich selbst mit der Hitze des Feuers.«

Ich warf die Kräuter und den Salpeter aus meiner Hand in die Flammen, und damit vergingen auch einige meiner Ängste. Als die Flammen aufloderten, wuchs mein Mut. Ich starrte in den flackerden Kessel, und Kraft durchströmte mich, wie karmesinrote Lava durch die Adern der Erde strömt.

Statt auf das lodernde Feuer konzentrierte sich meine Aufmerksamkeit jetzt auf Jeanettes Worte, die meinen so ähnlich waren.

»Ich fürchte diejenigen, die meine Ängste gegen mich verwenden. Ich fürchte meine eigene Schwäche, aber ich weiß, mein Mut wächst mit meiner Freiheit.«

Ich beobachtete, wie sie eine Handvoll der magischen Mischung ins Feuer warf. Als jede von uns ihre Ängste den Flammen übergeben hatte, nahmen wir uns bei den Händen und begannen einen langsamen Gesang:

Luft bin ich.
Feuer bin ich.
Wasser, Erde und
Geist bin ich.«

Wie immer sangen wir zunächst leise und zögernd, während wir den Priesterinnen zuhörten und versuchten, uns die Worte und die Melodie zu merken. Aber bald drückte unser Gesang die Freiheit und das Selbstvertrauen aus, mit denen uns das Feuerritual erfüllt hatte. Unsere Körper wiegten sich, Schulter und Hüften stießen aneinander, bis Klang und Rhythmus so

226

angeschwollen waren, daß wir zu tanzen begannen. Immer schneller drehten wir uns im Kreis, durchbrachen die erste Welle der Erschöpfung, überwanden unsere Atemlosigkeit und unsere ausgedörrten Zungen, tanzten nicht mehr, sondern rannten. Unnachgiebig sangen wir weiter, jetzt nach Atem ringend und stammelnd. Doch wir ließen nicht nach. Eine Woge der Energie traf uns, und unsere Stimmen stiegen voll unerwarteter Harmonie und Kraft in die Höhe. Und von irgendwoher aus meinem Inneren hörte ich meine eigene Stimme voller Freude aufjubeln. Schließlich wurde der Gesang zu einem zarten Flüstern wie eine sanfte Sommerbrise am frühen Morgen und löste sich am Ende in Schweigen auf. Wir hörten auf zu tanzen, und Bellona begab sich in die Mitte des Kreises. Sie warf eine Handvoll Kräuter in den brennenden Kessel, und die Flammen loderten himmelwärts. Der Rauch kräuselte sich durch das Oberlicht, und ich fühlte, wie meine Ängste mit ihm in den nächtlichen Himmel zogen.

»So sei es«, erklärte Bellona. Sie nahm ihren Zauberstab auf und stellte sich in den Osten, die Schultern breit und das Kinn mit siegesbewußtem Stolz vorgestreckt. Sie hob den Zauberstab, zeichnete ein bannendes Pentagramm in die Luft und sprach währenddessen:

> »*Ihr Mächte des Ostens,*
> *Geister der Luft,*
> *bevor ihr in euer wunderbares Reich zurückkehrt,*
> *habt Dank.*
> *Heil euch und lebt wohl.*«

Und mit diesen zeremoniellen Worten, die sie an die Geister des jeweiligen Kreisviertels richtete, ging sie ein letztes Mal um den

Kreis herum. Als sie wieder im Osten angelangt war, drehte sie sich zu uns und sah uns mit einem breiten Grinsen an.

»Unser Kreis ist offen, doch ungebrochen. Ein fröhliches Treffen, ein fröhlicher Abschied, ein fröhliches Wiedersehen.«

Eine große Welle der Freude erfüllte den Raum, während Erleichterung und Freiheit die überwundenen Schrecken, unter deren Herrschaft wir gestanden hatten, hinwegfegten. Wo zuvor ein schmerzhafter Knoten in meinem Herzen mit unausgesprochener Furcht erfüllt gewesen war, spürte ich jetzt Bewegung und neue Handlungsmöglichkeiten. Ich verließ den Zirkel, gewandelt durch die Feuermagie, die wir in der dunklen Nacht gewirkt hatten, als der Vollmond im Wassermann und die Sonne im Löwen stand.

Das Bannritual hatte seine Magie vollbracht, aber ich wußte, daß ich mehr Kraft brauchte, um mit dem beruflichen Druck fertig zu werden. Ich brauchte außerdem Kraft, um den Kummer zu ertragen, den ich oft angesichts des Elends in der Welt empfand. Ich beschloß, ein Wochenende auf dem Land zu verbringen. Erst als ich endlich der Stadt entkommen war, den Fluß überquert hatte und in die Wälder fuhr, verstand ich die Macht des vierten Kreisviertels, der Erde. Ich atmete schwer, weil ich eine Anhöhe erklommen hatte, die sich am Delaware entlangzog. Als ich die vor mir liegende Landschaft betrachtete, kam es mir vor, als hätte ich eine Zeitreise in die Vergangenheit unternommen. Alte Farmhäuser standen neben den tiefbraunen, gepflügten Feldern, deren ordentliche Reihen auf das grüne Leben warteten, das bald dort wachsen würde. Aber es gab nur wenige Häuser und Menschen sowie kultivierte Felder, die zudem weit auseinanderlagen. Die Erde strahlte eine Vitalität und einen Frieden aus, dem die wenigen Bewohner nichts anhaben konnten.

Ich saß mit dem Rücken gegen einen großen alten Baum gelehnt. Es herrschte ein starker Wind, der meine Haare, meinen Schal und meinen Geist erhob. Es war, als ob die Bäume für mich singen würden. Ich erdete mich und spürte allmählich, wie die Energie der Erde mich mit mehr Kraft erfüllte, als ich es je in der Stadt erlebt hatte. Und dann fühlte ich die Energie des Baumes. Sie war mir erstaunlich vertraut und erinnerte mich an den heiligen Baumkreis, den wir gebildet hatten, aber diesmal fühlte sie sich viel lebendiger und stärker mit allem verbunden an, noch intensiver als die außergewöhnliche Energie, die wir im Kreis erlebten. Was wollte der Baum mir sagen?

Während ich spürte, wie die Kraft der Erde durch mich hindurchströmte, wußte ich die Antwort. Ich mußte mit der Erde arbeiten, um zu einem Gleichgewicht in meinem Leben zu gelangen, um eine Möglichkeit zu finden, wie ich meinen Ideen und meiner Stärke Ausdruck verleihen konnte. Wichtiger noch, ich mußte die Weisheit meines Körpers und meines Herzens und nicht nur meines Verstandes kennenlernen. Die Ideen, die mein Verstand hervorbrachte, waren wie der Wind – sie tauchten auf und verschwanden wieder. Aber die Weisheit, die aus der Erde heraufsteigt, bleibt in dieser Erde verwurzelt und verbindet sie mit Luft, Wasser und Feuer.

Ich spürte, wie der Baum selbst, gleich jedem lebendigen Wesen, Geist und Materie miteinander verband. Ich erkannte, daß der Baum Geist und Materie war. Ich würde noch Jahre brauchen, um diese Tatsache vollständig zu erfahren und zu begreifen, nicht nur mit meinem Verstand, sondern mit meinem ganzen Sein – Körper, Geist und Seele. Es würde so sein, als setze man einen langsam wachsenden Eichensamen in die Erde. Geduld war wichtig; es kam nicht nur auf das Ziel an, sondern auf den Weg. Das Ziel besteht nicht nur darin, erwachsen zu sein, sondern zu lernen, wie man wächst. Ich wußte, daß ich die Weisheit der Erde lernen mußte, um meinem Leben Gestalt zu geben.

Ich füllte mich mit der Kraft der Erde und stand dann schließlich auf, streckte mich langsam und genoß die Bewegung meiner Finger, meiner Arme und Beine. Die Landschaft war von honigfarbenem Licht übergossen, als die Sonne unterging, und ich stellte fest, daß der Mond schon aufgegangen war, bevor die Sonne am Horizont verschwand. Ich stand zwischen zwei einander gegenüberliegenden Sphären und war verzaubert von der Schönheit, die mich umgab. Vorsichtig leerte ich den Beutel mit Vogelfutter, den ich mitgebracht hatte, ein kleines Opfer als Dank für die Geschenke des Baumes und der Erde.

Als ich meinen Mietwagen wieder erreichte, tat mir alles weh, und ich war erschöpft. Doch auf diese Weise lehrte mich mein Körper die Lektionen, die ich lernen mußte. Er verlangte nach mehr Fürsorge. Mein Körper war nicht nur eine biologische Maschine, die mein Bewußtsein in der Gegend herumtrug. Ich begann zu verstehen, daß der Körper im Gegensatz zur Ansicht der herrschenden Kultur, die ihn sündig nannte, über einen eigenen inneren Wert, über Intelligenz und spirituelle Weisheit verfügte, die ich nutzen konnte, wenn ich ihn mit dem nötigen Respekt behandelte. Ich begann, auf meine Lebensweise zu achten, indem ich für mehr Bewegung und eine bessere Ernährung sorgte. Ich begann, auf das zu hören, was mein Körper mir sagte, und ich lernte dabei, daß Ideen, Visionen und Träume nicht nur Mut, sondern auch Handeln erforderten, damit sie Wirklichkeit werden konnten.

Aber ich wäre nie darauf gekommen, welches Handeln nötig sein würde.

7

Magische Spiegel und veränderte Bewußtseinszustände

Die wirkliche Entdeckungsreise besteht nicht darin,
neue Landschaften zu suchen,
sondern mit neuen Augen zu sehen.
MARCEL PROUST

»Geht die Sonne feurig auf, folgen Wind und Regen drauf.« Ich murmelte die Vorhersage vor mich hin, die mein Vater mir beigebracht hatte. Die Morgendämmerung war feurigrot, aber heute Morgen freute ich mich darüber, denn ich begrüßte das frühe Licht nach einer Nacht voller Magie. Ich saß oben auf dem Dach meines Hauses und wartete darauf, daß die Welt erwachte. Ich hatte noch nie bemerkt, wie viele Vögel bei Sonnenaufgang sangen – ihr Zwitschern reichte fast aus, um den Lärm der Müllabfuhr bei ihrer Morgenrunde zu übertönen.

Die Interpretation von Zeichen und Hinweisen der Natur ist eine Kunst, die wir nicht mehr beherrschen und oft mißverstehen. Als die Menschen noch in enger Verbindung mit der Erde lebten, verstanden sie die Weisheit der Natur. Dank ihrer Führung konnten sie das Unsichtbare sehen und die Zukunft vorhersagen. Sie konnten von anderen Lebewesen lernen und wußten, daß es einen frühen Wintereinbruch geben würde,

231

wenn die Wölfe im August in den Wäldern des Nordens heulten. Und sie wußten auch, daß der gelbfarbene Pirol den Sommer bringen würde.

Es ist immer noch möglich, die Bedeutung der mysteriösen Bewegungen der Erde zu kennen und ihre Zeichen zu deuten. Man kann die zukünftigen Entwicklungen in den Wolken und in den Wellen des Meeres lesen, im Flug der Vögel und in der Farbe des Nachthimmels; oder man kann sich nach dem Stand der Sterne richten. All das hatte mein Vater getan, als er zur See fuhr. Aber was war mit den geheimnisvolleren Zeichen? Im Zirkel lernten wir viele Wege, die zu mehr Einsicht führen sollten. Früher hieß es, wenn ein Vogel auf unserem Fensterbrett landete, dann sei jemand gestorben. Wenn der Mond in der Venus steht, ergibt die Wurzel einer Schwertlilie an einem Seidenfaden ein Pendel, um Wasseradern aufzuspüren oder Liebeszauber zu wirken. Wenn man Blutkraut mit Weihrauch verbrennt, hat man das zweite Gesicht. Und einige Yogis und buddhistische Priester behaupten, daß Kampfer, wenn man die richtige Menge davon verbrennt, das dritte Auge öffnet. Ein Tee aus Beifuß und Zitronenmelisse, die bei Vollmond gesammelt wurden, verhilft einem zu Visionen. Die Römer stellten aus einer Astgabel des magischen Haselnußbaums eine Wünschelrute her, mit deren Hilfe man verlorene Schätze und unterirdische Quellen finden konnte. Die Ägypter benutzten dazu Granatapfelzweige, die Chinesen bevorzugten Weide, die Kelten Schwarzdorn oder Eberesche, aber sogar Eschezweige zuckten und bogen sich, wenn man fand, wonach man suchte.

Heute tun wir viele Volksweisheiten als reinen Aberglauben ab. Wie die meisten Leute hatte auch ich das getan, aber als ich die Entsprechungen der natürlichen Magie beherrschte, begann ich zu verstehen, wie das Universum durch poetische

Symbole zu uns spricht – beispielsweise durch den Vogel am Fenster, der eine spirituelle Metapher für den Flug einer Seele ist, der metaphorische kleine Ausläufer eines tatsächlichen Ereignisses im Energiefeld. Solche Zeichen waren magische Spiegel, in die man hineinsehen konnte, um eine entfernte Welt in den Blick zu bekommen.

Doch ich fragte mich noch immer, ob es wirklich möglich war, durch solche seltsamen Mittel das Verlangen des eigenen Herzens, die Mysterien des Universums oder unserer Zukunft zu erkennen. Konnte ich etwas außerhalb der Gesetze von Raum und Zeit stehen, etwas jenseits der Grenzen der linearen Logik und der altmodischen Gesetze von Ursache und Wirkung? War es möglich, die Wahrheit auf anderen Wegen zu erkennen? Konnte man wirklich die Welt wieder neu verzaubern, fragte ich mich, während ich selbst gleichzeitig mit jedem weiteren Tag mehr von meinen Illusionen über die Welt, in der ich arbeitete, verlor? Und konnten solche seltsamen Mittel die Führung sein, nach der ich mich auf meinem immer schwieriger werdenden Weg sehnte?

Der berufliche Streß nahm ständig zu – die vielen Überstunden, Hadus' explosives Temperament, Sharons Griesgrämigkeit, das anmaßende Verhalten der Anwälte, mit denen ich zu tun hatte. Statt Stärke und Selbstvertrauen in meinem glanzvollen Job zu finden, fühlte ich mich zunehmend ängstlich und unbehaglich. Ich war begeistert darüber gewesen, mit Künstlern zu arbeiten, aber diese Welt der Reichen und Berühmten schien mir allzuoft von Habgier und Verschwendung beherrscht zu sein. Meine Angst, daß ich selbst zur Zielscheibe von Hadus' Wutanfällen werden könnte, erwies sich mit entnervender Häufigkeit als berechtigt. Und wenn er ausnahmsweise keine schlechte Laune hatte, begann er trotz meiner eisigen Ablehnung in sexueller Zweideutigkeit zu schwelgen. Waren dieses weitverbreitete Unbehagen und diese Habgier der Preis, den ich für meinen finanziellen Erfolg und meine materielle Sicherheit zu zahlen hatte?

Zögernd stieg ich von meinem Dach herab und zog mich an, um ins Büro zu gehen. Ich ignorierte das warnende Morgenrot und kleidete mich in Blau, die Farbe des Friedens und der Heilung, in der Hoffnung auf einen Tag ohne Wutausbrüche und versteckte Anspielungen.

»Ich war sehr enttäuscht, daß du gestern abend nicht mit mir zum Essen gegangen bist.« Hadus streckte seine langen Arme aus den teuren französischen Manschetten heraus. Ich beobachtete ihn sorgfältig, während er seine Finger krümmte und die Hände zu Fäusten ballte. Sein Körper straffte sich und wurde dann plötzlich locker. Er nahm die Brille ab. Er stand auf und schloß beiläufig die Tür zu seinem Büro. Es gab keinen Grund für diese gräßliche Enge in meiner Brust, belog ich mich selbst. Ich zückte meinen Kugelschreiber und wandte mich einem leeren Blatt gelben Anwaltspapiers zu.

»Also, was steht heute an?« fragte ich in dem Versuch, seine Aufmerksamkeit wieder auf die Arbeit zu lenken und meine bösen Vorahnungen abzuwehren. In dieser angespannten Büroatmosphäre schienen meine immer wieder auftretenden übersinnlichen Wahrnehmungen mehr ein Fluch als ein Segen zu sein.

»Ich finde, wir sollten heute abend zusammen essen.« Ein Schaudern überlief mich, als ich seine Stimme hörte und spürte, wie er hinter mir stand. »Ich möchte, daß du weißt, wie sehr ich von den neuen Klienten, die du geworben hast, beeindruckt bin. Ich habe auch schon darüber nachgedacht, dir

noch einige von unseren bekannteren Klienten zu überlassen.«
Ich spürte die Hände auf meinen Schultern. Er bewegte sie
langsam hin und her, und ich rutschte auf meinem Stuhl herum, um ihnen auszuweichen.

»Tut mir leid. War dir das unangenehm?« Er hob seine
Hände von meinen Schultern und kam herum, so daß er nun
vor mir stand, während er sich gegen seinen Schreibtisch
lehnte. »Wir hatten so eine schöne Zeit miteinander ...«

Ich schnitt ihm das Wort ab. »Du weißt, daß mir dein Verhalten unangenehm ist.«

»Du solltest dich geschmeichelt fühlen. Schließlich sind wir
alte Freunde, sogar mehr als Freunde.« Er lächelte und beugte
sich zu mir vor. Ich konnte den Knoblauch und den abgestandenen Kaffee riechen, den er zum Mittagessen zu sich genommen hatte. Ich lehnte mich zurück, doch der Stuhl schränkte
meine Bewegungsfreiheit ein. »Wir waren ein großartiges
Paar. Ich weiß, daß du das auch empfunden hast. Warum sollte
ich mir nicht mehr wünschen?«

»Unsere Vereinbarung war rein geschäftlich.«

»Versprechen sind dazu da, daß man sie bricht.«

»Dieses nicht.« Ich war wütend und ängstlich, doch ich versuchte, gelassen zu wirken.

»Kein Grund zur Aufregung. Du willst über das Geschäft
reden, also kommen wir zum Geschäft. Ich bin ein geduldiger Mann. Wer weiß, vielleicht änderst du deine Meinung ja
noch.« Er setzte sich hinter seinen Schreibtisch, und meine Anspannung ließ nach. Ich atmete erleichtert auf, doch zu früh.
»Ich habe mit Matt Klein gesprochen.«

Ich fühlte mich wie in einem Aufzug, der abwärts stürzte.
Matt Klein war ein Klient, den ich geworben hatte. Warum
sprach Hadus ohne mein Wissen mit ihm? Ich hatte mich sehr

darum bemüht, ihm einen Plattenvertrag zu verschaffen, und nun stand er kurz vor dem Abschluß mit einer der größten Firmen. Für mich war das ein entscheidender Karrieresprung. Und genau das, so las ich plötzlich Hadus' Gedanken, war der Grund für sein Verhalten.

»Matt hat den größten Respekt vor dir, aber er ist ein wenig besorgt, weil du… noch recht unerfahren bist. Ich habe ihm versichert, daß du eine ausgezeichnete Assistentin bist und mehr als fähig, die Verhandlungen für ihn zu führen. Soweit ich das beurteilen kann, hast du hervorragend gearbeitet. Ich habe ihm versichert, daß ich es selbst nicht hätte besser machen können.«

Bleib ruhig, bleib ganz ruhig. Ich wußte genau, worauf er hinauswollte.

»Aber er meint, er würde sich mit einem erfahrenen Anwalt an der Seite einfach wohler fühlen… jemand, der schon länger im Geschäft ist und mehr Beziehungen hat. Und ich denke«, er zwinkerte mir zu, und ich hätte ihn am liebsten geohrfeigt, »ganz unter uns, er hat das Gefühl, daß ein männlicher Anwalt einfach ein bißchen härter ist. Du verstehst schon.«

»Er will, daß du ihn vertrittst.«

»Genau.« Ich hätte ihn am liebsten über den Schreibtisch hinweg erwürgt, aber ich saß still und versuchte meinen Ärger zurückzuhalten. »Ich möchte ihn bei einer anderen Plattenfirma herausbringen. Was hältst du davon?« fragte Hadus. »Ich meine, schließlich ist er *dein* Klient.«

Bei der Art, wie er das *dein* betonte, hätte ich am liebsten geschrien. Wir wußten beide, daß meine Meinung keine Rolle spielte. Es war ein abgekartetes Spiel. Ich hatte mich lediglich damit abzufinden. Ich arbeitete in einem Geschäft, in dem es ausschließlich um Macht ging, und wer sich hier in der untergeordneten Position befand, mußte damit rechnen, ausgenutzt zu werden. Ich hatte Glück, daß so etwas nicht öfter passierte. Doch hier ging es um mehr. Ich versuchte, mich zu erden, und während ich dort saß, hörte ich Hadus' Gedanken so laut, als habe er sie ausgesprochen: Er wollte mich daran erinnern, wer in unserer Beziehung die Macht hatte, geschäftlich ebenso wie privat. Indem ich so viele neue Klienten warb, trat ich aus seinem Schatten heraus und entzog mich seiner Kontrolle, die er jetzt wieder übernahm.

Ich fühlte mich so, als müsse ich an meiner eigenen Ohnmacht ersticken. Atme langsamer, ermahnte ich mich selbst. Ich spürte Furcht, aber es war seine, nicht meine. Sie wurde einen Augenblick lang sichtbar. Ich erkannte, daß sein Verlangen nach mir ihn für Gefühle verletzlich machte, die er nicht zugeben konnte oder wollte; Gefühle, von denen er annahm, sie würden ihn schwächen, weil sie Bedürfnisse nach Unterstützung und Zuwendung aufkommen ließen; Gefühle, auf die er vor langer Zeit zu verzichten beschlossen hatte. Er versuchte, sie dadurch unter Kontrolle zu bringen, indem er mich unter seine Kontrolle brachte.

»Was soll ich dazu sagen? Es ist gut für dich und für ihn, aber ich kann nicht behaupten, daß ich darüber glücklich bin. Oder die Plattenfirma, mit der ich verhandelt habe.« Ich bemühte mich, diplomatisch zu sein, reif und geschäftsmäßig zu klingen. Dies war meine Chance zu zeigen, wie aggressiv ich sein konnte – war es vielleicht ein Test? Egal, ich hatte sowieso schon verloren. Wenn ich meine Ruhe bewahrte, war ich passiv. Wenn ich mich zu behaupten versuchte, würde man mich als hysterische Zicke bezeichnen.

»Vertrau mir. Sie werden weiterhin Geschäfte mit dir machen.« Obwohl ich entschlossen war, meine Pokermiene zu bewahren, spürte ich, wie sich mein Kiefer verspannte. Hadus' Stimme verwandelte sich in ein sanftes, leicht väterliches Schnurren. »Dieses Geschäft ist gar nicht so wichtig. Mach dir nichts draus. Abgesehen davon sind wir ein Team. Sieh es so, daß ich dir einfach ein bißchen unter die Arme greife.«

»Du läßt mir ja im Grunde keine Wahl, oder?« Er lächelte in dem Bewußtsein, daß er genau das bekommen hatte, was er wollte. »Und was ist mit meinem Honorar?« fragte ich kühl, wobei ich meinen Ärger kaum verbarg.

»Berechne ihm zweihundert Dollar pro Stunde für die Zeit, die du bisher aufgewendet hast, und ich werde dir sogar einen Anteil von meinem Honorar rüberschieben für die, äh, Empfehlung. Du machst dabei einen guten Schnitt, vielleicht sogar mehr.« Mit einem zufriedenen Grinsen lehnte er sich zurück. »Gut, das wäre geklärt. Ich brauche nur noch seine Akte. Und nun laß uns über unser gemeinsames Abendessen reden.«

Ich schüttelte den Kopf. »Ich dachte, das Thema hätten wir schon abgehandelt.«

Hadus runzelte die Stirn. »Ist das dein letztes Wort?«

»Ja«, sagte ich fest, »das ist es. Ich hole dir Matts Akte.« Ich verließ sein Büro wie eine Schlafwandlerin in einem Alptraum. Meine Kräfte schwanden, und die Wut schüttelte mich wie Sturmwolken, die von den Bergen herunterkommen. Ich riß mich zusammen und hoffte, daß niemand die Auswirkungen meiner Niederlage bemerken würde. Das Telefon klingelte, während ich aus dem Fenster starrte.

»Hallo du, wie wäre es mit einem gemeinsamen Abendessen?« Es war Jake, und ich dankte dem Universum für die Erinnerung daran, daß nicht alle Männer wie Hadus waren.

Während der ganzen Woche dachte ich über Strategien nach, wie ich mit Hadus umgehen sollte. Konnte ich ihn bezwingen? Die Frage schien lächerlich, wenn ich an seine wilden Augen und nervösen Ticks dachte. Ich erwog eine Kündigung, aber ich wußte, daß es vor allem darum ging, mich selbst zu bezwingen. Ich war entschlossen, mich nicht aus einem Job vertreiben zu lassen, der mir eine so vielversprechende Zukunft bot. Aber wie sollte ich mit diesen regelmäßigen Machtkämpfen umgehen, die ich immer wieder verlor?

Wie ich es in den alten Zeiten getan hätte, wollte ich die Priesterinnen der Göttin um Führung bitten. Ich konnte den nächsten Hexenkreis kaum erwarten, denn ich wußte, daß Nonna, Maia und Bellona mich in ihren alten Künsten der Weissagung unterrichten würden. Die Hellsichtigkeit der Priesterinnen hatte einst die größten Nationen gelenkt. Im alten Athen, der Geburtsstätte der westlichen Zivilisation, wurde keine Entscheidung getroffen, ohne zuvor das Orakel von Delphi zu befragen, welches die göttlichen Botschaften überbrachte. Könige und Politiker, Krieger und Poeten suchten den Rat der Pythia. Odysseus befragte sie, bevor er in den Trojanischen Krieg zog, und auch Oedipus bat sie um Hilfe. Sokrates schwor auf ihre Weisheit, und in ihrem Tempel dichtete Homer seine unsterblichen Epen, die er der Göttin weihte.

Im Tempel der Großen Erdmutter Gaia pflegte die hellsichtige Priesterin in einer Felsspalte zu sitzen, die Delphys genannt wurde, was übersetzt »Vagina« bedeutet, die Öffnung zum Mutterschoß der Göttin. Hier atmete die Priesterin Pythia bewußtseinsverändernde Dämpfe ein, die sie in Trance versetzten, während unter ihrem Sitz die alte Schlange der Weisheit und Kreativität zusammengerollt schlief. Plutarch, der ebenso wie Pythagoras ein Priester in ihrem Tempel war, behauptete, das

Orakel sei tausend Jahre alt, und er beschrieb die ekstatischen Krämpfe der Priesterin und ihr Einssein mit dem Göttlichen.

Was die Pythia unter Trance sagte, nannten die Griechen *entheos*, übersetzt »darin ist ein Gott«, woraus unser Wort *Enthusiasmus* entstanden ist. Priesterinnen von Asien bis Ägypten, Libyen bis Island sprachen mit der Weisheit eines veränderten und erweiterten Bewußtseins, welches das Göttliche verstand und ausdrückte. Sie lehrten die göttliche Dreieinigkeit von Musik, Gesang und Tanz; sie stiegen in Höhlen hinab und kannten die Geburts- und Todesmysterien der Erde, und ähnlich wie die legendären skythischen Schamanen, verfügten sie auch über die Fähigkeit zu fliegen.

Die Götter sandten Zeichen, um uns zu führen und zu lenken, und die Fähigkeit, diese Zeichen zu interpretieren und mit den Göttern zu sprechen, war eine traditionelle Gabe, die in den Frauen verehrt wurde. Als das Orakel der Göttin jedoch wieder Apollo geweiht wurde, durften die Frauen es nicht mehr befragen, obwohl es immer eine Frau gewesen war, die die begehrten Weissagungen überbrachte. Der Tempel von Delphi wurde 529 nach Christus von dem christlichen Kaiser Justinian, der weder lesen noch schreiben konnte, geschlossen. Er schloß auch die philosophischen Schulen, von denen die meisten innerhalb der Tempelanlagen untergebracht waren und in denen Männer und Frauen gleichberechtigt lehrten und lernten. Auch der Tempel der Göttin in Eleusis, der über zweitausend Jahre lang ein Zentrum ihrer Mysterien gewesen war, wurde geschlossen. Diese und andere Angriffe verbannten die Göttin und ihre Priesterinnen in die Unterwelt der Dämonisierung.

In Griechenland mußten die Frauen über tausend Jahre warten, bis ihnen wieder eine Ausbildung zugestanden wurde. In ganz Kleinasien konnten die Frauen weder eine Ausbildung bekommen, noch durften sie die Weisheit der Großen Göttin aussprechen, aber höher im Norden wurden Frauen weiterhin als Vermittlerinnen göttlicher Botschaften verehrt.

Die Kelten und die Gallier verehrten Frauen als Trägerinnen spiritueller Weisheiten, und eine berühmte Schamanin, eine Druidenpriesterin namens Veleda von der Bructeri aus dem Rheinland oder aus Britannien, weil beide sie für sich reklamierten, war bei der Invasion Galliens eine bekannte Anführerin gegen die Römer. Sie war eine Schiedsrichterin bei den Friedensverhandlungen zwischen den Römern und den Einwohnern von Köln. Sie sagte die Zerstörung der römischen Legionen im Jahre 69 nach Christus genau vorher, und sie war eine berühmte Kriegsgefangene der Römer und wurde von ihnen hingerichtet, weil sie den Imperialismus und die Brutalität Roms verdammt hatte.

Weiter im Norden waren die Frauen große Schamaninnen. In Island wurde die Priesterin *Spakona* genannt, abgeleitet vom Wort *Spa*, welches Prophetie bedeutet. Sie leitete die rituellen heiligen Gesänge und saß auf einer erhöhten Plattform, was ihre Fähigkeit, über das Gewöhnliche hinauszusehen, symbolisierte. Es heißt, Odin selbst habe eine Seherin konsultiert, als er auf der Suche nach seiner Bestimmung war.

Im Osten Europas, in Feld und Wald, verehrten die Menschen die Große Göttin der Tiere durch die tranceauslösenden Kräfte der Trommel und psychoaktiver Drogen. Noch weiter im Osten gab es jenseits des Meeres in der Mandschurei Schamaninnen, die einen Kupferspiegel trugen, in dem man die eigene Seele sehen konnte und in dem sich eine um Rat gebetene Gottheit präsentierte. In Korea wurden Perlen benutzt, um die Gottheit zu beschwören. Auch hier arbeiteten die

Frauen in Trance in einem heiligen Kreis. Über Jahrtausende waren Frauen in Japan *Itako, Okamin, Kannagi* oder *Kuchiyose* – Titel für weise Frauen, die die Weisheit der Ogamisama, der Großen Göttin, verkündeten. Sie waren *Miko*, Töchter der Götter, bei denen Kaiser und Dorfbewohner Rat suchten. Sie unterzogen sich einer traditionellen Ausbildung, den Ritualen der Initiation und arbeiteten mit magischen Instrumenten wie beispielsweise einem Bogen, einer Laute mit einer Saite und einer Trommel. Sie lebten und bewegten sich frei bis zum Ende des neunzehnten Jahrhunderts, als ihre Praktiken für ungesetzlich erklärt wurden. Danach wirkten sie im Geheimen bis zur Ankunft von General McArthur im Jahre 1945, der das Verbot der von diesen Frauen begründeten Shinto-Traditionen beendete.

Im Westen des amerikanischen Kontinents gab es die Medizinfrauen der Schildkröten-Insel, die Americas, wie sie genannt wurden. Als Enkelinnen der Nokomis und Töchter der Spinnenfrau und der Weiße-Büffel-Frau, der Großen Mutter Erde, kannten sie die alten heilenden Gesänge und Gebete. Sie sprachen mit den Pflanzen und wußten, welche nützlich und welche schädlich waren. Sie kannten die Weisheit der Jahreszeiten, der Tiere, der Erde und des Himmels. Sie bewahrten die Mysterien der Mondhütten und herrschten über Geburt, Tod, Initiation, Heirat und die Rituale der Jahreszeiten und des Gemeinschaftslebens. Sie wanderten zwischen den Welten und brachten verlorene Seelen und geheimes Wissen zurück. Sie waren die Alten, die von ihrem Volk verehrt wurden, und bei einigen Stämmen wählten sie die Häuptlinge für Friedenszeiten und Kriegszeiten.

Im Süden der Vereinigten Staaten gab es die afrikanischen Priesterinnen, die gefangengenommen und nach Amerika gebracht wurden, wo sie ihre alten Riten verschleierten: ihre Orisa-Tänze, Besessenheit von Geistern, Zukunftsbedeutung aus hingeworfenen Knochen, die Magie von Yemanja und Oshun, den Göttinnen der heiligen Wasser und viele andere, die sie in den Gewändern der Kirche ihrer Eroberer verbargen. Doch Santeria und Voodoo, obwohl von der westlichen Kultur nachhaltig mißverstanden, blieben in der schamanischen Weisheit ihrer Vergangenheit verwurzelt.

Die Welt war voller Frauen, die wußten, daß es einen anderen, einen inneren Weg zur Wahrheit gab. Dies war die weise Kunstfertigkeit der Sibylle, der alten Prophetin und Priesterin der Göttin, der ich zunächst in meinen Träumen begegnet war und die mir dann erschienen war, um die schlangenförmige Route des Weges vorzuzeichnen, auf dem ich mich jetzt befand. Ich suchte nicht nur ihre Hilfe, sondern ich wollte ihre Gaben meistern. Ich hatte sie während der letzten Monate oft im Museum besucht, und heute Abend hoffte ich auf eine Gelegenheit, so zu arbeiten, wie diese verborgene Schwesternschaft es immer getan hatte. Ich wollte wissen, was die Zukunft für mich bereithielt, welche Herausforderungen der Selbstbeherrschung vor mir lagen, und welche Hilfsmittel ich für meine Reise brauchte.

»Du siehst aus, als könntest du eine Umarmung vertragen.« Nonna breitete ihre Arme aus. Ich hatte sie seit einigen Wochen nicht mehr gesehen, und schon der Anblick ihres strahlenden Lächelns beruhigte mich.

»Ich habe dich vermißt. Wo warst du?« Ein Gefühl von Verletzlichkeit und Erschöpfung lag wie ein Umhang aus Blei auf meinen Schultern, und ich war mir nicht sicher, ob dies ihr Gefühl oder meins war. »Geht es dir gut?« fragte ich sie.

»Ich habe mich in letzter Zeit nicht ganz wohl gefühlt. Aber das ist kein Grund, dir Sorgen zu machen – davon hast du ohnehin schon zu viele. Es sind nur die üblichen Altersbeschwerden.« Sie kicherte. »Das mag in der Natur der Sache liegen, aber es bedeutet nicht, daß es mir unbedingt gefällt. Und was macht dein Job?«

Ihre Hände zitterten, als sie Öl aus einer großen braunen Flasche in eine kleine blaue schüttete. Sie hatte abgenommen, und ihr Gesicht wirkte angegriffen und aschgrau. Ich hätte sie gern gefragt, was los war, aber ich spürte, daß sie meinen Fragen nur ausweichen würde.

»Ein Teil davon ist wunderbar«, antwortete ich mit gezwungener Fröhlichkeit, und meine eigenen Sorgen schienen mir plötzlich belanglos. »Ich habe einige größere Stars kennengelernt, und das macht schon Spaß. Und die Arbeit ist zum Teil interessant – ich rette zwar nicht die Welt oder so was, aber es ist gut, gefordert zu werden. Alle Leute denken, der Job ist glanzvoll, und wenn man einen Partner hat, zu dessen Klienten Stars gehören, dann kann er das wohl auch sein.«

»Ah, Glanz. Du weißt, Glanz bedeutet ursprünglich die Magie der Illusion. Also siehst du hinter die Illusionen – und das ist eine noch größere Magie. Aber was bedrückt dich?«

Ich lächelte. Nonna wußte immer Bescheid. »Nichts«, log ich.

Sie zog die Augenbrauen hoch.

»Na ja, also gut, du hast recht…« Ich zögerte immer noch, sie mit meinen Ängsten zu belasten. »Ich habe einfach dieses unangenehme Gefühl, daß irgend etwas überhaupt nicht stimmt. Vielleicht liegt es daran, daß alle so, na ja, unglücklich wirken. Sie scheinen nie zufrieden zu sein. Und so viele Anwälte haben diese schreckliche Energie – sie sind so anmaßend und herablassend im Umgang miteinander, mit mir und sogar mit ihren Klienten. Es ist nicht nur ihr Gerede – ich kann es körperlich *fühlen*.« Ich seufzte. »Es stimmt wirklich, daß du als Frau doppelt so gut und doppelt so hart sein mußt. Ich meine, wenn's sein muß, kann ich ihnen die Hucke vollhauen, aber bevor ich selbst zum Gangster werde, möchte ich lieber selbst jeden Tag gegen Gangster kämpfen.« Es half mir schon, nur darüber zu reden. »Egal, es ist Unsinn, daß ich mich beklage, ich habe mit diesem Job ein unglaubliches Glück gehabt. Ich versuche einfach, weiterhin das Beste daraus zu machen.«

Nonna tätschelte meinen Arm. »Man kann aus jeder Situation im Leben lernen, mein Schatz. Ich weiß, diese Erfahrung wird dir das geben, was du brauchst.«

Bellona öffnete die Tür zum Tempel, und wir gingen eilig hinein. Die Alltagssorgen verblaßten, als der Kreis gebildet wurde.

Maia nahm einen kleinen Lederbeutel von dem Pentakel, das in der Mitte des Altars stand. Langsam drehte sie ihn hin und her und gab ihn immer wieder von einer Hand in die andere. »Frauen, in diesem Beutel sind Runen. Sie bilden das erste skandinavische Alphabet, und jeder Buchstabe hat eine magische Bedeutung und Kraft. Sie wurden Odin übergeben, dem Gemahl der Göttin Freya, nachdem er seine Reise der großen Opfer und Verwandlung beendet hatte. Heute Abend werden sie euch helfen, euch selbst besser kennenzulernen.«

Mein Herz machte eine Freudensprung. Ich hatte gerade entdeckt, daß der Name Odin von den alten nordischen Ausdrücken für »Wind« und »Geist« abstammte. Die komplizierte und tiefgründige Bedeutung dieser paganischen Symbole und die Art, wie sie sich in das Leben eines Menschen einschmuggelten, um ihm eine tiefere Bedeutung zu verleihen, erstaunte mich. Und nun hatten wir hier Odins Werkzeuge, seine Geschenke, die es mir erlauben würden, mit meinem inneren Auge Dinge zu sehen, die mir vorher verborgen gewesen waren.

Maia schüttelte den kleinen Sack ein letztes Mal, schloß dann ihre Augen und hielt ihn an ihr Herz. »Weissagung erfordert Aufrichtigkeit, Mut und eine Bereitschaft zur Selbsterkenntnis im Hinblick auf Dinge, vor denen wir uns immer gefürchtet haben oder die wir verbergen wollten. Stellt eure Frage, während ihr zieht.«

Jede von uns zog einen Runenstein. Als ich an der Reihe war, griff ich in den Beutel. Die Steine waren kühl und glatt, und sie machten ein schönes Geräusch, als ich sie mit den Fingern durcheinanderrührte. Das hätte zu keiner günstigeren Zeit kommen können, dachte ich bei mir.

Plötzlich fühlte ich, wie sich ein Stein in meinen Finger drückte. Ich zog ihn heraus und fand in der Mitte des durchscheinenden Kiesels eine seltsame Zeichnung:

Ich kopierte sie auf ein kleines Stück Papier und legte den Stein zu den anderen zurück. Der Beutel wanderte im Kreis herum, und jede Frau zog eine Rune, wenn sie spürte, daß der richtige Moment gekommen war. Ich beobachtete, wie Jeanette mit geschlossenen Augen dasaß und den kleinen Beutel an ihr Herz hielt. Wir warteten geduldig, denn wir lernten auch, uns gegenseitig die ausgesprochene und unausgesprochene Unterstützung zu geben, die wir alle brauchten, um diese Reise mit Offenheit und Vertrauen zu unternehmen. Jeanette öffnete ihre

Faust, und während sie auf den kleinen Stein in ihrer Hand blickte, zog ein Schatten über ihr schönes Gesicht. Rasch legte sie die Rune in den Beutel zurück und gab ihn an Marcia weiter.

Als wir alle unsere Runen gezogen und auf Papier übertragen hatten, fuhr Maia mit ihren Erläuterungen fort.

»Vor euch liegt ein Symbol spiritueller Einsicht. Wir wollen jetzt sehen, was ihr in Trance über eure Runen erfahren könnt. Setzt euch bequem hin und entspannt euch.«

Ich saß mit dem Bild meiner Rune da und atmete tief und langsam. Die Bewegung des Atems war die Bewegung der Lebenskraft, und ein Gefühl von Verbundenheit und Wohlbefinden durchflutete mich.

Nach ein paar Minuten sprach Maia weiter: »Nun seht auf die Rune, die ihr abgezeichnet habt. Starrt darauf. Seht nicht weg, ganz gleich, was passiert. Wenn eure Konzentration nachläßt, benutzt euren Atem, um wieder zu der Rune zurückzukehren.«

Wie immer war der Kreis nur von sieben Kerzen erleuchtet, eine in jedem Viertel und drei auf dem Altar. Die Kerzen schufen Teiche aus goldenem Licht in der Dunkelheit, die uns umgab. Wir saßen da und starrten – aus dem anfänglichen Interesse wurde allmählich Langeweile, dann Ungeduld, und diese Phase wurde dadurch verlängert, daß die Priesterin mit Sicherheit und Nachdruck an ihrer Methode festhielt. Ich starrte weiter auf das Papier, als plötzlich die kleinen X-Zeichen verschwanden. Ich zwinkerte, und sie tauchten kurzfristig wieder auf, um dann erneut zu verschwinden. Ich wollte gerade aufsehen, als ich Maias Stimme aus sehr weiter Entfernung vernahm.

»Blickt weiter auf eure Rune. Ihr fallt jetzt in eine leichte Trance, in der ihr euch voller Frieden fühlt. Ihr werdet auch feststellen, daß ihr über visionäre Kräfte verfügt. Ich führe euch an einen Ort der Kraft, der eure Fähigkeiten verstärkt. Ihr dürft eure Augen schließen, während ihr dem Klang meiner Stimme lauscht.«

Ich schloß die Augen, und bald sah ich zwei pechschwarze X-Zeichen auf einem lebhaften roten Hintergrund. »Ihr seht vor euch eine große Holztür, auf die eure Rune gezeichnet ist. Öffnet die Tür und tretet ein. Ihr steht in einem großen, kreisförmigen Raum. Die Decke befindet sich hoch über euch und hat ein Oberlicht aus Kristall. Dadurch strömt das Licht herein und bricht sich in Millionen tanzender Regenbogen. In der Mitte des Raums seht ihr eine Wendeltreppe, die nach unten führt. Während ihr beginnt, hinabzusteigen, seht ihr, daß die ersten Stufen rot sind. Die Stufen bilden eine Rechtskurve, und ihr müßt euch beim Heruntergehen am Geländer festhalten. Die Stufen sind jetzt orangefarben. Geht weiter nach unten. Sie werden hellgelb... noch weiter... nun werden sie grün... dann blau, und schließlich seht ihr, daß sie violett sind. Am Ende der Treppe befindet sich eine weitere Holztür – auch darauf ist wieder eure Rune gezeichnet. Die Tür ist schwer, aber sie öffnet sich für euch. Geht hindurch auf die andere Seite. Hier findet ihr euren Ort der Kraft.«

Vor mir erstreckten sich grüne und goldgelbe Kornfelder, Weinberge und Obstgärten. Ein einfacher Feldweg führte an einem Bach entlang durch diese blühende Landschaft zu einem Steinkreis oben auf einem grünen Hügel. Ich ging den Weg hinauf und war erstaunt, daß ich die kühle Brise und die heiße Sonne auf meiner Haut spüren konnte. Ich hörte Vogelgezwitscher und roch den Duft von Rosen. Nachdem ich eine Weile durch die Felder gegangen war, stand eine alte Frau vor mir auf dem Weg. Sie war weiß gekleidet, hatte lange silbergraue Haare, eine blasse Haut und leuchtende Augen. Sie lächelte und wandte sich von mir ab, und ich sah, daß sich der Weg hinter ihr gabelte. Die linke Abzweigung schien zu einer großen Stadt zu führen. Ich wunderte mich, daß ich sie vorher nicht gesehen hatte. Auf der rechten Seite führte der Weg den kleinen Hügel hinauf zum Steinkreis.

»In welche Richtung soll ich gehen?« fragte ich.

Als sie sich wieder zu mir umdrehte, war ihr Gesicht so jung wie das einer Frau, die ihre Tochter oder meine Mutter hätte sein können. Wieder lächelte sie, doch sie antwortete mir nicht.

»Nun, ich weiß, wie Städte sind«, sagte ich, »ich habe mein ganzes Leben in einer Stadt zugebracht. Sie sind zweifellos Orte der Kraft. Aber ich war noch nie in einem Steinkreis.« Ich sah den Hügel hinauf, und als ich mich zu meiner schweigenden Gefährtin umdrehte, hatte sie sich wieder verwandelt, diesmal in eine Frau, die jünger als ich selbst war. Ich wußte, daß sie nicht antworten würde, deshalb stellte ich gar keine Frage. Ich nahm den Weg zum Steinkreis. Ich war erst ein kurzes Stück gegangen, als ich plötzlich stolperte. Ich blickte nach unten und stellte fest, daß ich mich in einem Seil aus Worten verfangen hatte – Warnungen über Gefahren, Risiken und Selbstzweifel, Geld, Anpassung, Status und Macht.

»Sei ein braves Mädchen«, wand sich um mein Fußgelenk.

»Sei freundlich«, schlängelte sich an meinen Beinen herauf.

»Tu, was man dir sagt. Tu, was man dir sagt. Tu, was man dir sagt«, wickelte sich um meine Taille, während ich mich bemühte, es wegzuziehen. Ich geriet in Panik – was machte ich falsch? Dies sollte ein Ort der Kraft sein, aber ich war hilflos! Ich kämpfte verzweifelt, aber die Seile wickelten sich immer fester um mich herum.

Mein Verstand, die Kraft liegt in meinem Verstand. Ich bin gescheit – ich kann einen Ausweg finden. Ich hörte auf zu kämpfen und blickte auf die sich windenden Bänder aus Sprache. Hatte mein Verstand sie geschaffen? Waren sie eine Warnung, daß ich den falschen Weg gewählt hatte? Je mehr ich nachdachte, desto fester zogen sie sich. Plötzlich erinnerte ich mich an die Lektion im Wald: Ich brauchte die Weisheit der Erde, nicht nur die der Luft. Und im selben Moment, als ich mich fragte, worin sie bestehen könnte, umgab mich Musik, und die Seile explodierten in eine Million kleine Stücke. Ein gewaltiger Windstoß fegte über mich hinweg und ließ die Buchstaben in alle Richtungen fliegen. Die Luft war angefüllt vom Summen Tausender von Honigbienen. Und ich lachte. Der Verstand macht einen guten Witz, aber nur der Körper weiß, wie sich Gelächter anfühlt.

Ich rannte den Hügel hinauf und machte vor dem großen Steinkreis eine Pause. Das Lachen einer Frau erfüllte die Luft, als ich zwischen den Steinen hindurchging. Die Frau, die ich an der Straßengabelung getroffen hatte, stand mit dem Rücken zu mir in der Mitte des Steinkreises. Sie griff nach unten und gestikulierte über einem niedrigen Altar aus Granit. Und dann verschwand sie, ohne mir ihr Gesicht zu zeigen. Vorsichtig näherte ich mich dem Altar. Der Boden fühlte sich an, als sei er voller Elektrizität, die meine Beine hinauf zu meinem Herzen raste. Ich fühlte meinen Herzschlag wie eine Trommel in meiner Brust, als ich nach unten blickte und das doppelte X-Zeichen in der Mitte eines Auges sah, das in den rauhen Stein gemeißelt war. Licht sprang von dem Stein auf meine ausgestreckten Finger über und schoß meinen Arm hinauf. Jedes Molekül meines Körpers tanzte voller Kraft. Und dann rief Maia uns aus weiter Ferne zurück:

»Es ist Zeit, zurückzukehren. Sagt Dank für die Einsichten, die euch gewährt worden sind. Geht zurück zur Tür.« Sie sprach langsam und gab uns Zeit, unsere Rückkehr deutlich zu erleben. »Geht hindurch und dann wieder über die Treppe nach oben. Seht, wie die Farben der Stufen sich verändern, während ihr hinaufsteigt … von violett nach blau, dann grün … dann gelb … jetzt orange … und schließlich rot. Verlaßt den Raum, schließt die Tür hinter euch und kommt in den Zirkel zurück. Wenn ihr fertig seid, öffnet eure Augen.«

Im Raum herrschte Schweigen.

»Laßt uns im Kreis weitermachen. Erzählt uns, was ihr erlebt und mit eurem inneren Auge gesehen habt«, drängte Maia uns sanft.

Jede von uns beschrieb ihre Erlebnisse, und als wir damit fertig waren, erklärte Maia uns die traditionelle Deutung unserer Runen. Nur Jeanette wollte uns nicht sagen, welche Rune sie gezogen und was sie in der Trance erlebt hatte. Sie bat darum, selbst in das *Grimoire* sehen zu dürfen, Maias Buch mit den Zaubersprüchen, Ritualen, Weissagungen und Deutungen, das auch Erklärungen über die Runen enthielt. Wir saßen alle schweigend da, als sie fand, wonach sie suchte. Ihr Gesicht war eine geheimnisvolle Maske, aber hinter ihrer stoischen Passivität glaubte ich einen vertrauten Schmerz in ihren Augen zu erkennen. Ich spürte, wie sie eine schreckliche Welle von Traurigkeit ausstrahlte, und hätte sie gerne umarmt, um ihr zu versichern, daß es, ganz gleich, was sie gesehen hatte, Freundinnen gab, die zu ihr stehen würden. Doch sie saß schweigend da und ließ niemanden nahe genug an sich heran, um mehr als den Respekt unserer Distanz gegenüber auszudrücken, die sie offensichtlich brauchte. Sie gab Maia das Buch zurück, und wir machten im Kreis weiter.

Meine Rune wurde *Ingwaz* genannt. Ingwaz ist ein anderer Name für die Göttin Nerthus, die ursprüngliche große Muttergöttin, aus der alles Leben hervorgeht. Die Rune ist ein Symbol ihrer Vulva, ähnlich dem Zeichen der irischen Göttin Sheila-na-gig, das man in irischen Kirchen gemeißelt findet und das man schon in über dreißigtausend Jahre alten Felszeichnungen in Frankreich gefunden hat. Es bedeutet Fruchtbarkeit, einen neuen Weg, durch den die Heldin oder der Held zur Göttin gelangt. Es ist ein Symbol der alles sehenden Augen der Göttin und ihrer magischen Kräfte der Wiedergeburt, die ihrem Leib entspringen. Es symbolisiert deshalb die Gabe des zweiten Gesichts. Diese Rune ist auch ein Symbol der weiblichen Sexualität und der Kraft, Leben aus dem Abgrund hervorzubringen. Sie signalisiert das Bedürfnis, sich von Beschränkungen der Vergangenheit und Grenzen, die Kultur und Erziehung uns auferlegt haben, zu befreien. Das Symbol war auch ein geheimes Zeichen, das an einem Haus angebracht wurde, in dem eine Priesterin wohnte. Ich dachte an die Priesterinnen von Delphi und an die Sibylle, die mich hierhergeführt hatte.

»Und die alte Frau an der Weggabelung?«

»Du hast die Göttin der Weggabelung getroffen«, antwortete Nonna. »Sie gehört zu meinen alten Freundinnen. Die Griechen nannten sie Hekate, die Alte. Sie ist eine uralte traditionelle Göttin, älter als die Titanen. Sie weigerte sich, auf den Olymp zu ziehen, als Zeus dort mit dem Rest der griechischen Götter eintraf, und reiste statt dessen frei zwischen allen Reichen. Sie ist die Göttin der Magie und der Weisheit, und sie begleitete Persephone auf ihrem Weg durch die Unterwelt.«

»Warum veränderte sich ihr Gesicht?«

»Du hast die Göttin in ihrer dreifachen Erscheinungsform gesehen: die Jungfrau, die Mutter und die Alte. Die Römer haben sie *Trivia* genannt. Das war eine machtvolle Offenbarung.«

So war ich schließlich der Göttin begegnet. Irgendwie hatte ich mir diesen Augenblick dramatischer vorgestellt – wie einen Blitzstrahl oder einen brennenden Busch. Aber ich hatte ein Gefühl gehabt, als strahle etwas von meinem Herzen aus: ein innerer Friede und ein Selbstvertrauen, wie ich es noch nie erlebt hatte.

»Ist alles in Ordnung?« fragte ich Jeanette, als wir nach dem Zirkel aufräumten.

Sie sah mich nicht an, aber sie nickte.

»Du weißt, wenn ich dir irgendwie helfen kann…«

Sie drehte sich zu mir um, und ich erkannte hinter der Würde, die sie immer ausstrahlte, einen Augenblick der Verletzlichkeit, einen kurzen Moment, in dem unsere Herzen verbunden waren. Der Eindruck verging so schnell, wie er gekommen war.

»Danke. Es wird mir bald wieder gutgehen – so gut wie immer. Es ist nur eine Sache, von der ich dachte, sie wäre längst ausgestanden.«

Ich wollte diesen Moment der Nähe nicht ungenutzt verstreichen lassen. Aber ich wußte nicht, was ich sagen sollte. Ich hatte keine Schwestern gehabt, und meine Mutter war zwar sehr liebevoll, aber ein förmlicher Mensch. Während ich verlegen schwieg, dachte ich an das Orakel des heutigen Abends. Die Runen halfen uns, uns selbst, unsere Stärke und unsere Herausforderungen zu erkennen. Und mit der Selbsterkenntnis, die uns die Runen vermittelten, ergab sich die Möglichkeit zur Veränderung. Mit ihrer Hilfe und mit Hilfe anderer Spiegel konnten wir mutig und weise das Werk der spirituellen Transformation in Angriff nehmen. Und vielleicht würden wir wie die alten Sibyllen die Macht haben, anderen zu helfen, das-selbe zu tun. Doch ich fragte mich, ob eine so komplizierte Welt – die durch die Geschichte, die Probleme anderer Menschen und durch unsere eigenen tiefverwurzelten Verhaltensmuster charakterisiert war – dadurch verändert werden konnte, daß man einfach ein paar alte Buchstaben zog.

»Glaubst du, daß wir unsere Vergangenheit hinter uns lassen können? Oder ist sie immer gegenwärtig, um uns zu quälen, wenn wir es am wenigsten erwarten?« Die Frage galt mir selbst ebenso wie Jeanette. Sie sah mich verblüfft an, so als hätte ich zu tief in ihre schweigende Seele geblickt. Ich bohrte weiter. »Ich meine, die Vergangenheit hat uns zu dem gemacht, was wir heute sind. Und die Welt, in der wir heute leben, ist so wie sie ist, als Folge von Ereignissen, die in der Vergangenheit geschehen sind. Die Stellung der Frauen in der Gesellschaft ist ein perfektes Beispiel dafür. Ich werde als Mensch zweiter Klasse behandelt, weil die frühere Haltung gegenüber Frauen immer noch eine treibende Kraft in unserer heutigen Kultur darstellt. Und gerade auf einer sehr persönlichen Ebene sind wir die Kinder unserer Eltern. Meine Rune hat mich aufgefordert, die Grenzen der Vergangenheit zu durchbrechen – aber ich frage mich, ob das möglich ist.«

»Ich weiß es nicht.« Jeanette schüttelte den Kopf. »Es heißt immer, daß wir für unser Leben selbst verantwortlich sind, und in den meisten Fällen stimmt das wohl auch. Aber es sind enorme Kräfte am Werk – historische und ökonomische. Und andere Menschen. Es gibt so viel, was sich anscheinend unserer Kontrolle entzieht. Wenn wir gewarnt werden, können wir die Katastrophe dann vermeiden? Wer weiß das schon? Aber ich weiß sehr genau, daß wir selbst darüber entscheiden, wie wir mit Not und Elend umgehen – wir können uns geschlagen geben«, rasch strich sie sich das Haar aus der Stirn, »oder wir können uns wehren. Ich glaube, wenn wir uns wehren, finden wir unsere Stärke.«

»Und unsere Klarheit. Es ist ein gewaltiger Druck erforderlich, um ein Stück Kohle in einen Diamanten zu verwandeln.« Ich umarmte sie, und sie erwiderte meine Umarmung. »Jedenfalls, ruf mich an, wenn du reden willst.«

Sie lächelte, aber als wir uns trennten, sah ich, daß der Schatten immer noch über ihrem Gesicht lag.

Als ich an diesem Abend nach Hause kam, stellte ich mich vor den Spiegel und rätselte über das Mysterium meiner eigenen Zukunft. Das »Ich«, das mich aus dem Spiegel anblickte, beinhaltete viel mehr, als ich je angenommen hatte. Ich hatte über das mysteriöse Universum nachgedacht, dessen Gegenwart ich anfangs als »dort draußen« empfunden hatte; aber jetzt entdeckte ich gerade, wieviel von dem verborgenen, doch stets präsenten Geist in mir selbst lebte. Dieser Teil von mir hatte gerade erst begonnen, aus dem Schatten hervorzutreten. Ich brauchte Spiegel, um mich selbst zu erkennen. Wir alle brauchen sie, obwohl Spiegel heutzutage eher benutzt werden, um die Äußerlichkeiten, die wir sehen, zu perfektionieren, statt die Wahrheit zu erkennen, die im Inneren liegt.

Während ich die Rune in mein Tagebuch zeichnete und meine Vision aufschrieb, staunte ich über die geheimnisvollen Kräfte des Geistes, die »zufällig« ein Symbol auswählten, das eine spezifische persönliche Bedeutung hatte, die wir durch unseren »sechsten Sinn« entdecken konnten. Und am meisten staunte ich über die Botschaft, die die Rune von einer Welt zur anderen befördert hatte. Aber wie sollte ich sie in die Tat umsetzen? So gerne ich es manchmal wollte, ich würde gewiß nicht meinen Job aufgeben – wovon hätte ich dann leben sollen? Doch ich akzeptierte den in meinem Runenzeichen enthaltenen Hinweis, daß ich durch meine Arbeit im Hexenkreis die Antworten finden würde, die ich brauchte.

Diese alten Techniken zur Veränderung des Bewußtseins und Verbesserung der Wahrnehmung, um die wahren Motive eines Menschen zu erkennen, um in die dunkelsten Winkel des Herzens, in die spirituelle Welt zu blicken, waren wie ein Orakel – eine Möglichkeit, in einen Dialog mit dem Göttlichen einzutreten. Und die Kraft des Unbewußten oder der »Präsenz« oder des Göttlichen, die Materie zu bewegen und sich durch Symbole mitzuteilen, war reine Magie. Ob ich Runen verwendete, das I Ging oder Tarot, sie alle verhalfen mir zur Führung, zur Selbsterkenntnis und, was am wichtigsten war, zu der Entdeckung, daß das Universum lebendig, bewußt und interaktiv war. Und die innewohnende Spiritualität der Weisheit, die diese Orakel vermittelten, verstärkte mein wachsendes Gespür für die Gegenwart von etwas, das ich inzwischen als heilig bezeichnete.

Früher hatte ich gedacht, daß Hexen die Leute mit Zaubersprüchen belegen. Jetzt verstand ich, daß echte Hexen lediglich daran arbeiten, mehr Macht über sich selbst zu erlangen. Sie bemühen sich um Selbst-Beherrschung – um dadurch Heilung, Weisheit, Mitgefühl und Freiheit zu finden und um sich selbst von den Einschränkungen zu befreien, die die Welt und ihre Erziehung ihnen auferlegt haben. Magie ist ein Teil dieses Prozesses der Selbsterkenntnis und Befreiung. Um heilige Magie zu wirken, müssen wir zunächst uns selbst kennenlernen. Und um uns selbst so zu sehen, wie wir wirklich sind, brauchen wir einen Spiegel. Zu den spirituellen Kunstfertigkeiten der Hexen gehörte auch lange Zeit der Blick in verschiedene Spiegel, um die tiefsten Tiefen der eigenen und anderen Seelen zu erkennen. Und so sahen sie auch in das Herz des Universums.

In den folgenden Monaten und Jahren lernte ich viele Methoden und Werkzeuge der Weissagung kennen. Einige waren einfacher zu beherrschen als andere, und sie unterschieden sich bezüglich der Tiefe, bis zu der sie einem Einblick in die Seele, in die Zukunft oder Vergangenheit gewährten. Das I Ging und die Runen enthüllten die grenzenlose Weisheit des Augenblicks. Das Tarot reichte weiter in die Zukunft und in die Vergangenheit, und die Astrologie vermittelte einem den ausgedehntesten Überblick. Sie sind tatsächlich Spiegel, durch die man in Seelen blicken kann, und die Entfernungen, über die sie die Reise der Seele ausleuchten, die Aussichten, die sie enthüllen, variieren wie die Linsen einer Kamera.

Auch Träume könnten einem zu Einsichten verhelfen, die Interpretation von Zeichen, die Numerologie, Phantasiereisen und andere Zustände veränderten Bewußtseins einschließlich der Trance. Außerdem gab es Methoden, welche die Hexen »Kristallomantie« nannten. Dazu braucht man eine Kristallkugel oder andere spiegelnde Gegenstände und Flüssigkeit, in die man hineinstarrt, bis die Visionen auftreten. Anfangs gaben mir Weissagungstechniken wie das I Ging, das Tarot und die Astrologie das Gefühl, als sei das Leben vorherbestimmt. Aber als ich in ihrer Anwendung geübter wurde, erkannte ich, daß die Vorstellung, das Leben sei vorherbestimmt oder schon gelebt, einfach nicht richtig war.

Diese Orakel, diese Weissagungsinstrumente sind wie ein Leuchtturm, an dem sich die Schiffe auf See orientieren. Sie sagen einem, wo das Ufer liegt, wo sich Felsen befinden, und sie geben einem Führung im Sturm oder in einer dunklen, sternenlosen Nacht. Letztendlich entscheidet man jedoch selbst über den eigenen Kurs. Man entscheidet selbst, ob man Segel setzt oder den Motor anläßt, umkehrt oder zu einem langen Fischzug aufbricht, ob man einen Hafen ansteuert oder weitersegelt. Unsere Entscheidungen, unser freier Wille, unsere Erwartungen, Ängste und Sehnsüchte und unser Glaube – all das entscheidet über den Ausgang der Ereignisse. Ein Weissagungsinstrument gibt einem Informationen bezüglich der Kräfte, Möglichkeiten und Wahrscheinlichkeiten, die wir bei unseren Entscheidungen berücksichtigen müssen. Am wichtigsten ist: Nicht indem man sich nach einer mechanistischen Vorhersage richtet, sondern indem man solche Entscheidungen trifft und aus ihnen lernt, fördert man Gewahrsam, Mut, Mitgefühl und Wachstum. Das ist die eigentliche magische Reise, die zu innerer Reife und zum Göttlichen führt.

Ich lerne gerade, mich dem Allumfassenden jenseits der Metapher zu öffnen. Im Zirkel verehrten wir das Göttliche in seinen Myriaden Ausdrucksformen, und deshalb wollte ich die religiösen Metaphern und Rituale vollständig erforschen. Ich besuchte Gottesdienste verschiedener Glaubensrichtungen und auch ökomenische Gottesdienste und fand dadurch zu einem besseren Verständnis der brillanten Vielfalt, mit der die Menschheit sich dem Göttlichen näherte und es beschrieb. Hinter jeder Richtung fand ich Bedeutung und Weisheit, und ich sammelte diese vielen religiösen Ausdrucksformen – Maria und Jesus, Kuan Yin und Buddha, Kali und Krishna, Al-lat und Allah, die Spinnenfrau und der Große Geist, Shekinah und Jehovah und zahllose andere, wobei ich sogar dort Paare fand, wo sie nicht als solche anerkannt waren – im Kornspeicher meiner spirituellen Ernte. Ich erkannte, daß ich die Begrenzungen einer Religion nicht akzeptieren konnte, die verlangte, daß man sich an absolute und wortgetreue Interpretationen ihrer Mythen und Metaphern hielt, und dabei alle anderen ausschloß. Und ich konnte auch keine Religion akzeptieren, die das Weibliche verleugnete. Ich brauchte eine Spiritualität, die meinen Geist erweiterte, statt ihn einzuengen. Mit Hilfe der Techniken, die wir im Zirkel lernten, hatte ich ein Reich des Bewußtseins betreten, wo das Symbol die Pforte zu etwas Numinosem war, das auf der anderen Seite lag.

Der ständige emotionale Streß bei der Arbeit und das permanente Gefühl psychischer Vergewaltigung forderten inzwischen ihren Preis, und ich hatte zunehmend Schwierigkeiten, mit dem umzugehen, was ich bei anderen Menschen wahrnahm. Manchmal war es ein bestimmter Gedanke, aber häufiger spürte ich die Gefühle der Leute und nahm entsprechende Bilder wahr. Je stärker die Emotionen, desto schneller erkannte ich sie. Besonders bei Hadus. Aber ich bemerkte, daß ich auch anfing dichtzumachen, und oft gar nichts mehr aufnahm. Ich machte mir Sorgen, daß meine medialen Fähigkeiten verschwinden könnten, wie damals, als ich nach Washington gezogen war, aber ich spürte auch, daß die Art, wie ich mich seelisch verschloß, eine Art instinktiven Schutzmechanismus darstellte. Ich war erleichtert zu entdecken, daß ich durch den Einsatz verschiedener Techniken der Weissagung, ähnlich wie durch eine Brille bei Kurzsichtigkeit, viel von meinem »zweiten Gesicht« wiedererlangen konnte.

In einem gewissen Sinne kann man unsere Art, den magischen Spiegel zu benutzen, mit Alice im Wunderland vergleichen, die durch einen Spiegel hindurchgeht und eine andere Dimension betritt. Heutige Anthropologen, die schamanische Kulturen untersucht haben, nennen diese Dimension eine »außergewöhnliche Wirklichkeit«, die man am leichtesten »sieht« oder betritt, wenn man sich in einem veränderten Bewußtseinszustand befindet. Das ist das Ziel ekstatischer Praktiken. Physiker sprechen hier vielleicht von einer vierten oder »anderen« Dimension der Raumzeit oder vom »Reich der Frequenzen« oder der Quantenebene, die wir normalerweise nicht wahrnehmen, weil unser Alltagsbewußtsein auf das Überleben ausgerichtet ist. Schamanen nennen diese Ebene die Geisterwelt. Unsere Aufmerksamkeit richtet sich darauf, daß wir nicht von einem Tiger gefressen, von einem Bus überfahren oder von unserem Chef angebrüllt werden, und so achten wir nicht auf Myriaden magischer Verbindungen und Ereignisse, aus denen der Stoff des Lebens eigentlich gewebt ist. Wir sind eingesperrt in eine Symbolwelt aus Buchstaben und in unsere alltäglichen Aktivitäten, und so können wir das mythische Muster, das alles belebt, nicht begreifen.

Mit Hilfe der Weissagungstechniken und veränderter Bewußtseinszustände können wir die tiefen archetypischen und heiligen Kräfte wahrnehmen, die in unserem Leben wirken, und vor allem können wir ihre Bedeutung verstehen, wenn sie aus der unbewußten Ebene in das bewußte Licht unserer Alltagswahrnehmung treten. Bedeutung läßt sich nicht im Sinne eines wissenschaftlichen Beweises quantifizieren. Sie existiert in Zusammenhängen, Symbolen, Mustern, Mythen, Geschichten, Kulturen, Ritualen, Dichtung – das alles sind Landkarten der Einsicht in das Wesen dieses vereinten heiligen Feldes des Seins. Es liegt an uns, die Bedeutung zu entdecken und zu schaffen. »Es ist so, als wolle man die Schönheit von Mozarts Musik mit Hilfe der Chemie beweisen. Musik ist für diejenigen schön, die sie hören«, hat der Physiker William Keepin über die Bedeutung und die Quantenebene gesagt – und ich verstand nun, daß sich diese Aussage genauso gut auf die Existenz der Göttin übertragen ließ. Und ich erkannte allmählich auch, daß es ohne die Göttin, ohne die Würdigung jener Aspekte des Seins, die wir für weiblich halten, ohne Fürsorge, Mitgefühl, Intuition, Verbundenheit, Schönheit und die einzigartigen weiblichen schöpferischen *und* zerstörerischen Kräfte unmöglich ist, auch nur andeutungsweise die Fülle heiliger Bedeutungen zu ergründen.

Ich lernte, die Welt mit meinem inneren Auge zu sehen – ihre Schönheit und damit ihre Wahrheit zu erfassen, und die Gegenwart des Heiligen, das sie belebt. Hexen und andere Schamanen wissen, daß die außergewöhnliche Wirklichkeit zusammen mit unserer Alltagswirklichkeit existiert, aber von den meisten Leuten kaum wahrgenommen wird. In diesem unerkannten Reich der Schatten herrschen die Gesetze und Prinzipien der Magie. In einem Zustand veränderten Bewußtseins können wir durch den Spiegel treten und in diese andere Dimension gelangen, um die Verbindungen zu erkennen, um die Grenzen der Zeit zu überwinden und auf diese Weise die Vergangenheit noch einmal zu erleben und die Zukunft vorherzusehen. Bereits als ich begann, die Magie der Elemente zu praktizieren, hatte ich entdeckt, daß man Energie auch in Gestalt von Engeln, Geistführern, Totemtieren, Geisterscheinungen und, was am wichtigsten ist, Aspekten des Göttlichen, die wir »Gott« oder »Göttin« nennen, beschwören oder in unser tägliches Leben einladen kann. Vielleicht sind wir, wenn wir diese lange verlorenen Fähigkeiten kultiviert haben, auch einfach fähig, die Verbindungen und die Formen des Heiligen, die uns ständig umgeben, besser zu erkennen.

Doch bei aller Weisheit, die ich zusammengetragen habe, und allen Techniken, die mir Frieden und Wunder bescherten, wenn ich mein Leben betrachtete, mußte ich zugeben, daß ich das Gefühl hatte, mitten im Chaos zu stehen. Chaos: abgeleitet vom griechischen *Xaos* und *xa* bedeutet es übersetzt soviel wie »gähnen, den Mund aufreißen« wie die großen Vulvas der keltischen Sheila-na-gigs oder das Symbol des *Ingwaz*. Chaos ist die Leere, eine gähnende Kluft, ein Abgrund; die formlose Leere der ursprünglichen Materie. Die Erwartungen, die ich an eine befriedigende Arbeit hatte, standen nun in Zweifel, und ich war verwirrt. Was hatte Jeanette gesagt? Es kommt darauf an, wie du mit dem umgehst, was dir auferlegt wird. Sie sah so aus, als wüßte sie, wovon sie sprach, wie eine Frau, die auf einen Abgrund zurückstarrte, dem sie gerade erst entronnen war.

Was hatte die Magie angesichts des Chaos in der Welt zu bieten? Magie war die Kunst, das eigene Bewußtsein, den eigenen Standpunkt zu ändern. Also war meine Vorstellung, daß Chaos etwas Destruktives ist, falsch und reflektierte das eingeschränkte Denken der Vergangenheit. Vielleicht war Chaos nicht das, wofür wir es hielten. Vielleicht war Chaos das, was meine Rune aus dem Zirkel mir vermitteln wollte, Teil einer Energie der Befreiung und Kreativität, der Energie, die uns in die Zukunft bringen würde.

Hesiod, einer der frühen griechischen Poeten, schrieb einen Schöpfungsmythos, der die Geschichte vom Ursprung der Götter erzählte. Chaos erscheint darin nicht als Unordnung, sondern als Quelle aller Schöpfung. Mit Chaos erscheint Gaia, das geschaffene Universum, und Eros, die kreative Energie. Aber die Göttin Chaos war schon vor den Griechen da. Ihre Spuren lassen sich bis zu früheren Aufzeichnungen in Ägypten und Sumer zurückverfolgen, ebenso wie die Spuren der Göttin Tiamat, die mit Madruk, dem Vatergott des Himmels kämpfte und von ihm besiegt wurde. Und dies war unsere Geschichte – der Kampf des männlichen Strebens nach Ordnung, das den weiblichen Impuls kreativer Fruchtbarkeit unterjocht. Es war die Geschichte von Vater Sonne, der Wissenschaft und der Kirche als Institution der Macht und Herrschaft. Die alte Niederlage und die nachfolgende Veränderung der Bedeutung des Chaos war ein kritischer Teil unserer frühen Geschichte, in der das Männliche das Weibliche überwand und unterdrückte, in der Ordnung Spontaneität ersetzte, die Sonne über den Mond herrschte, der Gott die Göttin übertraf, Unterdrückung die Sexualität erwürgte und Chaos nicht mehr den schöpferischen Leib des Universums bezeichnete, sondern Unordnung bedeutete. Der Abgrund ist nicht leer – er ist voll kreativer Energie und Bedeutung.

Wenn man der Chaostheorie bis zu ihren äußersten logischen Grenzen folgt, so haben Wissenschaftler jetzt festgestellt, enthält das scheinbare Chaos ein erstaunliches Muster voller Ordnung und Schönheit. Sie haben diese neue Erkenntnis als »String-Theorie« bezeichnet und staunen darüber, wie das Universum nun erscheint, genauso wie es vor vielen Jahren Pythagoras, der Priester der Göttin, beschrieben hat: als harmonisch vibrierende, schleifenförmige »Saiten« von Energie – die Musik der Sphären. Die Wissenschaft hat nun entdeckt, was die Traditionen, die die Göttin verehrten, schon lange wußten – daß man die Erleuchtung dort findet, wo das Chaos herrscht, das Spontane und Unerwartete, die Schlange, die hinter einem Felsen erwacht, um uns aus unserem unbewußten Umherwandern aufzuschrecken. Wie wir mit den Herausforderungen der Welt umgehen und zu welchem Handeln wir uns entscheiden, bestimmt darüber, wer wir sind.

Vergangenheit und Gegenwart legen die Zukunft nicht fest, sondern bringen uns lediglich an den Punkt, von dem aus wir in die Zukunft starten. Die Entscheidung lag bei mir. Wie würde sie aussehen? In unbekannte Reiche zu reisen ohne eine Landkarte, nur der Führung der Sterne vertrauend, und ohne Augen außer dem einen, welches mir das zweite Gesicht gewährte? Die Werkzeuge des Zirkels würden mein Kompaß und mein Sextant sein. Wie einst mein Vater würde ich lernen, meinen Kurs ins Reich der Wunder aus dem Stand der Sterne zu bestimmen. Abgesehen von der Veränderung unseres Bewußtseins, so begriff ich jetzt, befähigt uns die Weissagung nicht nur, in uns selbst und in das Herz eines anderen Menschen hineinzusehen, sondern auch die archetypischen Muster zu erkennen, die in unserem Leben eine Rolle spielen. Sie befreit uns von den Fesseln einer statischen, linearen Welt, so daß wir das Reich der außergewöhnlichen Wirklichkeit betreten können. Sie gibt uns die Macht, die Bedeutung unseres Lebens zu entdecken.

An diesem Abend hatten wir im Zirkel eine einfache Trancetechnik mit einer alten Methode der Weissagung kombiniert. Die Ergebnisse hatten uns alle beeindruckt. Indem ich nur auf die Rune starrte, hatte ich meine Aufmerksamkeit erfolgreich auf dieses Symbol konzentriert und war als Folge davon in einen Alpha-Meditationszustand geraten. Durch meine Erfahrungen begann ich zu verstehen, daß ein veränderter Bewußtseinszustand – ganz gleich, ob er nun durch Weissagung, Ritual, Yoga, heilige Gesänge, Atmung, rhythmisches Trommeln oder andere Mittel herbeigeführt wird – immer ein Zustand erweiterten Bewußtseins ist. Es ist so, als würde man eine Scheuklappe abnehmen, um zu sehen, was einen schon die ganze Zeit umgeben hat. Nonna hatte in diesem Zusammenhang metaphorisch davon gesprochen, daß der Schleier der Isis gelüftet werde.

Natürlich wollte ich, wie alle Menschen, in meine Zukunft

sehen. Ich wollte wissen, ob ich meinen Seelengefährten finden würde und ob sich mein Job trotz aller gegenwärtigen Probleme positiv entwickeln würde. In der neuen Sprache, mit der ich allmählich vertraut wurde, hieß das, daß ich vor allem die Einheit mit der Göttin erleben wollte. Ich wußte instinktiv, daß die Erfahrung der göttlichen Präsenz mein höchster magischer Spiegel sein würde, der mir die Wahrheit und nichts als die Wahrheit enthüllte. Ein starkes Gefühl der Verbundenheit, des Friedens im Angesicht des Unbekannten, des Mutes im Angesicht alter Ängste durchströmte mich. Ich versprach mir selbst, daß ich lernen würde, die Wahrheit mit meinem inneren Auge zu sehen, wie Odin es getan hatte und wie die Priesterinnen der Erde es getan hatten. Aber würden diese Techniken alleine ausreichen, um den Schleier zu lüften? Und wenn er gelüftet war, würde ich dann die Göttin erblicken – oder würde ich nur mein eigenes Spiegelbild sehen, das mich aus leeren Augen und angstvoll anstarrte?

8

Der Hüter der Schwelle

Zwischen Verlangen
Und Zuckung
Zwischen Vermögen
Und Leibhaftigkeit
Zwischen Wesen
Und Abstieg
Fällt der Schatten…
T. S. ELIOT, »Die hohlen Männer«

Die einzigen Teufel in der Welt sind die Teufel
in unserem eigenen Herzen,
und genau hier sollte die Schlacht ausgetragen werden.
GANDHI

»Selbstschutz ist eine grundlegende Überlebenstechnik. Ihr könnt in dieser Stadt nicht leben, ohne zu wissen, wie ihr euch selbst verteidigt«, erklärte Bellona.

»Und wie fangen wir das an?« fragte Gillian. Ich hatte festgestellt, daß hinter ihrem kühlen blonden Äußeren der ehemaligen Internatsschülerin eine leidenschaftliche Hingabe an die Mysterien der Göttin steckte. Mit jedem Treffen wurde dieser Geist deutlicher.

»Ihr müßt eure Mitte finden und dort bleiben, ganz gleich, welcher Angriff oder welche Provokation auf euch zukommt«, antwortete Bellona. »Heute Abend zeigen wir euch, wie ihr auf der Ebene des Bewußtseins einen Schutzschild errichten könnt, der euch vor allen bösartigen Energien bewahrt, ob sie nun von Menschen oder von anderen Quellen ausgehen.« Das Wort *bösartig* rief nervöse Reaktionen hervor, aber Maia beruhigte uns. »Je mehr ihr euch auf die Energien um euch herum einstellt, desto mehr müßt ihr lernen, euch selbst zu schützen. Frauen, ihr werdet die Gedanken und die Energien anderer Leute aufnehmen, und wahrscheinlich auch einen gewissen Teil des ätherischen Mülls, der da draußen herumschwebt.«

Ich wußte, daß sie recht hatte – obwohl ich dichtgemacht hatte, brauchte ich einen Schutzschild.

»Es wird euch helfen, wenn ihr eine Kriegsgöttin anruft«, fuhr Bellona fort. »Sie unterstützt euch dabei, die Kriegerin in euch selbst zu finden.«

»Die Kelten hatten doch eine Kriegsgöttin, oder?« fragte Gillian.

»Keltische Frauen waren respektierte Kriegerinnen«, nickte Bellona. »Und sie hatten eine ganze Reihe von Kriegsgöttinnen – Morrigan, Macha und Scathatch. Dann gab es die römische Göttin Minerva, die hinduistische Kali, die yorubische Oya, die ägyptische Sekmeth und viele andere. Auch die Griechen hatten Kriegsgöttinnen – Athene und Artemis, abgesehen von einem ganzen Geschlecht von Kriegerinnen …«

»Die Amazonen!« schwärmte Marcia. Sie hatte Kampfsportarten betrieben und war über das Thema des heutigen Zirkels eindeutig begeistert. »Frauen waren immer genausogut Kriegerinnen wie Mütter.«

»Wie Jeanne d'Arc«, ergänzte Marcia.

Bellona nickte. »Als Hexe verbrannt. Aber die männlichen Energien sind genauso wichtig, um den Weg des spirituellen Kriegers zu lernen – Götter wie Odin«, ich lächelte, während sie weitersprach, »und Mars. Der Pfad des Kriegers ist ein edler; die Menschen haben nur meist vergessen, daß es bei diesem Pfad darum geht, ein spiritueller Krieger zu werden statt ein Söldner. Es geht nicht um den Krieg mit anderen, sondern mit sich selbst.«

»Du hast gesagt, es geht um den Kampf mit uns selbst – was ist denn mit unserem eigenen inneren Gerümpel? Streß, Unsicherheiten, negative Verhaltensmuster«, fragte ich, weil ich an die Kämpfe dachte, die ich jeden Tag austrug, und an den Preis, den sie allmählich forderten. Meine Eltern waren Kämpfernaturen, und sie hatten mich als Kämpferin erzogen, die für ihre Prinzipien eintrat. Aber meine täglichen Auseinandersetzungen schienen immer weiter von meinen Idealen wegzuführen. Ich wünschte, Nonna wäre bei uns gewesen, weil ich gerne mit ihr darüber gesprochen hätte, aber sie hatte ihre eigenen Kämpfe auszufechten, und Bellona schien gut geeignet, unseren Feldzug anzuführen. »Und was ist mit den Anforderungen, die andere an uns stellen?« ergänzte ich.

»Das sind alles Schatten«, sagte Bellona. »Ihr müßt lernen, diesen Müll loszuwerden, Schritt für Schritt, euren eigenen und den der anderen. Beginnt mit der Reinigung. Ihr könnt dafür die Elemente verwenden. In Wasser zu baden, ist etwas, was jeder sowieso schon tut. Die amerikanischen Indianer und die Anhänger des Hexenkults verwenden Salbei zur Reinigung der Energie, der Gedanken und Gefühle, was die Menschen Aura nennen.«

»Wie mein Wischstab«, sagte Onatah und zog ein Bündel zusammengebundener Kräuter aus der großen Schultertasche, die sie immer bei sich hatte. »Das hat mir meine indianische Lehrerin gegeben – wir verbrennen es, bevor wir arbeiten.«

Bellona nickte. »Richtig, warum zündest du es nicht an und

reichst es herum? Ihr könnt auch Salbeitee trinken oder in Salbei oder in Meersalz oder anderen reinigenden Kräutern baden. Feuer wirkt ebenfalls reinigend – erinnert euch nur an unser Sekmeth-Ritual. Ihr könnt auch die Erde zur Reinigung verwenden. Das tut ihr, wenn ihr reinigende Kräuter nehmt. Eine traditionelle Möglichkeit zur Reinigung eines magischen Werkzeugs besteht darin, daß man es in der Erde vergräbt. Ihr könnt euch auf die Erde legen und die Negativität aus euch heraus in den Boden fließen lassen, wo sie transformiert wird. Aber denkt immer daran, euch zu bedanken.«

»Nach dem Reinigungsritual müßt ihr euch vor dem Eindringen der Negativität schützen, ganz gleich ob es Umweltgifte oder giftige Energien von anderen Menschen sind.« Maia nahm einen wunderschönen Spiegel vom Altar, dessen Griff die Gestalt einer ägyptischen Frau darstellte. Sie hielt ihn vor ihr Herz. Interessiert beugte ich mich vor. »Eine Technik besteht darin, einen konkaven Spiegel zwischen euch und euren Gegner zu halten. Was immer der andere euch sendet, wird auf ihn zurückgeworfen. Auf diese Weise braucht ihr nichts zu tun, als alles ›zurück an den Absender‹ zu schicken. Eine weitere Methode, die mir gefällt, besteht darin, einen Schutzraum um mich herum zu schaffen, der manchmal als Schild aus ›weißem Licht‹ bezeichnet wird. Mit etwas Übung könnt ihr lernen, ihn so zu gestalten, daß er wie ein Filter wirkt, der reine Energie, die ihr gut verwenden könnt, hereinläßt, aber alles negative abwehrt. Das werden wir heute Abend praktizieren.« Ihre beruhigende Wärme ließ das leicht und die Ergebnisse gewiß erscheinen. Ich hoffte, daß sie recht hatte.

Wie immer saß ich im Osten. Jeanette saß links neben mir und Gillian rechts. Maia blickte zu uns herüber, während sie sprach.

»Setzt euch bequem hin. Schließt die Augen, erdet und zentriert euch.« Minuten vergingen. Ich konnte fühlen, wie Jeanette eine furchtbare Traurigkeit und eine enorme Entschlossenheit ausstrahlte, während sie meine Hand hielt. Ich schickte ihr Liebe und konzentrierte mich dann wieder auf meine Atmung und ließ meinen Geist ruhig werden. Ich fühlte das Gewicht von Händen auf meinen Schultern und schauderte. Was war das?

»Jetzt schickt eure Wurzeln nach unten und zieht die Energie aus der Erde hoch… Fühlt, wie sie euch mit Kraft und Stärke erfüllt… Fühlt, wie sie durch euch hindurch pulsiert und nach außen strahlt. Sie bildet um euch herum ein glühendes weißes Energiefeld. Atmet und zieht die Energie aus der Erde hoch… atmet aus und schickt die Energie nach außen in das strahlende Kraftei, das euch umgibt und schützt. Das Ei ist porös. Wie ein Netz aus Licht läßt es nur gesunde, reine Energie herein und schützt euch vor allen negativen Kräften. Atmet ein und spürt, wie ihr die gereinigte Kraft aufnehmt, ohne mit irgendeiner Art von Negativität in Berührung zu kommen… Fühlt, wie ihr stärker werdet… Während ihr stärker werdet, spürt, wie die schützende Barriere aus strahlendem Licht ebenfalls stärker wird… Jetzt konzentriert die Energie in eurem Herzen und in eurem Solarplexus… Schickt sie von innen nach außen… Schließt euch darin ein. Denkt daran, daß ihr nur reine Energie aufnehmen werdet, die euch stärkt und erneuert. Fühlt die Energie, die ihr in eurem Herzen und im Solarplexus gesammelt habt. Sie steht euch zur Verfügung, wann immer ihr diesen Schild aus Licht benötigt… Öffnet eure Augen.«

Wir segneten Wein und Kuchen, und als wir anfingen, sie zu verteilen, fragte Jeanette plötzlich mit ruhiger Stimme: »Und was mache ich mit meinem Ärger?«

270

»Das kommt auf die Ursache an«, sagte Bellona, während sie mühelos eine Saftflasche öffnete, die niemand von uns aufbekommen hatte. »Er kann eine gesunde Reaktion auf eine ungesunde Situation sein – ein Hinweis darauf, daß du aufpassen mußt. Aber er kann dich auch vergiften, wenn du den Hinweis ignorierst, wenn du nichts unternimmst, um dich zu schützen, für dich zu sorgen und dich zu respektieren. Dann mußt du das Reinigungsritual durchführen.«

Und die Ursache des Ärgers beseitigen, dachte ich bei mir, ohne zu ahnen, was dieser Gedanke in Bewegung setzen würde.

Maia fuhr fort: »Eine einfache Möglichkeit, sich von Ärger zu befreien, besteht darin, die Hände in eine Schüssel mit Wasser zu legen. Man kann Salz, Salbei, ein paar Tropfen Eukalyptusöl, gemahlenen Vetiver und Kiefernnadeln hinzufügen. Visualisiere deinen Ärger als schwarze, klebrige Flüssigkeit, die aus deinen Händen in die Schüssel fließt. Wenn du dich gereinigt fühlst, schütte das Wasser in einen Fluß oder ins Meer. Oder in den Ausguß. Während du es wegspülst, bitte das Wasser, die Negativität zu transformieren und sprich:

Hinweg, hinweg
sei gereinigt heute
mit Wasser und Erde.
Zurück kehrt die Freude
ins reine Herz
welches frei von Schmerz.

Und dann zerschlägst du die Schüssel und vergräbst die Scherben. Und mach das Spülbecken sauber, wenn du das Wasser dort ausgegossen hast.«

»Schaffst du es auf diese Weise, immer so ruhig zu bleiben?«
scherzte Bellona. Sogar Maia lachte. Oft loderte sie auf wie eine
römische Fackel, und wir hatten gelernt, daß es besser war,
sich in solchen Momenten aus der Schußlinie zu halten. Maia
war gewiß nicht das Abbild einer friedfertigen, kontemplati-
ven Mystikerin im safrangelben Gewand. Ihr Temperament
war eher dramatisch, wie Feuer, das über einen buschbewach-
senen Hügel rast und alles versengt. Es war wie eine Naturgewalt, aber weil es nie bösartig oder grausam war, störte es mich
nicht. Es ließ sich in keiner Weise mit den giftigen Explosionen
im Büro vergleichen. Ich überlegte, ob ich den Energiefilter
und Maias Reinigungsritual bei Ärger dort einsetzen könnte.

»Besser als hundert Dollar für die Couch beim Therapeuten
zu bezahlen, und wirkt anscheinend erheblich schneller«,
lachte Naomi, unser ewiger Scherzbold.

Alle lachten mit ihr außer Jeanette, die sich Maias Anweisungen sorgfältig notierte. Als ich sie beobachtete, erinnerte
ich mich an unser Gespräch nach dem Runenlesen, als sie gesagt hatte, die Härten des Lebens könnten einen stärker
machen, je nach dem, wie man darauf reagiert.

»Aber vergeßt nicht, Ärger kann ein Schwert sein, das euer
Leben rettet.« Bellonas Stimme hatte einen harten Unterton,
als würde sie den Preis der Schlacht kennen.

Jeanette sah auf. Würde sie ihre geheimnisvollen, unausgesprochenen Ängste in das kriegerische Schwert des gerechten
Zorns verwandeln? Trotz aller Unterschiede schienen wir uns
plötzlich sehr ähnlich zu sein – auch ich behielt meine Sorgen
für mich, und auch ich mußte Angst in Zorn und Zorn in Handeln umsetzen. Aber wie?

»Also, das ist eine nette Überraschung.« Ich ließ mich in den
üppigen Komfort der Limousine sinken.

»Sei schlau, nur so kommst du weiter. Das gibt mir die richtige Perspektive, wenn du mit Kotzbrocken zu tun hast. Ich werde diese Geschichte genießen«, lachte Tony Pagano mit offensichtlicher Vorfreude. Er war einer der besten Werbefachleute im Plattengeschäft, ein kleines, dunkelhäutiges Energiebündel. Wir hatten einige Geschäfte zusammen gemacht und waren Freunde geworden. Ich hatte gelernt, den Weg über die vornehme Hauptstraße zu gehen, und er brachte mir bei, wie das Geschäft in den Nebenstraßen funktionierte. »Er weiß also nicht, daß du mich mitbringst?«

»Natürlich nicht. Das ist ja der Sinn der Sache: der Überraschungseffekt. Wir wollen ihn eiskalt erwischen.«

»Na, auf die Art bestimmt. Er wird sich in die Hosen scheißen, wenn du mit mir reinkommst.«

»Das wäre nett, aber eigentlich will ich nur, daß er seine sture Position aufgibt.«

»Wenn wir es damit nicht schaffen, dann überhaupt nicht.«

Wir waren auf dem Weg zu Don Marshall, einem sehr bekannten Manager, dessen Band, die bisher Stadien füllen konnte, ihren Zenit überschritten hatte. Er brauchte Klienten, und ich hatte einen, den er wollte – eine phantastische Gruppe, die Konzerte für einige größere Stars eröffnet hatte. Es war reiner Zufall oder vielleicht auch erheblich mehr, daß diese Band ihren Weg zu mir gefunden hatte, daß Don Marshall sie angesprochen hatte und daß Tony und Don jahrelang Partner gewesen waren, bevor sie sich im Streit getrennt hatten. Tony wußte über alles und jedes in Dons beruflichem und privatem Leben Bescheid, und dieses Wissen war meine Geheimwaffe.

Don hatte mir ein Geschäft vorgeschlagen, das in Sklaverei ausarten würde; es war mehr als unmoralisch, weil es Verträge für die Produktion mit dem Management und einem Plattenvertrag verband. Ich wußte, wenn Tony mit mir zusammen hereinkam, würde er an die Decke gehen. Und genau darauf baute ich – ich hoffte, wenn er erst einmal sein Gleichgewicht verloren hatte, würde er mit dem Blödsinn aufhören und uns einen wirklichen Handel anbieten.

Das Büro war schäbiger, als ich erwartet hatte. Die Wände waren mit Kiefernholz getäfelt und mit alten Konzertpostern, Fotos und ein paar goldenen Schallplatten geschmückt. Der kleine Raum war übervoll mit Aktenschränken, Kopierern und Kartons.

Eine hübsche junge Frau sprang begeistert auf, als Tony hinter mir durch die Tür kam. Er legte seine Finger auf die Lippen, und sie fiel ihm um den Hals. »Gott, habe ich dich vermißt. Es ist einfach nicht mehr dasselbe. Wie ist es dir ergangen?«

»Gut, gut. Es geht mir großartig. Ist der hohe Herr da drin?« Sie verzog das Gesicht und nickte.

»Könnten Sie ihm bitte sagen, daß ich hier bin?« bat ich sie. »Aber erwähnen Sie Tony nicht.«

»Kein Problem.« Sie lächelte mit Verschwörermiene und führte uns in Dons Büro. Er telefonierte und hatte uns den Rücken zugewandt. Wir setzten uns. Er sprach weiter, eine Masche, mit der er mich ärgern wollte, doch das erhöhte nur mein Vergnügen. Es war lediglich eine Frage der Zeit. Er legte den Hörer auf und drehte sich langsam um.

»So, ich vermute, Sie sind bereit…« Er sah aus, als hätte ich ihm einen Schlag in die Magengrube versetzt. Es war mir ein inneres Fest.

»Nehmen Sie niemals etwas an«, lächelte ich süß. »Ich weiß, die Herren kennen sich.«

Tony setzte sein schönstes Gaunergrinsen auf.

»Was macht der denn hier?« Don starrte mich an.

»Nun, er gehört zum Team. Die Frage ist jetzt, ob Sie auch dazugehören?« Die Macht hatte sich plötzlich verschoben; ich konnte sie wie die weiche, schwere Luft eines wunderschönen Sommertages fühlen, und er wußte es. Ich glaubte sogar, eine kleine Schweißperle auf seiner Oberlippe zu erkennen.

Ich nannte ihm unsere Bedingungen, und er brachte seine Einwände vor, aber ich hatte einen Keil in seine stählerne Rüstung getrieben, und es war nur noch eine Frage der Zeit, bis wir uns einigten. Tony entschuldigte sich, um die Band anzurufen, und Don kam hinter seinem Schreibtisch hervor. »Ganz schön clever. Haben Sie jetzt, was Sie wollten?« Er blieb nur wenige Zentimeter vor mir stehen, und seine Hände schossen wie zuschnappende Klapperschlangen vor und griffen nach meinen Brüsten. Es passierte so schnell, daß ich gar nicht nachdenken konnte. Ich trat einen Schritt vor, streckte meine Hände aus und griff in seine Arschbacken. Ich kniff zu, so fest ich konnte, und setzte auch meine Fingernägel ein, damit die Botschaft eindeutig schmerzhaft und nicht angenehm war.

Er schreckte zurück, als sei er gebissen worden.

»Nicht so knackig, wie sie sein sollten, aber das reicht fürs erste, bis ich was Besseres finde«, sagte ich gelassen. Ich klemmte mir meine Aktenmappe unter den Arm und ging langsam zur Tür. »Ich glaube nicht, daß wir noch einmal persönlich miteinander sprechen müssen. Oder Sie können sich das nächste Mal mit Tony verabreden.« Und bevor er etwas antworten konnte, war ich durch die Tür und schloß sie vor seinem verblüfften Gesicht. In Gelächter ausbrechend zog ich Tony aus dem Büro, und wir machten uns auf den Weg zum »Russischen Teeraum«.

Ich lachte den Rest des Tages. Und ich lernte etwas darüber, wie man Energie dahin zurückschickt, wo sie hergekommen ist. Es war nicht mein Verstand, der reagiert hatte – es war mein Körper gewesen. Er wußte mich zu schützen und angemessen zu antworten. Mein Verstand wäre durch Peinlichkeit und Verwirrung gelähmt gewesen. Aber mein Körper wußte, was zu tun war. Er verfügte über eine eigene kämpferische Weisheit und die Fähigkeit, auf eine Weise für mich zu sorgen, mit der ich nie gerechnet hätte. Das war gut. Im Grunde war es diese ganze frustrierende, lächerliche Begegnung wert gewesen. Mein Verstand hatte die Strategie entwickelt, aber im entscheidenden Moment hatte mein Körper mir den Sieg gebracht.

Damals gab es nur wenige Frauen in der Musikbranche, und an diesem Tag hatte mich die Realität, mit der Frauen sich allzuoft auseinandersetzen mußten, nur kurz gestreift. Ich hatte bekommen, was ich für meine Klienten wollte, und ich hatte die Demütigung nicht hingenommen. Im Grunde hatte ich sie sogar mit gleicher Münze sofort zurückgezahlt, und das hatte sich offen gestanden verdammt gut angefühlt. Ich war clever und stark gewesen. Ich hatte mich an die Spielregeln gehalten – und gewonnen. Ich war so hart wie nötig gewesen. Doch als ich schließlich in meinem Wohnzimmer saß, von nichts als Kerzenlicht und dem Spiel der tanzenden Schatten an den Wänden umgeben, nahm ich eine völlig andere Emotion wahr: Ich fühlte mich geschändet. Ich hatte bewiesen, daß ich über alles verfügte, was ich brauchte, um zu gewinnen. Aber ich war dabei, jemand zu werden, der ich nicht sein wollte.

Ich zündete einen kleinen Bund Salbei an und atmete langsam den reinigenden Rauch ein. Während ich mich erdete, wurde mein Geist ruhig. Und dann kam die Einsicht: Ich war dazu erzogen worden, für andere zu kämpfen, mich für eine gute Sache einzusetzen, aber ich hatte nie wirklich gelernt, für mich selbst zu kämpfen. Ich war auf eine naive Art unvorbereitet auf das, was mir in der Arbeitswelt begegnete, hatte fälschlicherweise geglaubt, die Generation meiner Mutter hätte den Kampf um die Gleichberechtigung der Frauen am Arbeitsplatz geführt und bereits gewonnen. Nun dämmerte mir allmählich, daß mein eigenes Leben das Schlachtfeld für meine Ideale geworden war. Ich erinnerte mich an Nonnas Worte, daß ich andere nicht heilen konnte, bevor ich mich nicht selbst geheilt hätte – vielleicht galt genauso, daß ich nicht für andere kämpfen konnte, solange ich nicht gelernt hatte, für mich selbst zu kämpfen. Aber wie?

Würde es immer so sein wie diesmal? Würde ich mir eine so dicke Haut zulegen müssen, daß sie undurchdringlich war? Und was dann? Würde ich damit Macht, Geld und Respekt gewinnen? Als die Uhr Mitternacht schlug, wußte ich, daß in diesem Spiel ein Preis zu zahlen war. Wenn ich erst haben würde, was jetzt erreichbar schien, dann, so fürchtete ich, würde ich wie alle anderen sein – gleichgültig gegenüber den Leiden meiner Mitmenschen oder vielleicht sogar selbst die Ursache dafür, gefangen in einem schützenden Panzer, den ich nicht abwerfen konnte, und unfähig, den sanften Kuß des Windes oder die Berührung eines geliebten Menschen zu spüren.

In dieser Nacht waren meine Träume dunkel und qualvoll, und mein Schatten lag vor mir, statt hinter mir. Wohin er sich auch bewegte, ich war gezwungen, ihm zu folgen. Und ich war nicht allein. Alle Menschen in meinem Traum wurden von ihren Schatten geführt, die ihnen nicht folgten, sondern sich in einer ausgedörrten, unfruchtbaren Landschaft bewegten und die dazugehörigen Personen fast hinter sich herzogen. Ich versuchte, mich zu befreien, und sah, wie Jeanette ebenfalls darum kämpfte, freizukommen.

Als ich mich am nächsten Morgen fürs Büro fertigmachte, deckte ich die dunklen Ringe unter meinen Augen mit Schminke ab. Mit jedem Tag beruflicher Gewalt, ganz gleich wie sehr ich versuchte, mich abzuhärten, mußte ich mich fragen, ob ich nicht ein Schatten meiner selbst wurde.

Eine Akte fiel von meinem überfüllten Schreibtisch auf den Boden, als ich Madelines Stimme über die Gegensprechanlage hörte: »Hier ist eine Frau, die dich sprechen möchte. Sie sagt, sie sei eine Freundin – Jeanette Sebillot.«

»Danke, Madeline. Schick sie zu mir herüber.« Wie seltsam, dachte ich, während ich die heruntergefallenen Papiere aufhob. Jeanette arbeitete in New Jersey, also kam sie nicht einfach vorbei, um sich mit mir zum Mittagessen zu treffen. Ich sah auf die Uhr – bald hatte ich einen Besprechungstermin mit Hadus, aber was immer Jeanette hergeführt hatte, es würde wohl nicht lange dauern.

»Also, ich denke, vielleicht solltest du doch lieber herkommen.« Madeline klang etwas besorgt.

Sehr merkwürdig.

Jeanette saß in einer Ecke der Empfangshalle und hatte das Gesicht von uns abgewandt.

»Hallo!« begrüßte ich sie fröhlich. »Was für eine nette Überraschung. Ich habe in etwa zehn Minuten eine Besprechung, aber komm doch erst mal mit nach hinten…« Sie drehte sich um, und ich sah, daß sie eine Sonnenbrille trug.

»Es tut mir leid, daß ich dich bei der Arbeit störe… aber du bist Rechtsanwältin, und ich wußte nicht, an wen ich mich sonst hätte wenden sollen.« Ich konnte hören, daß sie darum kämpfte, Ruhe zu bewahren. »Ich weiß nicht, was ich tun soll…« Ihre Stimme brach.

Das würde nicht in fünf Minuten erledigt sein.

»Ist schon in Ordnung. Komm, wir können in meinem Büro darüber reden.« Sie erhob sich langsam, als würde ihr jeder Knochen weh tun. Sie trug ein schickes Kostüm in lebhaften Farben, und mit ihrem elegant frisierten Haar und der Sonnenbrille wirkte sie ganz wie eine Operndiva, und jeder sah uns hinterher, als ich sie nach hinten in mein Büro führte. »Möchtest du eine Tasse Kaffee?«

Sie schüttelte den Kopf. Wir saßen schweigend da. Ich warf einen schnellen Blick auf die Uhr. Jeanette öffnete ihre Handtasche und holte ein paar Papiertaschentücher heraus. Sie drehte sich weg und starrte aus dem Fenster. »Könntest du die Tür zumachen?«

»Natürlich.« Ich wartete darauf, daß sie etwas sagte. Die Spannung wog schwer und füllte den Raum wie der betäubende Lärm eines vorbeirasenden Zuges. »Ich habe leider gleich eine Besprechung und deshalb nicht viel Zeit.«

Ich bemühte mich, nicht ungeduldig zu klingen. »Du hast gesagt, du brauchst einen Anwalt?«

»Ich hätte dich nicht im Büro stören sollen.«

»Nein, das ist wirklich kein Problem. Sag mir einfach, was passiert ist.« Wieder ein Blick zur Uhr – noch zwei Minuten. »Was ist los? Warst du bei der Arbeit?«

»Ja, aber ich bin gegangen. Jetzt werden sie mich feuern… Ich kann es mir nicht leisten, meinen Job zu verlieren.«

Okay, das konnte ich in der verbleibenden Minute erledigen. »Bist du Mitglied in einer Gewerkschaft?«

»Nein, darum geht es nicht.«

Mein Telefon piepte, und die Lampe leuchtete auf. Ich beobachtete es nervös. Madeline würde den Anruf für mich notieren.

Jeanette weinte. Die Minute war um.

»Ich bin sicher, du kannst mit ihnen darüber reden. Soll ich das übernehmen?«

»Es tut mir leid. Ich hätte nicht herkommen sollen.« Sie nahm die Sonnenbrille ab, um sich über die Augen zu wischen, und ich sah, daß ihr rechtes Auge purpurn verfärbt und geschwollen war.

»Ach du Schande! Was ist passiert?«

Jeanettes Brustkorb hob sich sanft, während sie mit den Schatten kämpfte, die sie umgaben. »Mein Exmann.« Ihre Stimme war klein und hart. Sie starrte aus dem Fenster, und der Himmel verdunkelte sich. Dann klopfte jemand heftig an die Tür.

»Einen Augenblick«, rief ich.

»Was ist mit deinem Exmann? Jeanette, sag doch was. Hat er dich geschlagen?«

Die Tür wurde geöffnet.

»Er wird mich umbringen.«

Ich drehte mich um und sah Hadus mit finsterem Blick in der Tür stehen. Ich lächelte ihm beruhigend zu und signalisierte ihm, daß ich gleich dasein würde.

»Entschuldigung, was haben Sie gesagt?« fragte Hadus sie höflich.

»Sie sagte, daß ihr früherer Anwalt sie umbringen wird, wenn sie die Kanzlei wechselt. Jeanette ist gerade ein sehr attraktiver Vertrag angeboten worden.« Ich versuchte, die Sache so gut wie möglich zu vertuschen.

»Jeanette … Dumas, möglicherweise eine neue Klientin. John Hadus, mein Chef.« Ich hoffte, Jeanette würde sich zusammenreißen, bis ich ihn losgeworden war. »Ich weiß, daß wir eine Besprechung haben. Es dauert nur noch ein paar Minuten.« Und dann tat ich das Unvorstellbare – ich nahm Hadus am Arm und schob ihn aus dem Zimmer.

»Zehn Minuten, versprochen.« Und ich schloß die Tür vor seinem erstaunten Gesicht.

Jeanette stand am Fenster mit dem Rücken zu mir. »Er wird mich umbringen. Vor ein paar Wochen ist er aus dem Gefängnis gekommen. Seitdem hat er ständig angerufen, aber ich habe mich geweigert, ihn zu treffen. Heute ist er an meinem Arbeitsplatz aufgetaucht. Ich weiß nicht, wie er mich gefunden hat. Er hat auf dem Parkplatz gewartet, als ich in die Mittagspause ging. Ich sollte ihm Geld geben, es war furchtbar. Meine Freundin Mary hat mir geholfen, wegzukommen, und dann bin ich hierher. Aber er wird mich finden.«

»Du kannst bei mir bleiben. Ich muß jetzt in diese Besprechung, aber danach können wir zusammen hier weggehen. Ich werde Jake anrufen, und er wird mit uns in deine Wohnung fahren, damit du ein paar Sachen holen kannst. Hast du die Polizei gerufen?«

Sie schüttelte den Kopf.

»Gab es irgendwelche Zeugen?«

»Ich weiß nicht, es spielt keine Rolle.«

»Mach dir darüber jetzt keine Sorgen. Dein Telefon ist eingetragen, oder? Du solltest dir eine neue Nummer geben lassen. Wir werden eine Unterlassungsklage einreichen.« Ich war in meinem rationalen Anwaltsmodus – da gab es keine unlösbaren Probleme. »Laß mich meine Freundin Rachel anrufen – ich kenne sie aus meiner Gewerkschaftsarbeit. Sie betreibt eine Anwaltskanzlei für Familien- und Privatrecht. Sie wird dir helfen.« Ich schrieb die Telefonnummer auf und gab sie ihr.

»Es wird nichts nützen.« Sie war so kalt und bewegungslos

281

wie ein Stein. »Ich weiß nicht, was ich tun soll«, klagte sie noch einmal leise wie zu Beginn unseres Gesprächs. Ich konnte hören, wie ihre Welt zusammenbrach.

Rachel war am Gericht, und so hinterließ ich ihr eine Nachricht.

»Es wird alles gut werden.«

Sie nickte wie betäubt.

Als ich aus Hadus' Büro zurückkam, war sie nicht mehr da. Ich versuchte sie während der nächsten Tage ein dutzendmal telefonisch in ihrer Wohnung zu erreichen, aber sie meldete sich nicht, und niemand hatte etwas von ihr gehört. Ich war krank vor Sorge, die sich auch kaum verringerte, als Rachel mir sagte, Jeanette habe sie angerufen.

Die schmale Sichel des abnehmenden Mondes stand am Himmel, als ich zum Zirkel eilte, in der Hoffnung, Jeanette würde dort sein. Als ich in die süße Luft und den Klang des Frauenlachens eintauchte, betrat ich einen Raum der Sicherheit und des Friedens. Aber Bellonas Energie war voller Sorge und Dringlichkeit, und Maia kauerte in einer Ecke, die außergewöhnlich dunkel wirkte. Gillian saß neben ihr, sprach sanft mit ihr und hielt ihre Hand.

»Was ist los?« fragte ich Naomi.

»Ich weiß nicht«, antwortete sie mit einem besorgten Stirnrunzeln statt ihres normalerweise fröhlichen Gesichtsausdrucks. Ich hörte, wie die Eingangstüre geöffnet wurde und sah Jeanette, die immer noch ihre Sonnenbrille trug.

»Göttin sei dank, daß du hier bist.« Ich umarmte sie selig. »Ich habe mir solche Sorgen um dich gemacht. Wo warst du denn?«

Vorsichtig nahm sie die Sonnenbrille ab. Ich sah, daß die Schwellung um ihr Auge zurückgegangen war und sie den

Bluterguß mit Schminke abgedeckt hatte. Wenn man es nicht wußte, bemerkte man ihn kaum in dem abgedunkelten Raum.

»Ich habe mir für ein paar Tage ein Hotelzimmer außerhalb der Stadt genommen.«

»Du hättest doch bei mir bleiben können. Hast du dich mit Rachel getroffen?«

Bevor sie antworten konnte, drängte uns Bellona nachdrücklich, den Kreis zu bilden. Der Tempel war von paarweise angeordneten schwarzen und weißen Kerzen erleuchtet. Dunkle rote Wolken von stark duftendem Räucherwerk, das ich nicht kannte, stiegen vom Altar auf. Während sie mit einem Schwert, das sie vor sich erhoben hatte, den Kreis bildete, rief Bellona die alten Namen Nemesis, Sekmeth, Morrigan, Hekate, Adrastea, Kali, alles dunkle Göttinnen, Kräfte der Gewalt, der Abrechnung und der gerechten Wut. Ich hatte sie noch nie so grimmig entschlossen gesehen.

Wir standen im Kreis, hielten uns an den Händen und warteten auf Bellonas Anweisung. Sie hielt den Kopf gesenkt. Plötzlich zerriß ein Schrei ihre Kehle, ein urzeitliches Heulen voller Schmerz und Wut. Bellona begann, sich gegen den Uhrzeigersinn durch den abgedunkelten Raum zu bewegen, im Widersinn, der Richtung des Bannens. Langsam folgten wir ihr und drückten gegen einen unsichtbaren Widerstand, als ob unsere Körper durch eine außergewöhnliche Schwerkraft nach unten gezogen würden.

Bellona begann zu singen, so leise, daß es wie ein Murmeln klang. Allmählich stieg ihre Stimme in die Höhe zu einem klaren, kraftvollen Ton, mit dem sie einen Bannspruch hervorschleuderte. Wir sangen mit ihr und bewegten uns schneller und schneller, bis wir rannten und unser Gesang nur noch aus einem Wort bestand: Hinweg!

Im Raum wurde es immer kälter. Als ich mich von Westen nach Süden bewegte, stellte ich fest, daß es am verschlossenen Eingang zum Tempel eiskalt war. Meine Haut im Nacken kribbelte, und dann sah ich sie: eine schwarze, zähe Wolke, etwa zwei Meter hoch, die in der Nähe der Tür schwebte.

Ein blankes, irrationales Entsetzen ergriff mich. Ich hatte Angst, daran vorbeizugehen und der Wolke meinen Rücken zuzuwenden, aber ich konnte die Bewegung des Kreises nicht stoppen. Ich ging näher, und in dem Moment, vor dem ich mich gefürchtet hatte, als ich direkt davor stand, fühlte ich Wut und Ärger so mächtig in mir aufsteigen, daß kein Platz mehr für die Angst blieb.

Ich laß dich nicht, raste ich vor Zorn. *Verschwinde!*

Noch zweimal bewegten wir uns im Kreis an der diabolischen Manifestation vorbei. In der dritten Runde blieben wir abrupt stehen, als eine Keramikschale auf dem Altar in Stücke brach. Ich sah schnell zum Tempeleingang – der Schatten war weg.

An diesem Abend gab es kein Festmahl, kein Gelächter und keine Geschichten. Bellona blieb im Tempel, die Arme schützend um eine erschöpfte Maia gelegt. Sie wies uns an, die Stücke der zerbrochenen Schale nicht zu berühren, aber wir räumten den Rest des Altars schnell auf und verließen den Tempel.

Jeanette saß an Maias Lesetisch und schnürte ihre eleganten viktorianischen Stiefel.

»Wird Rachel eine Unterlassungsklage einreichen?« Ich setzte mich neben sie. Im Gegensatz zu den sonstigen Zirkeltreffen fühlte ich mich heute müde.

Jeanette nickte. »Schon erledigt. Wir waren heute bei Gericht. Und heute abend gehe ich wieder nach Hause.«

»Bist du überzeugt, daß du dort sicher bist? Du kannst auch bei mir bleiben.«

»Tatsache ist, wenn er es auf mich abgesehen hat, wird ihn kein Gerichtsurteil daran hindern. Kein Ort ist sicher, wenn ich es zulasse, daß er mich terrorisiert. Ich werde dann nicht einmal in meiner eigenen Haut sicher sein. Ich muß mich gegen ihn wehren. Das habe ich schon einmal getan, und ich kann es wieder tun.«

»Schon einmal?« Wir saßen schweigend zusammen, während Jeanette gegen ihre Dämonen kämpfte. Schließlich sprach sie, das Gesicht ein wenig zur Seite gedreht.

»Er hat mich ständig geschlagen. Ich war jung, dumm und hübsch, und er war krankhaft eifersüchtig. Ich dachte, die Sonne würde nur für mich aufgehen und habe mich auf ihn verlassen – ich habe geglaubt, er müsse sich meiner Liebe nur sicher sein. Aber nach einer Weile war ich bloß noch entsetzt. Er drohte mir, mich umzubringen, wenn ich ihn verlassen würde.«

»Es tut mir so leid…« Wir saßen zusammen in dem seltsamen, stillen Nachhall der magischen Handlung, die wir gerade vollzogen hatten, und der Erinnerungen daran.

»Was hast du gemacht?«

»Ich war mutig und hab's ihm zurückgegeben.«

»Du bist bemerkenswert!« Ich drückte ihre Hand, und schließlich drehte sie sich um und sah mich an. Sie hatte Tränen in den Augen, aber ihr Gesichtsausdruck war gefaßt.

»Nein. Ich bin eine Überlebende. Aber ich habe einen entsetzlichen Preis für meine Angst bezahlt. Ich war schwanger, und ich wußte, das Baby würde nicht überleben, wenn ich nicht von ihm wegkam. Ich wartete, bis er eingeschlafen war. Ich hatte eine kleine Tasche gepackt und unter der Couch versteckt. Es war bitterkalt, und ich hatte nur einen Frühjahrsmantel. Er war so hübsch, ein wunderschönes Korallenrot mit einem kleinen Kragen und großen Knöpfen.«

Ihre Stimme versagte, und ihre Augen sahen etwas, das zu weit weg war, als daß irgend jemand anderes es hätte erkennen können, aber für sie zu vertraut, um es zu vergessen.

»Ich war aus der Tür heraus, aber noch meilenweit von der Freiheit entfernt. Er wurde wach.« Sie sprach nicht weiter, während der Schatten, den ich jetzt schon kannte, über ihr Gesicht zog.

»Im Krankenhaus sagten sie mir, das Baby sei totgeboren. Es war zu winzig, um den Sturz zu überleben.«

»Oh, Jeanette …«

»Ein kleines Mädchen. Als mich die Sozialarbeiterin besuchte, sagte ich ihr, ich würde Anzeige erstatten.«

Und sie lachte, leise und traurig. »Der Staatsanwalt war nicht sonderlich begeistert, einen Fall zu verfolgen, den er als ›Familienangelegenheit‹ bezeichnete. Aber während ich noch im Krankenhaus lag, wurde Richard wegen Drogenhandel festgenommen. Er hat also wohl seine Strafe bekommen. Oder zumindest einen Teil davon. Aber jetzt ist er draußen.«

»Ich vermute, daß du mit Maia gesprochen hast. Hat das Ritual geholfen?«

»Nein, ich habe mit niemandem außer dir gesprochen. Und bitte sag auch nichts. Sie sollen sich keine Sorgen machen. Ich muß feststellen, wer ihm verraten hat, wo er mich findet. Das ist der erste Schritt, und dann werde ich mich mit ihm beschäftigen. Ich habe das auch schon mit Rachel besprochen – morgen werde ich bei der Polizei Anzeige erstatten. Ich bin sicher, daß irgend jemand an meiner Arbeitsstelle gesehen hat, was passiert ist.« Ich erkannte ihre Entschlossenheit. »Ich lasse mir das nicht gefallen. Nie wieder.«

Sie umarmte mich, lang und fest.

»Danke. Du warst mir eine große Hilfe.«

»Ich? Aber ich habe doch gar nichts getan.«

»Du warst da, als ich dich brauchte. Du warst meine Schwester. Jetzt brauche ich ein bißchen Ruhe.«

»Ruf mich morgen an.«

Sie nickte, und dann verließ sie den Laden mit einer Stärke und Schönheit, die ich nie zuvor gesehen hatte.

Maia sah erschöpft aus, als ich wieder in den Tempel kam, und ich zögerte, sie zu stören, aber nachdem alle anderen gegangen waren, berichtete ich Maia und Bellona über den merkwürdigen Schatten, den ich während des Bannrituals an der Tür gesehen hatte. Sie tauschten Blicke aus, und ich konnte ihren unausgesprochenen Dialog fühlen, aber nicht hören.

»Er war am Eingang zum Tempel«, sagte ich.

Wieder sahen sie einander an.

»Er war eisig und entsetzlich. Aber ich wurde einfach unglaublich wütend, und diese Energie hat mich über meine Angst hinausgetragen. Habe ich mir das alles nur eingebildet?«

»Nein«, sagte Bellona ruhig. »Wir haben ihn auch gesehen.«

Ich wußte nicht, ob ich mich erleichtert fühlen oder noch mehr fürchten sollte. Er war also wirklich dagewesen. Ich hatte gedacht, das Bannritual sei für Jeanette durchgeführt worden, doch es gab einen anderen Grund dafür. Ich fühlte mich wie betäubt, als Bellona erklärte, Maia sei an diesem Nachmittag vergewaltigt worden. Die Energie des Zirkels diente dazu, die Auswirkungen des Übergriffs zu bannen und dafür zu sorgen, daß den Täter Vergeltung ereilte.

Die räuberische Energie hatte zumindest drei von uns berührt, mit unterschiedlichen Auswirkungen.

Während der folgenden Woche erwachte, arbeitete und schlief ich im Schatten des Bannkreises. Immer wieder durchlebte ich den quälenden Abend und erkannte, wenn man etwas bannen wollte, mußte man es zunächst beschwören. Es ist eine Sache, eine Sylphe oder sogar einen unberechenbaren Tiergeist zu beschwören. Aber es war eine völlig andere Sache, etwas Abscheuliches und Schreckliches anzurufen. Bis jetzt war unsere Arbeit... bezaubernd gewesen. Sie war ernsthaft, manchmal zutiefst emotional, aber nicht bis ins Mark erschreckend. Wo war ich hineingeraten? Ich hatte meinen Priesterinnen bedingungslos vertraut, aber indem sie uns nicht vor dem warnten, was bei einem Bannritual passieren könnte, hatten sie mich in eine Vertrauenskrise gestürzt. Aber vielleicht hatten sie selbst nicht damit gerechnet, daß sich die negative Energie, die wir bannten, auf eine so furchterregende Weise körperlich manifestieren würde.

Mir wurde allmählich klar, daß meine Priesterinnen nicht allwissend und allmächtig waren. Sie waren Lehrerinnen – begabt, großzügig und weise, aber menschlich und deshalb unvollkommen. Sie konnten nicht mehr tun, als die Werkzeuge und Techniken dieses traditionellen Systems mit uns zu teilen. Sie konnten mich führen und beraten, aber letzten Endes war ich für mich selbst verantwortlich. Als schließlich der volle Mond am Himmel stand, wußte ich, daß ich ihnen genug vertraute, um von ihnen das zu lernen, was sie mir beibringen konnten. Der Rest war meine Sache. Schließlich war dies keine Spiritualität, die darauf bestand, daß ihre Anhänger religiösen Führern gehorchten, die angeblich unfehlbar waren. Nun ging es für mich um die Frage, ob ich genug Vertrauen zu mir selbst hatte, um diesen Weg weiterzuverfolgen, der mich plötzlich in ein Reich geführt hatte, wo dunkle und unbekannte Gefahren lauerten.

Ich mußte herausfinden, was mir im Bannkreis begegnet war. Ich mußte mich selbst auf die Probe stellen. Ein paar schlaflose Nächte später, stellte ich bei Neumond einen magischen Spiegel vor mir auf. Zwischen den abgedunkelten Spiegel und mich selbst stellte ich eine kleine Kerze. Die Flamme sorgte dafür, daß ich nichts außer meinen eigenen Augen sah. Ich wußte, daß diese Vorrichtung benutzt wurde, um die eigenen vergangenen Leben zu sehen, aber diesmal suchte ich etwas anderes oder jemand anderen. Im Büro schützte ich mich mit einem Schild aus Licht. Das schien die Auswirkungen von Hadus' Übergriffen zu verringern, aber gleichzeitig schien etwas anderes, das weitaus störender war, meine Energie zu schwächen. Und dieser Zustand schien sich seit dem Bannkreis ständig zu verschlimmern.

Es fühlte sich an wie Furcht und Selbstzweifel. Ich wußte, daß es Nonna nicht gutging, und sie war wochenlang nicht zum Zirkel gekommen. Ich vermißte ihre Weisheit, aber ich sprach mit Maia, und sie hatte mir ein Reinigungsbad gegeben, das zunächst eine Menge davon weggewaschen hatte. Doch nun tauchte es wieder auf, umfing mich und wirbelte mich in einem makaberen Menuett herum, wenn ich am wenigsten darauf vorbereitet war. Ich bezweifelte, ob meine Entscheidungen klug waren; ich fragte mich, ob ich meinen Job weitermachen sollte; dann wieder stellte ich den Zirkel in Frage. Ich zweifelte an mir selbst. Mich erfüllten Wogen der Unsicherheit, in denen ich mit jeder neuen Flut zu ertrinken drohte.

Was war das? Wo kam es her? Und wie konnte ich mich davon befreien? Ich starrte in den Spiegel, ohne von mir selbst wegzusehen. Es war eine heiße, schwüle Nacht, die keine Abkühlung von der höllischen Glut des Tages brachte, aber in meinem Zimmer begann die Temperatur zu sinken. Ein Frostschauer ergriff mich, und dann erschien er. Ein schwarzer Geist voll offener Wunden kroch auf mich zu, sichtbar flimmernd, wie von der Sommersonne aufgeheizte Luft. Mir lief eine Gänsehaut über den Rücken und Übelkeit ergriff mich, aber ich sah nicht weg. Das Zimmer war eiskalt. Mein Herz raste. Ich war entsetzt, hatte Angst wegzublicken und noch mehr Angst, mich umzudrehen und der Erscheinung gegenüberzustehen – denn dann würde mein Schatten wie in meinem Traum vor mir stehen. Ich zwang mich selbst, mich gegen den Uhrzeigersinn zu drehen, während ich mich fühlte, als sei mein Körper aus Blei, und hoffte, das alles sei nicht mehr als eine Illusion aus Rauch und Spiegeln.

Es war ein Schatten. Er waberte auf der Schwelle meiner Wohnungstür und blockierte den Ausgang. Langsam, als ob ich unter Wasser sei, bewegte ich mich nach links; er bewegte sich ebenfalls. Ich war unvorbereitet; ich hatte weder einen Kreis gebildet noch irgendeine Göttin zu meiner Hilfe beschworen. Ich hatte mich weder mit einem magischen Werkzeug bewaffnet noch mit irgendeinem Bannspruch. Und dann erinnerte ich mich an Nonnas Worte: Die Magie kommt von innen. So schnell, wie die Schale auf dem Altar zerbrochen war, zerbrach meine Furcht, und mein Körper fühlte sich leicht und frei an. Mut ergriff mich, und ich machte einen Schritt auf den Schatten zu. Er bewegte sich nicht. »Wer bist du?« fragte ich ihn, denn ich erinnerte mich, daß man, wenn man den Namen eines Dämons kennt, Macht über ihn erlangt.

Nichts. Und dann wußte ich, hörte es in meinem Inneren: »Ich bin der Hüter der Schwelle, ich bin der Schatten. Drücke gegen mich.«

Ihn berühren? Wie gelähmt stand ich da, und der Schatten bewegte sich auf mich zu. Ich ergriff die Kerze, eine kleine

Fackel des Lichts, des Willens und der Leidenschaft, und schleuderte sie in die herannahende Dunkelheit. Ein Schatten glitt an meinem Arm herauf, aber das Licht durchdrang die Dunkelheit. Und er verschwand.

Ich sah nach unten, und mein Arm glühte. Ich hatte weiche Knie und zitterte am ganzen Körper. Mit hochgezogenen Knien saß ich auf dem Boden und umarmte mich selbst. Was hatte ich erreicht, außer mich selbst noch gründlicher in Angst zu versetzen, als ich es vorher schon gewesen war? Ich zog ein Bündel reinigender Kräuter hervor und streute sie schnell im Kreis durch den Raum. Ich trank Wasser. Ich atmete langsam und wartete darauf, daß die Verwirrung vorübergehen würde. Und als ich ruhiger wurde, begann ich zu verstehen.

Man muß dagegendrücken – und man entdeckt, was man braucht, um die Hindernisse zu überwinden, die einem im Weg stehen. Hindernisse sind Chancen. Indem wir sie überwinden, erlangen wir Stärke und Charakter, Einsicht und Mitgefühl. Hindernisse sind die Mittel, die uns helfen, unsere Gestalt zu finden. Wenn wir uns von ihnen abwenden, bleiben wir stecken und verändern uns nicht. Aber indem wir uns mit ihnen auseinandersetzen, entdecken wir die Grenzen und die Bedeutung unseres Lebens.

Jede wahre spirituelle Reise führt uns unvermeidlich zu jenem Hüter der Schwelle. Bevor wir uns ihm nicht stellen und nicht die Herausforderungen meistern, die er uns präsentiert, wird er nicht zulassen, daß wir unser wahres göttliches Selbst vollständig erleben. Wenn wir erst verstanden haben, daß er unser Lehrer ist, gleich in welcher Gestalt – Angst, Zweifel, Machtstreben, Scham, Selbstsucht oder irgendein anderer selbstzerstörerischer oder schädlicher Wesenszug –, können wir ihm die Schlüssel zum Reich der Göttin entwinden.

Wenn man tief genug in einen magischen Spiegel schaut, wird einem der Schatten daraus entgegenblicken. Denn alles wirft einen Schatten – er ist der Gefährte des Körpers, der im Licht tanzt. Wie das Spiegelbild reflektiert er die Wahrheit. Aber wie das Spiegelbild ist er auch seitenverkehrt. Indem wir unsere »dunkle Seite« anblicken, sehen wir nicht nur den Teil von uns selbst, der normalerweise im verborgenen liegt, sondern auch unsere Form, unsere Bewegung. Wir können vor unserem Schatten nicht davonlaufen, und wir können ihm nicht den Rücken zudrehen. Wenn wir seine Existenz leugnen, werden wir Opfer unserer eigenen Schwäche oder, was noch gefährlicher ist, wir laufen Gefahr, daß wir ihn auf andere projizieren, was zu der unaussprechlichen Brutalität führen kann, mit der die Menschen einander so lange behandelt haben. Obwohl er uns oft in Gestalt eines anderen Menschen begegnet, ist der Schatten ein Teil unserer selbst, und kein Versuch, ihn im Unterbewußtsein zu begraben oder seine Herrschaft in unserer Kultur rational zu erklären, befreit uns vom Terror seiner Gegenwart.

Wie können wir gegen den Schatten kämpfen? In magischen Geschichten bekommt der Held oder die Heldin immer verschiedene Hilfen mit auf den Weg: Worte der Weisheit von einem heiligen Mann oder einer heiligen Frau; ein magisches Werkzeug – Schwert oder Umhang, Amulett oder Buch; und oft einen Führer: ein Tier, einen Geist oder einen Freund. Der Hüter der Schwelle fordert uns heraus, diese Werkzeuge und Kräfte in uns selbst zu finden.

Es dämmerte mir allmählich, daß die negativen Energien, mit denen ich bei der Arbeit in Berührung kam, *nicht* von meiner Beschäftigung mit den spirituellen Wicca-Lehren zu trennen waren. Im Grunde spiegelten sie genau diese Bemühungen. Sie waren ein Ausdruck der Schatten, die zwischen mir und dem Heiligen standen. Unser Lebensweg, die Menschen, die wir treffen, die Herausforderungen der Welt sind im Grunde der alltägliche Ausdruck einer grundlegenden spirituellen Reise, deren Ziel darin besteht, Furcht zu besiegen, Unwissenheit zu bannen und unseren Geist zu befreien. Ich verstand allmählich, daß meine Konfrontation mit dem Hüter der Schwelle ebenso ein Test war wie die Ereignisse meines täglichen Lebens. Der Verlust an Macht, den ich erlebte, war ähnlich wie Hades' Entführung der Persephone in die Unterwelt. Ich lebte in einer Welt der Schatten.

Bei der magischen Arbeit geht es oft um die Reinigung und Transformation dieser negativen, destruktiven, begrenzenden Energien in positive, lebensbejahende, kreative Impulse. Ich wußte jetzt, daß man etwas, das man bannen will, erst beschwören muß. Und dann muß man stark genug sein, dagegenzudrücken. Ich lernte, den Hüter der Schwelle zu meistern. Ich wußte, daß ich angefangen hatte, Wege zu finden, auf denen ich die Schatten besiegen konnte, aber ich wußte nicht, ob ich die Göttin finden konnte.

Über Jahrtausende hinweg hatten Priesterinnen, Menschen, die die Göttin verehrten, Frauen und Hexen es erdulden müssen, daß die herrschende Kultur ihre Schatten auf sie projizierte. Sie waren als das Böse gebrandmarkt worden. Die Angst vor der Macht und Sexualität der Frauen machte sie zum Sündenbock der Gesellschaft, angeblich verantwortlich für die Existenz der Sünde und Ursache für die Vertreibung der Menschen aus dem Paradies und für alle Leiden des menschlichen Lebens. Hexen waren nicht das Böse, doch das Böse existierte zweifellos – der Terror der Hexenverfolgung war eine Projektion dieser kulturellen Schatten mit grausamen

Folgen. Während ich mit der Vorstellung von Maias Schmerz und Jeanettes blau geschlagenem Gesicht, meiner eigenen Demütigung und den zahllosen Alpträumen kämpfte, die uns die Medien alltäglich präsentieren, mußte ich mich fragen: Sind Menschen in ihrem Wesen und ihrer biologischen Natur nach unabänderlich böse?

Ich wußte, um eine Antwort zu finden, mußte ich mich an die Natur als meine spirituelle Lehrerin wenden, und die Antwort des Universums auf mein Bedürfnis war voller Schönheit und Luxus: Gillian lud mich übers Wochenende in die Vierundzwanzig-Zimmer-»Hütte« ihrer Eltern in Southampton ein. Während wir an Feldern und Kiefernwäldern vorbeifuhren, spürte ich, wie sich meine Stimmung hob, und mir wurde klar, wie leicht sich unsere Seele in den Betonlabyrinthen der Städte verirrt. Wir verbrachten Stunden zusammen, in denen wir in dem kleinen Garten arbeiteten, den Gillian dort seit ihrer Kindheit pflegte, wir gingen spazieren, meditierten und bildeten den magischen Kreis am Strand des riesigen Ozeans. Wir sprachen über den Angriff auf Maia, und Gillian erzählte mir, daß sie selbst vor Jahren bei einer Verabredung mit einem jungen Mann aus einer der prominentesten Familien Amerikas vergewaltigt worden war. Wir warfen uns in den Ozean und jubelten, als die mächtigen Fluten die Traurigkeit von unseren Seelen spülten.

Als ich anschließend im Sand lag, die Sonne auf meinem Gesicht, während das Wasser über meine Beine schwappte, war die Antwort so klar wie die frische Luft. Das Böse existiert nicht in der Natur. Wenn ein Tiger einen Menschen anfällt und zu Mittag verspeist, dann ist der Tiger nicht böse, sondern einfach nur ein Tiger. Aber zweifellos existiert das Böse im Menschen. Die Geschichte und mein eigenes Leben sowie die Menschen, die es erfüllt hatten, waren voll glänzender Beispiele für die Güte des menschlichen Herzens. Dank dieser Beispiele wußte ich, daß das Böse nicht angeboren ist. Aber wodurch entsteht es?

Während ich in der reinigenden, Kraft spendenden Brandung stand, wurde mir langsam klar, daß das Böse etwas ist, das im Menschen entsteht, wenn er seine Verbindung zur natürlichen Welt verloren hat. Es ist der Schatten von Schmerz und Wahnsinn, der die Leere füllt, die eine verlorene Seele hinterläßt. Indem wir unsere Verbindung zur Erde wiederherstellen, können wir auch unsere verlorene Verbindung zum Heiligen wiederfinden. Wir können die Wunde heilen, aus der das Böse entstanden ist, und den spirituellen Beistand finden, nach dem es uns so verlangt.

Jetzt wußte ich, daß man bereit sein muß, sich seinen schlimmsten Alpträumen zu stellen, denn sonst kann man sich nicht davon befreien. Man muß seinen Dämon beim Namen nennen, und man muß sich mit ihm auseinandersetzen. Dies ist der Weg, der einem Stärke und Mitgefühl, Weisheit und Freiheit sowie Respekt vor dem Leben vermittelt. Auf diesen Weg hatte ich mich begeben. Und es war ein Segen, daß ich ihn mit anderen zusammen ging, denn so konnten wir uns gegenseitig unterstützen und ermutigen, wenn wir unseren Schatten ins Gesicht sahen.

Salzwasserbäder – das war es, was Maia empfohlen hatte, um geistige Spinnweben und Verwirrung abzuwaschen. Und so schwammen wir im Ozean. Obwohl die Tage lang und sonnig waren, fühlte sich das Wasser immer noch erschreckend kalt an. Ich überließ mich den heranrollenden Wellen, dem unaufhörlichen Strom der Gezeiten, dem Salzwasser in Ohren und Nase, Mund und Augen, bis ich mein eigenes Salz dem des Meeres hinzugefügt hatte. Und als der Ozean bereitwillig meine Tränen aufgenommen hatte, dankte ich ihm und kämpfte mich gegen den Sog der beginnenden Ebbe zurück an den Strand, wo ich mich, nun wieder voller Frieden, hinfallen ließ.

Hundemüde, gereinigt und gesegnet im Leib der ersten Mutter, aus der wir alle vor aller Zeit hervorgegangen sind, saß ich zitternd auf ihrem glitzernden Sand. Ich starrte hinaus aufs Meer, wo die Sonne des frühen Sommers auf den glänzenden Wellen lag, und dachte an das As der Kelche, die Tarotkarte, die ich vor so vielen Monaten gezogen hatte. Ich dachte an Gillians Suche nach dem Gral und an mein erstes magisches Werkzeug, den silbernen Kelch. Ich dachte auch an die Wunden von Frauen und Männern, wie sie miteinander verwoben sind und wie ihre Heilung gemeinsam voranschreiten muß. Langsam verstand ich eine der dunkleren, wenig bekannten Geschichten über den Heiligen Gral und seine grundlegende Bedeutung für die Welt von heute.

Da die Geschichte seit etwa dem zwölften Jahrhundert überliefert worden ist, gilt der Heilige Gral darin als Kelch des letzten Abendmahls und als Gefäß, welches das Blut Christi enthielt. Alle Ritter der Tafelrunde suchten unablässig danach, doch keiner konnte ihn finden. Dies ist eine Sache, die jeder Mann und jede Frau in unserer westlichen Kultur unbewußt bis auf den heutigen Tag fortsetzt. Sie bleibt ein Symbol der spirituellen Suche nach dem Sinn des Lebens. Aber jahrhundertelang war der Gral für uns verloren, weil wir nicht wußten, wonach wir eigentlich suchten. Kein Wunder, daß wir ihn nicht finden konnten, denn man hatte ihn als ein Symbol der Erlösung durch Opfer, Leiden und Trauer beschrieben.

Doch der echte Gral, eingehüllt in die undurchsichtigen

Nebel der Zeit, wartet immer noch darauf, von uns entdeckt zu werden. Seine westliche Form und seinen Zweck erkennen die, die den Hüter der Schwelle besiegen können – denn der Heilige Gral ist ein altes Symbol der Göttin, der göttlichen Weiblichkeit.

Lange bevor die Geschichte christianisiert worden war und sich ihre ursprüngliche mythologische Bedeutung änderte, war der Gral oder Kessel ein altes, vorchristliches Symbol der fruchtbaren heiligen Erde und des göttlichen weiblichen Geistes, der sie belebt. Die spirituelle Suche des Ritters galt der Entdeckung seiner eigenen wahren Männlichkeit, indem er dem göttlichen Weiblichen diente – in seinem eigenen Inneren, in der Gestalt des Landes und schließlich in der Gestalt seiner Geliebten. In den frühen Gralsgeschichten wurde die Göttin oft als Herrscherin bezeichnet, und nur durch die Ehe mit ihr, vertreten durch die Priesterin, wurde ein Mann zum König. Seine Aufgabe bestand darin, das heilige Land als Verkörperung der Göttin und ihr Volk zu ehren und zu schützen. Aber in einer dieser alten Geschichten gelangt der Gralskönig, der auch als König der Fischer bezeichnet wird, nicht durch seine spirituelle Suche, sondern durch die Erbfolge an die Macht. Er hat sich nie einer Prüfung unterzogen und folglich nie gelernt, sich selbst zu meistern und die Verantwortung, die mit seiner heiligen Rolle verbunden war, zu übernehmen. Gleichgültig und ohne Gewahrsein vergewaltigt er eine junge Gralspriesterin. Der König versagt in seiner heiligen Rolle und wird von einem heidnischen Ritter zum Zweikampf herausgefordert. Dabei trifft ihn die Lanze des Ritters in die Leiste, und er wird impotent. Die Welt wird unfruchtbar und zur Wüste. Obwohl der Gral, aus dem aller Segen fließt, in Reichweite des Königs bleibt, können weder er noch sein Volk daraus Nahrung gewinnen. Das Land ist unfruchtbar geworden, weil Versprechen gebrochen wurden und unerfüllt blieben. Der König sitzt an einem einsamen Fluß und leidet entsetzliche Schmerzen, weil seine Wunde nicht heilen will. Er kann nicht gehen und nicht tanzen, sich nicht der körperlichen Liebe hingeben und nicht für sein Volk sorgen. Wie kann er geheilt werden, und wie kann die Welt geheilt werden, wenn der Gral ihn nicht heilen kann?

Die meisten Männer leben im Schatten dieses nun schon lange verwüsteten Landes, unfähig, dem Gral zu dienen, bereits verwundet und verkrüppelt durch ihr männliches Erbe, wobei sie nicht nur ihre ererbte Macht, sondern auch die Priesterinnen des Grals allzuoft mißbrauchen. Sie leiden an einer Wunde, die sie von ihren Gefühlen trennt und sie unfähig macht, Liebe zu geben und zu empfangen. Doch der König *brauchte* die Verwundung, um seine Seele zu öffnen. Die Wunde, und die Stelle, an der sie sich befindet, ist wie die Öffnung, die in einen Frauenkörper und in die Seele einer Frau hineinführt. Die Wunde verbindet ihn mit der verletzten Weiblichkeit. Sie gibt ihm Empathie, die Fähigkeit zu fühlen. Aber weder der Gral noch seine Priesterinnen können den König heilen. Das muß er selbst tun – indem er den heidnischen Speer berührt, der seine Wunde verursacht hat. Er muß seine männliche Energie zurückgewinnen, die die Göttin respektiert, um so die Wunde in seiner Seele, seiner Psyche, seiner Sexualität zu heilen. Indem er seine männliche Energie wiedererlangt und in die richtigen Bahnen lenkt, kehrt der König als dessen Wächter und Diener zum Gral zurück. Er kehrt zur Göttin zurück, zu ihrem Land und zu ihrem Volk, als ihr Beschützer, ihr Liebhaber und Fürsprecher. Solange Männer nicht das Göttliche in Frauen respektieren, werden wir in einem öden Land leben.

Obwohl Frauen sich zunehmend bewußt sind, daß der Gral in ihrem Inneren wohnt, haben sie oft Anteil an dieser Wunde, die sie von ihren Vätern übernommen haben oder die sich aus den Anforderungen der Welt, in der sie jetzt arbeiten, ergeben hat. Dadurch sind Frauen zu oft Opfer geworden und leben genauso in jener Wüste, die die Welt in Abwesenheit des Weiblichen geworden ist. Auch wir müssen uns selbst heilen.

Ich saß in einem Kreis, den ich in den Sand gezeichnet hatte, und dachte an das uralte Wissen, das allen Glaubensrichtungen gemeinsam ist – daß das Rad des Lebens zum Teil eine Reise durch die Wüste ist, die Zeit des unfruchtbaren Winters, wenn der unsichtbare Samen der Wiedergeburt in der Erde verborgen liegt. Dies ist die Zeit, in der wir die Verbindung zum Göttlichen erfahren müssen, und aus dieser Erfahrung wächst das Vertrauen und die Gewißheit, daß das unsichtbare Heilige zurückkehren wird: nicht in irgendein weit entferntes Land, sondern mitten in die Einöde unseres täglichen Lebens, in die scheußlichen Landschaften unserer Fernsehgeräte, die uns jeden Tag Bilder eines so verzweifelten Wahnsinns und einer so entsetzlichen Brutalität ins Haus liefern, daß es ein göttliches Geschenk ist, daß wir immer noch fähig sind, Wunder zu erleben. Inmitten der Dunkelheit müssen wir den Samen des Lichts in uns entdecken, den Gral in unserem Inneren und in unserer Welt erkennen und die Fähigkeit entwickeln, dieses Wunder in unserem Leben auszudrücken und sichtbar zu machen – damit wir in uns selbst Mutter und Vater, den Gott und die Göttin finden. Es ist eine Reise, bei der es darum geht, den Garten Eden mitten in der Einöde zu entdecken.

Es war die magische Stunde, in der das Licht die Farbe flüssigen Goldes hat und die Schatten fast so lang sind wie im Winter um die Mittagszeit. Vom Licht geblendet drehte ich mich von der Sonne weg – und in diesem Moment sah ich sie. Die Silhouette einer jungen Frau, ihr langes Haar, die Rundungen ihres Körpers, ihre raschen Bewegungen. Ich blickte auf die Erde und sah meinen Schatten, doch er erschreckte mich nicht mehr. In seiner Gestalt und seinen exotischen Bewegungen erkannte ich mich selbst, wie ich Raum und Zeit erfüllte, solange ich mit einem Körper gesegnet war. Ich wußte, daß ein Schatten mich stets begleiten würde. Die Bewegungen dieses Schattens waren ein Spiegelbild der Frau, mit der er verbunden war. Ob er tanzte oder trauerte, liebte oder mordete, lag allein bei mir.

9

Den Mond
herabziehen

Das Tor des dunklen Weibs,
das heißt die Wurzel von Himmel und Erde.
Ununterbrochen wie beharrend
wirkt es ohne Mühe.
LAOTSE, »Tao te king«

»Kann ich Ihnen helfen?« Das silbergraue Haar der Verkäuferin war zu einem hübschen Knoten frisiert, ihr Kostüm in einem pudrigen Pinkton kopierte den klassischen Chanel-Stil, und ihre Füße steckten in hochhackigen Pumps.

»Ja, danke – ich muß so aussehen wie Sie.«

Sie zog ihre sorgfältig gezupften und nachgezeichneten Augenbrauen leicht nach oben und preßte ihre pinkfarben geschminkten Lippen etwas fester zusammen.

»Wie bitte?«

»Sie wirken so… adrett – geschmackvoll, konservativ, dezent.«

Asexuell meinte ich eigentlich, aber das wollte ich nicht sagen. »Ich brauche ein paar Sachen fürs Geschäft.«

»Ah«, nickte sie. »Designermodelle oder von der Stange?«

»Es darf ruhig von der Stange sein.«

Sie führte mich in ein Ankleidezimmer, das so groß wie mein Apartment war. Der Louis-XVI-Stuhl war mit goldge-

streifter Seide bezogen, die gesäumten Vorhänge aus Gold-
moiré rahmten einen atemberaubenden Ausblick auf den Park
ein, und der cremefarbene Teppich fühlte sich unter meinen
Strümpfen dick und weich an. Aus einem großen, goldge-
rahmten Spiegel sah mir das Bild einer verletzlich jungen Frau
entgegen. Ich straffte die Schultern und hob den Kopf, wobei
ich mir schnell die Haare hochband und mit Spangen feststeckte. Ich hatte einen Plan. Wenn mein Arbeitsplatz ein
Schlachtfeld sein sollte, dann würde ich mich bewaffnen. Nach
meiner Begegnung mit Don Marshall, und nachdem Hadus'
Absichten mittlerweile klar waren, brauchte ich nicht nur
einen psychischen, sondern auch einen physischen Schild, um
meinen Körper und meine Sexualität vor Übergriffen zu schützen. Was es auch kosten mochte, ich war entschlossen, zu überleben und erfolgreich zu sein.

»Power-Kleidung« war damals noch nicht erfunden, so daß
sich als passende Garderobe für Karrierefrauen im wesentlichen die weibliche Version des Herrenanzugs anbot, denn das
war es, was man von uns erwartete – wir sollten die weibliche
Version des Mannes sein. Die besten Leistungen bei der Arbeit
hatten nicht ausgereicht; würde ein anderes Erscheinungsbild
dazu führen, daß man mich anders wahrnahm? Wenn jede An-
deutung von Sexualität aus meinem Äußeren verbannt wäre,
würde man mich dann mit mehr Respekt behandeln?

Die Verkäuferin hatte Assistentinnen herbeigerufen, eine
kleine Armee, der ich anvertraute, welche widerwärtigen Erfahrungen ich in letzter Zeit gemacht hatte. Sie gackerten
herum und bemitleideten mich, erzählten von Beförderungen,
die ausgeblieben waren, unfairer Bezahlung und sexuellen
Belästigungen, die von abfälligen Bemerkungen über Betat-
schen bis zu regelrechten Einschüchterungen reichten. Fröh-

lich lachend berichteten sie über Siege und Erfolge. Voll schwesterlicher Sympathie standen sie mir bei der Neugestaltung meines Erscheinungsbildes zur Seite. Ich probierte alles an: Kastenform, Schneiderkostüm, lange Röcke, weite Kleider, die meine Figur verbargen. Marine, Schwarz, Braun und Grau. Seriös. Sehr seriös. Sie schleppten Berge von Blusen herbei mit abscheulichen Peter-Pan-Kragen und schlaffen Schleifen, die mich eher an kleine Mädchen als an große Geschäfte denken ließen. Solche Kragen und eine diskrete Perlenkette ersetzten bei Frauen die männliche Krawatte, eine förmliche Trennungslinie zwischen Kopf und Herz und jetzt die Standarduniform der berufstätigen Frau. Dann folgten Kartons mit Schuhen, die zur Kleidung paßten.

Ich tendierte eigentlich zu Katharine Hepburn, aber die modernen Designer hatten ihre phantastische, professionelle Eleganz noch nicht in entsprechende Modelle umgesetzt. Ich sah mich selbst im Spiegel an. Das mußte reichen. Eine eiserne Maske bedeckte meine freundliche Seele. »Ich nehme das alles.« Wir gratulierten uns gegenseitig zur Verwandlung. Die Mittagspause war vorbei. Ich hatte meine Rüstung – das Gefecht konnte beginnen.

Die Einkaufstüten waren sperrig und schwerer, als ich erwartet hatte, aber dann blieb ich wie angewurzelt stehen – dieses Kleid, es hing angeleuchtet in einer Wandnische und war einfach perfekt, ein weibliches Kunststück. Lang und fließend schien es aus silbernem Mondlicht zu bestehen, eingefangen und versponnen zu einem Kleid, in dem sich eine Frau wie Diana oder Aphrodite fühlen mußte, ganz gleich, welche Größe sie hatte, ein Kleid, das die weibliche Figur betonte, ihre absolute Stärke und ihre Schönheit hervorhob.

Und, zumindest für eine gewisse Zeit, mußte die Göttin diesen Designer inspiriert haben, denn er ehrte sie durch sein Emblem, das eine traditionelle weibliche Autorität darstellte – das Gorgonenhaupt der Medusa, über deren zorniges Gesicht sich Schlangen ringelten. Es war eine abscheuliche Beschwörung der dunklen Seite der Weiblichkeit oder vielleicht auch die Angst davor. An seine Kleider geheftet, war die Medusa ein Abzeichen der Macht, der gefährlichen Herrschaft der Verführung. Ihre Geschichte wurde nur verzerrt wiedergegeben, aber ich hatte inzwischen schon wesentlich mehr über die Wahrheit erfahren, die hinter diesen entstellten Frauenbildern lag. Die Medusa war eine der zehn Sibyllen, eine Priesterin und Prophetin. Im alten Libyen, dem Land ihres Ursprungs, wurde sie auch Lamia genannt, was »Schlange« bedeutete, ein Symbol der großen Erdgöttin. Diese libysche Sibylle war eine Priesterin der Isis, die über die Mysterien der Unterwelt, über Abstieg und Rückkehr, Tod und Wiedergeburt herrschte. Sie war eine der fünf Sibyllen, die Michelangelo an die Decke der Sixtinischen Kapelle gemalt hatte. Ironischerweise und freiwillig hatte er ihr ausgerechnet hier Unsterblichkeit verliehen, in einem Heiligtum der religiösen Institution, die am meisten dazu beigetragen hatte, die Bedeutung der Priesterinnen zu zerstören und zu verdrehen. *Sibylle*, dieses magische Wort, das mir eine Welt voller tiefer Bedeutung eröffnet hatte, war der Titel der weissagenden Priesterinnen. Der Ausdruck stammt von dem griechischen *sios* oder *theos* ab, was »göttlich« bedeutet, und von *hola*, was »Rat« bedeutet. Eine Sibylle war eine Frau, die die Worte der Göttin verkündete. Wie hätte ich mich nicht wundern sollen, wo doch die erste Sibylle, der ich begegnete, jene, die mir meinen Weg wies, dieselbe schöne libysche Sibylle war? Die Welt war voller Magie.

Die Zeit zerrte mich am Ärmel – ich mußte wieder ins Büro

zurück. Wo hätte ich ein Kleid wie dieses tragen können? Es wäre gewiß nicht das Richtige für das Gefecht gewesen, das mich erwartete. Ich kämpfte mich durch die überfüllten Gänge und durch die Straßen, in denen es von Menschen wimmelte. In der Eingangshalle meines Wolkenkratzers spielte ich mein kleines mediales Ratespiel und stellte mich vor den Aufzug mit der Nummer drei, während sich die Menge anderswo sammelte. Ding! Die rote »3« leuchtete auf, und die Türen öffneten sich. Ich ging hinein, gefolgt von der herbeieilenden Menge.

»Donnerwetter, du hast dich aber verändert!« begrüßte Madeline mein neues Ich mit weit aufgerissenen Augen.

»Was sein muß, muß sein.« Ich hörte zu, was sie mir von einem Stapel pinkfarbener Notizzettel vorlas:

»Schwartz von ICM, Tony Pagano, Harper von CBS, und Nonna hat angerufen und bittet dich, heute Abend einen Apfel mitzubringen.«

»Einen Apfel?«

»Das hat sie gesagt.«

Ich stapelte meine goldverzierten Einkaufstüten in eine Ecke meines Büros und straffte meinen Rücken, um mich für die Schlachten des Nachmittags zu stählen.

Als ich diesen glanzvollen Job annahm, hatte ich gewußt, daß es hier nicht darum gehen würde, die Wahrheit zu finden, aber ich hatte angenommen, daß es, zumindest in einem gewissen Maß, um ökonomische Gerechtigkeit gehen würde. Ich hatte geglaubt, meine Aufgabe würde darin bestehen, für Fairneß auf dem Markt zu sorgen und sicherzustellen, daß ein Künstler das bekam, was ihm zustand. Aber dieses Ziel verlor zunehmend an Bedeutung. Es gab mächtige und tückische Strömungen, die unter den Wellen des Starrummels verliefen,

Gefahren, die zwangsläufig mit der Bewunderung maskierter Idole, die sich im modernen Medienzirkus präsentierten, verbunden waren. Künstler und Darsteller sollten eine ekstatische Rolle spielen und den Platz ausfüllen, der nach der Ermordung der Schamanen und Priesterinnen leer geblieben war. Und einige, wie Jim Morrison, waren durch die überwältigende dionysische Kraft, die sie verkörperten, zu Fall gebracht worden. Doch da das Bewußtsein für diese umfassende und gefährliche Verantwortung fehlte, war es unvermeidlich, daß die Kunst durch den Kommerz auf eine triviale Ablenkung reduziert wurde – Junk-food für die Seele. Und ich war auf dem besten Weg, einer der Lieferanten zu werden.

Eine der alten magischen Fertigkeiten bestand darin, eine Illusion zu schaffen, was Nonna als »Schein« bezeichnete. Das war Bestandteil der alten schamanischen Fähigkeit, äußere Formen zu verändern, aber wie so viele andere Überbleibsel der alten Riten, war auch dies einer Verzerrung zum Opfer gefallen. Als das Theater mit den heiligen Riten des Dionysos, des Gottes der Ekstase und der Offenbarung, begann, schufen die Schauspieler den Schein dadurch, daß sie Masken trugen, die die Götter darstellen sollten. In alten schamanischen Riten, beim Karneval und bei anderen Ritualen überall in der Welt erlaubte das Tragen von Masken den Darstellern, das Göttliche zu offenbaren. Aber jetzt dienten Masken nur noch dazu, sich selbst zu verstecken. Und so würde auch ich, wie jeder, den ich in diesem seltsamen Geschäft traf, eine Maske tragen. Sie fühlte sich an wie eine Maske aus Schatten, denn jeden Morgen fielen die Falten eines dunklen Stoffes über meinen Körper.

Ich benutzte mein inneres Auge, um hinter die Masken der Herrschaft zu blinzeln, die Hadus und seine Kohorten trugen, und ich sah dort ihre Angst vor der Ohnmacht. Hinter den Masken des Sexismus lauerten Begehren, Impotenz und Wut. Und noch weiter dahinter wand sich die Angst um den Schmerz einer tiefen offenen Wunde, der Wunde des Königs der Fischer. Unsere Partner bei der Arbeit und unsere Liebespartner waren verwundet, und der Schmerz dieser Wunde war die Ursache für Unterdrückung und Gewalt. Mein Verständnis für diese Zusammenhänge gab mir mehr Mitgefühl, Geduld und Kraft. Aber ich erinnerte mich auch daran, daß der Gral sie nicht zu heilen vermochte, sondern daß sie sich nur selbst heilen konnten.

Angesichts dessen, was von mir verlangt wurde, begann ich zu fürchten, ich könnte mich in meine eigene Maske verwandeln, obwohl ich das alles wußte. Allmählich verlor ich die Orientierung in der äußeren Welt. Meine innere Kompaßnadel zeigte verwirrt mal in diese und mal in jene Richtung, während ich versuchte, anhand von Markierungen, die eine Kultur gesetzt hatten, deren Seele verlorengegangen war, meinen Weg zu finden. Hinter meinem Schleier aus Anpassung und Kontrolle kämpfte ich mit meinen wachsenden Selbstzweifeln und meiner Unsicherheit. Und mit einem noch schlimmeren Gift – dem Verlust meines Machtgefühls. Eine stumme, hilflose Verzweiflung ergriff mich, als ich mich an meinen Schreibtisch setzte und meine Maske anlegte. Sofort begann das Telefon zu klingeln, und während ich den Hörer abnahm, flüsterte eine innere Stimme: »*Wofür brauchen wir einen Apfel?*«

Nonna legte den Apfel auf das Kupferpentakel in der Mitte des Altars. Seit dem Bannritual waren mehrere Wochen vergangen, und die Frauen im Zirkel, denen Maias Leiden bewußt war, hatten sich liebevoll um sie gekümmert, jede Verantwortung übernommen, die die Priesterinnen uns übertrugen und gefragt, was sie sonst noch tun konnten. Maias mütterliche Selbstsicherheit kehrte langsam zurück, während Bellona jetzt mit ihrer eigenen Wut und ihren Gefühlen der Hilflosigkeit kämpfte. Trotz ihrer offensichtlichen, aber unausgesprochenen Gesundheitsprobleme hatte Nonna seit dem Bannritual den Zirkel geleitet, und ich war glücklich, daß sie wieder da war.

Der Tempel strahlte. Pinkfarbene Kerzen und üppige Blumensträuße standen in jedem Kreisviertel. Den Altar schmückten weitere Blumen, reife Früchte, Muschelschalen und glänzende Kristalle. Der Duft von Lavendel und exotischem Räucherwerk lag in der Luft. Die Frauen hatten die Kissen mit Seidenbrokat und handgesäumten Samttüchern in den Farben königlicher Juwelen bedeckt. Nonna trug ein Seidengewand in lebhaftem Rot. Sie sah aus, als ob sie abgenommen hätte, und ich bemerkte, daß ihre Hände immer noch zitterten, als sie den Zauberstab aus Weide aufnahm. Sie erhob sich langsam und mit Mühe, aber auf ihren Wangen lag ein sanfter Schimmer, und sie schien stärker zu werden, während sie die Göttin anrief.

Die Göttin wurde aus den Nebeln zwischen Zeit und Raum herbeigerufen, aus der ursprünglichen Weite, aus der alles Leben entstanden war. Sie wurde aus der Asche zahlloser Scheiterhaufen, auf denen Frauen verbrannt worden waren, aus unseren Herzen, unseren Körpern und unseren alten Erinnerungen beschworen. Wir baten sie um ihren Segen, ihre Weisheit und ihre Heilung. Voller Verlangen streckte ich meine Hände nach ihr aus, doch kein Bild tauchte auf, keine gnädige Erscheinung offenbarte sich, es gab kein unwiderlegbares Zeichen der Bestätigung. Und so wartete ich, eingehüllt in die unsichtbare Leere.

Nonna hob die große Kohlenpfanne, das Räucherwerk erfüllte den Raum mit dem Duft von Gewürzen, vom getrockneten Harz der Myrrhe, das von Bäumen stammte, die der Göttin geweiht waren, von Seerosen, die sich in den Fluten des Nils geöffnet hatten, als der Sirius im Osten aufstieg, und von Feigen, die klebrig von Fruchtfleisch und Samen waren. Sie blickte Gillian an.

»Mit Luft und Feuer weihe ich dich. Gesegnet seien deine Brüste voller Schönheit und Kraft, auf daß sie das Leben erhalten mit der Milch des Paradieses. Gesegnet sei dein Leib voller Schönheit und Kraft, auf daß er Leben schaffe.«

Sie hielt die Kohlenpfanne vor Gillians rechte Brust, bewegte sie hinüber zur linken Brust, nach unten zur Gebärmutter und wieder hinauf zur rechten Brust, wobei sie ein Dreieck aus Rauch in die Luft zeichnete. Dann stellte sie die Kohlenpfanne wieder auf den Altar und ergriff die Schale mit Salzwasser.

»Mit Wasser und mit Erde weihe ich dich.« Nonna wiederholte die Bewegungen, mit denen sie Gillians Brüste und Unterleib segnete. Am Ende küßte sie sie sanft und wies sie an, das Ritual mit Onatah zu wiederholen, die neben Gillian saß. Wir machten deosil weiter, und so empfing und spendete jede Frau Weihe und Segnung.

Tränen der Dankbarkeit strömten aus meinem Herzen, als die schroffe Marcia das Weiheritual mit mir vollzog. Ihre bärenhaften Bewegungen beschworen die kraftvolle Anmut der Kriegsgöttin Artemis, die gleichzeitig Schutzgöttin der Frauen während des Geburtsvorgangs war. Intimität und Vertrauen umgaben uns, und aus dieser Atmosphäre erwuchs ein Gefühl von grenzenloser Mutterliebe. Frieden, Vertrauen und Barmherzigkeit durchströmten mich, als ich meinerseits den heiligen Augenblick mit Jeanette teilte. Worte und Gesten,

Luft, Feuer, Wasser und Erde und eine grenzenlose Großzügigkeit verband uns. Während ich mit den anderen Frauen in diesem geheiligten Kreis saß, füllte sich mein Herz mit Freude. Und es kam mir nicht in den Sinn zu fragen, wo die Göttin zu finden sei.

Nonna hielt den Apfel hoch. »In der Bibel ist dies die Frucht, die Eva aß, die Frucht der Erkenntnis. Indem sie den Apfel aß, soll sie angeblich die Vertreibung des Menschen aus dem Paradies verschuldet haben.« Sie nahm ihr Ritualmesser und schnitt den Apfel quer in zwei Hälften. Dann hielt sie die beiden Hälften hoch. »Es gibt ein Geheimnis, das diejenigen kennen, die die Göttin verehren. In der Mitte des Apfels befindet sich ein Stern, das Symbol der alten Riten. Es ist ein Symbol der Göttin und ihr Geschenk des göttlichen Lebens. Wir sind Priesterinnen der Großen Mutter, der großen Kunst der Weissagung, obwohl manche uns in ihrer Furcht und Blindheit vielleicht als Töchter Evas bezeichnen. Wir verehren die Erkenntnis; wir fürchten sie nicht. Wenn wir einen Bissen von diesem Apfel nehmen, akzeptieren wir die Verantwortung, die mit der Erkenntnis verbunden ist; wir müssen sie mit Klugheit in der Welt einsetzen und mit anderen teilen. Wir fordern unsere Frauenmacht zurück und unser heiliges Priesterinnenwissen sowie unsere Erkenntnis, daß die barmherzige Göttin in allen Dingen existiert.« Sie biß in den Apfel.

Nonna gab den Apfel weiter an Gillian, die ihn hochhielt und sprach: »Ich denke an die Zeit, als Frauen Priesterinnen und Heilerinnen waren. Ich denke an die Zeit, als Frauen verehrt wurden. Ich denke an Avalon, und ich denke an die Göttin in unseren Herzen.« Und Gillian biß in den Apfel.

Behutsam nahm Onatah ihn nun aus Gillians Händen. Ernst und feierlich wirkte ihr gewöhnlich lachendes, schönes Gesicht. Sie reckte das Kinn vor, und ihre Augen wurden schmal, als ob sie etwas ins Visier nehmen wolle. »Den Unterschied zwischen Recht und Unrecht zu erkennen, gehört zum Erwachsenwerden. Ich bin kein Kind, ich bin eine Frau.« Onatah biß in den Apfel, und eine Kriegerin sprach: »Ich leugne die Macht derjenigen, die mich als böse bezeichnen, und ich fordere meine Macht als Frau zurück.« Und so wanderte die Frucht der Erkenntnis im Kreis der Weisheit herum. Ich nahm meine Maske ab, denn ich erkannte, daß sie ein Torwächter war, der mir den Zugang nach Avalon versperrte, der geheimen Insel des Glücks mit ihren bezaubernden Apfelhainen. Sie war das keltische Eden, wo die Priesterin Morgan le Fay herrschte. *Fay* bedeutet Fee, ein Hinweis auf das geistige Reich der Alten Religion, und die Kirche hatte es verboten, ihren Namen auszusprechen. Wie Eva, deren Frucht der Erkenntnis ebenfalls ein Apfel war, hatte man sie als böse gebrandmarkt, und die Wahrheit ihrer Gaben als weise Frau und Priesterin der Göttin blieben im Schatten der Geschichte verborgen. Ursprünglich war sie eine Göttin, vielleicht Morrigan, aber in den späteren mittelalterlichen Erzählungen über König Artus gilt sie als seine Halbschwester. In Übereinstimmung mit dem Statusverlust der Frauen und der Unterdrückung der Göttin ist sie in diesen späteren Geschichten eine zwielichtige Schurkin. Aber ihr wahres Wesen bleibt unter den Verzerrungen sichtbar – Zauberin und Heilerin, Künstlerin und Gelehrte, Prophetin, geliebte Gefährtin des Artus. Sie ist es, die prüft, ob diejenigen, die das Land regieren und für seine Menschen sorgen wollen, dessen auch würdig sind. Und sie ist es, die das Land heilt.

Selbst in den späteren christlichen Versionen wird der tödlich verwundete König Artus, nachdem die Tafelrunde zerbrochen und die schreckliche Schlacht von Camlann geschlagen ist, auf die heilige Insel Avalon gebracht, um von Morgan le Fay geheilt zu werden. Wie Osiris von der Göttin Isis wieder zum Leben erweckt wurde, wie die keltische Göttin Cerridwen die gefallenen Krieger in ihrem heiligen Kessel wieder zum Leben erweckte, so verfügte auch Morgan über Heilkräfte, die einen tödlich verwundeten Mann wieder ins Leben zurückholen konnten. Doch bis ihre Magie wirkte, würden viele Jahre vergehen. In Hinblick auf die Kraft ihrer göttlichen Gabe, Menschen wieder zum Leben zu erwecken, nimmt die Inschrift auf König Artus' Sarg seine Wiedergeburt als »einstiger und zukünftiger König« vorweg.

Avalon war die unsichtbare Insel der mystischen Schwesternschaft der Göttin, neun Priesterinnen, die die Riten der Herrschaft der Göttin, ihres Landes und ihres Volkes bewahrten. Hier, in unserem heiligen Zirkel und durch ihre heiligen Riten, wurde die Insel wieder sichtbar, und auch wir wurden sichtbar. Aber würde die Göttin mir erscheinen, wie sie der Priesterin Morgan erschienen war?

Als der Apfel bei mir ankam, ergriff ich ihn als Symbol wiedererlangter Kraft und Stärke. Er duftete süß, und der Saft des goldgelben Fruchtfleisches lief mir über die Finger. »Ich sage Dank für die Erkenntnis, daß der Garten Eden uns umgibt, daß wir das Paradies nie verlassen haben. Ich sage Dank für die Weisheit, die uns helfen wird, diese heilige Erde und die Menschen, die darauf leben, zu respektieren und zu schützen. Ich sage Dank für die Schwesternschaft, die die Riten der Göttin bewahrt. Ich denke an Morgan le Fay, und ich pflege ihren geheimen Garten.« Und ich biß in den Apfel. »Ich fordere meine Macht als Frau zurück.«

Die Schlange, die Eva verführte, vom Baum der Erkenntnis zu essen, galt bei den Christen ebenfalls als böse, aber ich hatte festgestellt, daß die Erdreligionen die Schlange als ein Symbol der fruchtbaren Göttin verehrten. Sie war Coatlicue, die Göttin des alten Mexiko mit ihrem fünffach aus Schlangen geflochtenen Rock. Sie war Benten, auch Benzaiten genannt, eine japanische Göttin des Glücks und Wohlstands, der Kunst und der Liebe, die auch als Drachen in Begleitung heiliger weißer Schlangen in den Seen schwamm. Sie war Vila, die heilende Göttin der Wälder und wilden Tiere im Osten Europas, die sich von einer Schlange in einen Vogel verwandelte und von einem Pferd in den Wind und deren Mysterien von einer Schwesternschaft des vollen Mondes bewahrt wurden.

Für die Hopi war sie die heilige Schlange der Wasser des Lebens, die aus dem Himmel und über die Berge herabstieg, um den blauen Mais wachsen zu lassen. Und die fruchtbaren Täler, durch die sich die großen Schlangenflüsse Euphrat und Tigris, Nil, Indus und Ganges (nach der Göttin Ganga benannt) wanden, waren die Wiege der Zivilisation. In Indien bezeichnet man sie als Dakini, fischleibige Dienerinnen der Göttin Kali in ihrem Todesaspekt, aber tibetische Yogis wissen, daß die Dakinis unter dieser furchterregenden Maskierung Mütter sind, die jenen, die Kundalini-Yoga praktizieren, die Gaben der Vision und magische Kräfte verleihen. Und ihre Schlangen symbolisieren die heiligen Kräfte, die durch die Wirbelsäule nach oben steigen und die ekstatische Vereinigung mit dem Göttlichen gewähren.

Im minoischen Kreta wanden sich die Schlangen der Göttin um die Arme ihrer Priesterinnen, und sie wanden sich auch um den Caduceus, den Heroldsstab des Merkur, der heute noch ein Symbol der Heilkunst ist. Die Schlange ist das Sinnbild der göttlichen Kraft der Regeneration, Botschafterin intuitiver und wissenschaftlicher Erkenntnis, eine lebendige Spirale von symbolischer Bedeutung und Ausdruck des Lebens selbst. Pythagoras entdeckte die Mathematik des Lebens und der Musik und die verborgenen Strukturen des Universums in dem von Schlangen bewachten Orakel von Delphi. Dr. James Watson folgte dem Flüstern ihrer Sirenen, als er auf einer Wendeltreppe in Oxford die intuitive Vision hatte, daß die DNS sich aus schlangenähnlichen, miteinander verbundenen Spiralen zusammensetzt, die wir heute als Doppelhelix bezeichnen.

In der Bibel heißt es, nachdem die Schlange Eva »versucht« hatte, habe Gott gefürchtet, sie und Adam würden, nachdem sie vom Baum der Erkenntnis gegessen hatten, als nächstes vom Baum des Lebens essen, welcher Unsterblichkeit verlieh. Deshalb verbannte er sie aus dem Paradies. In der Alten Religion bezeichnet man den Baum des Lebens auch als die Göttin. Wie die Äpfel von Avalon, wo die Verwundeten wieder zu neuem Leben erweckt wurden, spendet er ewiges Leben – durch die Erkenntnis, daß im Universum keine Energie verlorengeht, sondern sich nur zyklisch von einer Erscheinungsform in eine andere verwandelt, Energie in Materie, Materie in Energie, wie der Mond oder die Erde im Wechsel der Jahreszeiten oder wie die Schlange, die wiedergeboren wird, indem sie ihre alte Haut abwirft. Der Baum des Lebens ist die *axis mundi*, der Pfeiler, der Himmel und Erde verbindet, die Wirbelsäule jedes menschlichen Ausdrucks grenzenloser Liebe und Kreativität. Ich saß aufrecht und fühlte die Energien des Lebens spiralförmig in meiner Wirbelsäule nach oben steigen, als ich den Apfel an Jeanette weitergab.

Während sie den rosigen Apfel mit ihren braunen Handflächen umschloß, sprach Jeanette: »Ich ehre die Nahrung und die Stärke, die die Göttin mir gegeben hat – sie erhält mich durch die Früchte des Lebens.«

Sie gab den Apfel an Nonna zurück, die das Kerngehäuse hochhielt.

»Alles verwandelt sich, eins wird zum anderen, durch die göttliche Mutter.«

Maia und Bellona begannen leise zu singen, wobei ihre Stimmen in einer liebevollen Harmonie verschmolzen. Ich beugte mich vor, um sie zu hören, und erkannte bald die Melodie unserer ersten Zusammenkünfte.

> »Von der Göttin kommen wir alle,
> und zu ihr kehren wir zurück
> wie ein Regentropfen,
> der in den Ozean fällt.«

Sachte und unterstützend fielen wir ein. Spontane Harmonien bereicherten unseren Gesang, und bald wurde daraus ein Kanon, wobei Nonna den Takt durch ständiges Klatschen vorgab. Aus dem Kanon wurde ein wirbelnder Kreis, und die Kraft wuchs, als unsere Stimmen zu einem machtvollen Lied anschwollen. Das Lied und seine magische Energie erreichte den Höhepunkt und ebbte ab. Die Kraft, die wir damit heraufbeschworen hatten, blieb im Kreis erhalten, während wir in elektrisiertem Schweigen dasaßen. Als ich schließlich meine Augen öffnete, staunte ich über die strahlende Schönheit, die mich umgab. Nonna wirkte jetzt stärker und gesünder, und Maia und Bellona schienen mehr Frieden als in den letzten Wochen auszustrahlen.

Nachdem wir Kuchen und Wein geweiht hatten, eröffneten unsere Priesterinnen wie üblich die Diskussion, die wie unsere Magie unsere Erwartungen bei weitem übertraf. Wir reichten eine silberne Schale mit roten Äpfeln herum und Becher mit gekühltem und mit Zimt gewürztem Apfelwein.

»Hexen haben immer die Erfahrung gemacht, daß die Göttin in der Welt präsent ist«, erklärte Nonna. »Wir erkennen sie in den Jahreszeiten und in der Schönheit der Erde.«

»Das erstaunlichste spirituelle Mysterium ist für mich die Beziehung zwischen dem Mond, der Göttin und den Frauen«, fügte Bellona hinzu. Nonna nickte und fuhr fort: »Die Mondzyklen – zunehmender, voller und abnehmender Mond – entsprechen den Phasen unseres eigenen Lebens: Jungfrau, Mutter und Alte, das Mädchen vor der Menstruation, die gebärfähige Frau und die Frau nach der Menopause. Das ist die dreifaltige Göttin. Die westliche Kultur spricht der Frau ihren Wert ab, wenn sie die Zeit überschritten hat, in der sie sexuell begehrenswert oder fruchtbar ist, aber in der Alten Religion wird die ältere Frau sehr respektiert. Man weiß, daß ihre Kraft im Lauf der Jahre wächst und nicht abnimmt, denn sie vereint die Jungfrau und die Mutter mit ihrer Unabhängigkeit und Sexualität in sich. Die dreifaltige Göttin war die erste heilige Dreifaltigkeit der westlichen Religion, mindestens sechstausend Jahre, bevor die christlich-männliche Dreifaltigkeit erschien. Im alten Arabien war sie Al-Lat, Al-Uzza und Menat.«

»In Griechenland wurden die drei Erscheinungsformen der Göttin Persephone, Demeter und Hekate genannt. Sie überlebten sogar die Christianisierung als die Jungfrau, ihre Mutter, St. Anna und ihre Großmutter, St. Emerentia«, ergänzte Maia.

»Für die Kelten war sie Morrigan, die dreifache Kriegsgöttin«, sagte Bellona. »Und es gibt noch viele andere – Alte, Mütter und Jungfrauen…«

»Jungfräuliche Göttinnen – waren das solche wie Artemis?« fragte Marcia.

Maia nickte. »Und Athene und Hestia.«

»Aber wir finden diese Vorstellung überall in der Welt«, fügte Bellona hinzu. »Als Jungfrau bezeichnete man eigentlich eine Frau, die unabhängig war, und nicht etwa eine Frau, die sexuell unberührt war. Man meinte damit eine Frau, die selbstbestimmt lebte und sich nicht über ihre Beziehung zu einem Mann definierte. Sogar Aphrodite, die Göttin der Liebe, war jungfräulich – jedes Jahr badete sie in den Gewässern in der Nähe ihres Tempels in Zypern, um sich von männlichen Einflüssen zu reinigen und ihre Autonomie wiederherzustellen.«

Annabelle lachte. »Schätzchen, das klingt nach einem Ritual für mich.«

Nonna nickte. »Wenn du dich davon angesprochen fühlst, solltest du es praktizieren. All dieses traditionelle Wissen ist nicht als Dogma zu verstehen, sondern als Anregung für eure eigene spirituelle Praxis. Viele unserer Rituale sind traditionell, aber es liegt an uns, ob wir alte Riten neu beleben und wiederauferstehen lassen oder neue Rituale schaffen, die für moderne Frauen eine Bedeutung haben. Und im Lauf unserer Arbeit werdet ihr die spirituelle Weisheit eures Körpers wiederentdecken.«

»Was ist mit dem Mond?« fragte Gillian.

»Der Mond war lange Zeit ein Symbol der Göttin, der weiblichen Spiritualität und der Spiritualität des Unbewußten. Die Mondphasen sind ebenfalls wichtig, um die richtige Zeit für unsere Rituale festzulegen. Magische Riten, die etwas vermehren sollen, werden bei zunehmendem oder vollem Mond ausgeführt«, erklärte Nonna. »Bei Vollmond ist die beste Zeit, die Göttin der Fruchtbarkeit auf die Erde herabzuziehen. Ein voller Mondzyklus wird Esbat genannt. Und Bannrituale werden während des abnehmenden Mondes durchgeführt. Der unsichtbare Mond ist eine gute Zeit, um in die Zukunft zu blicken.«

»Ich wette, ihr habt nicht gewußt, daß alle frühen Kalender auf den achtundzwanzig Tage dauernden Zyklus des Mondes *und* der Frauen zurückgehen. Und ein Hexenkonvent hat deshalb dreizehn Mitglieder, weil es dreizehn Mondmonate und dreizehn Vollmonde im Jahr gibt. Deshalb ist die Zahl dreizehn die Zahl der Göttin«, ergänzte Maia zu unserer freudigen Überraschung.

»Und was ist mit Freitag, dem dreizehnten?« wollte Gillian wissen. »Ich bin an einem Freitag, dem dreizehnten dreizehn und dreißig Jahre alt geworden, deshalb habe ich dieses Datum immer als meinen Glückstag betrachtet.«

»Das gilt auch in der Alten Religion. Der Freitag ist der Göttin geweiht – Freya, von der der Name Freitag abgeleitet ist. Freitag war in der römischen oder italienischen Tradition auch der Tag der Venus. Also war Freitag, der dreizehnte ursprünglich ein Tag, der der Göttin geweiht war. Aber wie so viele andere Aspekte der Alten Religion wurde der Sinn verdreht, und nun gilt Freitag, der dreizehnte als Unglückstag.«

»Die weiblichen Menstruationszyklen waren und sind immer noch ein integraler Bestandteil der spirituellen Mysterien von Frauen. Das Menstruationsblut ist Teil der göttlichen, lebensspendenden Kraft der Frauen, und nicht etwa ein Ausdruck der Sünde oder Unreinheit, wie es die furchtbaren patriarchalen Theologien behaupten. Die erzwungene Isolation von Frauen während ihrer Menstruation war eine repressive Verzerrung der ursprünglich verehrten und heiligen ›Mondzeit‹, in der Frauen sich von ihren alltäglichen Aufgaben zurückzogen, um das Einssein mit dem Heiligen zu erleben. Dies ist eine Zeit, in der der weibliche Körper sich in grundlegender Harmonie befindet«, klärte uns Nonna auf eine Weise auf, wie wir es uns alle von unseren Müttern gewünscht hätten.

»Orthodoxe Traditionen behandeln die Menstruation weiterhin als ein Tabu. Die Frauen müssen sich danach bestimmten Reinigungsritualen unterziehen. Aber ich denke, was eigentlich gereinigt werden müßte, sind diese überholten Vorstellungen«, ergänzte Naomi mit ihrem gewohnten Feuer.

»Meine indianische Großmutter hat mir eine Mondhütte beschrieben«, sagte Onatah leise. »Alle anderen Mitglieder der Gemeinschaft sprangen ein, um die täglichen Pflichten der betreffenden Frau zu übernehmen und sich um ihre Kinder zu kümmern.«

Annabelle schaltete sich mit ihrer gedehnten Aussprache ein: »Meine Mutter hat ihre Perioden immer als ›Fluch‹ bezeichnet. Vielleicht wäre das anders für sie gewesen, wenn sie die Möglichkeit gehabt hätte, sich selbst statt dessen als mächtig zu erleben. Natürlich wurde sie geachtet, weil sie eine ›gute‹ Ehefrau und Mutter war, aber sie wurde nicht so respektiert wie mein Vater.«

»Wenn dir beigebracht wird, daß dein Körper sündig ist, dann ist schon nachvollziehbar, daß du nicht auf die Idee kommst, deine Menstruation als heilige Zeit anzusehen«, gab ich zu bedenken. »Ich habe festgestellt, daß ich während meiner Periode besonders offen für übersinnliche Erfahrungen bin. Wenn ich ein Mittel gegen die Krämpfe nehme, was ich an Arbeitstagen tun muß, dann bemerke ich das weit weniger. Aber wenn ich nicht arbeiten muß, versuche ich, die Krämpfe einfach auszuhalten – das ist dann fast so, als ob ich in einem veränderten Bewußtseinszustand wäre.«

Nonna nickte. »Das bist du dann auch.«

Als wir nach dem Zirkel aufräumten, redeten wir noch weiter und entdeckten, daß unsere Menstruationszyklen zu einem gemeinsamen Rhythmus gefunden hatten – bei der einen Hälfte begann die Periode mit dem Neumond und bei der anderen mit dem Vollmond. Wir saßen noch stundenlang zusammen und trennten uns nur ungern, aber ich mußte am nächsten Morgen arbeiten.

»Darf ich die Reste des Apfels mitnehmen?« fragte ich.

Nonna wickelte sie vorsichtig in eine Serviette und umarmte mich. Ich ging hinaus auf die Straße, vorbei an Reklametafeln mit ihren aufgesprühten Bildern künstlicher Vollkommenheit und an Schaufenstern, in denen Magazine lagen, auf deren Titelseiten makellose Fünfzehnjährige abgebildet waren. Frauen leben schon lange in einem Zustand grundlegender Unsicherheit und Entfremdung von ihrem Körper, ihrer Kraft und ihrer Erfahrung des Heiligen. Jahrtausendelang sind wir im Exil herumgezogen, während gleichzeitig der Garten Eden in unserem Inneren lag.

Damit Frauen wieder die Integriät erlangen, die für ihr Wohlbefinden so wesentlich ist, damit sie wieder die Kraft finden, Leben und Kultur zu schaffen, müssen sie das Göttliche erkennen und erleben, das jene Aspekte enthält, die wir als weiblich bezeichnen und die die Taoisten *Yin* nennen. Nur auf diesem Weg können Frauen wieder zur Ganzheit finden. Nur so können wir aus dem Schatten heraustreten, um unseren Garten Eden zurückzufordern.

Nonnas Worte vertieften mein Verständnis für einen der wichtigsten Aspekte der Wicca-Spiritualität: die Vorstellung eines persönlichen Rituals und einer persönlichen Offenbarung. Wicca ist kein System von Dogmen oder Regeln, sondern eine spirituelle Praxis. Insofern kann jeder Mensch für sich die Techniken meistern und nutzen, um seine individuellen Erfahrungen mit dem Göttlichen zu machen. Und weil das Göttliche ebenso immanent wie transzendent war, weiblich und männlich, Yin und Yang, Anima und Animus, war es uns Frauen direkt zugänglich. Daraus würde eine Quelle kreativer spiritueller Erfahrungen und Ausdrucksmöglichkeiten werden – nicht nur für mich selbst, sondern für die ganze Wicca-Bewegung. Zusammen, als Gemeinschaft spiritueller Frauen, würden wir uns auf die alten Riten der Göttin und unsere modernen Erfahrungen beziehen, um Rituale zu entwickeln, die die Zyklen der Erde, die Phasen des Mondes und die Phasen eines Frauenlebens feierten. Zusammen und allein würden wir heilige Riten schaffen, um ein Mädchen bei der ersten Menstruation in die Gemeinschaft der Frauen aufzunehmen; Rituale der partnerschaftlichen Bindung und Heirat, unabhängig vom Geschlecht; Rituale, die die göttliche lebensspendende Kraft einer Frau ehren, wenn sie schwanger wird, ein Kind zur Welt bringt oder ein Kunstwerk oder einen anderen materiellen Ausdruck ihrer Persönlichkeit hervorbringt; Rituale der Verantwortlichkeit und Trauer, wenn eine Frau sich entscheidet, kein neues Leben zu gebären, und eine Abtreibung vornehmen läßt oder wenn sie aus gesundheitlichen Gründen, wegen ihres Alters oder infolge einer Fehlgeburt kein Kind bekommen kann; Rituale, die heilen und Frauen befähigen, die Prüfungen des Lebens zu bestehen sowie Krankheiten und Verluste zu überwinden; Rituale, die den Beitrag der Frau für die Gemeinschaft ehren, wenn sie nach den Wechseljahren zu einer Weisen Alten wird; Rituale, die uns zusammenbringen, die uns mit der Heiligkeit des Mondes und der Erde verbinden und uns für das Göttliche in uns selbst und in anderen Menschen öffnen. Gemeinsam würden wir Rituale schaffen, die unser Vertrauen, nicht nur in die Göttin, sondern auch in uns selbst, wiederherstellen sollten. Hier wurden religiöse Rituale möglich, die den Verstand, den Körper und den Geist befreiten, statt ihn einzuschränken; und durch die Ermächtigung zum persönlichen Handeln konnten hier auch Rituale entstehen, die für Frauen von grundlegender Bedeutung waren.

Während ich auf dem Heimweg allein in der U-Bahn saß, bekämpfte ich meine Furcht, indem ich leise die vielen Namen der Göttin vor mich hin sang. Die U-Bahn raste wie eine mächtige Schlange durch die Tunnel der Unterwelt. Ein rhythmisches Dröhnen erfüllte meinen Kopf, als ich die Stufen in die kühle Nacht hinaufflief. Ich stand am Eingang zum Park neben dem Fluß, einer weiteren Schlange, die sich geschwind um die bezaubernde Insel des *Big Apple* drehte und wand. Aber kein Geheimnis und kein sichtbarer Zauber der Stadt war so magisch wie das kleine Stück Leben, das ich jetzt aus meiner Tasche zog.

Bei Nacht wurde der Park zu einem Ort voller Gefahren, wo Schatten mit bösen Absichten lauerten. Wir hatten nicht das Paradies verloren, sondern die menschliche Seele, ihre Verbindung zur Erde und zum Göttlichen. Ich stand da und überlegte, ob ich hineingehen sollte. Doch fast im selben Moment spürte ich etwas Heiliges neben mir, ein Wesen, ein Gefühl, eine subtile Gewißheit, daß ich sicher war. Ich betrat den Park, ging aber nur fünf Schritte hinein und atmete die süße, grüne Luft.

Ich visualisierte einen Lichtkreis, der mich umgab, und holte acht Apfelkerne aus dem Kerngehäuse. Drei von ihnen wickelte ich vorsichtig in die Serviette und steckte sie wieder in meine Tasche. Dann mühte ich mich ab, mit meinem Hausschlüssel ein kleines Loch in den harten, festen Boden zu graben. Die Erde fühlte sich grobkörnig und feucht zwischen meinen Fingern an, als ich die fünf Samen eingrub. Ich ließ den Rest des Apfels für die Vögel und Eichhörnchen und sogar für die Ratten der Stadt zurück und sagte Dank für die Erkenntnisse, die mein Leben veränderten.

Die Göttin blieb weiterhin ein Mysterium für mich, aber jetzt wußte ich mit Gewißheit, daß es Zeiten und Orte, Menschen und Kulturen gab, wo das Weibliche verehrt wurde und für die die Göttin Wirklichkeit war. Ich wußte, daß der Wert einer Frau in dieser Göttlichkeit lag. Und das war mehr, als ich mir je erträumt hatte.

Ich war entschlossen, den Kraftzuwachs, den mir der letzte Zirkel gebracht hatte, zu bewahren und gut zu nutzen. Ich war entschlossen, mit Hadus reinen Tisch zu machen und mich abzugrenzen. Gleich am nächsten Morgen ging ich direkt in sein Büro.

»Ich muß dich einen Moment stören.« Ich schloß die Tür hinter mir und ignorierte Hadus' verblüfften Gesichtsausdruck.

»Für dich habe ich immer Zeit«, lächelte er mich an, während ich mich ihm gegenüber setzte. »Neuer Look, was? Ein bißchen konservativ für dieses Büro, aber … es erinnert mich an die Phantasien, die ich im achten Schuljahr von meiner Englischlehrerin hatte.«

»Seltsam, daß du Phantasien erwähnst – genau darüber wollte ich mit dir sprechen.«

»Wirklich?« Er beugte sich lächelnd vor. »Ich bin gespannt.«

»Als ich diesen Job angenommen habe, hatten wir eine Vereinbarung: streng geschäftlich. In letzter Zeit kommt es mir so vor, als würdest du etwas anderes erwarten.«

Hadus fiel mir ins Wort. »Woher weißt du, was ich erwarte? Wenn du nicht glücklich bist …« Seine Augen wurden schmal, und er richtete sich in seinem Stuhl auf. Ich spürte, daß sich ein

Sturm zusammenbraute, und versuchte, bei meinem Kurs zu bleiben.

»Ich habe eine Menge gearbeitet und viel Zeit investiert. Und ich denke, meine Leistungen sind ausgezeichnet. Wenn du nicht zufrieden bist...«

»Zufrieden? Du willst, daß ich zufrieden bin? Ja, du hast gute Arbeit geleistet, aber glaubst du wirklich, daß du durch diese Art von Kleidung etwas änderst? Du versuchst mich doch nur zu reizen.«

Ich war verblüfft darüber, wie er auf meine äußere Erscheinung reagierte. Und ich war mißtrauisch. Ich wußte, daß er seine eigenen sexuellen Wünsche auf mich projizierte. Ich versuchte, am Ball zu bleiben.

»Nein, ganz im Gegenteil. Wie kann ich dir das nur klarmachen? Ich weiß, daß unsere persönliche Geschichte die Sache schwierig macht, aber ich bin von Anfang an dir gegenüber ehrlich gewesen und habe dir nichts vorgemacht. Ich will nur, daß du mich so wie jeden anderen Assistenten behandelst.«

Er lachte, und ich war völlig bestürzt.

»Du kommst her und glaubst, du wärst genau wie Hanley oder irgendein anderer Typ im Umkleideraum. Wie naiv bist du denn?« Ich spürte, wie ich schrumpfte und alles in mir zusammenbrach. Ich konnte nicht glauben, was er sagte, und er hörte nicht auf zu reden. »Du denkst, ich könnte dich mit den großen Jungen verhandeln lassen? Die würden dich doch bei lebendigem Leib verspeisen.« Er lächelte zweideutig und beugte sich vor. »Und dagegen wäre nicht mal was einzuwenden – du bist ein netter Appetithappen.« Ich fühlte, wie ich rot wurde und meine Zuversicht schwand. »Du bist jetzt lang genug hier, um zu wissen, wie der Hase läuft.«

»Das sehe ich anders. Was ist mit Dutton?«

Er lachte wieder. »Herzchen, sie ist das größte Miststück in der ganzen Branche. Willst du etwa auch so werden? Glaub mir, es gibt leichtere Wege zum Erfolg.«

Aus meinem Gefühl der Demütigung wurde Wut, aber ich war entschlossen, meinen Job zu behalten. Ich bemühte mich, die Kontrolle zu bewahren. »Es gibt andere Möglichkeiten. Ich bin so gut wie jeder männliche Assistent, den du hattest. Ich habe mit Sicherheit mehr neue Vertragspartner geworben. Ich will lediglich fair behandelt werden.« Hadus lehnte sich in seinem Stuhl zurück und lockerte seine Krawatte. »Ich war mehr als fair. Warst du mir gegenüber fair, als du mich verlassen hast?«

»Ist es dir immer nur darum gegangen?« fragte ich verblüfft über seine unerwartete Offenheit. Meine Stimme wurde weicher, als ich ihn fragte: »Welche Wahl hast du mir denn gelassen?«

»Wie du gerade hervorgehoben hast, gibt es immer verschiedene Möglichkeiten.« So rasch er die Tür zu unserer Vergangenheit geöffnet hatte, so rasch schloß er sie wieder. Seine Stimme war flach und kalt, und seine Augen waren voller Wut. Er nahm eine Akte und gab sie mir. »Du glaubst, daß du soweit bist – also beweise es. Schließ den Vertrag mit Taylor ab.«

Überrascht von seiner Antwort nahm ich die schwere Akte.

»Du hast zu arbeiten. Also los, fang an.« Er nahm den Telefonhörer ab und drehte mir den Rücken zu.

Ich starrte auf den braunen Aktenordner. Wir wußten beide, daß dies eine Prüfung war, die ich nicht bestehen konnte, weil dieser Vertrag nicht zustande kommen konnte. Während ich in mein Büro zurückging, fragte ich mich zwangsläufig, ob ich mir Hadus' Respekt verdienen und dem Ärger mit ihm ein Ende setzen könnte, wenn es mir wider Erwarten doch gelänge, den Vertrag unter Dach und Fach zu bringen. Aber da seine sexuellen Absichten so deutlich geworden waren, rechnete ich mit weiteren Problemen.

Ein strahlender Vollmond füllte den Raum an diesem Abend mit ätherischem silbernem Licht, das sich durch das Dachfenster ergoß. Eine große weiße Kerze brannte im Osten, eine rote im Süden, eine blaue im Westen, und eine grüne Kerze flackerte im Norden. Im Namen der Großen Göttin hatten wir die Elemente gereinigt und geweiht, den Kreis gebildet und die alten Mächte der vier Richtungen beschworen. Der Duft von Lilien und Orangen mischte sich mit dem Geruch von Patchouli- und Nelkenöl, das wir auf unsere Haut und auf die Kerzen gerieben hatten, und mit den aufsteigenden Wolken des Räucherwerks, das wir als Opfer darbrachten. Wir hatten uns geerdet und zentriert. Ein Gesang zu Ehren der alten Göttin verwob nun unsere Energie zu einem heiligen Kreis.

»Alles verwandelt sich, eins wird zum anderen, durch die göttliche Mutter.

Die Macht des Zaubers war deutlich zu fühlen.

Als der Gesang endete, standen sich Bellona und Maia vor dem Altar gegenüber. Es war gut, Maia wieder in der Mitte des Kreises zu sehen, und obwohl der Schatten ihrer schrecklichen Erlebnisse noch irgendwie über ihr lag, strahlte sie heute Abend mehr Heiterkeit und Freude aus, als seit Wochen.

Maia streifte das rosenfarbene Gewand von ihren Schultern, und es fiel weich zu Boden. Sie war nackt. Ihre Brüste waren klein, ihre Hüften voll, ihr Bauch rund. Ihre olivfarbene Haut schimmerte im Kerzenlicht, und mir fiel auf, wie winzig ihre Hände waren. Sie war völlig gelassen und unbeeindruckt von unserer Verwunderung. Ich erkannte, daß ich befangener war als sie, und während ich beobachtete, wie sie ihre Arme über dem Herzen kreuzte und ihre Augen schloß, strahlte sie große Ruhe aus. Ich sah, daß sie weder Scham noch Stolz fühlte. Ich bewunderte ihre unvollkommene Schönheit und verstand, welche Vollkommenheit sie in ihrer Nacktheit ausdrückte. Sie verkörperte die einfache, grundlegende spirituelle Macht der Wahrheit.

Bellona senkte den Kopf und kreuzte ebenfalls ihre Arme über dem Herzen. Ich bemerkte, daß beide ihren Atemrhythmus angeglichen hatten. Bellona öffnete ihre Augen, löste die Arme voneinander, hob den schlanken Weidenzweig in ihrer rechten Hand und berührte mit der Spitze die Mitte von Maias Stirn. Langsam, mit sichtbarer, würdevoller Konzentration, bewegte sie den Zauberstab hinunter auf Maias rechten Fuß, dann hinauf zu ihrer linken Schulter, hinüber zu ihrer rechten Schulter und schließlich hinunter zu ihrem linken Fuß. Während sie auf diese Weise ein Pentagramm auf Maias Körper zeichnete, sprach sie:

>*Durch Blatt und Stamm beschwöre ich dich*
Durch Knospe und Blüte beschwöre ich dich
Und bitte dich herabzusteigen, gütige Göttin
In diesen, den Körper deiner Hohepriesterin Maia
Sieh mit ihren Augen, küsse mit ihren Lippen, sprich mit
    ihrer Stimme
Auf daß deine Kinder deine Weisheit empfangen mögen.
Hört nun die Worte der Großen Mutter,
Die bei den Alten auch Artemis, Astarte, Cerridwen, Diana,
Arianhod oder Isis hieß, und viele andere Namen hatte.<

Damit führte Bellona den Zauberstab zurück an seinen Ausgangspunkt. Mit dieser letzten Berühung in der Mitte von

Maias Stirn schoß eine Woge der Energie durch ihren Körper. Maias Kopf schnellte zurück, und ihre Lippen öffneten sich. Langsam öffnete sie ihre Arme und hob die Hände mit den Handflächen nach außen, eine Haltung von Priesterinnen, deren Darstellung ich schon auf alten ägyptischen Wandgemälden, griechischen Vasen und minoischen Schnitzereien gesehen hatte. Die Energie, die sie erfüllte, schien sich wie ein Umhang aus Mondlicht in einer Sommernacht über unseren Kreis zu senken.

Maia begann zu sprechen. Ihre Stimme war leise und kam aus weiter Ferne, wurde dann jedoch kräftiger.

»Wann immer ihr etwas braucht, sollt ihr euch einmal im Monat, am besten bei Vollmond, an einem geheimen Ort versammeln, ihr, die ihr die Mysterien kennenlernen wollt, aber die tiefsten Geheimnisse noch nicht erfahren habt; ich will euch Dinge lehren, die euch bis jetzt noch unbekannt sind... und ihr sollt tanzen, singen, feiern, musizieren und euch lieben, alles mir zu Ehren, denn mein ist die Ekstase des Geistes, und mein ist auch die Freude auf Erden, denn mein Gesetz ist die Liebe zu allen Lebewesen... Ich bin die gütige Göttin, die den Herzen der Menschen Freude schenkt. Und dafür verlange ich kein Opfer, denn seht, ich bin die Mutter aller Dinge und gieße meine Liebe über die Erde aus...«

Voller Ehrfurcht saß ich da. Als Maia weitersprach, veränderten sich Tonlage, Ausdruck und Rhythmus ihrer Stimme, als ob jemand anders sprechen würde.

»Ich bin die Schönheit der grünen Erde, der weiße Mond am Sternenhimmel, das Mysterium des Wassers und das Verlangen des menschlichen Herzens. Ich rufe eure Seelen: Erhebt euch und kommt zu mir, denn ich bin die Seele der Natur, die das Universum belebt. Ich bringe alle Dinge hervor, und zu mir kehren sie alle zurück, und vor meinem Angesicht, das Götter und Menschen lieben, sollt ihr euer innerstes göttliches Selbst in die Verzückung der Unendlichkeit entfalten. Dient mir mit freudigem Herzen, denn seht – jeder Akt der Liebe und des Vergnügens ist mein Ritual. Möge euch deshalb Schönheit und Stärke, Macht und Mitgefühl, Respekt und Demut, Frohsinn und Ehrfurcht erfüllen. Und ihr, die ihr mich sucht, sollt wissen, daß euer Suchen und Verlangen vergeblich sein wird, solange ihr das Mysterium nicht kennt: Wenn ihr das, was ihr sucht, nicht in eurem Inneren findet, werdet ihr es in der äußeren Welt niemals finden. Denn seht, ich war bei euch von Anbeginn, und ich bin das Ziel eures Begehrens.«

Maia schwieg, und ich hielt den Atem an und hoffte, sie würde weitersprechen.

Es folgte eine elektrisierte Stille. Maia kreuzte die Arme wieder, und Bellona umfing sie rasch mit der erdenden Wärme einer Umarmung. Dann half sie ihr behutsam, sich hinzusetzen. Sanft strich sie ihr eine Haarlocke von der Wange und küßte ihre Handflächen. Schweigend beobachteten wir, wie Maia aus ihrer Trance auftauchte und allmählich wieder zu sich kam. Als sie bereit war, nahm Bellona die silberne Schale vom Altar und legte sie in Maias ausgestreckte Hände. Dann nahm Bellona ihre Athame. Erneut standen sie einander gegenüber, die Augen voller Liebe. Bellona hob den Dolch, während Maia sprach: »Wie die Schale der Göttin gehört…«

»…so gehört die Athame dem Gott«, antwortete Bellona, und stieß die Klinge in die Schale.

»Und vereint bringen sie Segen«, vollendete sie den Satz gemeinsam und küßten sich über der symbolischen Vereinigung. Auf diese Weise wurde der Wein geweiht.

Nonna strahlte voll unverkennbarer Genugtuung. Ich

wußte, sie war erleichtert zu sehen, daß Maia fähig war, ihre Arbeit im Zirkel wieder aufzunehmen. Bellona reichte Maia einen runden Laib Brot. Mit ihrer Athame spritzte Bellona Wasser und Wein aus der silbernen Schale über das Brot. »Segne dieses Brot für unseren Körper, auf daß es uns Gesundheit, Wohlstand und den ewigen Segen der Liebe verleihe.«

Maia brach ein Stück Brot ab und ließ es in die Schale fallen. Mit dem nächsten Stück fütterte sie Bellona, die sie im Gegenzug fütterte. Dann wurde die silberne Schale im Kreis herumgereicht, damit wir alle an dem Trankopfer teilhaben konnten. Dabei gossen wir Wein, Wasser oder Saft aus unserem Becher in die Schale der Göttin, sprachen dazu ein Gebet oder Worte der Inspiration und tranken dann aus unserem eigenen Becher. Es heißt, solche Trankopfer seien der Ursprung der Trinksprüche, und manchmal wird sogar behauptet, sie seien auch der Ursprung der katholischen Messe. Die Worte unserer Priesterinnen klangen noch in unseren Herzen nach und sorgten dafür, daß das Trankopfer in ehrfürchtiger Stille dargebracht wurde.

»Du mußt etwas essen, um dich zu erden«, drängte Bellona Maia, nachdem die Schale wieder in die Mitte des Altars zurückgekehrt war. Maia strahlte und hatte nicht die geringste Erinnerung an das, was sie gesagt hatte.

»War es die Offenbarung?« fragte sie. »Ich wollte heute Abend die Offenbarung sprechen.«

Bellona nickte.

»Was ist die Offenbarung?« fragte ich leise.

Maia schien zu benommen, um zu antworten, und Bellona war völlig darauf konzentriert, sie zu umsorgen. Die beiden hielten sich gegenseitig liebevoll umarmt.

Nonna antwortete: »Die Offenbarung der Göttin, wie sie in unserer Tradition praktiziert wird, hat Doreen Valiente, eine außergewöhnliche britische Hohepriesterin, als erste gesprochen. Sie ist dazu durch viele Quellen inspiriert worden – Material von Charles Godfrey Leland, der während des neunzehnten Jahrhunderts mit italienischen Hexen zusammengelebt hat, klassische Elemente, eine alte Beschwörung der Isis, sogar Material aus Aleister Crowleys Erfahrung mit der Göttin Nuit und die Göttin selbst – all dies zusammengenommen und interpretiert durch Valientes großartige poetische Begabung. Alle Priesterinnen unserer Tradition lernen die Offenbarung auswendig und benutzen sie, um den Mond herabzuziehen.«

»Den Mond herabzuziehen?« fragte ich, um noch mehr zu erfahren.

»Das ist die Trancetechnik, die ihr heute erlebt habt. Sie wird von Hohepriesterinnen benutzt, um das Einssein mit der Göttin zu erleben. Es ist ein mystischer Zustand veränderten Bewußtseins, in dem die Priesterin zum Gefäß für die Göttin wird. Sie kann dabei Visionen haben, Führung oder Stärkung empfangen. Und die Göttin kann sogar durch sie sprechen, aber es dauert Jahre, bevor man diese Fähigkeit beherrscht.«

Ich nickte zu Nonnas Erklärung und fragte mich, wie es sich wohl anfühlen mochte, mit solch poetischer Kraft von der Gegenwart der Göttin erfüllt zu sein. Und ich fragte mich auch, ob es die Göttin oder Maia war, die gesprochen hatte.

Maia wandte sich mir zu und antwortete, als ob ich meine Worte ausgesprochen und nicht nur still gedacht hätte. Aber vielleicht hatte sie meine Worte wirklich gehört.

»Tu es, dann wirst du es verstehen. Ich kann nicht erklären, was passiert, das mußt du selbst erleben. Wenn du dich richtig vorbereitest, wenn dein Herz offen ist und du sie willkommen heißt, dann wird sie durch dich sprechen. Manchmal bin ich mir dessen bewußt und kann mich selbst wie aus weiter Ferne hören, aber es sind nicht meine Worte – du denkst diese Worte nicht, sondern sie kommen von ihr. Und wenn sie dich erfüllt… es ist unbeschreiblich.« Sie seufzte glücklich und wandte sich dem Teller mit Essen zu, den Bellona für sie vorbereitet hatte.

Das war der Grund, warum man immer Metaphern benutzt hatte, um sie zu beschreiben. Später konnte ich aufgrund meiner persönlichen Erfahrung verstehen, wie das Sprechen der Offenbarung einem hilft, die Trance zu vertiefen, und die Fähigkeit der Priesterin fördert, in einem veränderten Bewußtseinszustand zu sprechen. Die Offenbarung setzt den Fluß der Sprache frei, wenn die Priesterin den Mond herabzieht, und befähigt sie, sich der Göttin zu öffnen, wenn sie die Priesterin erfüllt und durch sie spricht.

Aber die Göttin ist mehr als nur eine poetische Metapher. Als ich mich im Kreis umblickte, sah ich die erstaunliche Schönheit der Göttin in den Frauen um mich herum. Die meisten waren dem Beispiel unserer Priesterin gefolgt und hatten sich, auch weil Maia noch so viel Energie ausstrahlte, zumindest teilweise entkleidet. Ihre Brüste, Taillen und Schenkel hatten jede erdenkliche Größe und Form. Annabelle mit ihrem langen, rabenschwarzen Haar und dem Gesicht einer Märchenprinzessin hatte den unentwickelten Körper eines jungen Mädchens. Jeanette, die sich nicht ausgezogen hatte, galt nach den gesellschaftlichen Normen als »übergewichtig«, aber ihre volle Gestalt war trotzdem wunderschön. Gillian war groß und schlank mit winzigen Brüsten und ohne Hüften. Onatah hatte die üppige Form einer Sanduhr mit kräftigen Oberschenkeln und einer schmalen Taille. Mindy war klein und athletisch mit gut ausgebildeten Muskeln. Naomi war rund und behäbig, und Marcia sah aus wie ein Bodybuilder. Einige hatten Schwangerschaftsstreifen, Cellulitis und gerundete Bäuche. Jede Frau war einzigartig, keine entsprach dem Stereotyp des »perfekten« Gesichts oder der »perfekten« Figur, und jede war auf ihre ganz individuelle Weise erstaunlich schön.

Sie scherzten und sprachen vertraulich miteinander, berührten einander und saßen schweigend da. Ihre Gesten und Haltungen enthüllten die unmaskierte Wahrheit. Und sie hatten Vertrauen in ihre Körperlichkeit, einige von ihnen vielleicht zum ersten Mal im Leben, befreit von der Enge kultureller Standards, sogar Jeanette, die wegen ihrer Gewichtsprobleme so befangen war. Sie alle waren voll pulsierenden Lebens und frohlockten immer noch über das, was soeben vor ihren Augen geschehen war. Die magischen Worte veränderten bereits die innere Alchemie in jeder Frau.

Als der Zirkel endete, war ich voller Energie und hatte keine Lust, nach Hause in mein winziges Apartment zu gehen. Wo konnte ich in dieser Stadt unter dem vollen, honigsüßen Mond sitzen? Allein im Wald wäre ich wesentlich sicherer gewesen. Wo war der Tempel der Göttin, der auf dem Gipfel des höchsten Hügels stand, die Säulen mit blühendem Jasmin umrankt, den Boden mit samtigem Moos bedeckt, vom Mondlicht durchflutet, das sich vom Himmel ergoß? Wo waren ihre heiligen Eichen- und Apfelhaine? Wo konnte eine Frau, erfüllt von der Göttin, ungefährdet unter dem Mond tanzen, bis die Sonne den Himmel wieder eroberte? Wo war der irdische Zaubergarten, wo eine Frau die Umarmung ihres Geliebten erwarten konnte? Würde er immer Millionen Meilen entfernt sein, ein verlorenes Eden, ein geheimer Garten, versteckt hinter den Schatten einer furchterregenden Welt?

Ich öffnete die Tür zum Dach meines Hauses und kauerte mich unter den silbernen Spiegel der Göttin. Was war heute abend geschehen? War ich endlich der Göttin begegnet? Die Macht im Raum war fühlbar gewesen, aber war es wirklich mehr gewesen als reflektiertes Licht, so, wie der Mond nur sichtbar wurde, wenn die Sonne ihn anstrahlte? Waren die Worte am Ende nicht mehr als der bewußte Ausdruck eines dramatischen Effektes? Aber was sonst erwartete ich?

Ich erwartete Beweise. Ich erwartete einen brennenden Busch und Granittafeln, die mit Laserstrahlen oder sogar mit Blitzen beschrieben worden waren. Ich erwartete die materielle Manifestation eines ewigen Wesens. Das waren die Erwartungen, zu denen man mich erzogen hatte, sogar in einer intellektuellen Familie.

Radios hämmerten verwirrende Botschaften in die dicke Sommerluft, Sirenen heulten durch die Straßen und riesige dunkle Wolken jagten über den noch dunkleren Himmel und verdeckten den strahlenden Mond. Eine plötzliche Welle ozeanischer Einsamkeit rollte vom Himmelszelt herab und drohte, mich zu ertränken. Wo war die Göttin, fragte ich mich verzweifelt. Da stand ich, eine winzige, einsame Gestalt, inmitten einer fremden Metropole. Der Himmel teilte sich, und Regentropfen fielen wie schwere Tränen herab, durchweichten meine Kleider und schwemmten meine Traurigkeit zusammen mit der Traurigkeit der Göttin hinweg. Ich wusch mein Gesicht in ihrer Feuchtigkeit, fuhr mit den Fingern durch mein Haar, badete in den himmlischen Seen, der Sternenwaschung. Ich fühlte, wie die Verkrustungen meines anerzogenen Skeptizismus aufbrachen und die Unsicherheit sich auflöste. Ich war erneuert, wiederhergestellt und erleichtert. Ich war eine Frau auf dem Weg zu sich selbst, und nicht mehr allein.

Warum stehst du hier herum? Beweg dich! Tanze wie die heiligen Schlangen, die die Berge herunterkommen, um den blauen Mais wachsen zu lassen. Tanze wie die weißen Schlangen, die durch die Wasser des Lebens schwimmen. Tanze wie die Wunderschlangen, die sich in deiner Wirbelsäule nach oben winden, die sich wie Spiralen durch deine Zellen ziehen, die dich über das unendliche Universum hinweg auffordern, den Tanz des grenzenlos Verwobenen zum Trommeln deines Herzens und zum Gesang der Sterne zu tanzen. Tanze!

Ich wirbelte über das Dach, und das Wasser spritzte von meinem Körper, während der Regen aufhörte und der silberne Mond wieder am Himmel erschien.

Ich hatte mich so bemüht, sie zu finden, aber schließlich war sie es, die mich gefunden hatte. Ich rannte die Treppe herunter, schlug die Tür hinter mir zu und streifte die durchnäßten Kleider ab. Nackt stand ich vor dem Spiegel. Das Mondlicht glänzte auf meiner nassen Haut. Langsam drehte ich mich und sah mich selbst, als ob ich eine Fremde wäre. Ich drehte mich deosil und drehte mich wieder, erinnerte mich daran, wie strahlendschön die Frauen im Zirkel heute abend gewesen waren, erleuchtet von der Energie, die unsere Priesterin herabgezogen hatte. Ich hatte die Anwesenheit einer außerordentlichen, transformierenden weiblichen Kraft erlebt. Ich *hatte* die Göttin gehört, wie sie durch den Mund ihrer Priesterin sprach. Ich hatte ihren Widerschein in den Augen meiner Schwestern gesehen.

Die Frauen standen neben mir im Spiegel: Marcia hatte die Kraft und Unabhängigkeit von Artemis, der Göttin der wilden Tiere und der Jagd; Gillian hatte die romantische Poesie von Brigid, der Muse der keltischen Barden und Göttin der Heilkünste; Jeanette hatte die Macht von Yemanja, die unter ihren

Röcken der Welt alle Reichtümer des Meeres enthüllte. Maia war so sehr die großzügige Erdmutter, Bellona die kriegerische Mondjungfrau, und Nonna war Hekate, die Weise Alte. Sie waren wahrhaftige Verkörperungen der Göttin.

Wenn die Göttin in ihrem Inneren existierte, dann war sie vielleicht auch in meinem Inneren. Plötzlich tanzte ich wieder, sang und lachte. Ich dachte an das köstliche Vergnügen der körperlichen Liebe. Ich dachte an die monatlichen Menstruationsschmerzen und die Sensitivität, die mit ihnen einherging. Ich dachte an eine gute Freundin, die ihre kleine Tochter innig liebte und erstaunlich gut kannte – eine Verbindung, die so grundlegend war, daß man sie nur als übersinnlich bezeichnen konnte, eine Gabe, die sich schon während der intimen Zeit der Schwangerschaft bemerkbar gemacht hatte –, und ich dachte an meine Verbindung zu meiner eigenen Mutter. Ich begann, die Weisheit und Spiritualität meines eigenen Körpers zu spüren. Ich durchlebte noch einmal die Träume und Intuitionen, die mich auf meiner seltsamen Reise geleitet hatten, die Zeichen und Omen, die mich geführt hatten.

Das Verlangen in meinem Herzen, das mir so sehr als die Sehnsucht nach einem fehlenden Teil meiner selbst erschienen war, das mich gelockt und gereizt hatte wie die Flöte des Pan, hatte mich zu einem heiligen Hain geführt. Ich sehnte mich nach der fehlenden Hälfte, aber bevor ich nicht selbst Gestalt angenommen hatte, würde ich keinen Partner haben. Hier, in diesem heiligen Hain, wo die Apfelbäume in fruchtbarem Überfluß gediehen, entdeckte ich den fehlenden Teil meiner selbst, den Teil von mir, der sich, wie unsere Priesterinnen, den göttlichen Mysterien öffnen konnte. Ich befand mich in der Gegenwart einer überwältigenden Kraft, deren Energien auf einzigartige Weise weiblich waren.

Maias Worte, die Worte der Göttin, fielen mir wieder ein. »Wenn ihr das, was ihr sucht, nicht in eurem Inneren findet, werdet ihr es in der äußeren Welt niemals finden. Denn seht, ich war bei euch von Anbeginn, und ich bin das Ziel eures Begehrens.«

Meine Maske war verschwunden, und während ich vor dem Spiegel tanzte, fühlte ich, wie eine Energie in mir aufstieg, die ich noch nie erlebt hatte. In einer Höhle meiner Seele, so tief, daß sie aus einem unendlichen Abgrund des Universums stammen mußte, regte sich etwas. Und aus der schützenden Leere und den unerschöpflichen Möglichkeiten, die mich umgaben, aus dem Mutterleib der Göttin, in dem ich lebte, kam etwas zu mir. Die hauchdünne Grenze zwischen innen und außen, nennen wir sie das Bewußtsein der Haut, war durchlässig geworden. Die Göttin, von der ich erwartet hatte, sie würde sich in der äußeren Welt manifestieren, existierte bereits in meinem Inneren. Und diese unvertraute göttliche Erscheinung würde mein Leben neu gestalten. Ich hatte nicht meinen Verstand verloren; ich hatte mein Herz gefunden, und es war der Tempel der Göttin.

Diese Erkenntnisse fühlten sich ungeheuerlich an, und doch wußte ich, daß ich gerade erst begann, das Mysterium der göttlichen Gegenwart in der Welt und in mir selbst zu verstehen. Eines jedoch wußte ich mit Sicherheit, mit der Weisheit meines offenen Herzens: Die Göttin kam aus der Unterwelt, in die sie vor Tausenden von Jahren verbannt worden war, wieder ans Licht. Die Göttin war zurückgekehrt.

10

Kegel der Kraft

Jeder Schritt, den du auf Erden tust, sollte ein
Gebet sein. Die Kraft einer reinen und guten Seele
wohnt im Herzen eines jeden Menschen,
und sie wächst wie ein Samen,
wenn du deinen Weg auf heilige Weise gehst.
WHITE FACE, HÄUPTLING DER
OGLALA LAKOTA

Ich erwachte aus meiner Nacht des Tanzes mit den Schlangen und streckte mich zurück in meine brandneue Haut. Statt der stickigen Sommerluft der Stadt wehte eine leichte Brise durch das offene Fenster. Die Blumen auf meinem Fensterbrett waren aufgeblüht, und dahinter glänzte die Morgensonne, strahlend sauber geschrubbt durch den nächtlichen Regen. Ich fühlte mich wunderbar lebendig und sehnte mich eher nach einem Tag voller Sinnlichkeit als nach dem Büro.

So wie ich mich vorher nach dem Mondlicht ausgestreckt hatte, dehnte ich mich nun der Sonne entgegen, spürte die Stärke meiner Muskeln, eine erwachende Kraft, die mich durchströmte. Ich atmete die Reinheit des neuen Tages. Ich würde nach einem Ausgleich zwischen Kampf und Gelassenheit suchen – die Befriedigung, die sich aus den eigenen Fähigkeiten ergibt –, und darauf würde ich mich konzentrieren.

Musik erfüllte mein Zimmer, als ich aus der Dusche kam –

die Ouvertüre der »Zauberflöte« von Mozart. Sie war eine ausgezeichnete Begleitung für ein mystisches Libretto aus Märchen und Freimaurertum, Liebe und Befreiung – und Anrufungen der Isis.

Ich erinnere mich nicht, daß ich es auf Automatik gestellt habe. Ich wickelte mich in ein Handtuch und ging zum Radio. Es war ausgestellt. Eine kleine Wasserpfütze sammelte sich um meine Füße, während ich an dem Knopf rüttelte. Die Musik hörte auf. Ich drehte mich weg, und sie begann erneut. Irgend jemand spielte mir einen Streich. Ich stellte meinen Lieblings-Rock'n'Roll-Sender ein. Drei Akkorde, und ich war wieder bei Mozart. Ich schaltete von UKW auf Mittelwelle und hörte die entsetzliche Schlagzeile: »Ein achtjähriges Mädchen wurde heute erwürgt in der Wohnung seines Onkels gefunden. Es ist nicht bekannt…«. Schnell schaltete ich das Radio ab.

Ich drehte mich um… Mozart. Das konnte nicht sein – oder doch? War das Einssein mit der Göttin, das ich letzte Nacht erlebt hatte, vielleicht die Ursache? Erst letzte Woche hatte mir Onatah erzählt, daß alle Elektrogeräte in ihrer Wohnung nach einer machtvollen Zeremonie verrücktgespielt hatten. Anthropologen klagten schon lange darüber, daß irgend etwas ihre Kameras und Kassettenrecorder verstellte, wenn sie versuchten, einen Schamanen in einem veränderten Bewußtseinszustand aufzunehmen. Vielleicht war das dieselbe Art von energetischer Störung. Ich zog das Kabel aus der Steckdose.

Vielleicht war es auch ein Geist.

»Nein, nein, nein! Dafür habe ich heute keine Zeit. Ich muß zur Arbeit!« protestierte ich in meinem leeren Apartment. »Harvey?« rief ich. Zwar mochte ich Mozart durchaus, aber es war zu früh am Tag für Geister. Schnell blickte ich über meine Schulter. Man kann ein 2,10 Meter großes weißes Kaninchen namens Harvey nicht übersehen. Ich warf einen Blick unter das Bett. Natürlich gibt es keinen besonderen Grund, warum ein Geist so groß sein sollte oder weiß oder ein Kaninchen namens Harvey. Ich sah im Schrank nach. Ich hatte Harvey schon als Kind geliebt; er war zweifellos der berühmteste Geist in Amerika und belohnte Mary Chase mit einem Pulitzer-Preis, als sie ihm am Broadway und im Film Unsterblichkeit verlieh. Vielleicht brauchte er einen Anwalt. Ich sah hinter den Vorhängen nach. Allgemein heißt es, daß sie große, unsichtbare Tiere sind, schottische Elementarwesen, um genau zu sein, die sehr mächtig und häufig mutwillig sind. Genau das Richtige, um aufzutauchen, wenn ich dabei war, nach einer Nacht voll göttlicher Magie in die »wirkliche« Welt der Unterhaltungsbranche und ihrer Gesetze zurückzukehren.

Schnell öffnete ich die Wohnungstür und steckte meinen Kopf in den Flur. Kein Kaninchen.

Meine Nachbarin, Mrs. Morrison, warf mir einen verblüfften und mißbilligenden Blick zu.

»Morgen«, lächelte ich und versuchte, so zu tun, als sei es völlig normal für mich, halbnackt den Kopf aus meiner Wohnungstür zu strecken. Ich winkte ihr zu.

Mrs. Morrison hob ihre Augenbrauen und ging zum Aufzug, während ich mich nach drinnen zurückzog. *Hey, das ist New York.* Ich tappte ins Bad, um mich zu schminken. Ein Hauch von Musik schlängelte sich in den gekachelten Raum und wickelte sich um mein Handgelenk. Ich lief zurück in die Mitte meines Apartments und war wieder umgeben von Musik, die sich aus den Fenstern, den Wänden, dem Boden und der Decke ergoß. Ich lachte wie ein vergnügtes Kind, das beobachtet, wie der Zauberer ein weißes Kaninchen aus seinem Hut zieht. Es *war* die Zauberflöte. Aber ob ein Kobold die Musik herbeigezaubert oder die Musik einen Kobold heraufbeschworen hatte oder ob irgend etwas anderes beide angelockt hatte, konnte ich nicht sagen.

Ich schminkte mich fertig, zog ein neues blaues Kleid an, packte all meine brandneuen, ungetragenen Kostüme, Blusen und vernünftigen Schuhe zusammen und suchte die Quittungen heraus, während die Musik spielte.

Hal, der Hausmeister, pfiff vor sich hin, als ich mit meiner Aktentasche und den Einkaufstüten aus dem Aufzug stieg. *Die Zauberflöte.*

»Danke«, lächelte ich, als er, der sonst hinter seinem Schreibtisch festgenagelt schien, plötzlich losrannte, um mir die Tür aufzuhalten. »Ich wußte gar nicht, daß Sie klassische Musik mögen.«

»Tu ich auch nicht.« Als ich mich umblickte, sah ich, wie er sich am Kopf kratzte. Ich setzte meine Sonnenbrille auf und kämpfte mich den leicht ansteigenden Weg zum Broadway hinauf. Aber sogar durch die dunklen Gläser sah ich den schimmernden Glanz, der alles und jeden umgab. Die Sonne stand schon hoch am Himmel und brannte unerwartet heiß. Ich atmete schwer, als ich mich ins Hellenica hineinschob, die Imbißstube an der Ecke, wo ich jeden Tag mein Frühstück holte und viel zu oft auch mein Abendessen.

»Was für ein schöner Morgen, hm? Ich habe Ihren Rat befolgt.« Elene, die Eigentümerin des Hellenica stand hinter der sauber glänzenden Theke und schenkte mir ein strahlendes Lächeln. »Wir haben dieses Wochenende eine kleine zweite Hochzeitsreise gemacht. Die Poconos. Ein herzförmiges Bett, schlechter Champagner, Badewanne im Zimmer. Lächerlich!« Sie senkte die Stimme verschwörerisch und lehnte ihre stattliche Figur über die Theke. »Es war wunderbar. Ich habe das

Liebesbad benutzt, das Sie mir gegeben haben – es hat wie ein Zauber gewirkt.« Sie verdrehte ihre schwarzen Augen zum Himmel und warf ihren Kopf hin und her mit einer Bewegung, die an Mae West und Anna Magnani zugleich denken ließ. »Das geht aufs Haus!« Sie reichte mir eine braune Tüte. »Ich habe noch ein schönes Teilchen hineingetan – Sie sollten den Tag mit etwas Süßem beginnen.«

Ich blickte in die Tüte – mein üblicher Kaffee, ein Brötchen mit Ei, Orangensaft, das Teilchen und ... eine Mohrrübe?

»Wozu die Mohrrübe?« Ich zog sie aus der Tüte, aber Elenes glücklicher Ehemann Joe hielt sie zum Entzücken ihrer Stammgäste in einer leidenschaftlichen Umarmung gefangen. Sonnenlicht flutete durch die kleine Imbißstube. Ich ging hinaus und hatte das seltsame Gefühl, verfolgt zu werden.

Ich kaufte meine Morgenzeitung, und der Typ vom Zeitungsstand, der nie aufsah oder ein Wort sagte, nahm den Zigarrenstummel aus seinem Mund mit den dicken Lippen und lächelte. »Warum beginnen Sie Ihren Tag mit all diesem Müll? Verstehen sie mich nicht falsch – es ist mein Job, Zeitungen zu verkaufen. Aber Sie sollten Ihren Tag fröhlich beginnen. Also, kennen Sie schon den Witz über das Kaninchen, das einen Job suchte?«

Erstaunt schüttelte ich den Kopf.

»Es geht also zum Arbeitsamt und sagt. ›Ich suche Arbeit, können Sie mir helfen?‹ Und die Sachbearbeiterin an ihrem Schreibtisch sagt: ›Haben Sie es schon mal mit dem Zirkus versucht?‹ Und das Kaninchen sagt: ›Was soll ein Zirkus mit einem Tenor anfangen?‹«

Erwartungsvoll starrte er mich an, und als er anfing zu lachen, brachen auch die Leute, die sich vor seinem Stand versammelt hatten, in Gelächter aus.

»Ich wünsche euch einen wunderschönen Tag!« Er winkte uns zum Abschied zu.

Ich kämpfte mit meinem Gepäck und lächelte über die seltsame Wiederverzauberung der Welt um mich herum. Aber der Berufsverkehr hat nichts Bezauberndes. Ich seufzte, während ich mitten im Menschenstrom nach einem Taxi Ausschau hielt. Weit und breit keins zu sehen. Also doch die U-Bahn, dachte ich resigniert, als eine große schwarze Limousine vor mir anhielt. Das Fenster wurde heruntergelassen, und der Fahrer, ein älterer Mann mit schneeweißer Haut, welligen weißen Haaren und einer Sonnenbrille lehnte sich herüber. »Wo wollen Sie hin?«

»Ecke Fifty-seventh und Sixth, aber ich kann mir keine Limousine leisten.« Die Chauffeure verdienten sich oft ein paar zusätzliche Dollar, indem sie Fahrgäste auf Kurzstrecken beförderten, gewöhnlich Geschäftsleute oder Touristen, die aus teuren Hotels kamen, aber ich hatte noch nie einen solchen Wagen um diese Tageszeit in der Gegend von Broadway und Eighty-sixth Street gesehen. Hier war die Upper West Side, wo Lehrer, Reporter, junge Büroangestellte und Intellektuelle lebten, und nicht die Limousinen-Gegend auf der gegenüberliegenden Seite der Stadt.

»Klar können Sie. Um diese Tageszeit werden Sie nie ein Taxi ergattern. Es ist meine gute Tat für heute – Sie können mir das zahlen, was ein Taxi kosten würde.«

»Bestimmt?«

Er war schon ausgestiegen und öffnete mir die Tür. Er nahm mein Gepäck und legte es auf den Beifahrersitz.

»Sehr freundlich von Ihnen.«

»Ist mir ein Vergnügen. Stört es Sie, wenn ich etwas Musik mache?« fragte er, als er in das üppige Grün des Central Park einbog.

»Natürlich nicht.«

Er legte eine Kassette ein und begann, mit einer außergewöhnlich schönen Tenorstimme zu singen. Die Musik war mir
vertraut, aber ich konnte sie nicht einordnen. Egal. Ich lehnte
mich in den weich gepolsterten Luxus zurück, der Wagen glitt
sanft um grüne Straßenbiegungen, gesäumt von ägyptischen
Feigenbäumen und Eschen, Hängebirken und Weiden und hun-
derten von Apfelbäumen, deren duftende Gewänder aus Pink,
Weiß und Rot sich in ein üppiges Grün verwandelt hatten, das
nun von reifenden Früchten geschmückt wurde. Während der
Fahrer die Vollkommenheit dieses Morgens besang, flogen wir
an Müttern vorbei, die miteinander redeten, während ihre Kinder spielten, an Fahrradboten, die uns auf der abschüssigen
Straße überholten, an älteren Männern, für die die Zeit still-
stand, während sie Schach spielten, an Liebespaaren jeden Alters, die auf geheimnisvolle Weise von den Verpflichtungen
der Arbeitswelt befreit waren und sich am Seeufer küßten.

Wir fuhren hinüber zum Gehweg vor meinem Bürogé-
bäude, und er hielt singend an. Ich applaudierte, bis mir die
Hände brannten.

»Danke. Ich hoffe, es hat Sie nicht gestört.«

»Gestört? Sie waren großartig. Singen Sie professionell?«

»Früher, im Chor der Met.«

»Was haben Sie gesungen?«

»Die Zauberflöte.«

Ich brach in Gelächter aus.

»Was ist daran so lustig?« fragte er und sah durch die geöff-
nete Trennscheibe nach hinten.

»Ich lache nicht über Sie – es war magisch. Aber diese Oper
verfolgt mich schon den ganzen Morgen.« Ich griff nach meiner Brieftasche, aber er schüttelte den Kopf.

»Es war mir ein Vergnügen. Sie waren ein wunderbares Publikum. Musik braucht Zuhörer, wenn sie ihren Sinn erfüllen soll, sonst ist sie wie Liebe ohne Liebende.«

»Ein Tempel ohne Gläubige.«

»Genau. Musik ist eine heilige Kunst, sie heilt, sie inspiriert, sie ist ein Transportmittel. Wenn man sich für sie öffnet, wird sie ein magischer Teppich, der einen zu jedem Platz dieser weiten Welt oder irgendeiner anderen Welt bringt. Und die richtige Musik kann die Welt verändern. Sie bringt einen in die Mitte des Universums, das mitten im eigenen Herzen liegt. So, das war meine Ansprache für heute.« Er öffnete mir die Tür, und während ich aus dem Auto stieg, blieb Hadus abrupt auf dem Gehweg vor mir stehen.

»Es war magisch«, sagte ich und streckte dem Fahrer meine Hand entgegen.

»Es ist eine sehr magische Oper«, sagte er, während er mir die Hand küßte. Er zog die Sonnenbrille tiefer, und während er mir zuzwinkerte, sah ich verblüfft, daß seine Augen rosa waren. »Sphärenmusik.«

»Pythagoras«, lächelte ich, benommen von der unerwarteten Magie dieses Morgens. Er reichte mir meine Taschen.

»Genau. Ich wünsche Ihnen einen wunderschönen Tag.«

Ich hätte schwören können, daß ich ein Duett hörte, als der Wagen anfuhr.

»Eine Limousine um diese Tageszeit. Mit wem hast du die Nacht verbracht?« fragte Hadus schelmisch.

»Wenn ich es dir erzählen würde, würdest du mir nicht glauben. Aber man könnte sagen, daß ich neben einem… schottischen Filmstar aufgewacht bin, einem richtigen Tier.« Ich lächelte zufrieden über seine offensichtliche Verwirrung, drückte die Tür auf und hielt sie für ihn. »Als nächstes kommt... Aufzug fünf«, sagte ich und ging durch die kleine Menschenansammlung in der Lobby. Hadus warf mir einen Blick voll ärgerlicher Verwirrung zu. Ich ging weiter, während sich die Türen von Aufzug fünf öffneten, und blickte zurück, um zu sehen, wie Hadus in der Lobby feststeckte, während ein Meer von eiligen Fahrgästen an ihm vorbeirauschte. Die Türen schlossen sich vor seinem noch stärker verwirrten Gesicht. Ich kicherte. Nichts konnte schiefgehen. Die Welt war ein magischer Ort. Statt wie üblich auf ihre Schuhe zu blicken, scherzten und lachten die Leute auf dem Weg nach oben.

Als ich in mein Büro kam, öffnete ich die Frühstückstüte und nahm den Kaffee, das Teilchen, das Eibrötchen und den Saft heraus... die Mohrrübe war verschwunden!

Während meiner Mittagspause brachte ich all meine neuen, ungetragenen Kostüme zurück – und ersetzte sie durch einige perfekte Modelle von Donna Karan, eine der wenigen Frauen weltweit, die als Designer arbeiteten. Ihr Stil war professionell und doch feminin, und ich fühlte mich in den Kleidern stark und schön zugleich. Die Teile, die ich haben wollte, kosteten mehr, als alles, was ich zurückbrachte, aber sie waren es wert. Und auf dem Weg nach draußen blieb ich wieder stehen, um das Gewand der Göttin zu bewundern.

Ein paar T-Shirts, ein Sweatshirt, Jeans, Shorts, Unterwäsche, Socken, Badeanzug, Poncho, Handtuch, Notizbuch, Taschenlampe, Streichhölzer, Insektenspray, Sonnenschutz, und es gab immer noch genug Platz für Kochgeschirr, Lebensmittel und Wasser. Sorgfältig hakte ich jeden Gegenstand auf meiner Liste ab. Es paßte mehr in den Rucksack, als ich erwartet hatte. Ich hatte ihn von Jake ausgeliehen, zusammen mit dem Zelt, dem Schlafsack und der Isomatte. Ich hatte noch nie allein gezeltet, und so war mein erster Impuls gewesen, ihn zu fragen, ob er mitkommen wollte, aber ich mußte allein sein – um die Erfahrung zu machen, daß ich nicht allein war.

Ich hatte ein paar Tage Urlaub, gerade zur rechten Zeit. Jetzt fingen die heißesten Tage des Jahres an, die Hundstage des Sommers, die Zeit, wenn in Ägypten der Sirius, der Hundsstern, aus den Tiefen der Unterwelt am östlichen Horizont aufstieg. Der Stern war ein himmlischer Bote der Jahreszeit, in der der Nil über die Ufer trat und die ausgedörrte Erde mit dem lebensspendenden Wasser überschwemmte. Er kennzeichnete die Zeit, zu der die mächtige Göttin Isis durch die Kraft ihrer unsterblichen Liebe in das Reich jenseits von Raum und Zeit reiste, um dem zerstückelten Körper ihres geliebten Gatten Osiris neues Leben einzuhauchen. Es war das Sternzeichen der Mysterien, das Leuchtfeuer unseres Anfangs und unserer Bestimmung.

Ich wollte zum Delaware Stausee und hatte halb New York auf den Fersen. Ich brauchte fast eine Stunde, nur um durch den Lincoln-Tunnel aus Manhattan herauszukommen. Die Menschen strömten aus der Stadt heraus auf die überfüllten Autobahnen wie Blut, das sich durch die verhärteten Arterien eines vor sich hin dösenden Tieres preßt. Es war eine verzweifelte allwöchentliche Wanderung derjenigen, die es sich leisten konnten, ihrer Seele auf dem Land und am Strand Erholung zu gönnen. Obwohl ihnen die volle Bedeutung ihrer immer wiederkehrenden Suche nicht bewußt war, vollzogen sie eine heilende magische Handlung mit der Erde, dem Meer und dem Himmel.

Als ich die Route 80 erreicht hatte, ging es vorwärts. Ich hatte die Fenster heruntergedreht, hörte Bruce Springsteen im Radio, und die Reifen drehten sich wie Rouletteräder voll wilder Versprechungen. Als ich in den Teil der Senke einbog, der Naturschutzgebiet war, hatte ich das Gefühl, ich befände mich in einer anderen Zeit. Ich konnte die Veränderung der Energie fühlen, als ich an menschenleeren Verkaufsständen vorbeifuhr, auf denen die süßen Reichtümer der Erde wie gelber Mais, Zucchini und Blaubeeren auslagen. An die Stände waren handgeschriebene Schilder genagelt – »Maiskolben $ 1.50 pro Dutzend. Geld bitte in die Dose legen« – tröstliche Erinnerungen, daß das Leben aus harter Arbeit bestehen sollte, die Anerkennung findet, und daß Vertrauen zur Ehrlichkeit anregen sollte. Ich hielt an, kaufte Lebensmittel und zahlte mit Ehrfurcht und Bargeld. Ich fuhr an den hohen Gebirgskämmen vorbei und beobachtete, wie die Falken in den abendlichen Aufwinden nach oben stiegen, vorbei an Maisfeldern, die in ungleichmäßigen Reihen gesetzt waren und wo ich bald die grünen Kolben wachsen hören würde, während ich mit Hirsch und Waschbär unter dem zunehmenden Mond tanzte.

Ich fuhr zum Verwaltungsgebäude des Campingplatzes und stellte meinen Wagen auf den Parkplatz. Als ich zu Fuß zu meinem Zeltplatz ging, fühlte ich mich sofort vom Duft der kirchturmhohen Kiefern erfrischt. Ich blieb stehen, um eine Wolke von Staren zu beobachten, die sich im Licht der untergehenden Sonne tummelten, tausend fliegende Teilchen, jedes mit seinem eigenen Herzschlag, und doch zu einem wirbelnden, ab- und aufsteigenden Ganzen verbunden, das in intuitiver Übereinstimmung auf einen unsichtbaren und unhörbaren Ruf antwortet. Irgend etwas sang in ihrem Inneren, und ich blieb stehen und lauschte. Die gefiederte Wolke ließ sich oben in den Baumwipfeln nieder und erfüllte sie mit dem Halleluja eines heiligen Chores.

Ich warf mein Gepäck hin, und bevor ich irgend etwas anderes tat, legte ich in jede der vier Ecken meines Zeltplatzes eine Opfergabe für die Elementargeister – eine blaue Feder, die ich auf dem Weg hierher gefunden hatte, eine kleine rote Kerze in einem Glasgefäß, eine Muschelschale, gefüllt mit Wasser aus dem Fluß, einen Maiskolben, den ich am Gemüsestand gekauft hatte. Dann überlegte ich, was ich in die Mitte des Kreises stellen sollte. Hier gehörte der Altar hin, auf den die Priesterinnen etwas stellten oder legten, das das Heilige symbolisierte: eine Statue, einen Kessel, einen Apfel oder ein Hirschgeweih. Als ich auf dem heiligen Platz stand, wurde mir klar, daß er keines Symbols bedurfte, sondern nur erkannt werden mußte – die Mitte des Kreises umgab mich überall.

Ich kniete nieder, um den Boden zu berühren, der voller Moos und Feuchtigkeit war, bedeckt mit braunen Kiefernnadeln und alten Blättern, die der Erde das Leben zurückgaben, das sie ihnen einst gespendet hatte. Eine kleine Strumpfbandnatter glitt schnell vorüber. Ich zuckte zurück und fiel auf mein Hinterteil, während die Angst meiner Kindheit mich ergriff. Ich fror und beobachtete erstaunt, wie das kleine Geschöpf sich rasch über den Zeltplatz bewegte, eine Welle anmutig wogender Erdhaftigkeit. Da gibt es nichts zu fürchten, erkannte ich, während der Schrecken sich in Gelächter auflöste. Und als der Duft der Erde meine Lungen, meine Muskeln und mein Herz erfüllte, erinnerte ich mich daran, daß auch ich ein Gefäß für das göttliche Mysterium sein konnte, nach dem ich suchte. Ich saß in der Mitte des Kreises, wo der Geist wohnt, und legte mein Notizbuch neben mich. Ich erdete und zentrierte mich, verwurzelte mich selbst in der Erde, die meine Gefährtin und meine spirituelle Lehrerin sein würde.

Eine sanfte, graue Dämmerung brach herein, so wie sich Trauertauben im Wald sammeln. Langsam stand ich auf und streckte mich, denn das Tageslicht würde bald der Dunkelheit weichen, und es wurde Zeit, daß ich mein Lager aufschlug. Ich schritt den Platz ab und fand eine ebene Stelle für mein Zelt. Ich befreite sie von Zweigen und Steinen und kämpfte dann mit den Zeltstangen, bis ich schließlich nach genügend Schwierigkeiten, um meine Leistung anzuerkennen, mein kleines Nest errichtet hatte. Ich sammelte Holz und baute eine Feuerstelle, was ebenfalls mehr Zeit und Geschicklichkeit erforderte, als ich angenommen hatte. Als die Flammen schließlich genügend Nahrung fanden, sagte ich Dank, kochte, aß und gewöhnte mich ein, während die Dunkelheit sich ausbreitete.

Die Nachtluft war wesentlich kühler als in der Stadt, wo Dampfrohre und die überhitzten Abgase zahlreicher Motoren und Klimaanlagen für eine unnatürliche Wärme sorgten. Aber es war nicht nur der Temperaturunterschied, der mir auffiel. Es war die Stille. In der Stadt gab es immer Hintergrundgeräusche, der unaufhörliche Lärm der Motoren, das unsichtbare Rauschen der Telefondrähte, Radiowellen, Fernsehwellen und zahlloser anderer technischer Einrichtungen, die sich des Äthers bemächtigten. Die Stadt war niemals still.

Und dann wurde mir klar, daß der Wald ebenfalls nicht still war, aber er war frei von dem Lärm der Menschen und Maschinen. Die Wälder waren voll pulsierender Musik: das rhythmische Summen der Zikaden, das Rascheln der Blätter, das Plätschern des Wassers am Flußufer, dazu als Kontrapunkt das Zirpen der Grillen, der Ruf einer Eule, das Knacken der Zweige im Feuer. Es war ein musikalisches Vergnügen. Während ich dem Orchester der Erde lauschte, der Musik der Sphären, erinnerte ich mich an meine Leidenschaft für Musik, von der ich vor langer Zeit angenommen hatte, sie würde mich zur Magie führen.

Ich saß in der Stille, die wir bei unseren Meditationen im Zirkel anstrebten. Gedanken an die Arbeit, die Frustrationen und die Siege drängten sich in meine Träumereien. Aber sie schwebten vorüber wie Blätter auf dem schnell fließenden Wasser des Flusses neben meinem Zeltplatz. Die Techniken, die ich in der Stadt gelernt hatte, waren mir jetzt eine große Hilfe, denn nach nur einem Moment des Erdens, Zentrierens und Atmens war ich offen für die Vollkommenheit, die mir dieser Ort mit einer so natürlichen Großzügigkeit darbot. In dieser unberührten Gegend, wo der Lärm aufhörte und der Rhythmus begann, erkannte ich ein Muster, das wie der Herzschlag klang. Ich lag auf der Erde, ruhte mich aus, nährte mich mit ihrer Kraft und lauschte ihrer Musik.

Der Zeltplatz lag unter einem dicken Baldachin belaubter Zweige, und ich sehnte mich danach, die Sterne zu sehen. In der Stadt kann man die Sterne nicht sehen – dort gibt es zu viel künstliches Licht, das uns für die Schönheit des Nachthimmels blind macht. Ich nahm meine Taschenlampe und bahnte mir vorsichtig meinen Weg zum unverstellten Himmel unten am Fluß. Fasziniert stellte ich fest, daß die Nacht hell erleuchtet war. Ich setzte mich neben den Fluß und zitterte vor Ehrfurcht, als er wie eine riesige schwarze Schlange, auf deren Rücken sich zahllose glänzende Sterne spiegelten, durch die Dunkelheit glitt.

Gefangengenommen von der endlosen Bewegung der Sterne und des Flusses verlor ich jegliches Zeitgefühl. Ich wußte, daß ich bewegungslos auf diesem Fleck bleiben konnte wie ein Einsiedler auf dem Gipfel eines Berges, und ganz gleich, wie wenig ich mich bewegte oder wie weit ich mich von den Versuchungen der unnatürlichen Welt, die ich hinter mir gelassen hatte, zurückzog, die Zeit würde mich wie die

Sterne in seinem Wasser tragen, zwölf oder fünfundzwanzig oder hundert Jahre, alles in einem endlosen Augenblick. Das Wesen der Energie bestand darin, durch Raum und Zeit zu fließen, sich zu bewegen und sich von dem einen in das andere zu verwandeln. Stillzustehen, die Bewegung zu verweigern oder sich der Veränderung zu widersetzen, bedeutete, den natürlichen Fluß des Lebens zu blockieren.

Hier war das verborgene Mysterium von Ebbe und Flut, der spiralförmigen Bewegung innerhalb der ewigen Gezeiten, der Fluß, in dem ich immer treiben würde. Und hier war auch, wenn man den alten Riten der heiligen Erde folgte, der magische Teppich, der mich in die Anderswelt heiliger Dimensionen und heiligen Entzückens tragen würde. Wie der Fluß vor mir und derjenige in mir bewegte sich die Energie in Wellen – sie war rhythmisch. Und das Verhältnis dieser Wellen zueinander war harmonisch. Das war ein Teil der Zusammenhänge, die Pythagoras, der Priester der Göttin am Orakel von Delphi, vor langer Zeit entdeckt hatte. Und das war es, was er als Sphärenmusik bezeichnet hatte.

Klang, Musik, Trommeln, Hymnen, die Musik der Geschöpfe des Mondes, all dies war tief in meinem Geist verwurzelt. Jede Trancearbeit, jede Erscheinung wirkte wie ein zeitloser Augenblick, ein Übersetzen auf die andere Seite des Flusses. Aber selbst in der Stille gab es Bewegung, und wenn man wollte, konnte sie auch eine Reise sein, die einen stromaufwärts oder stromabwärts, in die Zukunft oder in die Vergangenheit führte.

Was sollte ich mit der Energie anfangen, die mein Leben war? Ich hatte mich vom Fluß des Lebens in Reiche von unerwarteter Schönheit und Macht, aber auch unerwarteter Verzweiflung und Ohnmacht treiben lassen, aber wohin führte mein Weg mich jetzt? Konnte ich es wissen? Wenn das Schicksal vorherbestimmt war, sollte ich dann einfach mit dem Strom schwimmen, oder konnte ich selbst meine Bestimmung wählen? Hatte ich eine Aufgabe zu erfüllen? Was sollte ich tun: passiv bleiben, offen, alles hinnehmen? Oder sollte ich vorwärts streben, kämpfen und herausfordern? Eine riesige goldene Mondsichel lag tief über dem Horizont, und ich streckte meine Arme aus, um sie zu umfangen. Alle Magie beginnt mit der Reinigung. Ich streifte meine Kleider ab und stieg vorsichtig in das eiskalte Sternenwasser. Ich fühlte, wie jedes Molekül in meinem Körper zum Leben explodierte. Die Strömung war stärker, als ich erwartet hatte, und die Steine unter meinen Füßen waren gefährlich glatt. Schnell griff ich nach einem Zweig, der niedrig über dem Fluß hing, um nicht weggespült zu werden. Ich spürte die rauhe Rinde in meinen Handflächen und die eiskalte Strömung, die meinen Körper umspülte, und ich starrte nach oben zum Mond, als die Klänge der Nachtmusik mich in die Trance des Einsseins versetzten.

Magie ist die Erfüllung des Schicksals. Drei Dimensionen bilden den Raum, die vierte ist die Zeit, und in der fünften Dimension wohnt der Geist. Sie verdoppeln sich, wenn du in den Spiegel der Göttin blickst. Welches Reich den Schatten wirft und welches das Spiegelbild ist, mußt du selbst herausfinden. Dort erwartet dich deine Bestimmung. Öffne dich für die Bewegung des Göttlichen, und seine Energie wird dich über alle Grenzen hinaustragen. Mit jedem deiner Atemzüge ist es gegenwärtig. Es ist die Energie des Lebens, und mehr als das. Es ist ein spiralförmiger Wirbel, der Vergangenheit, Gegenwart und Zukunft, Energie und Materie, Liebe und Verlangen vereint. Es ist die Reise der Sehnsucht des Herzens und des Erwachens der Seele. Es ist gegenwärtig in der Musik der Sphären, im Licht der Sterne, in der Strömung des Flusses, im Wachsen der

Weide, im Verlangen, das Liebende aus den äußersten Winkeln von Raum und Zeit zueinander zieht. Es durchströmt alles, es vereinigt alles. Öffne dich dafür und spüre seine Kraft; ich will dich leiten und erhalten, denn du bringst Leben hervor.

Der Mond wurde kleiner und heller, und seine Farbe verwandelte sich von Gold in Silber, als er am Himmel höher stieg. Er ließ den Fluß glänzen, ein Kelch, der das verstreute Sternenlicht in seinem strahlenden Bogen sammelte. Vorsichtig drehte ich mich dreimal im Kreis, wobei ich jedesmal ehrfürchtig meinem Mondschatten gegenüberstand, wenn er sich, aus seiner eigenen Mitte aufsteigend und sich ausbreitend, über den Fluß erstreckte. Gott oder Göttin oder beide waren eine Sphäre, deren Mitte sich überall befand und deren Umfang ins Unermeßliche reichte. Die Grenze zwischen innen und außen war wieder einmal unsichtbar geworden. Das Feuer der Worte bewirkte ihre Alchemie, und ich hörte auf zu zittern – gefangengenommen von der Botschaft, die mich von innen heraus wärmte. Mein Körper und meine Seele waren eins mit dem Fluß, dem Mondlicht, dem Widerhall der Worte.

Jetzt stand der Mond hoch am Himmel, eine helle Sichel, die den vollen Kreis andeutete, der hinter seinem eigenen Schatten verborgen lag. In diesem Moment verstand ich, was für ein Potential in unseren Schatten steckt, die unsere ganze Fülle, welche unvermeidlich in regelmäßigen Abständen strahlend aufleuchtet, manchmal eines Teils berauben, sie manchmal aber auch schützen.

Im nächsten Augenblick merkte ich, wie kalt der Fluß war. Plötzlich frierend kletterte ich ans Ufer und rieb mich schnell mit meinem Hemd trocken. Ich schwebte wie auf Wolken, war voller Ekstase und Heiterkeit. Ich war gereinigt. Ich zog mir meine trockenen Kleider an, dankbar für den wärmenden Kokon. Ich umarmte mich selbst, rieb mir Arme und Beine, um die Durchblutung anzuregen, fühlte, wie sie prickelten und brannten und wieder zum Leben erwachten. Ich drehte mich um und blickte auf den Mond und die schimmernde Schlange.

»Danke«, murmelte ich. »Ich werde es nicht vergessen.«

Ich kletterte über das schlüpfrige Flußufer nach oben, die Muskeln steif vom kalten Bad, und suchte nach dem kleinen Pfad. Ich war nicht sicher, ob ich den richtigen Weg einschlug, aber ich ging auf den dunklen Wald zu. Schon nach einem kurzen Stück bemerkte ich, daß das widerhallende Summen der Laubfrösche lauter wurde. Das Licht meiner Taschenlampe flackerte, wurde dann schwächer und erlosch. Ich stolperte in eine kleine Wasserrinne am Rande des Flusses. Abrupt blieb ich stehen, fasziniert von dem Anblick, der sich mir bot. Als wären die Sterne vom Himmel gefallen, war das Rinnsal von pulsierendem Licht erfüllt. Ich war von Tausenden tanzender Glühwürmchen umgeben. Im Angesicht des Mysteriums und der Offenbarung ließ ich mich auf die Erde nieder.

Die Zeit blieb stehen, als ich sie beobachtete und langsam verstand, daß ihr aufleuchtendes Licht kein zufälliges Flakkern, sondern ein Signalfeuer war; so fanden diese winzigen Lebewesen zueinander. Aus vielen Metern Entfernung, was für ein so kleines Geschöpf ein Universum von Raum und Zeit darstellt, und inmitten zahlloser Artgenossen, leuchteten zwei Glühwürmchen im gleichen Rhythmus und sandten gleichzeitig ihre Signale, die sie schließlich zusammenführten. Ich beobachtete, wie zahllose Paare voll strahlender Energie pulsierten, sich ihre Gegenwart mitteilten, ihr Erkennen und ihre Harmonie, wie sie sich gegenseitig führten, bis sie schließlich zusammenfanden. Sie flogen um mich herum, und viele von ihnen leuchteten auf meinen Schultern, meinen Armen, meinem Haar, wobei ihre winzigen Flammen in zahllosen Pulsschlägen der Sehnsucht, des Verlangens und der Erfüllung flackerten.

Ich dankte der Göttin, dem Gott, dem Kosmos, den Wäldern, dem Fluß, den Glühwürmchen und meinen Eltern, die zueinandergefunden und mir das Leben geschenkt hatten. Ich dankte jeder Minute der Vergangenheit, die mich zu diesem außerordentlichen Augenblick geführt hatte. Die Natur *war* ein heiliger Lehrer. Magie, das wußte ich, wirkt nicht gegen die Natur, sondern mit ihr, und die Weisheit, die man braucht, um seine Wahl zu treffen, Magie zu »wirken«, zu leben und in der Gegenwart des Göttlichen zu sein, ist in der natürlichen Welt allgegenwärtig. Wahre Magie besteht darin, mit der heiligen Quelle verbunden zu bleiben. Daraus geht alles hervor.

Ich fand den Weg zurück zu meinem Zeltplatz, indem ich mich vom Schein des Feuers durch den dunklen Wald leiten ließ. Ich schrieb alles, woran ich mich erinnern konnte, in mein Notizbuch, und dann kroch ich glücklich in meinen warmen Schlafsack und schlief ein, während die Wälder und der Fluß, die Erde und das Wasser, Gestalt und Gefühl mir ihr Wiegenlied sangen.

Ich hatte gelernt, daß ich, ganz gleich, ob Orakel das Schicksal oder nur die Möglichkeiten erhellten, meinen Weg immer selbst wählen mußte und daß etwas oder jemand da war, um mich bei diesen Entscheidungen zu führen.

Kerzen in Blau, die Farbe der Heilung und des Friedens, brannten in allen vier Kreisvierteln und auf dem Altar, und in der Mitte lag das Pentakel. »Ihr habt gelernt, durch Erden und Zentrieren, Singen und Tanzen, Energie aufzubauen. Heute abend werdet ihr diese Techniken nutzen, um die Energie auf bewußte und magische Weise zu konzentrieren und zu lenken«, sagte Maia, als wir uns zum Zirkel versammelten. Das Herabziehen des Mondes hatte Maia wieder zu ihrem alten liebevollen und kraftvollen Selbst finden lassen, und sie sprach mit Autorität.

Als wir den Kreis gebildet hatten, erklärte Maia uns, was wir heute abend tun würden.

»Einige von euch wissen vielleicht schon, daß Nonna in letzter Zeit nicht zum Zirkel gekommen ist, weil es ihr nicht gutgeht. Sie hat uns gebeten, Energie aufzubauen, die ihr helfen soll, wieder gesund zu werden. Deshalb werden wir heute abend einen Kegel der Kraft erzeugen und ihr Energie für Stärke und Heilung senden. Eure Aufgabe besteht darin, die Energie aufzubauen, und Bellona und ich werden sie zu Nonna lenken. Sie ist zu Hause und zieht dort einen Kreis, um unsere Energie zu empfangen.«

»Was fehlt ihr?« fragte ich, entschlossen diesmal eine Antwort zu bekommen. Vor einigen Wochen hatte ich Nonna gefragt, die mir mit einem Lächeln geantwortet und versichert hatte, daß sie die Anweisungen ihrer Ärzte befolge. Ich dachte daran, wie ich sie bedrängt hatte und welche seltsame Antwort sie mir gegeben hatte.

»Wenn du in mein Alter kommst, machst du dir gerne vor, daß du alle ernsten Herausforderungen des Lebens bewältigt hast«, sagte sie ruhig. Dann kicherte sie. »Und gerade wenn du denkst, jetzt könntest du dich in den Schaukelstuhl auf der Veranda setzen, schlägt das Universum zu. Und vielleicht ist das genau richtig so. Wenn du nicht wirklich weißt, warum du lebst, dann lebst du nicht. Es wird Zeit, daß ich feststelle, was ich tatsächlich gelernt habe. Dies ist meine Prüfung der

Wiedergeburt – es wird Zeit, daß ich meine alte Haut abwerfe.«

Sie hatte mich umarmt, gesagt, ich solle mir keine Sorgen machen, war jedoch nicht zu weiteren Auskünften bereit gewesen. Und selbst wenn sie mehr wußten, wollten auch Maia und Bellona nicht darüber reden, obwohl wir alle gefragt hatten. Wenn wir Nonna jedoch heute abend helfen sollten, dann mußten wir mehr erfahren.

»Sie hat ein Lymphom.«

Furcht preßte mein Herz zusammen, und die Frauen tauschten besorgte Blicke aus.

»Die Ärzte haben Bestrahlung und Chemotherapie empfohlen, und Nonna hat sich an ihren Rat gehalten. Aber sie setzt auch alternative Therapien ein – Akupunktur, Handauflegen und Massage, Kräuter, Diät. Und natürlich heilende Magie, sie braucht also unsere Liebe und Energie, um die Krankheit zu überwinden. Wir werden auch diesen Talisman mit Heilkräften für sie aufladen.«

Maia legte einen silbernen Stern und einen vollkommenen Bergkristall, der an einer silbernen Kette hing, auf das Pentakel. Wir standen im flackernden Kerzenlicht und hielten uns an den Händen. Wir erdeten und zentrierten uns, zogen die Energie aus der Erde in unseren Körper und schickten sie im Kreis herum. Es wirkte belebend, und als ich meine Augen öffnete, war ich überwältigt von der Pracht auf dem Altar und der Lebendigkeit der Frauen im Kreis. Alle waren von einem sanften Schimmer umgeben, der bei einigen golden, bei anderen violett und bei wieder anderen blaßblau oder grün schien, und der Altar strahlte in reinstem Weiß, umgeben von flackernden blauen Glühwürmchen. Schweigend sandte ich meiner Lehrerin meine Liebe.

»Wenn ihr heute abend den Kreis bildet, stellt euch Nonna gesund, geheilt, lebendig und glücklich vor. Ihr müßt sie so klar wie möglich vor Augen haben, besonders in dem Moment, wo wir die Energie freisetzen.«

Leise, fast unhörbar, begann Maia zu singen. Ich lauschte, um ihre Worte zu verstehen. Ihre Augen waren geschlossen, und sie wiegte ihren Körper, während sie allmählich lauter sang. Sie hatte eine prächtige Altstimme, die mich an tiefroten Barolowein denken ließ. Merkwürdige Silben kamen über ihre Lippen, die sie ständig wiederholte. Bellona begann, in einem hellen, harten Sopran mit ihr zu singen:

»Hy Gie Ah Hy Gie Ah Hy Gie Ah.«

Ihre Stimmen wurden lauter, wobei sie mit der ersten Silbe kräftig ausatmeten und einen machtvollen, drängenden Rhythmus erzeugten. Wir nahmen den Gesang auf. Unsere Stimmen erfüllten den Raum und wurden von den Dachsparren zurückgeworfen. *Hygieia!* Blitzartig wurde mir klar: Dies war der Name der alten griechischen Göttin der Gesundheit. Wir setzten uns in Bewegung, langsam, ungleichmäßig, einander anstoßend. Ich beobachtete die Füße unserer Priesterinnen, während sie begannen, uns in einen Tanz zu führen, der so alt war wie der Name der Göttin, die sie angerufen hatten. Wir bewegten uns immer im Kreis herum, tanzten mit großer Anmut im Uhrzeigersinn, setzten den rechten Fuß über Kreuz vor den linken, dann mit dem linken Fuß einen Schritt nach links, jetzt den rechten Fuß hinter den linken, und wieder mit dem linken Fuß einen Schritt nach links. Ich blickte auf die Schönheit, die mich umgab. Hier waren die Priesterinnen des alten Griechenland, die die heilige Spirale des Lebens tanzten, den Tanz der dionysischen Ekstase, des Todes und der Wiedergeburt. Und hier war auch die Wahrheit hinter der uralten Vorstellung, daß die Hexen auf Feldern oder in Wäldern unter dem silbernen Mond tanzen. Eine beglückende Welle aus Energie rauschte durch mich hindurch.

Wir bewegten uns schneller und schneller, wobei der Gesang uns aufrecht hielt und weiterdrängte. Ein plötzlicher Ausbruch von Gelächter beendete den Gesang, während wir nach Luft rangen. Und dann gab es keine Tanzschritte mehr, weil wir uns dafür zu schnell bewegten und in schwindelerregendem Tempo durch den Raum wirbelten. Es ging herum und herum, unsere Worte erstarben zu einem atemlosen Flüstern, und wir zogen uns mit den Händen in eine Kette, deren Sinn von unseren Herzen bestimmt wurde. Wir durchbrachen die Grenze der Erschöpfung und gelangten auf eine völlig andere Ebene der Energie. Unsere Stimmen schwollen wieder an und gewannen neue Stärke und Kraft.

»*Hygieia, Hygieia, Hygieia.*« Wir sangen voller Harmonie und erstaunten uns selbst und die Göttin, die uns hörte.

Wir webten ein Efeuband aus Schritten in den Kreis der heilenden Energie, bis wir wieder rannten, gestärkt von der unerwarteten Kraft, die wir in uns selbst gefunden hatten. Wir hatten keine Gedanken mehr, sondern waren nur noch erfüllt von spiralförmiger, pulsierender Vitalität. Sie stieg von der Erde unter unseren stampfenden Füßen auf und strömte durch unsere Körper, Arme und Hände. Sie drehte sich über uns und erreichte einen phantastischen Höhepunkt.

»Jetzt!« rief Maia, und wir blieben abrupt mit nach oben gestreckten Armen stehen, während die Energie durch uns hindurch und über uns summte. Aus unseren Handflächen strahlte Licht.

Mein ganzer Körper schien wie elektrisiert. Ich fühlte mich wie auf Wolken und voller Ekstase. Ich atmete tief und kraftvoll, während Luft und Leben mich erfüllten, wieder verließen und von neuem erfüllten. Ich zog die Energie aus der Erde nach oben, spürte, wie sie kraftvoll durch meinen Körper strömte und sich dann durch meine Handflächen nach außen ergoß. *Nonna,* dachte ich und stellte mir vor, wie sie strahlend, lachend und gesund vor uns stand.

Die Energie floß durch uns hindurch in einen Kraftkegel, einen Lichtwirbel, der sich im Uhrzeigersinn um den Kreis drehte, spiralförmig nach oben zog, sich weit über unseren Köpfen zu einem Punkt verdichtete und in den Himmel über uns verschwand. Ich beobachtete den Vorgang fasziniert.

»Nonna, wir senden dir unsere Liebe, um dich zu heilen, zu nähren, stark zu machen und dir Leben zu schenken«, erklärte Maia. Das Pentakel und der Talisman auf dem Altar strahlten voller Licht, als sei die Sonne darin eingefangen.

Ich blickte nach unten und sah meine schimmernden Handflächen. Ich bildete mit meinen Händen eine Schale, und das Licht sammelte sich zu einer strahlenden Kugel. Langsam brachte ich sie an mein Herz, atmete tief ein und fühlte, wie das Licht in meinen Körper eintrat. Mein Herz öffnete sich, und die Energie raste durch mich hindurch. Tränen der Dankbarkeit liefen mir über die Wangen, als ich wieder die Kraft des rauschenden Flusses fühlte, die mich bei meinem magischen Campingurlaub durchströmt hatte.

»Runter!« befahl Maia.

Wir ließen uns auf den Boden fallen, legten die Handflächen flach auf die Erde, und einige Frauen berührten mit der Stirn den weichen Teppich.

»Laßt die Energie aus euch herauffließen. Laßt sie zur Erde zurückkehren, aus der sie gekommen ist.«

Meine müden Muskeln ruhten auf der Erde, die uns erhielt.

Behaglich an der Mutterbrust liegend, dachte ich daran, wie Hunde, Wölfe, Katzen und andere Tiere sich auf die Erde legen, um wieder gesund zu werden. Ich fühlte die Stärke meines gesunden Körpers und schickte eine Botschaft der Genesung an Nonna. Jeden Tag würde ich ihr heilende Energie senden, bis sie wieder gesund war.

Maia stand aufrecht in der Haltung der Göttin, die sie auch beim Ritual des Herabziehens eingenommen hatte, und sprach: »Im Namen von Hygieia und Aklepios, segne diesen heilenden Kreis. Segne Nonna mit Gesundheit, Kraft, Liebe und Leben.«

»So sei es«, erklärte Bellona.

»So sei es«, wiederholten wir mit einer Überzeugung, die aus der Mitte unserer Seele kam.

Wein und Kuchen wurden geweiht, und der Kreis wurde geöffnet. Der offizielle Teil des Zirkels war beendet.

»Hast du den Energiekegel gesehen?« fragte ich Gillian leise, immer noch voller Ehrfurcht.

Sie schüttelte den Kopf. »Aber ich habe diese ganze unglaubliche Energie im Raum gespürt, und das Pentakel glühte. Hast du das gesehen?«

Ich nickte.

»Ich habe noch nie etwas Ähnliches gesehen«, sagte Jeanette mit sanfter Stimme. »Es war ein sich drehender weißer Wirbel mit all diesen glänzenden Farbbändern, die darin herumschossen.«

»Es hat geknistert und Funken gesprüht wie die Wunderkerzen an Silvester«, sagte ich, während ich immer noch die prickelnden Nachwirkungen spürte.

Onatah nickte begeistert. »Das ist es – genauso wie wirbelnde Wunderkerzen! Es war erstaunlich. Aber ich habe nur weißes Licht und keine Farben gesehen.«

Unsere sinnlichen Wahrnehmungen waren also unterschiedlich, aber es gab genausogut gemeinsame Erfahrungen, ähnlich wie bei der Trancearbeit. Die Kunst der Magie ist die Fähigkeit, mit dem natürlichen Fluß der Energie zu arbeiten. Wir definieren Energie als Wellenbewegung, so wie Licht- und Schallwellen, aber eine Welle ist nur das zweidimensionale Abbild einer mehrdimensionalen Bewegung durch die Raumzeit hindurch und über sie hinaus. Energie bewegt sich eigentlich spiralförmig, in den Spiralen der Jahreszeiten und Schlangen, der Muscheln und Sterne, der DNS und der Hunde, die sich vor dem Feuer zusammenrollen. Das war die Bedeutung der zusammengerollten Schlange der Göttin.

Die spiralförmige Bewegung der Energie oder der Kreise fließt hin und her vom Gipfel zum Tal, vom Sein zum Nichtsein, vom Zunehmen zum Abnehmen, vom Sommer zum Winter, vom Männlichen zum Weiblichen, von Yin zu Yang, von der Geburt zum Tod und wieder zurück. Gegensätze existieren nicht getrennt voneinander, sondern sind in der schwingenden Dynamik des universellen Energiestroms verbunden. Hexen wissen, daß die Energie nicht für immer an einem Ende des Spektrums bleiben kann, denn sie ist ihrem Wesen nach eine unaufhörliche, wirbelnde Bewegung. Auf die Nacht folgt der Tag, auf die Aktivität folgt Ruhe – ein Muster, an das sich unser eigener Körper anpaßt, wenn wir einatmen, ausatmen und wieder einatmen. Am geheimnisvollsten ist die Schönheit der Verbindung von Gegensätzen, ihre dynamischen Wechselwirkungen, aus denen neues Leben und neue Formen hervorgehen.

Das war das Wesen des Kraftkegels (der traditionelle Ursprung des symbolhaft spitzen Hexenhutes), die Spirale der Energie, die wir aus der Erde und aus unserem eigenen Energiekörper hervorgeholt hatten, um zu Nonnas Heilung beizutragen. Sie wirkte durch unsere bewußte und liebende energetische Verbindung mit ihr und durch unsere gezielte Anreicherung dieser Energie mit heilenden und nährenden Kräften. Außerdem entdeckte ich, daß sie, wie so oft in der Magie, auch mit unseren außergewöhnlichen unbewußten Kräften zusammenwirkte, die gerade erst wie mythische Drachen aus ihren Schatzhöhlen an die Oberfläche kamen.

Drei Wochen später kam Nonna mit einer wunderbaren Geschichte für uns zum Zirkel. Sie hatte ihren Kreis gezogen und auf unsere Energie gewartet. Als sie bis Mitternacht nicht gekommen war, ging Nonna schließlich ins Bett. Gegen drei Uhr morgens wachte sie aus einem außergewöhnlichen Traum auf und fühlte sich besser als seit Monaten. Sie hatte geträumt, ein Lichtstrahl habe sie getroffen, der sie immer weiter mit Energie füllte, und dieses Gefühl hielt auch nach dem Erwachen an. Im Traum war ihr Körper gesund, und sie war voller Leben. Sie fühlte sich so »aufgeladen«, daß sie in dieser Nacht nicht mehr schlafen konnte.

Nonna kam weiterhin zum Zirkel, und wir bauten Energie für sie auf und schickten sie direkt in ihren Körper, wobei wir sie uns gesund und glücklich vorstellten.

Drei Monate später bestätigte ein Besuch bei ihrem Arzt, daß es keine Anzeichen von Krebs mehr gab, und neun Monate später hieß es, die Krankheit sei vollständig überwunden. Sie kehrte nie zurück.

Heute, viele Jahre später, ist Nonnas Heilung immer noch genauso außergewöhnlich, aber ich kann jetzt akzeptieren, daß unser magischer Beitrag dazu mehr als reiner Zufall war. Inzwischen habe ich selbst darum gekämpft, die Gesundheit meines Körpers wiederherzustellen, ich habe Freunde und

Freundinnen bei ihrer Heilung unterstützt, und schließlich hat auch die etablierte Medizin begonnen, sich mit »alternativen« Heilpraktiken auseinanderzusetzen. Die Menschen übernehmen jetzt eine aktive Rolle bei ihrer Heilung, wobei Meditation, Gebete, Kräuter, Handauflegen, gelenkte Visualisierungen, Akupunktur und eine Vielzahl von Energietechniken zum Einsatz kommen. Wenn diese in die traditionellen westlichen Techniken der allopathischen Medizin integriert werden, stellen Ärzte fest, daß ihre Patienten schneller gesund werden und länger überleben. Diese Beobachtungen werden inzwischen durch wissenschaftliche Untersuchungen bestätigt. Man hat festgestellt, daß durch Handauflegen der Blutdruck bei bewußtlosen Patienten sinkt und ihr Herz langsamer schlägt; zu früh geborene Babys, die man mit sanften Streichelmassagen behandelt, nehmen schneller an Gewicht zu und können früher aus dem Krankenhaus entlassen werden als andere; Frauen mit Brustkrebs, die an Selbsthilfegruppen teilnehmen, überleben durchschnittlich achtzehn Monate länger als andere; und Patienten mit Herzkrankheiten können ihren Gesundheitszustand verbessern, wenn sie ein integriertes Programm von Meditation, Körperübungen, Teilnahme an Selbsthilfegruppen und einer fettarmen Diät durchführen.

Wissenschaftler verstehen jetzt, daß Heilungsrituale, die einst als primitiver Aberglaube galten, bemerkenswerte Heilkräfte anregen, über die jeder Mensch verfügt. Aber am erstaunlichsten sind vielleicht jene Studien, die die Bedeutung von Gebeten gezeigt haben: Wenn Leute für Patienten gebetet hatten, selbst wenn es sich um Fremde handelte und die Patienten nicht einmal wußten, daß jemand für sie betete, wurden die Patienten schneller gesund und überlebten länger als die Patienten einer Kontrollgruppe, die nicht das Geschenk einer solchen »magischen« Energie erhielten. Auf der Quantenebene sind wir alle miteinander verbunden.

All diese »alternativen« Techniken und mehr gehörten zum Repertoire der Schamaninnen und Priesterinnen, Hexen und weisen Frauen. Dieses Heilwissen wurde von einer Generation an die nächste weitergegeben, und wenn man eine Schamanin fragt, wie ihre Ur-Ur-Urgroßmutter die ersten Kenntnisse über die speziellen Heilkräfte einer Pflanze erlangte, wird sie einem erzählen, daß die Pflanze vor langer Zeit zu ihrer Ahnin gesprochen hat. Vielleicht fügt sie noch hinzu, daß die Pflanze auch zu uns sprechen wird, wenn wir die Kunst des Zuhörens beherrschen. Viel von diesem Wissen ging durch die Ermordung der weisen Frauen und Männer verloren, und viele unserer traditionellen Heilmittel sind heute verschwunden, weil wir die Regenwälder und andere Teile unserer kostbaren Umwelt zerstört haben. Aber die Techniken, durch die unsere Vorfahren ihre Kenntnisse erworben haben, sind geblieben, und wir können sie zur Heilung einsetzen.

Im Zirkel lernten wir ekstatische, schamanische Praktiken, durch die jeder Mensch sich für die Gegenwart des Göttlichen öffnen kann, um die weiten Felder der übersinnlichen Wirklichkeit zu betreten, jener verborgenen Welt, die parallel zu unserem Alltag existiert. Während der Monate, in denen ich mit meinen Priesterinnen gearbeitet hatte, war mir klargeworden, daß es viele Arten magischen Wirkens gab – vom spontanen Handeln bis zu höchsten Zeremonien. Magische Energie kann durch Atmen, Singen, Tanzen, Laufen oder Trommeln heraufbeschworen werden, aber genausogut dadurch, daß man ein Feuer anzündet, in einer Höhle sitzt, die aus den Wurzeln eines umgefallenen Baumes gebildet wird, indem man Rituale praktiziert oder sich liebt.

Menschen können auf vielfältige Weise Energie heraufbe-
schwören, ohne daß ihnen selbst bewußt wäre, daß sie Praktiken der Reinigung, Kraftverstärkung, Ekstase oder sogar der
Vereinigung mit dem Göttlichen einsetzen. So wird etwa bei
Massenveranstaltungen, die mit starken Emotionen und großer Erregung verbunden sind – beispielsweise Rockkonzerte
oder Sportveranstaltungen –, Energie erzeugt. Dasselbe gilt
aber auch, wenn die Menschen alleine sind oder sich in kleinen Gruppen treffen, wenn sie still vor sich hin singen oder mit
Freunden Basketball spielen, wenn sie reiten, ein schnelles
Auto fahren, mit dem Motorrad fahren oder fliegen, wenn sie
mit Freunden oder einem Partner tanzen oder wenn sie sich in
einen Film, ein Spiel oder ein Buch vertiefen. Und es gilt auch,
wenn sie von der Schönheit der Natur bewegt sind. Diese
enorme Energie verpufft oft ungelenkt, weil wir uns ihrer heiligen Natur und ihrer Vorzüge nicht bewußt sind. Allzu oft
wird sie auch gezielt manipuliert oder für ungesunde, zer-
störerische Zwecke mißbraucht. Aber stellen wir uns nur vor,
wir könnten Energie mit erwachender Aufmerksamkeit, aus-
gefeiltem Geschick und spiritueller Einsicht lenken. Wir könnten die Menschheit heilen und erleuchten, unseren kostbaren
Planeten und seine wunderbaren Bewohner erhalten. Wir
könnten bewußt das Göttliche verkörpern und Mitschöpfer
des Paradieses sein.

Alle Magie erfordert enorme Konzentration und die Verfei-
nerung und Pflege mentaler Fähigkeiten, die von der westlichen Kultur unterdrückt und verleugnet worden sind. Obwohl viele Hexen Magie als gezielte Bewußtseinsveränderung
bezeichnen, wurde mir zunehmend klar, daß Magie nicht
allein eine Frage des Bewußtseins oder der Projektion des eigenen Willens ist. Es handelt sich nicht nur um eine weitere

Schule für transzendentale Spiritualität oder gar um ein rein mechanistisches Ritual. Es reicht nicht aus, Kleider in einer Farbe zu tragen, die zum Stand der Sterne paßt, das perfekte Räucherwerk zu benutzen oder die richtigen Gottheiten mit den richtigen Worten zu beschwören, und... abrakadabra, schon haben wir die Magie! Wenn die Sache so einfach wäre, hätte die gesamte menschliche Rasse längst scheinbar übermenschliche Kräfte.

Magie muß von unserer Leidenschaft gespeist werden, von der Kraft unseres Körpers und von den tiefsten Gefühlen unseres Herzens. Persönliche Einstellung, Klarheit und Konzentration sind ebenfalls wesentlich, aber ohne Mut, Mitgefühl und Erdverbundenheit wird Magie nie mehr sein als die Illusion eines Tagtraums. Und es gibt noch einen weiteren Bestandteil, ohne den Magie nicht wirken kann. Manchmal heißt es, die Energie, mit der wir arbeiten, sei weder gut noch schlecht, sondern einfach neutral und könne deshalb für gute oder schlechte Zwecke eingesetzt werden, je nachdem, was der Praktizierende will. Aber meine eigenen Erfahrungen – beim Aufbauen von Energie, beim Herabziehen des Mondes, bei der Trancearbeit, bei Visionen und Erscheinungen oder letztendlich auch bei der Versenkung in mich selbst – haben mir die absolute Gewißheit gegeben, daß wir immer mit der Energie der Liebe gearbeitet haben. Manchmal hatte sie mütterliche und manchmal väterliche Eigenschaften; oft hatte sie die Eigenschaften eines Mahls, das die Griechen als *Agape*, als göttliches Liebesmahl, bezeichneten, manchmal aber war sie ihrem Wesen nach erotisch. Aus diesen Erfahrungen habe ich gelernt, daß es ohne eine liebevolle Verbindung zum Heiligen nicht möglich ist, durch Magie dauerhafte Veränderungen herbeizuführen.

Das waren die Geheimnisse der wahren, spirituellen Magie. Ja, die Wahl des Zeitpunktes ist wichtig, Werkzeuge können mit Energie aufgeladen werden, Zaubertränke und Glücksbringer können die Energie verstärken und zur Bewußtseinsveränderung beitragen, die Konzentration des Geistes und das Lenken des eigenen Willens sind wesentlich, aber letzten Endes ist der Mensch und seine Verbindung zum Göttlichen das wahrhaft magische Element. Magie erfordert die Fähigkeit, eins zu werden mit dem Heiligen, denn das magische Reich, das man betritt, ist das Reich des Herzens. Ohne die Fähigkeit und Bereitschaft zu Mitgefühl und Liebe, wird keine Magie in ihrer Substanz, ihrer Form und ihren Ergebnissen wahrhaft spirituell sein. Wicca ist eine spirituelle Praxis, bei der es um die Vereinigung von Geist und Materie geht – der Geist belebt die Materie, und die Materie verkörpert den Geist. Das wahre und heilige Wesen dieser Einheit ist Liebe.

Wenn ich diese Wicca-Techniken praktizierte, war ich tief beeindruckt von der Bedeutung unserer Verbindung zum großartigen Netz des Lebens. Die Schlußfolgerungen waren klar: Das enorme Ausmaß dieser Macht erfordert Ehrfurcht und Respekt. Die meisten menschlichen Sorgen sind so kleinlich angesichts dieser erstaunlichen Machtpotentiale, daß der Einsatz der Magie zur Lösung von Alltagsproblemen so anmutet, als wolle man eine Mücke mit einer Atombombe töten. Unsere eigenen Grenzen schränken das Ausmaß der Macht ein, die uns zur Verfügung steht. Wenn wir kleinlich und selbstsüchtig sind, wird auch unsere Magie kleinlich und selbstsüchtig sein. Großzügigkeit wird uns mit Großzügigkeit vergolten und Liebe mit Liebe, denn die Energie des Universums ist ein Spiegel unserer tiefsten Sehnsüchte und Ängste.

Während wir uns um Nonnas Heilung bemühten, hatte ich

begonnen, mich selbst zu heilen. Die Welt gewann eine neue, berauschende Vitalität, als ob ich mich in das Leben verlieben würde. Es antwortete auf meine Freude, meinen Hunger, meine Großzügigkeit. Mein Herz öffnete sich, und meine Sehnsucht wuchs. Ich hoffte weiterhin, sie würde mich zu einem Geliebten, einem Seelengefährten führen, doch wo sie mich in Wirklichkeit hinführte, das lag immer noch im verborgenen. Bei all dem vergaß ich nicht, dem Universum für die Geschenke, die ich erhielt, Dank zu sagen, sei es durch Geldspenden an Wohltätigkeitsorganisationen oder indem ich meinem alten Nachbarn half. Ich behandelte Hadus mit geduldiger, gutmütiger Fürsorge, ignorierte seinen Zorn und seine versteckten Anspielungen und hoffte, das würde eine positive Wirkung haben.

Allmählich sah ich die Göttin, wo immer ich hinblickte. Ich begann zu verstehen, daß wir, wenn wir mit dem Heiligen in Verbindung stehen, uns angemessen verhalten, mit Ehrfurcht und Respekt vor allem, was existiert und die Gegenwart des Göttlichen ausdrückt. Wir werden lernen, an der Macht von Hexen, Seherinnen und Schamaninnen, Priesterinnen und Sängerinnen der heiligen Lieder teilzuhaben – all jener, die so lange dafür gesorgt haben, daß die Menschheit ihre Fähigkeit behielt, mit den unsichtbaren heiligen Kräften zu arbeiten, die die Welt durchströmen und alles, was existiert, zu einer heiligen Wirklichkeit verschmelzen. Wir werden eines Tages fähig sein, ein magisches Leben zu führen, ausgestattet mit der göttlichen Macht, der Welt ihren Zauber zurückzugeben.

Aber die Magie wirkt auf unerwartete Weise – sie führt einen durch die tiefsten Täler zu den höchsten Gipfeln, durch blendendes Licht in nährende Dunkelheit, durch den Kampf zur Befreiung und wieder zurück. Die Alte Religion ist eine

Spiritualität, die wellenförmig verläuft – man steigt zunächst in die Unterwelt hinab, bevor man in den Himmel aufsteigt –, doch ich hatte dieses Muster und seine Bedeutung noch nicht verstanden. Das Schattenreich war dabei, mir diese Lehre zu erteilen.

»Hast du *Variety* schon gesehen?« Ich reichte Max meine Kopie.

Er nickte. »Weitere Blutbäder.« Er seufzte. Er hatte im Plattengeschäft mehr Talfahrten erlebt als die Achterbahn auf Coney Island, aber er hatte sie alle überlebt. »Hast du einen Moment Zeit?«

»Für dich immer.« Ich folgte ihm in sein Büro. Die Stereoanlage war eingeschaltet, und ich erkannte die Musik – Mozarts »Zauberflöte«. Vergnügt lächelte ich, während ich mich auf die glatte grüne Couch sinken ließ. »Wenn du heute Zeit hast, brauche ich einen Kaufvertrag über ein Apartment für einen Klienten von mir.« Trotz meines mittlerweile verschärften Star-Zynismus, durchschoß mich ein alberner Nervenkitzel, als Max den Namen dieses Klienten nannte. Er war ein großer Star und galt zudem als wirklich netter Kerl. »Er kommt später hierher, dann kann er dir die nötigen Informationen selbst geben. Und wie läuft es sonst?«

Ich zögerte – ich hatte das Bedürfnis, mich jemandem anzuvertrauen, aber würde er mir glauben? Und selbst wenn, was konnte er daran ändern? Mit Hadus sprechen? Ich wollte Max nicht in eine peinliche Situation bringen, und außerdem hatte er keine Macht über Hadus – jeder Partner war autonom. Und selbst wenn Max mit ihm sprechen würde, würde das die Sache wahrscheinlich nur verschlimmern, weil es zu Feindseligkeiten mit Hadus oder zu meiner Entlassung führen könnte. Nein, ich hatte schon vor Wochen beschlossen, daß ich mit dieser Geschichte allein fertig werden mußte. Also war ich... diplomatisch. »Gut, ich lerne eine Menge.«

Max warf mir einen wissenden Blick zu. »Überlebst du es?« Ich nickte.

»Gut.« Er lächelte und tätschelte mir die Schulter. Seine Sekretärin klopfte und brachte den Klienten herein, mit dem er verabredet war, und ich ging in den Aktenraum, um einige Kaufverträge zu holen.

»Ich freue mich, daß du nicht mehr wie eine Bibliothekarin aussiehst.«

Ich brauchte vom Aktenschrank nicht aufzusehen, um zu wissen, daß es Hadus war. Ich zog meinen Rock herunter, der sich nach oben geschoben hatte, als ich in die Hocke gegangen war, um die Formulare aus dem Schrank zu holen.

»Meinetwegen brauchst du dich nicht züchtig zu bedecken.«

Ich stand auf und hielt einen Aktenordner vor meinen Körper. Der Aktenraum war klein, überfüllt mit Kartons und Schränken und stickig, weil es hier keine Klimaanlage gab. Ich wünschte, ich hätte meine Kostümjacke nicht ausgezogen, als er einen beiläufigen, genau berechneten Schritt nach vorne machte und sich zu mir beugte, wobei er den Aktenordner mitsamt Inhalt vorsichtig zu sich hinüberbog. Er blickte nach unten auf ein Formular oder etwas anderes.

»Brauchst du Hilfe?« Seine Stimme war gedämpft, und ich konnte riechen, daß sein Mittagessen flüssig gewesen war.

»Nein, danke. Ich habe alles.«

»Das hast du zweifellos. Irgend etwas an dir ist neuerdings anders.« Er sog die Luft ein und streifte mit seinem Finger über die Innenseite meines Arms. »Hast du ein anderes Parfüm?«

Ich zog meinen Arm heftig zurück und ließ dabei den Ordner fallen.

Schon die Tatsache, daß ich mich bücken mußte, um die verstreuten Papiere aufzuheben, war demütigend. Es kam mir vor, als ob mir der Boden unter den Füßen weggezogen würde. Wo war all meine Heiterkeit geblieben, diese freudige Gewißheit, daß Magie im Inneren auch Magie in der Außenwelt bedeutet.

»Es ist der Geruch von Geld – hast du meine Aktennotiz über Taylor nicht gelesen? Falls du es bemerkt hast, sie wollen dir den geforderten Betrag zahlen, wenn du ihnen die weltweiten Rechte gibst.«

»Ich habe nicht nur das bemerkt.«

Ich sammelte die herumliegenden Papiere ein, stand auf und machte schnell einen Schritt zurück, wobei ich mir meinen Ellbogen an einem Metallschrank stieß. »Verdammt!« Der Schmerz ließ mich zusammenzucken.

»Soll ich es küssen, damit es nicht mehr weh tut?«

Ich wußte nicht, ob ich lachen, weinen oder wütend werden sollte. Ich entschied mich für das Lachen.

Hadus zuckte zurück, als ob ich ihn geschlagen hätte. Er machte einen Schritt nach hinten, und ich schlüpfte rasch an ihm vorbei.

Während ich auf dem Rücken der göttlichen Schlange ritt, entdeckte ich allmählich, wie schwierig diese Reise sein würde und wie sehr sie mich verwandeln würde. Nachdem ich durch die Konfrontation mit dem Hüter der Schwelle und die Begegnung mit der Göttin belohnt worden war, fiel ich nun durch einen langen, dunklen Tunnel in die Mitte der Unterwelt. Es würde einige Zeit dauern, bis ich das Tageslicht wiedersah.

11

Zaubereien

Wenn du dich fürchtest und denkst,
daß wir vielleicht nicht mehr so jung sind,
hab' ein wenig Vertrauen: Magie liegt in der Luft.
BRUCE SPRINGSTEEN, »Thunder Road«

»Wo ist der Taylor-Vertrag?« fuhr Hadus mich an, als ich den Kopf in sein Büro steckte.

»Ich habe ihn gestern fertiggemacht. Sharon hat ihn.«

»Ich habe sie danach gefragt. Sie sagt, sie habe ihn nicht.« Er winkte mich in sein Büro.

»Ausgeschlossen – ich habe ihn ihr gestern gegeben, gleich vor der Mittagspause.« Er drehte sich in seinem Stuhl und wandte mir den Rücken zu. »Ich habe ihr ausdrücklich gesagt, daß du ihn heute brauchst«, widersprach ich seinem Hinter-kopf mit der beginnenden Glatze.

»Das ist Blödsinn. Sharon!« Er wirbelte herum und brüllte durch die offene Tür. Keine Antwort. »Wo zum Teufel steckt sie denn? Madeline«, knurrte er ins Telefon, »hast du Sharon gesehen?« Er machte eine Pause. »Sag ihr, sie soll herkommen, aber plötzlich.« Er warf den Hörer auf die Gabel. »Sie ver-bringt mehr Zeit auf der Toilette als ein achtzigjähriger Mann mit einer vergrößerten Prostata. Wenn ich dir sage, daß etwas erledigt werden soll, dann ist es deine Sache, dafür zu sorgen, daß das auch passiert.«

Ich spürte, wie der Adrenalinstoß einsetzte und mein ganzer Körper sich verspannte. »Vielleicht solltest du das Sharon erklären. Sie glaubt offenbar, wenn die Anweisung nicht von dir kommt, dann braucht sie sie nicht auszuführen.«

»Ich rede mit Sharon. Sorg du dafür, daß die Arbeit erledigt wird.« Wie üblich brüllte er, so daß jeder im Büro ihn hören konnte.

Ich nickte. Ein Punkt für mich: Er hatte gesagt, er würde mit ihr reden. »Ich habe alles fertig, was du von mir haben wolltest. Wenn es sonst nichts gibt, worum ich mich im Moment kümmern soll – Max hat mich gebeten, etwas für ihn zu erledigen…«

Hadus nickte ungeduldig. »Solange es deine Arbeit für mich nicht behindert. Geiziger Hund, er sollte eine eigene Assistentin einstellen, statt mir meine zu stehlen.«

Sharon kam herein und putzte sich die Nase.

»Also, was ist mit dem Taylor-Vertrag?« fragte ich.

Sharon heuchelte Überraschung. »Ich hab dir doch gesagt, daß ich darauf warte.« Ein kleines Lächeln spielte um ihre Mundwinkel.

Meine Warnlampen leuchteten auf, während ich mich bemühte, meinen Ärger unter Kontrolle zu halten. »Ich habe ihn dir gestern gegeben.«

»Nein, hast du nicht. Ich bin sicher, wenn du auf deinem Schreibtisch nachsiehst, wirst du ihn dort finden.«

Mein Verdacht bestätigte sich.

»Bringen wir's hinter uns. Du!« bellte Hadus und zeigte auf mich. »Finde diesen verdammten Vertrag, und du«, brüllte er Sharon an, »tippe ihn ab. Sofort!« Mit einem selbstgefälligen kleinen Lächeln hielt mir Sharon die Tür auf.

Ich ging in mein Büro, und selbstverständlich fand ich dort, versteckt unter dem Stapel von Akten, die ich heute morgen bearbeitet hatte, den korrigierten Taylor-Vertrag, den Sharon während der Mittagspause wieder dorthin geschmuggelt hatte.

»Mit diesem Verhalten schadest du einzig und allein dir selbst«, sagte ich, als ich den Vertrag auf ihren Schreibtisch fallen ließ. »Ich weiß nicht, was du für Probleme hast, aber ich bin nicht deine Feindin, und du solltest mich auch nicht dazu machen.«

Sharon achtete nicht auf meine Worte, sondern rief zu Hadus hinüber. »Sie hat ihn auf ihrem Schreibtisch gefunden.«

Die Welt stand wieder einmal auf dem Kopf. Zähle bis zehn, sagte ich mir. Ich war wütend und Lichtjahre entfernt von meinem Selbst, das im Regen auf dem Dach getanzt hatte. Ich zählte bis zehn und ging weg.

Sobald der Tag vorüber war, ging ich direkt zum Karussell im Park. Es war warm, immer noch sonnig, und die Musik hob sofort meine Stimmung. Ich gab dem Kartenverkäufer eine Fünfdollarnote. Das war ein Reinigungsritual, das ich in den vergangenen Monaten entwickelt hatte, und ich brauchte nichts zu sagen – er wußte, was ich wollte, und gab mir mit einem breiten Lächeln die Karten und das Wechselgeld. Ich ging um sein bunt bemaltes kleines Häuschen herum, er öffnete die Tür, und ich gab ihm meine Handtasche und meine Aktenmappe – und ein Buch über Magie, das ich versprochen hatte, ihm zu leihen.

Ich stellte mich mit den Kindern an, von denen mir die meisten nicht einmal bis zur Taille reichten. Und mit ihren Eltern. Es interessierte mich nicht mehr, was sie dachten, wenn sie bemerkten, daß ich selbst das Kind war, das sich diesen Spaß gönnte. Inzwischen hatten schon mehr Erwachsene sich zu einer Fahrt inspirieren lassen, und es waren immer junge Liebespaare, die mir als erste auf das Karussell folgten.

Ich stieg auf eine schöne schwarze Stute mit roten Rosen in der Mähne. Sie erinnerte mich an mein Lieblingskarussellpferd, auf dem mich mein Vater regelmäßig hatte fahren lassen, als ich ein kleines Mädchen war. Ich hatte gelernt, mich in den Steigbügeln aufzurichten und mich in den singenden Wind zu lehnen, um nach dem Messingring zu greifen. Dieses Pferd war kleiner und nicht so wild, oder vielleicht war ich auch selbst nicht mehr so wild. Aber es war ein schönes Pferd und würde mich so oft im Kreis herumtragen, wie es nötig war, um den Kummer und die Müdigkeit des Arbeitstages abzuwerfen.

Orgelmusik erfüllte die Luft, so laut, daß sie meinen Ärger in ein kleines, rundes Etwas verwandelte, das ich in meiner Handfläche halten und von mir schleudern konnte, während ich im Widersinn herum und herum und herum wirbelte. Bald hatte der tanzende Wind alle Traurigkeit weggefegt, und ich zog meine fröhlichen Bannkreise. Als ich schließlich vom Karussell herunterstieg, frei von allen Sorgen, hatte ich den Messingring in der Hand.

Ein voller Sommermond stand anmutig am Himmel über der Stadt. Dies war der Lachsmond, benannt nach dem Fisch voll mystischer Kraft, der für die amerikanischen Indianer und die Kelten die Fähigkeit der Seele zur Suche nach dem Göttlichen und zur Transformation symbolisierte. Und unter diesem Mond begeben sich die Lachse stromaufwärts auf ihre uralte Reise des Todes und der Wiedergeburt.

Ich wußte, daß wir heute Abend einen Zauber wirken wollten, und war darauf bedacht, pünktlich zu sein. Mit einem Strauß Sonnenblumen im Arm kam ich rechtzeitig an. Eine

Wolke von Räucherwerk hing unbeweglich in der stickigen Luft des Buchladens. Ein paar Kunden sahen sich noch in den Regalen um oder plauderten miteinander. Bald würden sie mit dem abendlichen Kehraus herausgefegt werden. Ich schlenderte durch den langgestreckten Buchladen und dachte daran, wie merkwürdig er mir einmal erschienen war. Die riesigen Freimaurerkrüge, anfangs so bizarr, waren nun voller Magie. Die farbigen Kerzen, die Statuen tanzender Pans und heiterer Göttinnen und die magischen Werkzeuge hatten alle eine Bedeutung. Und die Bücher, einst bedrohlich aufgrund meiner eigenen Ängste, enthüllten eine reiche und unbekannte Welt der Wunder.

Nonna begrüßte mich herzlich und gab mir das Rezepturenbuch, einen alten Lederband, der geheime Rezepte für Zaubertränke enthielt, die einem Liebe und Geld, Gesundheit und Glück und vieles mehr bescheren würden. Die Seiten waren vergilbt, voller Eselsohren und Fettflecken, wo Öl auf das Papier getropft war. Daneben lag ein Ringbuch aus Plastik mit handgeschriebenen Karten voller Zaubersprüche und ein kleiner Blechkasten mit Karteikarten in den Farben des magischen Regenbogens – die blauen Karten enthielten Rezepte für Frieden, Schutz und Heilung; auf den weißen Karten standen Zaubersprüche zur Reinigung und Inspiration; die gelben Karten enthielten Rezepturen für Erfolg und Leistung; auf den roten Karten standen Rezepte für Liebe und einige für Macht; die grünen bezogen sich auf Geld und Kreativität; die lavendelfarbenen betrafen spirituelles Wachstum und Einsicht. Ganz hinten in dem kleinen Kasten war ein kleiner Stapel Karten mit Verwünschungen mit einem Gummiband zusammengefaßt. Ich dachte, damit gäben wir uns nicht ab? Nonna unterbrach mich beim Durchsehen.

»Heute abend wollen wir einen Zauber für Wohlstand wirken und dabei mit den Elementargeistern der Erde arbeiten – Pflanzen und Metalle. Such ein Rezept für Räucherwerk und ein Zauberöl.«

»Und wie finde ich das Richtige?« fragte ich.

»Intuition.« Nonna lächelte. »Deine innere Stimme weiß alles – höre auf sie. Such die Kräuter zusammen; die Öle, die du brauchst, sind alle in der Ölkammer; bereite die Mischung zu, und wenn du fertig bist, bringst du sie in den Tempel.«

Meine Intuition weiß alles. Inmitten einer Kultur, die spottete und rationalisierte und so viel Lärm machte, daß es nahezu unmöglich war, die innere Stimme zu hören, hätten die meisten Leute Nonnas Versicherung nicht geglaubt. Aber ich hatte mittlerweile genug Erfahrung, um zu wissen, daß sie recht hatte, selbst wenn meine Intuition nicht immer zu wirken schien. Ich schloß meine Augen, nahm einen tiefen Atemzug und ließ meine Finger über die Karteikarten gleiten. Aber sogar nach den erstaunlichen Erlebnissen der letzten Monate kehrte meine Skepsis plötzlich zurück. Waren Zaubersprüche nicht nur ein alter Aberglaube? Schließlich, wenn ich irgend etwas begriffen hatte, dann doch wohl, daß die Macht im eigenen Inneren lag und nicht auf ein kleines Stück Papier gekritzelt werden konnte. Uns ging es um ernsthafte, spirituelle Fragen, um das Wachstum und die Entwicklung der menschlichen Seele, und nicht etwa darum, Kaninchen aus dem Hut zu zaubern.

Aber wer würde nicht gerne an Zaubersprüche glauben? Ich strich mit meinen Fingern über den Ledereinband des Rezepturenbuches. Heilige Energie liegt im Inneren und verbindet alle lebenden Dinge. Dies ist die Wahrheit und das Herz der Magie. Die Energie der Kräuter und Pflanzen, des Wetters, der natürlichen Gegebenheiten, der Elemente, der natürlichen Formen, Farben, Werkzeuge, Worte und unsichtbaren Geister und Führer geben ihre eigene Energie dazu, ebenso wie das Beschwören der Gottheit. Inzwischen verstand ich, daß magische Werkzeuge einschließlich der Kräutertränke und ähnlicher Dinge eine Bewußtseinsveränderung anregen und die Energie, die man in einen Zauberspruch hineinwirkt, verbessern und verstärken.

Kräuterweisheit hatte Nonna es genannt – das Beherrschen der geheimen Pflanzenkräfte, und zugleich war es ein wichtiger Bestandteil der Schamanenweisheit. Pflanzen haben die Kraft, das Leben zu nähren und zu erhalten, zu heilen, zu töten, göttliche Einsichten zu vermitteln, unser Bewußtsein zu verändern, Schlaf oder Entspannung zu schenken, zu beleben, zu reinigen, zu schützen, ja sogar als Aphrodisiakum zu wirken. Kräutern werden auch magische Eigenschaften zugeschrieben, die wahre Liebe anziehen, Reichtum mehren, Träume schenken, die Geister der Toten beschwören, Erinnerungen an eine verlorene Liebe wecken, Verwünschungen brechen, astrale Projektionen anregen, jemanden unsichtbar machen oder zu fliegen befähigen, Türen zur übernatürlichen Wirklichkeit öffnen und sogar Regen fallen lassen können. Was, wenn sie tatsächlich all das bewirken können?

Nachdem mein rationaler Verstand allmählich zur Ruhe kam, war ich bereit, mich zu entspannen und mich meiner Intuition zu überlassen. Ich benutzte eine magische Technik, die ich mittlerweile lieben gelernt hatte: Ich legte das riesige Buch auf den Rücken und ließ es los, so daß es sich im Fallen öffnete. Ich blickte hinab auf die Pergamentseite – vor mir lag in eleganter Handschrift ein Rezept für Reichtum. Ich ließ meine Finger langsam über die sorgfältig geschriebenen Buchstaben gleiten und sprach leise die klingenden Namen aus: Zeder, Zimt, die Blätter des Fingerkrauts mit ihren fünf Spitzen, Lorbeer, Styrax, Sternanis, Borretsch, Lorbeerblätter, Minze und Vetiver, das angeblich eine Pechsträhne beenden und Glück bringen kann, wenn man es bei sich trägt. Eins nach dem anderen holte ich die großen Glasgefäße von ihren Regalbrettern. Scharfe Düfte schlugen mir entgegen, wenn ich die Deckel öffnete. Ich mischte die Kräuter in einer Holzschale, die Hände mit aromatischem Staub bedeckt.

Ich gab eine kleine Handvoll in einen alten Mörser und fügte ein paar Tropfen Pimentöl, etwas Mandelöl und drei Tropfen High-John-the-Conqueror-Wurzelöl hinzu, das sehr giftig ist, wenn man es innerlich anwendet, aber gefahrlos zur Aromatisierung oder zur Weihe benutzt werden kann. Die Öle sorgten dafür, daß sich der Staub legte und die getrockneten Kräuter sich zu einem feuchten, körnigen Brei vermischen ließen. Das Zerkleinern der Mischung war eine wunderbare Arbeit. Ich vermied es sorgfältig, den Mörser zu überladen, mischte und zerdrückte kleine Mengen Kräuter mit dem Öl und gab die fertige Mischung in eine andere Holzschale.

Ich bewegte das schwere Pistill im Uhrzeigersinn und praktizierte dabei die Visualisierungstechniken, die wir gelernt hatten, wobei ich mir vor meinem geistigen Auge nicht die Mittel, sondern den Zweck unserer heutigen Magie vorstellte.

Ich visualisierte Reichtum, denn er bedeutet mehr als nur Geld. Er bedeutet Wohlbefinden, Erfolg, ein gesundes und erfülltes Leben. Ich konzentrierte mich auf Bilder des Wohlstands, auf den Geist und auf Handlungen der Großzügigkeit und des Teilens, die mit Reichtum einhergehen oder zumindest einhergehen sollten. Ich visualisierte eine reiche und fruchtbare Erde, frei von Umweltverschmutzung und Mißbrauch. Ich stellte mir eine große Tafel voller Speisen vor und sah alle Völker der Erde um den gedeckten Tisch sitzen und zusammen schmausen und der Erde für ihre Geschenke Respekt erweisen. Ich visualisierte, wie die Frauen meines Zirkels wohlhabend, glücklich und erfolgreich die Arbeit taten, die sie liebten. Ein unerwartetes Bild von mir selbst tauchte auf, wie ich in einem hohen Maisfeld stand. In einer Hand hielt ich ein offenes Buch, in der anderen einen strahlenden Lichtkreis, die Arme dem Vollmond entgegengestreckt, der als schimmernde Perle am samtig-schwarzen Himmel schwebte. Ich hörte mich selbst leise den Namen von Demeter, der Göttin des Korns singen.

Während meiner Arbeit waren auch die anderen Frauen eingetroffen. Ich hörte ihre Stimmen, ihr Lachen im Tempel, das ich in die Magie des Kräutermahlens hineinwob. Sie wußten, was ich tat, und deshalb hatten sie mich in Ruhe arbeiten lassen. Als ich die magische Kräutermischung in den von Kerzen erleuchteten Tempel brachte, wurde ich mit herzlichen Umarmungen und Küssen begrüßt. Grüne Kerzen brannten in jedem der vier Kreisviertel und auf dem Altar, auf dem auch eine Vase mit den Sonnenblumen stand. Ich stellte die Holzschale auf das Pentakel in der Mitte des Altars.

Der Kreis wurde gebildet, und der Raum füllte sich mit dem reichen Duft des Räucherwerks, das ich gemischt hatte.

»Dies ist ein alter Zauber, den ich von meiner Großmutter gelernt habe. Jede von euch legt jetzt drei siberne Münzen in die Schale mit den Kräutern«, wies Nonna uns an. Nachdem die Schale einmal im Kreis herumgegangen war, stellte Nonna sie wieder auf das Kupferpentakel. Wir standen im Kreis und hielten uns bei den Händen, während die Energie uns durchströmte und auf magische Weise verband.

»Dies ist die Jahreszeit der größten Fruchtbarkeit der Erde, der Vollmond des Überflusses vor der Ernte. Wir versammeln uns, um einen Zauber für Reichtum zu wirken und die Mutter um ihren Segen für ein reiches und fruchtbares Leben zu bitten.« Nonnas Stimme war klar und kraftvoll, als sie begann, das schlichte Lied zu singen:

> *»Ihren Segen säen wir*
> *Und sie grünt und blüht*
> *Und segnet unsere Ernte*
> *In Feld und Wald.«*

Rasch fielen wir ein und ergänzten den Namen Demeter als rhythmischen Kontrapunkt. Gesang gehört zu den wichtigsten Techniken, die Hexen einsetzen, um das Bewußtsein zu verändern, Zauber zu wirken und das Netz des Lebens wieder neu zu knüpfen. Nonna saß in der Mitte des Kreises, und wir tanzten lachend und singend um sie herum, stießen uns gegenseitig an und wirbelten dann mit Anmut, Sicherheit und voller Begeisterung durch den Raum. Die Energie wuchs und baute sich zu einer Spirale auf, die sich durch uns hindurch und über uns drehte. Ich blickte nach oben und sah sie als grünes und goldenes Licht wirbeln. Je schneller wir uns bewegten, desto schneller drehte sich die Energie, die sich über unseren Köpfen zu einem Kraftkegel verlängerte.

»Jetzt!« rief Nonna, und unsere Hände flogen nach oben, wobei der Kegel gen Himmel schoß. »In die Mischung!« befahl Nonna, und wir tauchten unsere Hände in die aromatischen Kräuter, die in der Mitte des Kreises standen. Die Energie strömte aus uns heraus in die magische Mischung, die die Schale füllte. Die Priesterin reckte sich, ergriff die Spitze des

Kegels mit ihrer rechten Hand, tauchte dann ihre linke Hand in die Kräuter und lenkte die Kraft des Kegels nach unten in die Mischung. Unsere Hände waren noch immer in der Schale, und schließlich, als wir alle mit geschlossenen Augen dasaßen und unsere Finger sanft durch die heiligen Kräuter kreisen ließen, beschworen wir unsere Bilder von Überfluß und Fruchtbarkeit und luden die Mischung mit der Fülle unserer Wünsche auf. Energie pulsierte durch meine Fingerspitzen, während ich mir Anteile an einem Investmentfond vorstellte, die ausreichen würden, um mich von allen finanziellen Sorgen zu befreien, ein Heim voller Freunde und großzügige Spenden für gute Zwecke. Ich sah die Erde, grün und strahlend vor Überfluß und von ihren Kindern geachtet. Und, wieder ganz unerwartet, sah ich mich selbst von Mondlicht übergossen.

»Die Mischung ist aufgeladen. Mächtige Mutter der heiligen Erde, Ursprung allen Segens, laß unsere Mühen durch eine reiche Ernte belohnt werden. Nähre deine Kinder, damit wir die Welt mit unserer Weisheit nähren können. Laßt uns Dank sagen für den Segen der Großen Mutter.« Mit ihrer Athame zog Nonna ein Pentagramm durch die Kräuter und ließ die Spitze ihrer magischen Klinge schließlich in der Mitte der Schale ruhen. »Gesegnet seien alle Kinder der Erde – Pflanzen, Tiere, Menschen und die Geister, die bei uns wohnen. Mögen sie in Harmonie und Wohlstand gedeihen.«

Wir reichten die Kräuterschale deosil im Kreis herum und folgten Nonnas Beispiel: Jeder von uns nahm eine kleine Handvoll der aufgeladenen Kräuter und drei Silbermünzen und legte dann die Kräuter auf ein quadratisches grünes Baumwolltuch. Während die Münzen auf meiner Handfläche lagen, formte ich meine Hand zu einer kleinen Schale, um darin das Mondlicht einzufangen, das durch das Dachfenster fiel. Dann drehte ich jede Münze langsam dreimal um. Das stärkte die Kraft des Zaubers durch die Zahlenkombination dreimal drei. Ich legte die Münzen zu den Kräutern auf das grüne Tuch und knotete das Bündel mit drei Bändern in den Farben Grün, Gold und Silber dreimal fest zu.

Ich hielt es an mein Herz, um den Zauber ein letztes Mal mit aller mir verbliebenen Energie aufzuladen. Dann band ich ihn, indem ich die Bänder zu einem einzigen Knoten knüpfte und im Geist die Anrufung wiederholte, mit der wir die Energie beschworen hatten. Wie vertraut erschien mir jetzt dieser romantische Zauber, erfüllt von den Kräften der Erde und der Träume, und wie gut fühlte ich mich dabei, etwas zu tun, das ich vor kurzem noch für einen albernen Aberglauben gehalten hätte. Zu viel war für mich geschehen, um zuzulassen, daß die Stimme des Zweifels mein Gefühl des Friedens und meinen unverhofften Optimismus beeinträchtigte. Wir erdeten die Kraft und öffneten den Kreis.

»Sprecht mindestens vierundzwanzig Stunden lang mit niemandem, auch nicht untereinander, über eure Magie«, wies Nonna uns an, als wir gingen. »Ihr müßt dem Zauber Zeit geben, sich zu setzen, bevor ihr darüber sprecht. Tragt den Talisman bei euch oder legt ihn auf euren Altar, in eure Brieftasche oder euer Scheckbuch.«

Ein Zauberspruch muß sich immer setzen oder gebunden werden, um die Energie freizugeben, damit der Zauber wirken kann. Zusammen mit dem Festbinden des Geldzaubers durch das Verknoten der drei farbigen Bänder waren Nonnas letzte Anweisungen wichtige Geheimnisse beim Wirken eines Zaubers. Er darf mindestens einen vollen Sonnenumlauf, manchmal auch länger, nicht durch Gerede, Gedanken, Zweifel oder andere Energien gestört werden. Es gibt viele Möglichkeiten, einen Zauber zu binden – verknoten, weihen, mit Wachs versiegeln, verstreuen, vergraben oder zahlreiche andere Techniken, je nachdem, um welche Art von Magie es sich handelt. Das sind gewissermaßen die Abschlußarbeiten, die den Zauber vollenden und in der Welt wirksam werden lassen.

Genauso wichtig ist es für den bleibenden Effekt des Zaubers, daß man dem Universum für das dankt, was man bekommen hat, ungeachtet dessen, ob es genau das war, was man haben wollte. Ich erkannte die Weisheit, auf eine relativ offene Weise zu arbeiten, denn die Magie wirkt. Man muß also gut überlegen, was man sich wünscht, denn der Wunsch könnte erfüllt werden. Und ich lernte allmählich, der größeren Weisheit des Universums zu trauen – besonders, wenn es um Zaubersprüche ging –, denn unsere menschliche Perspektive ist so kurzsichtig. Deshalb visualisieren wir auch lieber das Endergebnis und nicht die Mittel, mit denen die magische Wirkung hervorgerufen wird. Und selbst das geschieht auf relativ offene Weise, indem wir visualisieren, was benötigt wird, aber nicht unbedingt seine spezifische Form. Man sollte also nicht darum bitten, daß der attraktive Typ von nebenan sich hoffnungslos in einen verliebt, denn wenn die Magie richtig vollzogen wird, könnte das tatsächlich passieren, und dann stellt man vielleicht nachträglich fest, daß er ein Alkoholiker oder ein Mörder ist, aber man wird ihn nicht mehr los. Und vielleicht hat man dabei auch noch die Chance verpaßt, die große Liebe seines Lebens zu treffen, die sich möglicherweise als kleiner, glatzköpfiger Buchhalter entpuppt.

Ich legte den Talisman in mein Portemonnaie, das ich sorgfältig in meiner Handtasche verstaute. Nicht an die Magie zu denken, die wir gewirkt hatten, war so ähnlich wie die Bemerkung von James Dean, nicht an den rosa Elefanten zu denken, der an unserem Kaffeetisch sitzt. Wenn mir der Gedanke daran in den Sinn kam, versuchte ich ihn nicht ängstlich zu verdrängen, sondern schickte statt dessen einfach positive Energie in seine Richtung – ich dachte einfach: »Erfolg!« Aber als ich am nächsten Abend ins Bett ging, fragte ich mich doch, ob der Zauber wohl wirken würde. Bei allem, was ich lernte, konnte die Magie mir wirklich verschaffen, was ich wollte? Wußte ich überhaupt genau, was ich wollte? Und auch wenn die Priesterinnen gesagt hatten, wir dürften die Magie zu unserem persönlichen Vorteil einsetzen, war das wirklich richtig?

Das Wissen um Zaubersprüche ist alt und instinktiv in unserem Herzen verankert, ähnlich wie die beschwörenden Kindheitserinnerungen an unser erstes magisches Werkzeug – meist irgendwelche Stofftiere, ein Bär, ein Häschen, ein Elefant, die genauso lebendig zu sein schienen wie wir selbst. Dies waren die ersten sichtbaren Repräsentanten eines unsichtbaren, aber allgegenwärtigen geistigen Führers – sie sorgten im Dunkeln für unsere Sicherheit, waren bei uns, wenn wir das manchmal beängstigende Reich der Träume betraten, und begleiteten uns auf unseren ersten großen Reisen, die uns von zu Hause wegführten. Als Kinder verstanden wir arglos die wunderbare Kunstfertigkeit, Gegenstände mit einer Energie »aufzuladen«, die in einem magischen Kreis heraufbeschworen worden war.

Magische Zaubersprüche sind immer für praktische Zwecke benutzt worden. Die Rolle der Priesterin und Schamanin bestand immer darin, zu wissen, zu heilen, zu nähren, zu beraten und den alten Weg und die wunderbaren Techniken, die uns so schnell mit dem Heiligen verbinden, mit anderen zu teilen. Diese Funktionen waren für das Überleben und Wohlbefinden der nichttechnologischen Kulturen besonders wichtig. Nun stellte ich fest, daß Hexen auch weiterhin Zaubersprüche einsetzen: für Gesundheit, Liebe, befriedigende Arbeit, Wohlstand, Inspiration, Einsicht, Frieden, Gerechtigkeit, Schutz; um mit Einsamkeit, Depression und Verlust fertig zu werden; um der Seele beim Übergang zum Tod zu helfen; und sogar beim Umgang mit Feinden.

Magische Werkzeuge, Kleidung, Kräuter und Hilfsmittel wie Zaubertränke, Öle, Kerzen, Amulette, Püppchen und Talismane werden alle bei Ritualen und Zaubersprüchen benutzt. Durch den geschickten Einsatz der Magie können solche Gegenstände zu kleinen Batterien werden, die unsere Energie durch ihre eigene ergänzen und die Kraft speichern, die wir aus uns selbst, der Erde und dem Göttlichen hervorgeholt haben. Diese Phase der Arbeit war besonders aufregend für die Frauen in meinem Zirkel, denn dabei hatten wir die ersten dramatischen Augenblicke erlebt, in denen wir das Heilige im Profanen wahrnehmen konnten – wenn die verborgenen Kräfte und Bedeutungen eines gewöhnlichen Gegenstandes spürbar wurden.

Die Wahl des richtigen Zeitpunktes ist ein wichtiger Faktor für den Erfolg der Magie, bis hin zur richtigen Tageszeit, zur richtigen Woche, zum richtigen Monat oder Jahr, zur passenden Phase des Mondes oder des eigenen Lebens, denn all dies hat mit der Natur der Energie zu tun. Wächst sie oder wird sie geringer, bewegt sie sich nach innen oder außen, kommt sie näher oder entfernt sie sich, steigt sie auf oder ab oder ruht sie? Und welche Beziehung hat dieser natürliche Fluß der Energie zu den eigenen magischen Zielen – will man etwas bannen oder verringern, oder will man etwas schaffen oder wachsen lassen? Indem sie sich diesen natürlichen Energiestrom zunutze machen, verbessern Hexen die Resultate ihrer magischen Arbeit erheblich. Sie können Blockaden lösen, stagnierende Energie in Bewegung bringen, Gutes verwirklichen und in der Wiege von Raum und Zeit ruhen, wenn die Energien sich zurückziehen.

Eine spezielle Gestalt der Göttin oder des Gottes, deren Energien mit den Zielen der eigenen Magie übereinstimmen, wird ebenfalls angerufen, um das Ergebnis zu verbessern. Hexen arbeiten mit der Kraft einer bestimmten Gottheit oder eines Aspektes des Göttlichen, dessen Energie so genau wie möglich mit dem eigenen magischen Ziel übereinstimmt, so wie beispielsweise die Göttin Isis für spirituelle Führung steht, Persephone für die Wiedergeburt, die Spinnenfrau für kreative Arbeit, Brigid für poetische Inspiration, Freya für Wohlstand, Hekate für Träume und Transformation, Kali für Gerechtigkeit, Osun für Liebe, Amaterasu für Macht. Wir beschwören aber auch die Götter – Jupiter für Erfolg, Dionysos für Ekstase, Cernunnos für die Wiederanbindung an die Erde, Hephaistos für Kreativität, Obatala für Gerechtigkeit, Osinyin für die heilende Magie der Kräuter, Odin für Weisheit. Jeder von ihnen verkörpert eine Eigenschaft einer größeren Gottheit, einen Zugang zu einem weiten, unbeschreiblichen Mysterium. Auf ähnliche Weise richten die Katholiken ihre Bittgebete an verschiedene Heilige, benutzen die Juden kabbalistische Energien, und die Christen rufen im allgemeinen Engel an.

Da die Magie wirkt, weil alles miteinander verbunden ist, fügen wir durch Zaubersprüche uns selbst das zu, was wir anderen zufügen. Wir werden eins mit dem Objekt unserer Magie. Wenn wir also jemanden durch einen Liebeszauber an uns binden wollen, dann binden wir uns selbst durch unsere eigene Vernarrtheit. Indem wir einen anderen Menschen heilen, heilen wir uns selbst. Indem wir nach unserem Weg suchen, finden wir andere, die mit uns gehen.

Die Vorstellung der Kontrolle und Herrschaft über die Natur und andere Menschen, die so oft als Ziel von Zaubersprüchen mißverstanden wird, ist dem Weltbild der Hexen fremd. Es stimmt jedoch, daß Hexen die Kräfte der Natur benutzen, indem sie gezielt die Energie der Kräuter, der Mondphasen, der Elemente und der jahreszeitlichen Rhythmen einsetzen. Unser Einssein mit dem Göttlichen bewahrt uns davor, die Harmonie mit der Natur zu zerstören, sie beherrschen und ausbeuten zu wollen. Im Hexenkult, der Kunst der Weisen, kommen Weisheit und Einsicht, die man braucht, um kluge Entscheidungen über den Einsatz der Magie zu treffen, nicht von einer religiösen Autorität oder einem Experten, sondern aus dem Göttlichen in unserem eigenen Herzen und in der Welt um uns herum.

Ich beschloß, die Werkzeuge der Weissagung vor magischen Handlungen als Führer zu benutzen, meinem Instinkt zu vertrauen, wenn ich ein Ritual entwarf, und die Techniken und Symbole zu benutzen, die ich gelernt hatte, um mit dem Unbewußten und dem Göttlichen in Verbindung zu treten. Die alten Riten schienen immer noch am besten geeignet, um Weisheit, nicht weltliches Glück zu erlangen. Aber die Alte Religion ist vor allem eine Fruchtbarkeitsreligion – kein Weg der Verleugnung und Askese, sondern eine Feier der immanenten Gottheit, die die Welt zu einem Garten Eden macht. Der Zauber, der mich gefangenhielt, war meine Sehnsucht nach der Rückkehr in diesen Garten.

In der Zwischenzeit fragte ich mich, welche Schritte ich unternehmen sollte, um meine Magie auf der materiellen Ebene zu manifestieren. Man nennt das »Handeln in Übereinstimmung« – alles zu tun, was auf der materiellen Ebene möglich ist, um die eigenen Ziele zu verwirklichen.

Ich war entschlossen, mich von Weissagungspraktiken führen zu lassen, noch härter im Büro zu arbeiten und meinem Herzen zu folgen, so gut ich konnte, denn das war für mich immer noch ein unbekannter Weg. Aber die nächste Weggabelung führte mich in eine Richtung, die ich weder erwarten noch mir überhaupt vorstellen konnte.

Ich drückte auf den kleinen schwarzen Knopf neben Apartment 11. Der Hausflur war winzig und dunkel, zuletzt vor zwanzig Jahren braun gestrichen, und wurde von einer einzigen kleinen Lampe erleuchtet. Dies war ein klassisches Lower-East-Side-Haus, nur teilweise renoviert, mit hohen Decken, engen Fluren und einem überraschend schön gekachelten Boden. Der Türöffner summte, und ich stemmte mich gegen das schwere Gewicht. Als ich langsam die enge Treppe hinaufstieg, roch ich Abendessen und Desinfektionsmittel.

Es war ein mondloser Dienstagabend – perfekt für die Magie, die Jeanette vorhatte. Sie hatte mich gebeten, ihr dabei zu helfen, und ich hatte sofort zugesagt. Obwohl Jeanette älter war als ich und wir uns im Hinblick auf Lebenserfahrung und sozialen Hintergrund sehr unterschieden, hatten wir uns von Anfang an zueinander hingezogen gefühlt, und im Lauf der Monate war unsere Freundschaft gewachsen. Ich fühlte mich durch ihr Vertrauen geehrt, und ich wollte ihr gerne helfen, so gut ich konnte.

Ich wußte nicht genau, was sie plante, aber ich wußte, daß es mit ihrem Exmann Richard zu tun hatte. Trotz der Unterlassungsklage hatte er sie weiterhin ständig angerufen. Und sie hatte bemerkt, daß er ihr folgte – stets in einer bestimmten Entfernung. Mehrmals war er ihr »zufällig« begegnet – wenn er gleich hinter ihr in einem Restaurant auftauchte oder im Supermarkt an der Kasse wartete. Er hatte für öffentliches Aufsehen gesorgt, überrascht getan, sich entschuldigt und sich schnell entfernt, aber er hatte doch jedesmal genau das erreicht, was er wollte: Jeanette fühlte sich bedroht und verletzlich. Am Arbeitsplatz und zu Hause war etwas für sie abgegeben worden. Das erste Mal waren es Blumen ohne eine Karte, und gestern abend hatte sie ein Päckchen erhalten, über dessen Inhalt sie nichts sagen wollte.

Jeanette wurde verfolgt. Sie hatte die Polizei informiert, aber dort hieß es, man könne nichts unternehmen, solange er nicht gegen das Gesetz verstoße. Doch dann wäre es natürlich zu spät.

Ich klopfte an die Tür und sah, wie es hinter dem Spion dunkel wurde. Ich hörte, wie Riegel zurückgeschoben und Schlüssel herumgedreht wurden, dann öffnete sich die Tür.

»Danke.« Sie umarmte mich, als ich eintrat.

»Danke mir nicht zu früh.« Ich versuchte, sie zum Lächeln zu bringen, aber sie wirkte ernster, als ich sie je gesehen hatte. Schnell schloß sie die Tür hinter mir ab, schob den Riegel vor und hakte die Kette darüber ein. Sie lächelte beim Anblick der roten und purpurfarbenen Anemonen, die ich ihr mitgebracht hatte und beschimpfte mich glücklich, als sie die weiße Bäckertüte voller Schokoladenplätzchen öffnete. Aber es war die kleine braune Tüte mit roten Pflaumen, die ich spontan beim Lebensmittelhändler an der Ecke gekauft hatte, die magisch auf ihre Stimmung wirkte – ihre Anspannung legte sich, während sie geheimnisvoll zustimmend nickte.

Sie reichte mir eine Tasse Tee, als wir uns in ihrem Wohnzimmer hinsetzten. Ich bemerkte, daß ihre Fenster mit Holzbalken abgeriegelt waren – und wie in meinem eigenen Apartment fühlte ich mich dadurch eher eingesperrt als sicher. Weil es keine andere Möglichkeit gab zu überleben, hatten wir uns alle auf die Gefahren des Lebens im städtischen Dschungel eingestellt. Aber die geheime Krankheit, die an den Frauen nagte, reichte längst über die Grenzen der Stadt hinaus. Meine besten Freundinnen aus der High School waren beide in einer kleinen Stadt vergewaltigt worden, von der jeder angenommen hatte, man könne dort zu Bett gehen, ohne die Tür abzuschließen. Mehrere Wochen lang hatte meine Mutter Kaffee und Gebäck für einen freundlichen jungen Mann auf den Küchentisch gestellt, der ihr schönes altes Haus mit Aluminium verkleidete. Aber der junge Mann hatte die Arbeit nie beendet, denn er war verhaftet und verurteilt worden, weil er ein junges Mädchen aus der Nachbarschaft vergewaltigt und ermordet hatte. Gillian wurde in einem Country Club vergewaltigt und Maia auf einer Allee. Es war ein täglicher tödlicher Terror, so allgegenwärtig, daß er fast wie Routine wirkte und nebenbei bemerkt auch nur einen kleinen Teil unserer Seele in Beschlag nahm, nicht genug, um uns davon abzuhalten, zur Arbeit zu gehen, uns zu verabreden, alleine auszugehen oder freundlich zu sein, aber mehr als genug, um einen Schatten zu werfen, der uns unsere Kraft und unsere Freiheit raubte.

Ein leichter Schauder überkam mich, als ich an die unnachgiebige Mischung aus Ärger und Sex dachte und an die subtileren Spielarten der Herablassung von seiten männlicher Kollegen, mit denen ich jeden Tag konfrontiert wurde. Ich wandte meine Aufmerksamkeit Jeanettes Apartment zu. Es war klein, aber es wirkte heiter und gepflegt, die Dekoration in gebrochenem Weiß und in Cremefarben mit goldenen und schwarzen Akzenten. Ein randvolles Bücherregal, ein Schreibtisch unter dem verbarrikadierten Fenster, auf den das von den Holzbalken kreuzweise durchbrochene Licht fiel. Es gab Gemälde aus ihrer Zeit als Kunststudentin, die von einem mehr als vielversprechenden Talent zeugten, einige beeindruckende afrikanische Skulpturen sowie Fotos von Freunden, der Familie und glücklichen Momenten. Alles wirkte geradlinig und bescheiden, aber doch elegant und warm, genau wie Jeanette selbst. »Ich hatte schon daran gedacht, zu einem *Santero* oder einem *Manbo* zu gehen.« Jeanette war nun wieder angespannt. Kein Wunder.

Ein *Santero*, das wußte ich, ist ein Priester des Santeria. Ein *Manbo* ist ein Voodoo-Priester. Wie der Hexenkult werden auch diese beiden Traditionen grundlegend mißverstanden, teilweise, weil sie in Filmen und Fernsehen sowie in Büchern derart dargestellt werden, als ob es dabei um Tieropfer und Teufelsanbetung ginge. In Wirklichkeit sind sie jedoch die westlichen Varianten afrikanischer Naturreligionen, vor allem der Yoruba, hervorgegangen aus einer Mischung von entwurzelten Kulturen und Sklaverei, die sich mit dem Katholizismus der Eroberer verbunden und teilweise hinter der Maske des neuen Glaubens verborgen hat. Diese Traditionen opfern zwar in bestimmten Ritualen Tiere, aber die Tiere werden dann auch gegessen. Und in der Geschichte haben viele Religionen einschließlich des Judentums, des Christentums und des Islam an besonders heiligen Feiertagen Opfer dargebracht. Zweifellos war das Opfer des Gottessohnes Jesus das zentrale Mysterium im Christentum. Es ist eins der schrecklichsten Mysterien, daß das Leben sich vom Leben ernährt. Ich hatte Respekt vor der indianischen Praxis (die, wie ich später erfuhr, von den alten europäischen Naturreligionen geteilt wurde), den Geist des Tieres, welches man getötet hat, dadurch zu ehren, daß man alle seine Teile verwendet. Gleichwohl konnte ich mir nicht vorstellen, daß ich selbst töten würde, und ich erinnerte mich an die Worte der Offenbarung: »*Und dafür verlange ich ein*

Opfer, denn seht, ich bin die Mutter aller Dinge und gieße meine
Liebe über die Erde aus.«

»Was hat Maia dir geraten?« fragte ich, besorgt darüber, was von mir erwartet wurde.

»Sie hat mir vorgeschlagen, ein bindendes Ritual einzusetzen, damit er mir nicht mehr schaden kann. Und ich habe gedacht, daß du mir dabei vielleicht helfen könntest.«

Ohne zu zögern nickte ich. »Aber sicher. Die gerichtliche Variante davon war die Unterlassungsklage.« Ich war froh, sie lächeln zu sehen.

Ein bindendes Ritual gehört zu den wenigen Formen der Magie, bei denen es als akzeptabel gilt, über einen anderen Menschen ohne dessen Wissen und Zustimmung Kontrolle auszuüben. Wir hatten gelernt, daß man auch die dunklen, zerstörerischen, negativen Energien zurückschicken, ein Bannritual oder ein Ritual für Gerechtigkeit durchführen konnte, bei dem man Wiedergutmachung für einen Schaden oder eine Verletzung zu erlangen versuchte. Soweit ich wußte, durfte ein bindendes Ritual nur in sehr ernsten Fällen durchgeführt werden, wenn man versuchen wollte, die betreffende Person daran zu hindern, daß sie einem weiter Schaden zufügte. Dabei fügt man seinerseits diesem Menschen weder Schaden zu, noch wünscht man ihm etwas Schlechtes. Das einzige Ziel besteht darin, zu verhindern, daß der andere weiterhin Schaden anrichtet. Hier handelte es sich um einen solchen Fall. Das Kunststück bestand darin, das Ritual so durchzuführen, daß man sich nicht selbst an die Person band, die man binden wollte, oder sich selbst auf irgendeine andere Weise band. Jeanette war an ihren Exmann gebunden gewesen, unfähig, ohne Angst zu leben – insofern bedeutete ein bindendes Ritual, daß sie ihm seine eigene negative Energie zurückschickte.

»Ich bin so froh, daß du mir helfen willst.« Sie sah erleichtert aus. »Ich habe darüber schon eine Weile nachgedacht, aber ich war mir nicht sicher, wie ich die Sache anfangen sollte. Dann habe ich in einer Nacht von meiner Großmutter geträumt. Sie hat mir gesagt, was ich tun soll. Es gibt da Tricks, wie meine Großmutter sie nannte, und die hat sie mir beigebracht.«

Während sie sprach, erhob sie sich und ging zu ihrem Schreibtisch, wo sie eine Schublade öffnete und ein Foto herausholte. Sie gab es mir. »Das ist Richard.«

Wie er dastand, den Arm um eine junge, schlanke und hübsche Jeanette gelegt, sah er sehr attraktiv aus. Ich konnte verstehen, warum Jeanette sich in ihn verliebt hatte.

»Ich weiß nicht, warum ich es aufgehoben habe, aber es wird uns jetzt gute Dienste leisten.«

Sie nahm eine Schere, ein Stück schwarzen Stoff, eine Schale mit Kräutern und eine braune Papiertüte und legte alles in die Mitte des Zimmers. »Ich muß nur noch ein paar Sachen holen, dann können wir anfangen«, sagte sie über die Schulter, während sie in ihr Schlafzimmer ging. »Würdest du die Kerzen holen? Sie sind in der Küche.«

Dreizehn Kerzen, sieben weiße und sechs schwarze, standen auf ihrem Küchentisch, daneben ein Gefäß mit Meersalz. Außerdem lag dort noch ein großes Stück Alufolie. Wozu sollte das gut sein? Ich trug alles ins Wohnzimmer. Ich wußte, daß die Kerzen paarweise brennen sollten, und so stellte ich ein Paar in jede Ecke.

»Willst du einen Altar aufstellen?«

»Die ganzen acht Meter der Alufolie«, antwortete sie, als sie mit Nadel und Faden und einer Handvoll roter und weißer Bänder zurückkehrte. Sie hatte sich umgezogen und trug einen langen kastanienbraunen Kaftan und eine Kette aus dunkelroten Perlen. Beides sah auf ihrer braunen Haut besonders schön aus. »Ich benutze meinen Kaffeetisch.«

Wir räumten ihn gemeinsam ab, trugen ihn in die Mitte des Zimmers, drehten ihn so, daß er nach Nordosten zeigte, und legten die verschiedenen Dinge, die wir brauchen würden, darunter. Vorsichtig holte sie ihre Athame aus der Hülle. Ich war entzückt darüber, daß wir vor Monaten, unabhängig voneinander aus einer riesigen Auswahl die gleichen Athames gewählt hatten. Die Messer waren schlicht, hatten dunkelbraune Holzgriffe und lange doppelseitige schwarze Klingen. Sie zog ein bannendes Pentagramm über den Kaffeetisch und streute dann im Widersinn Meersalz darüber. Der Kaffeetisch war nun gereinigt und konnte als Altar benutzt werden. Wir lächelten einander zu, als wir unsere identischen Athames nebeneinander auf den Altar legten. Als nächstes stellten wir die restlichen zwei Paare schwarzer und weißer Kerzen auf die gegenüberliegenden oberen Ecken des Altars. Auf einer von links nach rechts verlaufenden Mittellinie über den Altar stellten wir die Kohlenpfanne, einen silbernen Kerzenhalter mit einer weißen Kerze, eine Keramikschale mit Wasser und eine Holzschale mit Meersalz. Jeanette zündete ein Stück Holzkohle an, legte es schnell in die Kohlenpfanne, bevor es durchbrannte, und schüttete aus einer kleinen Glasflasche etwas Räucherwerk darüber. Eine dicke Wolke stark duftender Gebete stieg spiralförmig nach oben.

»Schutz«, beantwortete Jeanette meine unausgesprochene Frage. In die Mitte des Altars, direkt unter die Linie, auf der die Symbole der Elemente standen, plazierte Jeanette ein Kupferpentakel. Darüber stellte sie die Statue einer Gestalt, die ich noch nie gesehen hatte. Die Figur war eindeutig afrikanisch.

Alle ihre Züge schienen in die Länge gezogen – eine Adlernase, große, schräg nach oben gestellte Augen, schmale Ohren und Haare, die sich wie eine Wellenkrone direkt von ihrem Kopf erhoben. Sogar ihre Brüste waren lang und schmal. Ihr ganzer Oberkörper war mit Linien aus weißen Punkten bedeckt, ihre untere Körperhälfte war von der Taille bis zu den Zehen mit weißen Linien bemalt.

»Das ist *Oya*.« Jeanette betonte die zweite Silbe des Namens. »Sie ist eine mächtige *Orisa* von Ifa, der yorubischen Religion meiner Vorfahren. Vielleicht ist sie die mächtigste. Sie ist der Wirbelwind, der Tornado.«

Ich staunte, daß Jeanettes Großmutter oder besser der Geist ihrer Großmutter sie angewiesen hatte, mit einer weiblichen Gottheit zu arbeiten, die die spiralförmigen Kräfte der Luft verkörperte, jenes elementare Muster, dem ich immer wieder begegnete.

»Sie ist die Macht der gesammelten Konzentration, die Macht der plötzlichen Veränderung. Sie ist der Fluß Niger, Geliebte des Chango, *Orisa* des Blitzes und des Donners.«

»Wußtest du, daß Wissenschaftler entdeckt haben, daß dem Blitz, Mikrosekunden bevor er einschlägt, ein Energieteilchen vorausgeht? Der Blitz schlägt dort ein, wo das Teilchen hingeht. Das ist Oya«, sagte Jeanette selbstbewußt. »Sie wird die Energie lenken, um Richard von mir fernzuhalten. Sie liebt Wahrheit und Ehrlichkeit und erträgt keine Ungerechtigkeit. Sie ist eine wilde Kriegerin und läßt sich von Männern nichts gefallen. Sie trägt in jeder Hand ein Schwert. Und schau her…«, sagte sie und wies auf unsere Athames, »du hast ihr zweites Schwert.«

Ein Funke des Erstaunens über die Magie der Göttin traf mich. Oyas Funke. Jeanette verschwand in der Küche und kam mit einem Korb voll roter Pflaumen, dunkelvioletter Auberginen, blauer Trauben und einer Flasche Rotwein zurück.

»Das sind die traditionellen Opfergaben für sie. Sie ist auch eine Orisa der Hexerei und der Magie. Sie wirkt auf sehr geheimnisvolle Weise, nicht in der Art, wie du es vielleicht vermuten würdest.«

»Das hat wohl schon angefangen«, sagte ich.

Jeanette lächelte, und ich wußte, daß heute abend alles gutgehen würde. Wir verteilten die Opfergaben um die Figur der Oya und gossen den Wein in die Hälfte einer getrockneten Kokosschale, die Jeanette ebenfalls vor die Statue stellte. Wir zündeten die Kerzen an und setzten uns dann nebeneinander vor den Altar. Hand in Hand erdeten und zentrierten wir uns.

»Oya ist eine große, mächtige Kriegerin, und sie ist die Mutter aller Dinge«, begann Jeanette ihre Anrufung.

Und während sie zur besseren Konzentration die Augen schloß, rief sie laut: »OYA!«

»Oya!« echote ich, erstaunt über die plötzliche Welle von Kraft, die beim Ausatmen durch mich hindurchschoß.

Jeanette erhob sich und winkte mir, mich neben sie zu stellen. Wir nahmen unsere Athames vom Altar, und Jeanette setzte ihre Anrufung fort: »Herrin der mächtigen Winde, der Luft, die wir atmen, Wirbelwind der Kraft und Gerechtigkeit, mächtige Kriegerin, Oya, ich rufe dich.« Sie nahm mich bei der Hand, und zusammen gingen wir dreimal um den Altar herum und hielten unsere Athames dabei vor uns in die Luft – meins in meiner rechten Hand, während ich rechts von Jeanette stand, Jeanettes in ihrer linken Hand, auf den äußeren Rand des Kreises aus strahlendrotem und purpurfarbenem Licht gerichtet. Wir kehrten zum Altar zurück und legten unsere Athames wieder hin. Dann nahm Jeanette einen Kürbis und ging damit rasselnd dreimal um den Altar herum. Schließlich umkreiste sie ihn ein letztes Mal, wobei sie in jeder der vier Richtungen stehenblieb und rasselte.

»Das wird als *Igba* bezeichnet, und durch das Schütteln rufen wir Oya in unseren Kreis«, erklärte sie, als sie in die Mitte des Kreises zurückkehrte. Wir saßen zusammen, und Jeanette schüttelte den Kürbis. Nach einer kleinen Weile, vielleicht waren es aber auch Stunden, bemerkte ich, daß sich die Geräusche der Stadt veränderten. Sie waren nicht mehr chaotisch, sondern hatten zu einem gemeinsamen Rhythmus gefunden – Reifen, Sirenen, Motoren und Stimmen pulsierten wellenförmig auf und ab und ließen mich an den Wind bei einem großen Sturm denken. Ein mächtiger Wind, der die Zweige von den Bäumen reißt.

»Sie ist hier«, sagte Jeanette leise und reichte mir den Kürbis. »Würdest du bitte rasseln, während ich arbeite?«

Ich nickte und fand schnell einen stetigen Rhythmus, der die Geräusche von draußen zu einem harmonischen Takt verband. Eine Weile saßen wir mit geschlossenen Augen da und lauschten den Klangwellen, die durch die Nachtluft näher kamen und sich wieder zurückzogen.

»Ich bin bereit.«

Ich öffnete die Augen und sah, daß Jeanette das Foto und die Schere in die Hand genommen hatte. Vorsichtig schnitt sie das Foto auseinander und trennte ihr Bild von Richards, schnitt seine Hand weg, die auf ihrer Schulter lag, und seinen Körper, der sich gegen ihren drückte. Sie legte ihr befreites Bild vor die Statue der Oya. Seins lag auf dem Boden.

»Ich bin nicht mehr an dich gebunden, Richard, in keiner Weise.«

Dann nahm sie das schwarze Tuch, legte es doppelt und

400

schnitt eine Figur mit Kopf, Armen, Beinen und Körper heraus. Sie war ein wenig größer als Richards Bild auf dem Foto. Jeanette fädelte den Faden in die Nadel und hob das Foto auf.

»Damit du keinen Schaden mehr anrichtest«, erklärte sie mit der Gewißheit eines Kriegers, der das Schlachtfeld betritt.

Sie nähte das Bild auf dem Stoff fest und dann die beiden Stoffteile aufeinander, wobei sie den Kopf noch offenließ. Sie nahm die braune Papiertüte und zögerte einen kurzen Augenblick. Etwas zog über ihr Gesicht – eine sichtbare Energiewelle, die ihre Arme in einem strahlenden Auberginenton schimmern ließ. Sie schüttelte die Tüte, und ich hörte, wie im Inneren irgendwelche Gegenstände rasselten und kratzten. Sie öffnete sie, griff hinein und holte rasch eine Handvoll Schnipsel heraus – Papier, Stoff, hatte ich Haare gesehen? Sie stopfte die Schnitzel in das Püppchen, das sie gerade genäht hatte und fügte Kräuter aus der Schale auf dem Altar hinzu. »Oya, gewähre mir den *Ase* dieser heiligen Pflanzen, laß ihre magischen Kräfte mir Hilfe und Schutz geben.« Sie nähte den Kopf der Figur zu und schloß, was immer sie hineingesteckt hatte, in der dunklen Gestalt ein. Dann verknotete sie den roten Faden dreifach.

Ich rasselte weiter, obwohl ich inzwischen das Gefühl hatte, als würde der Kürbis sich selbst schütteln.

Sie hielt das Püppchen über den Altar, bewegte es durch die Wolke des Räucherwerks, die aus der Kohlenpfanne aufstieg, und dann durch die Flamme der weißen Kerze. Sie besprenkelte es mit Wasser, bestreute es mit Salz und erklärte dann mit fester Stimme:

»Um Gerechtigkeit zu schaffen und Schaden zu verhüten, weihe ich dieses Bild von Richard, gefüllt mit den Dingen, die Richard gehörten, auf daß es mehr sein möge als nur das Bild

401

von Richard. Möge es die Essenz von Richard sein, die Absicht von Richard sein, das Schicksal von Richard sein. Richard, ich binde dich mit deinen eigenen Absichten.«

Jeanette nahm zwei Bänder und wickelte sie schnell um die kleine Figur, wobei sie die Arme, die Beine und sogar den Kopf festband.

Ich rasselte weiter.

»Oya, ich will, daß dieser Mann niemandem mehr Schaden zufügt. Ich will, daß dieser Mann mir keinen Schaden mehr zufügt. Oya, komm und hilf mir. Richard, ich binde dich jetzt, damit du mir und anderen Menschen, deren Weg du kreuzt, keinen Schaden mehr zufügst. Deine Macht, anderen zu schaden, ist verschwunden. Du wirst nie wieder jemanden verletzen. Oya, möge er für den Schaden, den er angerichtet hat, gefaßt, gefesselt, bestraft und eingesperrt werden. Möge das Leid, das er anderen zugefügt hat, auf ihn zurückfallen. Möge er im Kessel der Göttin schmoren. Möge seine Seele verwandelt werden. Möge er daraus als guter Mensch hervorgehen, der niemandem Schaden zufügt.

Oya, verhilf mir zu meinem Recht. Oya, binde Richards Macht, irgend jemandem zu schaden. Oya, schütze mich vor Schaden!

»*Durch Luft und Feuer*
Durch Wasser und Erde
Durch die Macht von Oya
Durch die Macht meiner Ahnen
Durch die Macht der Frauen
Und der Männer, die sie respektieren
Durch die Macht der Sonne
Durch die Macht des Mondes

402

Durch die Macht der Pflanzen und Tiere
Durch die Macht von Sturm und Wind
Durch die Macht von allem, was heilig ist
Durch die Macht der unsichtbaren Geister
Durch die Macht von dreimal drei
Binde ich dich und ich bin frei!
Mare, mare mare!«

Schnell verknotete Jeanette die beiden Bänder neunmal. Sie tauchte das Püppchen in das Wasser, legte es auf die spiegelartig glänzende Seite der Alufolie und bestreute es mit Salz und Kräutern vom Altar.

»Möge von diesem Moment an alles Böse, das du tust, nur auf dich selbst zurückfallen.«

Dann nahm sie ihre Athame und zog ein bannendes Pentagramm über das Püppchen. Schnell wickelte sie die kleine Figur in die Alufolie, ergriff sie, schnitt ein Tor in den Kreis und verschwand in der Küche.

Ich rasselte weiter.

Ich glaubte zu hören, wie die Kühlschranktür geöffnet und wieder geschlossen wurde. Kurz darauf kehrte Jeanette mit einem Abfalleimer aus Metall zurück, stellte ihn vor den Altar und schloß die Öffnung im Kreis mit ihrer Athame. Sie warf die Papiertüte mit allem, was noch darin war, in den Abfalleimer, entzündete ein Streichholz an der weißen Kerze und ließ es in den Eimer fallen. Die Flammen schossen schneller und höher nach oben, als ich erwartet hatte. Ich hörte auf zu rasseln, und wir wichen vor der plötzlichen Hitze zurück, erschrocken, und dann plötzlich lachend. Eine dicke Wolke von schwarzem Rauch stieg spiralförmig nach oben.

»Ich hoffe, das hinterläßt keine Spuren an deiner Decke.«

»Ich kann sie jederzeit neu streichen. Abschied von üblem Müll. Ich weiß gar nicht, wie lange ich mich nicht mehr so gut gefühlt habe. Und wenn es nicht mehr als das bewirkt, es ist jedenfalls die verdammt beste Therapie, die ich je hatte. Ich habe dieses Bild vor Augen, daß Richard morgen früh aufwacht und sich nicht mehr rühren kann, daß er herumwatschelt wie eine Kreuzung aus einer Ente und Charlie Chaplin und seine Hände dabei wie Flügel hin und her wackeln.«

Erneut in Gelächter ausbrechend sanken wir auf die Kissen.

»Ich weiß, daß wir eigentlich vierundzwanzig Stunden nicht darüber sprechen sollten, aber wo hast du das Püppchen hingetan?«

»In den Gefrierschrank. Großmutters Rat.«

»Und was bedeutet *Mare?*«

»Es ist ein Voodoo-Ausdruck. Binden, gebunden sein. Was wir mit Richard gemacht haben.«

Wir wußten, daß wir gerade ein machtvolles Ritual durchgeführt hatten, aber wir waren trotzdem überrascht, als wir feststellten, daß die schwarzen Kerzen fast ganz heruntergebrannt waren, während die weißen den Raum weiterhin mit wunderbarem Licht erfüllten.

»Es ist vorbei. Seine Macht ist gebrochen. Wenn er noch irgend etwas versucht, wird es auf ihn zurückfallen,« sagte ich zu Jeanette, absolut sicher, daß ich recht hatte. Wir umarmten uns.

Wir boten Oya ein Trankopfer aus dunklem Rotwein dar und prosteten uns als Schwestern zu. Dann standen wir auf, hielten unsere Athames vor uns in die Höhe und bannten den Kreis und Richard. Zum Schluß nahmen wir die Pfanne mit dem Räucherwerk und die Schale mit dem Wasser, das wir mit dem Meersalz gemischt hatten und trugen sie durch das Haus in jede Ecke und in jeden Winkel, um alles vollständig zu reinigen und gegen Störungen zu versiegeln.

»Ich bin froh, daß du hier warst.« Jeanette umarmte mich zum Abschied.

»Ich auch.«

Ich hörte, wie die Tür hinter mir dreifach abgeschlossen und verriegelt wurde.

Es stürmte heftig, als ich in die Nacht hinaustrat. Mein Haar hob sich schwerelos von meinen Schultern, Mülleimer rollten vorbei, Plastiktüten flogen wie wilde weiße Vögel durch die Gegend, und kleine Bäume schlugen wütend um sich. Der Himmel war ein schauriger Kessel, in dem Licht und Schatten durcheinanderwirbelten, denn riesige Wolken, deren Unterseite von den grellen Lichtspiegelungen der Stadt erhellt wurde, jagten in geringer Höhe über die Dächer. Oya, atmete ich in den rauschenden Wind, und er trug mein Lachen als Opfergabe davon.

Wir hatten Jeanettes Probleme vielleicht gelöst. Meine jedoch fingen gerade erst an. Es war spät, und meine Schultern und mein Nacken schmerzten, während ich mich über die Papiere auf meinem Schreibtisch beugte. Ich war allein im Büro und wollte noch eine Arbeit zu Ende bringen. Ich lehnte mich in den Stuhl zurück und dehnte meine schmerzenden Muskeln. Ich schüttelte einen Anflug von Sorge ab. Gerade hatte ich meine müden Augen geschlossen, als sich zwei Hände schwer auf meine Schultern legten und mich in den Sitz drückten. Entsetzt fuhr ich herum, um mich zu befreien und zu sehen, wer mich da angefaßt hatte. Das Blut pochte in meinen Ohren, und es hörte nicht auf, als ich sah, daß Hadus auf mich herunterstarrte.

»Ich wollte dich nicht erschrecken.«

»Ach, wirklich?« Ich versuchte nicht, meinen Ärger zu verbergen. Auf diese Weise hatte er mich schon einmal angefaßt, zu fest, um eine Massage vorzutäuschen.

»Du bist einfach zu verspannt. Du mußt lernen, lockerer zu werden. Nicht, daß ich all deine harte Arbeit nicht zu schätzen wüßte, aber du könntest mich auf andere Weise genauso glücklich machen.« Seine linke Hand drückte weiterhin fest zu, während die rechte abwärts glitt und sich meiner Brust näherte.

»Auf eine Weise, die nicht zu meiner Arbeitsplatzbeschreibung gehört.« Ich stand auf, und er ließ los.

Ich drehte mich herum, um ihn anzusehen. Er stand zwischen mir und der Tür. Der Schreibtisch war direkt hinter mir. Ich stecke in der Falle, dachte ich, und der einzige Weg hier raus führt durch ihn hindurch. Ich hätte selbst ein bindendes Ritual durchführen sollen. Ich hatte Angst.

»Eines stimmt – ich arbeite zu hart. Es ist eindeutig Zeit, nach Hause zu gehen.« Ich bemühte mich, ruhig, fest und geschäftsmäßig zu klingen.

»Wie wär's mit einem Schlummertrunk? Wirkt beruhigend.«

»Nein, danke. Ich bin weg.« Ich nahm meine Jacke von der Stuhllehne und meine Aktenmappe vom Schreibtisch. Dann bückte ich mich, um mein Portemonnaie aus der untersten Schreibtischschublade zu nehmen, und in diesem Moment trat er hinter mich und drückte sich an mich.

Ich richtete mich auf und bewegte meinen Oberkörper dadurch direkt auf ihn zu – genau das hatte er beabsichtigt. Jetzt steckte ich in der Klemme. Wut schoß in mir hoch wie eine Schlange, die im nächsten Moment zubeißen will. Ich drehte mich herum und wandte ihm das Gesicht in dem Augenblick zu, als er nach mir greifen wollte. Ich wich zurück. Er kam hinter mir her.

»Hör zu…« Ich wurde von einer sanften Stimme unterbrochen.

»Hallo, meine Liebe, sie arbeiten aber heute abend lange, was?« Es war Evadne, eine ältere Farbige, die jeden Abend unsere Büros säuberte. Hadus machte schnell einen Schritt zurück, als sie ihren grauhaarigen Kopf durch meine Bürotür steckte.

»Oh, tut mir leid. Ich wußte nicht, daß sie noch eine Besprechung haben.«

»Nein, nein. Ich wollte gerade gehen.« Ich griff nach meinem Portemonnaie und drückte mich an Hadus vorbei. »Was macht Ihre Tochter? Hat sie sich schon entschieden, was sie als Hauptfach studieren will?«

Evadne wußte, was los war. Ob sie etwas gehört oder gesehen hatte oder ob sie es einfach wußte, weil sie schon zu viele Jahre als Putzfrau in einer Welt der Schatten arbeitete, sie wußte es.

»Wieso, habe ich Ihnen das denn noch nicht erzählt? Sie war immer so gut in Naturwissenschaften, daß sie jetzt beschlossen hat, Biochemie als Hauptfach zu studieren.« Evadne schob den Putzwagen neben mir her, während wir uns gemeinsam zum Ausgang begaben. Aus den Augenwinkeln sah ich, daß Hadus in sein Büro gegangen war. »Diese ganze Mathematik, aber sie sagt, es ist einfach.«

»Sie wird das mühelos schaffen.«

Sie nickte und lächelte ihr süßes, trauriges Lächeln. »Sie ist ein liebes Kind – drängt mich weiterhin, daß ich hier aufhören soll, aber ich sage ihr immer wieder, daß ich zu jung bin, um mich zur Ruhe zu setzen.«

Wir standen in der Rezeption. »Sich jung zur Ruhe zu setzen, ist der amerikanische Traum. Und Sie haben es verdient.«

»Das ist weiß Gott wahr.«

Wir hörten, wie eine Tür zugeschlagen wurde. Ein Seufzer entfuhr mir. »Danke, Evadne.« Ich umarmte sie.

»Passen Sie auf sich auf, hören Sie. Arbeiten Sie nicht so spät am Abend noch in diesen großen Büros.« Sie tätschelte meine Wange. »Kommen Sie gut nach Hause.«

»Sie auch. Gute Nacht.«

Ich duschte, sobald ich zu Hause war, aber selbst durch Einreiben mit Meersalz und Lavendel konnte ich mich nicht von den Sorgen und Ängsten befreien, die wie ein Schatten auf mir lagen, als ich ins Bett ging. Schlaflos wälzte ich mich hin und her. Wie lange sollte das so weitergehen? Ich würde nicht nachgeben, und es war klar, daß er nicht aufhören würde. Wer konnte mir helfen? Niemand. Vor allem würde mir niemand glauben. Mein Wort als junge Assistentin stand gegen seines als bekannter Anwalt. Ich wußte, daß es seit kurzem offizielle Richtlinien gab, die festlegten, wann ein Verhalten als sexuelle Belästigung galt, aber es war noch keine Klage vor Gericht gekommen, so daß es keinen Präzedenzfall gab. Und auch bei einem Prozeß würde sein Wort gegen meines stehen. Er würde unsere Vergangenheit aufs Tapet bringen und behaupten, er habe nur geflirtet, und was ist dagegen schon einzuwenden, oder er würde alles abstreiten. Und selbst wenn ich den Prozeß gewinnen sollte, wäre meine Karriere ruiniert. Es war schwierig genug für eine Frau als Anwältin, und niemand würde mich beschäftigen. Ich war auf mich selbst gestellt.

Im Morgengrauen schlief ich endlich ein. Ich hatte keine Träume. Schon seit Monaten träumte ich nicht mehr, und ich hatte das Gefühl, als ob ein Teil von mir fehlen würde. Ein anderer Teil von mir hatte jetzt Angst, zur Arbeit zu gehen, und ein paar Stunden später schrie dieser Teil aus vollem Hals. Aber ich zog mich an und begab mich in die Schlacht. In dem Moment, als ich durch die Tür ging, die mir einst wie die Tore zum Himmel erschienen waren und mir jetzt eher wie Tore zur Hölle vorkamen, wußte ich, was ich tun würde.

Ich begann, im Geiste bannende Pentagramme auf die Bürotür von Mr. John Hadus zu zeichnen. Ich benutzte weder Kräuter noch Kerzen noch Püppchen. Ich verzichtete auf Zaubersprüche, Beschwörungsformeln und Rituale. Ich zeichnete nur ein bannendes Pentagramm. Immer wieder visualisierte ich die Bewegungen und zeichnete die Form mit innerer Beteiligung und klarer Absicht. *Er wird mich in Ruhe lassen.* Während ich Verträge überarbeitete, zeichnete ich den bannenden Stern auf seine Tür. Wenn er in mein Büro kam, um mit mir über einen Klienten zu sprechen, stellte ich mir das Zeichen auf seiner Stirn vor, und er blieb wie angewurzelt in der Tür stehen.

Nachdem ich ungefähr eine Woche lang im Geiste bannende Pentagramme auf seine Bürotür gezeichnet hatte, kam Hadus eines Morgens herein, ging in sein Büro und schloß die Tür. Türen wurden sonst bei uns nie geschlossen, auch nicht die der Partner, es sei denn, man hatte eine Besprechung. Aber Hadus' Tür war und blieb für den Rest des Tages geschlossen. Ich zog weiterhin meine bannenden Pentagramme, und seine Tür blieb während der nächsten zwei Wochen geschlossen. Alle im Büro flüsterten über Hadus' geschlossene Tür. Es war unheimlich. Was war los mit ihm? Ich war begeistert, entspannt und arbeitete produktiver als seit Monaten. Doch die Magie wirkt auf unerwartete Weise, besonders wenn sie mit starken Emotionen verbunden ist. Und wenn das Schicksal wartet.

12

Wie oben, so unten

Oh Kastanienbaum, großwurzelig Blühender,
Bist du Blatt oder Blüte oder das Ganze?
Oh Körper, der zur Musik sich wiegt, oh strahlender Glanz,
Wie können wir unterscheiden zwischen Tänzer und Tanz?
W. B. YEATS, »Among School Children«

Der Mabon Sabbat nahte, ein heiliger Tag im Wicca, an dem die wunderbare Großzügigkeit der Erde gefeiert wird. Und weil es Herbst war, war dies im Wicca-Kalender auch eine Zeit, um das Alte abzustreifen und den Weg für das Neue freizumachen. Ich hatte mich bereit erklärt, nach einem Ort zu suchen, an dem unser Zirkel das traditionelle Ernteritual durchführen konnte, und dabei sofort an den Delaware Stausee gedacht. Dort gab es einen Farmer, von dem ich annahm, er würde uns vielleicht erlauben, sein Feld zu benutzen. Ich hatte ihn während meines Campingurlaubs kennengelernt – er interessierte sich für ökologische Landwirtschaft und Naturschutz und wirkte recht freundlich. Aber wie freundlich würde er sein, wenn ich ihm erklärte, daß wir ein Hexenzirkel seien und einen Ort suchten, um einen Sabbat zu feiern?

Ich dachte, es wäre besser, persönlich mit ihm zu sprechen, und so fuhr ich an einem Sonntagnachmittag hinaus, wobei ich Jeanette eingeladen hatte, mich zu begleiten. Seit dem bindenden Ritual hatte sie noch einige Anrufe bekommen, und dann hatten sie aufgehört. Aber die Stille war eine eigene Art von Streß. Ein Tag auf dem Land würde ihr guttun.

Der Farmer reparierte gerade seinen Traktor, als wir ankamen. Jeanette entschuldigte sich sofort und ging durch die Felder zum Fluß hinunter, wobei der Staub hinter ihr in der Sonne aufwirbelte. Nachdem wir eine Weile unverbindlich geplaudert hatten, fragte ich den Farmer schließlich nervös, ob ich zusammen mit einigen Freundinnen sein Feld für eine Erntefeier benutzen und dabei etwas Mais für ihn ernten dürfte.

»Ich erinnere mich an Erntefeiern damals in Irland auf der Farm meiner Großeltern«, antwortete er. »Das war natürlich zu einer früheren Jahreszeit – zu Lughnassadh. Die Leute kamen aus dem ganzen Umkreis – es gab Pferderennen und Tänze und Dinge, von denen Kinder nichts wissen sollten.« Er zwinkerte mir zu. »Mabon kam später – am Ende der Erntezeit. Die Leute sagten, es sei ein Hexenritual, aber das hielt niemanden vom Feiern ab.«

Ich holte tief Luft und wollte schon zu einer Erklärung ansetzen. Aber er redete weiter.

»Sie sagten, Annie Murry sei eine Hexe; sie war eine Landhebamme – hat mich auf die Welt geholt. Meine Großmutter und dann meine Mutter haben sich immer von ihr behandeln lassen, wenn sie krank waren. Sind Sie eine Hexe?«

Ich war überrascht, daß er die Sache so leicht aufnahm, aber ich fragte mich, was ich antworten sollte. Ich war eine Anwältin, eine Karrierefrau, hatte meinen Abschluß an einer Eliteuniversität gemacht. Mit all diesen Etiketten konnte ich mich identifizieren – aber war ich bereit, mich als Hexe zu bezeichnen?

Ich erinnerte mich daran, wie schockiert ich vor vielen Monaten gewesen war, als meine Freundin Sophia sich eine Hexe nannte. Warum sollte ich mich selbst mit einem Wort abstempeln, das bei den Leuten nur Ängste auslösen würde? Oder Verachtung oder sogar Gewalttätigkeiten? Ich fürchtete, nicht richtig eingeschätzt, sondern mißverstanden und mißhandelt zu werden. Welche Angst schränkte mich mehr ein – meine eigene oder die anderer Menschen? Ich hatte inzwischen gelernt, daß ich vielleicht nie handeln würde, wenn ich wartete, bis die Angst vorüber war – wenn man die Angst überwinden wollte, mußte man dagegendrücken und trotz der Angst handeln. Das ist es, was Mut hervorbringt. Ich wußte, daß die Wahrheit über Wicca nie bekannt würde, solange nicht diejenigen, die darum wußten, den Mut aufbrachten, darüber zu sprechen, den Lügen entgegenzutreten und die heilende Kraft, für die das Wort einst geachtet worden war, wieder zurückzuerobern. Wenn eine Frau sich als Hexe bezeichnet, stellt sie sich gegen die Frauenfeindlichkeit unserer Kultur und fordert diese auf, sich mit ihren Schatten auseinanderzusetzen. Sie holt sich ihre Macht zurück. Es war ein Wort, von dem ich wußte, daß ich es eines Tages ohne Entschuldigung und ohne Furcht für mich in Anspruch nehmen würde. Aber war ich jetzt schon dazu bereit?

»Ich lerne bei ihnen«, antwortete ich.

Er nickte. Das war alles. »Wird es Tänze geben?« fragte er.

Ich nickte. »Und Gesang.«

»Aber nicht nackt – ich will meine Nachbarn nicht eifersüchtig machen.« Er lachte über seinen Scherz, und ich staunte und lachte ebenfalls. Ich hatte meinem Instinkt vertraut und einen kleinen, aber wichtigen Schritt aus dem Schatten herausgetan. Das Gefühl von Freiheit war belebend – und es gab mir Kraft. Ich dankte ihm und fing an zu planen. Wir würden einen Teil des Maisfeldes für ihn abernten, und er würde uns in Naturalien für unsere Arbeit bezahlen. Er zeigte mir ein brachliegendes Feld, das wir für unser Ritual benutzen konnten, und ein anderes, auf dem wir ernten sollten. Dann zeigte er mir, wie wir die Maiskolben von den Stengeln brechen mußten, und als wir unter einem alten Kastanienbaum saßen und etwas Kaltes tranken, zeigte er mir, wie man aus Maisschalen ein Püppchen herstellt. Jeanette kam zurück, die Schuhe in der Hand und eine Kette aus Feldblumen um den Hals. Sie war vollkommen entspannt und nicht im geringsten überrascht, daß ich die Fragen des Farmers über das Wie und Warum unserer Feier beantwortete.

Wir sprachen über Mabon, einen der acht Sabbate, über jahreszeitliche Rituale und Feiern und den Wicca-Kalender, der als Rad des Jahres bezeichnet wird. Die Sabbate, abgeleitet vom griechischen *Esbaton,* was »heiliger Tag« bedeutet, beziehen sich auf vier Sonnenereignisse – die Tagundnachtgleichen im Frühjahr und im Herbst und die Sommer- und Wintersonnenwende – und vier Termine, an denen sich die Erdenergie verändert, und die in der keltischen Tradition als Samhain, Imbolc, Beltane und Lughnassadh bezeichnet werden. Diese letzteren kannte er aus seiner Kindheit in Irland.

In den Sabbatritualen wird die spirituelle Bedeutung der Welt sichtbar gemacht. Wir erleben das Göttliche im Kreislauf der Jahreszeiten, in den rhythmischen Bewegungen von Himmel und Erde und in unserer heiligen Verbindung zu ihnen. Durch jahreszeitliche Feiern verbindet sich die Gemeinschaft mit den großen heiligen Mustern, der Ebbe und Flut der Energien im Universum. Rituale stimmen sowohl die individuelle Psyche als auch die ganze Gemeinschaft auf die grundlegenden rhythmischen Bewegungen der Energie ein. Die Menschen verkörpern diese universellen Rhythmen und stellen sie

413

dar, indem sie Innen und Außen, Mensch und Kosmos in Einklang bringen und den hermetischen Grundsatz »wie oben, so unten« erhellen. An den Sabbaten können wir erleben, wie die heiligen Weisheiten durch Himmel und Erde in diesen Augenblicken der Transformation und des Wandels enthüllt werden. Wir entdecken, wie unser eigenes Leben ebenfalls diesen Veränderungen unterliegt. Das Universum ist ein Spiegel von brillanter Klarheit, und in ihm erkennen wir die Rhythmen des Lebens, die die Jahreszeiten der Seele widerspiegeln – Geburt, Wachstum, Reife, Verfall, Tod, Ruhe und Wiedergeburt.

Die Sonne stand direkt über dem Gebirgskamm und tauchte uns in das schwere goldene Licht der magischen Stunde. Der Farmer gab mir ein Maispüppchen. »Meine Großmutter hat mir gezeigt, wie man sie herstellt. Nach ihrem Tod fehlte mir bei der Ernte immer etwas, und jetzt weiß ich auch warum.« Er schwieg einen Moment. »Jedenfalls werde ich Sie und Ihre Freundinnen am 21. September hier sehen.«

Wir schüttelten uns zum Abschied die Hände, und er hielt für Jeanette die Wagentür auf.

»Gute Ernte«, wünschte ich und winkte, als wir abfuhren.

»Die sollte ich haben, wenn sie von Hexen gesegnet wird.« Er zwinkerte wieder und winkte.

»Hast du immer noch keine Träume?«

Ich schüttelte den Kopf, und Jeanette tat dasselbe.

»Hast du es mit Beifußtee versucht?«

»Hat nicht geholfen. Ich habe mir auf Maias Rat hin die Kräuter sogar zwischen Kissenbezug und Kissen gestreut und darauf geschlafen. Das mache ich jetzt schon seit über einem Monat.«

»Nichts?«

Ich schüttelte den Kopf. Wir saßen in einem kleinen Restaurant im West Village und warteten auf Jeanettes Anwältin, meine alte Freundin Rachel. Sie hatte uns beide am Morgen angerufen und uns eine Geschichte versprochen, die uns sehr glücklich machen würde. Mehr hatte sie nicht verraten.

»Ich mache mir Sorgen um dich. Eine Hexe ohne Träume ist wie… –«

»Eine Welt ohne den Mond. Ich weiß.« Ich seufzte.

»Es ist ein Zeichen.«

»Ich weiß.«

»Und was willst du jetzt tun?«

»Weitermachen wie bisher.«

»Du hast diesen Bastard immer noch in seinem Büro eingesperrt?« fragte Jeanette, während sie uns Wein einschenkte – ein Glas für mich, ein Glas für Rachel und ein halbes Glas für sie selbst. Nach dem Bannritual hatte sie mit Diät und Gymnastik begonnen, und sie wirkte bereits vitaler. Als ich mein Glas hob, dachte ich an die drei Kelche im Tarot – die Karte, die die Magie der Freundschaft symbolisierte.

Ich nickte, und wir lachten beide.

»Ich will ihn nur von mir fernhalten.«

»Es ist immerhin ein Anfang.« Lächelnd schüttelte Jeanette den Kopf. »Und du tust nichts, als bannende Pentagramme zu zeichnen? Das ist alles?«

Ich nickte wieder.

Sie lachte herzlich.

»Was ist mit Richard? Immer noch nichts?« Wir sprachen inzwischen mindestens einmal täglich miteinander – gelegentlich auch zweimal, weil ich sie gewöhnlich vor dem Zubettgehen anrief, einfach um zu hören, ob alles in Ordnung war.

»Er liegt immer noch in meinem Gefrierschrank auf Eis, und

bisher ist alles ruhig. Ich würde ja gerne sagen, daß keine Nachrichten gute Nachrichten sind, aber ...« Ihr Gesicht wurde ernst.

»Wir haben die guten Nachrichten, auf die ihr wartet.« Es waren Rachel und Jim, ihr Freund, der bei der Drogenfahndung arbeitete. Rachel war hübsch, zierlich und strahlend, und doch paßte sie irgendwie perfekt zu dem grobschlächtigen schwarzhaarigen irischen Polizisten.

»Meine Damen«, begrüßte er uns mit einem gewinnenden Lächeln, mit dem er eine Schlange hätte bezaubern können. Er bestellte ein Bier, und wir standen auf und tauschten die Plätze, damit die beiden nebeneinandersitzen konnten. »Sie müssen Jeanette sein. Schön, Sie kennenzulernen. Und wie geht es dir mit deinem Mistkerl von Chef?« Das galt mir, denn ich kannte Jim bereits.

»Er ist ein Mistkerl.«

Jim lachte. »Sind sie das nicht alle?«

»Also, was gibt's Neues?« fragte Jeanette ungeduldig.

»Ihr werdet begeistert sein.« Rachel griff nach ihrem Weinglas.

»Hmm, lecker. Erst mal ein Toast: Auf die Schwesternschaft.«

Wir stießen mit den Gläsern und der Bierflasche an. »Auf die Schwesternschaft.«

»Und auf die Männer, die uns lieben.«

Erneut stießen wir miteinander an.

»Ich platze gleich.« Jeanette sah so aus, als meine sie es ernst.

»Okay. Ihr beide wißt, daß ich vor einigen Wochen mit Jim über Jeanettes Situation gesprochen habe, er weiß also alles über Richard.«

»Ich habe mir sein Vorstrafenregister angesehen und mit meinen Freunden vom neunten Revier geredet. Sie konnten nichts unternehmen, haben mir aber versprochen, die Ohren aufzuhalten.«

»Haben Sie etwas gehört?«

»Viel besser als das. Ich sage euch, das Universum läßt oft mysteriöse Dinge geschehen.« Jeanette und ich sahen uns an.

»Aber ihr beide müßt verstehen, daß es sich hier um ein schwebendes Verfahren handelt.« Er beugte sich über den Tisch und senkte seine Stimme. »Mein Chef würde mir die Polizeimarke abnehmen, wenn er wüßte, daß ich darüber rede, die Sache bleibt also unter uns – einverstanden?«

Wir nickten eifrig.

»Okay. Seit ein paar Monaten sind wir hinter einem größeren Deal her; der Stoff kommt aus Kolumbien. Wir kriegen also einen Tip, daß er in Red Hook ankommen soll. Die Überwachung ist perfekt – wir haben mehr Leute als der liebe Gott. Und wir haben die Federals.«

»FBI!« rief Jeanette.

Jim nickte. »Und noch mehr. Wir sind also bereit, aber unsere ausländischen Freunde tauchen nicht auf. Die Empfänger, die auf ihre Ware warten, werden nervös, weil es immer später wird. Wir denken schon, daß sie vielleicht gewarnt worden sind«, er zuckte mit den Schultern und nahm einen Schluck Bier, »als diese Limousine aufkreuzte. Die Wachleute steigen zuerst aus, und sie treffen sich. Alles unauffällig, denken sie wahrscheinlich. Also steigen nun die großen Nummern aus ihren Autos. Ich werde nie begreifen, wie diese Rattenbastarde irgend etwas zuwege bringen, wenn sie nachts Sonnenbrillen tragen.« Jim lachte und genoß seine Erinnerung an die gefährliche Situation. »Jedenfalls, sie schütteln sich die Hände, die Empfänger holen eine Aktentasche aus dem Auto, und sie wird geöffnet. Alles, was wir bis jetzt haben, ist Geld, und das reicht nicht, um sie hoppzunehmen. Also warten wir weiter, und plötzlich kommt so ein blöder Eiscreme-Wagen angetuckert. Ich dachte, sie bringen den kleinen Bastard um – aber in dem Wagen war gar keine Eiscreme. Aus der Hintertür wird eine kleine weiße Tasche rausgehalten, die Empfänger stecken ihren Kopf ins Eisfach, sie kriegen ihren Stoff, und wir kriegen unseren Kick. Wir stürzen uns auf sie und schreien uns die Lungen aus dem Leib: ›Keine Bewegung, Polizei, keine Bewegung, ihr Scheißkerle!‹«

An den Nachbartischen hatten sich alle Leute zu uns herumgedreht, denn seine Stimme war immer lauter geworden, während er die aufregende Situation noch einmal durchlebte. Jeanette und ich sahen uns an, und ein ungläubiges Lächeln breitete sich auf unseren Gesichtern aus.

»Und genau das taten sie – ungefähr eine halbe Sekunde. Aber ein paar von ihren Cowboys gingen auf uns los, bis dieser verfluchte Windstoß kam und ihnen allen möglichen Scheiß ins Gesicht blies. Richtig unheimlich.« Er begann zu kichern, »jedenfalls, langer Rede, kurzer Sinn: Ich hatte das Vergnügen, einem Richard James Handschellen anzulegen.« Er lehnte sich mit einem breiten Grinsen auf dem Gesicht zurück.

»Göttin sei Dank!« rief Jeanette aus, sprang von ihrem Stuhl hoch und umarmte Jim stürmisch.

»Er war aber nicht der Drahtzieher hinter dem Deal, oder?« fragte ich.

Jim schüttelte den Kopf. »Nur ein gekaufter Söldner.«

»Die Magie wirkt tatsächlich auf geheimnisvolle Weise«, flüsterte ich Jeanette ins Ohr, als sie mich umarmte. »Hat er irgendeine Chance, sich beispielsweise als Kronzeuge aus der Affäre zu ziehen?« fragte ich Rachel mit einem besorgten Blick.

Jim schüttelte erneut den Kopf. »Wir brauchen ihn nicht. Und sein Vorstrafenregister reicht aus, um Ihren Mistkerl von Exmann für den Rest seines Lebens auf Eis zu legen.«

Jeanette und ich brachen in schallendes Gelächter aus.

Unser Zirkel stand in der Mitte eines brachliegenden Feldes und wartete darauf, Mabon zu feiern. Auf dem Feld war purpurfarbiger Klee eingesät worden, um den Boden mit Nährstoffen anzureichern, aber diese schlichte Pflanze hat noch andere magische Fähigkeiten: In Irland sagt man, ein vierblättriges Kleeblatt bringt Glück und Segen und verleihe einem die Fähigkeit, Feen und Elfen zu sehen. Die anderen wildwachsenden Pflanzen auf dem Feld waren ebenfalls voller Magie: leuchtend blaue Kornblumen, das heilige Ritualkraut für den Mabon-Sabbat und für Zaubersprüche, die Liebe aus früheren Leben wieder zurückbringen sollen; Seidenpflanzen, die aufbrachen und schimmernde schwarze Samen in ihre seidenweißen Schirmfliegern freigaben, um unsere Gebete mit sich fortzutragen; stachelige Disteln, die in Schottland als Zauberstäbe benutzt wurden, um Geister zu beschwören, Kranke zu heilen, einen Fluch aufzuheben und jemanden vor Traurigkeit und dem Verlust der Seele zu bewahren; große Goldruten, die in der Hand der Intuition (die linke bei Rechtshändern, die rechte bei Linkshändern) zu verborgenen Schätzen führen, zu Dingen, die man verloren hat oder nicht sehen kann, zu einem unbekannten Liebhaber oder unsichtbaren Reichtümern. All diese Pflanzen wuchsen üppig zwischen dem niedrigen Klee. Die Bienen wußten, daß selbst ein brachliegendes Feld voller Leben ist, arbeiteten eifrig um uns herum und holten den letzten Pollen für die letzte Runde Honig. Bald würden sie in den Winterschlaf fallen, in gefrorenen Labyrinthen goldenen Nektars schlummern und von Flügen zwischen Sommerblumen träumen, doch jetzt summten sie mit ihren Flügeln eine letzte Ode an die Fruchtbarkeit des Sommers.

Ein grünes Maisfeld lag nördlich von uns, ein anderes im Süden, der Fluß bildete die westliche Grenze, und im Osten lag ein holpriger Feldweg, den außer dem Farmer kaum jemand benutzte. Am blauen Himmel über uns ballten sich Wolken wie weiße Himmelsberge. Jenseits der Straße zogen sich Wälder bis zu einem hohen Gebirgskamm, wo Falken nisteten. Einige kühle Brisen brachten Vorahnungen des Winters, und ich wandte mein Gesicht der untergehenden Sonne zu. Das Licht war jetzt kostbarer, denn die Tage wurden kürzer, die allgegenwärtigen Schatten kamen früher, wurden länger und lagen dunkler über dem Land. Der Sommer war hier im Nordosten kurz, und ich staunte immer wieder, wie schnell die Pflanzen in den wenigen warmen Monaten wuchsen und reiften.

Der Altar, ein alter Holzkarren, den unser Gastgeber uns geliehen hatte, erstrahlte in der Pracht der Farben und des Lebens, vollgepackt mit Mais, verschiedenen Kürbisarten, Blättern und Eicheln, den Feldblumen – und einem Hirschgeweih. Heute waren auch Männer bei uns – Mitglieder anderer Hexenzirkel, Ehemänner, Partner und Freunde, und sie trugen zu unserer festlichen Stimmung mit bei. Mindys Familie war da, und sogar Jim und Rachel hatten sich uns angeschlossen.

Es war der Sabbat, an dem die Weise Alte den Vorsitz führte, und so sprach Nonna zu uns:

»Dies ist die Zeit der Ernte, des Erntedanks und der Freude, der Opfer und des Verzichts. Der Tag und die Nacht sind gleich lang. Wir versammeln uns, um den Augenblick des vollkommenen Gleichgewichts zwischen Licht und Dunkelheit zu feiern. Wie unsere Vorfahren werden wir Zeugen des Wunders und des Mysteriums von Sonne und Erde, Energie und Leben, Tod und Wiedergeburt. Seit der Sommersonnenwende haben wir die Reise des Sonnenkönigs in das Reich der Schatten beobachtet. Bald wird die Erde schlafen, während die Samen des neuen Lebens bis zu ihrer Wiedergeburt im Frühjahr ruhen. Aber heute arbeiten wir. Der Mais ist geerntet, um uns während der langen Wintermonate, die vor uns liegen, am Leben zu halten. Mabon ist das Ritual des Jubels über die Reichtümer der Erde, ohne die wir nicht leben könnten. Es ist das Ritual, mit dem wir der Großen Mutter Erde für ihre Geschenke danken. Es ist das Ritual des Reifens der Saat. Es ist die Zeit der Freude über den großzügigen Lohn für unsere Arbeit, unsere Beziehungen, unsere spirituellen Reisen. Und es ist auch die Zeit, in der wir darüber nachdenken, welche Aspekte unseres Lebens nicht mehr unserem Wachstum und unserem Glück dienen, in der wir alles opfern, was wir aufgeben müssen, damit wir weiter wachsen können.«

Mit einer Sichel in der Hand ging Nonna in die Mitte des Kreises. Sie ergriff ein Bündel trockener, brauner Maisstauden, und in einem aufblitzenden Bogen hob sie die Sichel und senkte sie dann schnell, um die alten, verwelkten Blätter abzuschneiden und einen von grünen Blättern eingehüllten goldenen Maiskolben daraus zu befreien. Die abgestorbenen Stauden fielen auf die wartende Erde, aus der sie erst vor einigen Monaten in grünem, wachsendem Glanz hervorgegangen waren. Die Arme erhoben, in der einen Hand die Sichel und in der anderen den Maiskolben, betete sie: »Wir sind gesegnet mit den Früchten der Vereinigung von Sonne und Erde. Hier ist das Mysterium und der Reichtum der im Samen eingeschlossenen Energie. Obwohl sich die Form verändert, bleibt die Energie des Lebens ewig bestehen.«

Während sie sprach, erfüllte mich Dankbarkeit, daß sie heute bei uns war, daß ihre Energie in ihrer schönen Form erhalten geblieben war. Ihr Leben war verwandelt durch ihre Reise in das Reich der Schatten, und ein Gefühl von Frieden und Dankbarkeit für jeden Tag des Lebens auf unserem schönen Planeten bereicherte jedes ihrer Worte und jede ihrer Gesten. Nonna war unsere Hebamme des Wandels. Mit ihrem Wissen um den Kreislauf der Jahreszeiten legte sie den heiligen Samen in die Hände unserer Gemeinschaft und erklärte:

»Wir kennen das Mysterium der Verwandlung von Energie in Materie und Materie in Energie. Wir versammeln uns in diesem heiligen Moment, wo die Sonne sich in den Samen verwandelt.«

Freudenrufe ertönten aus dem Zirkel.

Zu Liebespaaren vereint standen wir im Kreis, Rücken an Rücken, Männer und Frauen, Frauen und Frauen, Männer mit Männern. Nonna und ich bildeten ein Paar, Jeanette und Gillian standen uns gegenüber. Ein Musikantenpaar – ein Mann mit einer Fiedel und eine Frau mit einer *Bodhran*, einer keltischen Trommel – begann zu spielen. Wir reichten der Person, die uns gegenüberstand, unsere rechte Hand und begannen, uns zu bewegen, streckten unsere Linke der Person entgegen, die auf uns zukam, während wir auf sie zutanzten. Und so bewegten wir uns in zwei gegenläufigen Kreisen, die miteinander verwobenen Energien des Wachstums und des Niedergangs. Es war der große Kreistanz, den wir vor langer Zeit, meist widerwillig, in der Grundschule gelernt hatten, aber nun erwachte er in alter Kraft und Bedeutung zu neuem Leben. Wir tanzten, Hand über Hand, und sangen dabei:

»Mais und Korn, Mais und Korn,
alles, was fällt, beginnt von vorn.
Huf und Horn, Huf und Horn,
alles was stirbt, wird wiedergebor'n.«

Die Männer waren eine willkommene Ergänzung, weil ihre Energie die der Frauen enorm erhöhte. Sie sangen mit tiefen, volltönenden Stimmen, und ihre Stärke war im gleichmäßigen Tempo unseres Tanzes und im Griff ihrer Hände spürbar, während sie im Kreis an uns vorbeiwirbelten. Ihr Lachen war so kräftig wie ihr Singen, und ihre Liebe energetisierte uns alle. Liebespaare, die durch den Tanz getrennt worden waren, küßten sich, wenn sie aneinander vorbeikamen und wir alle lächelten uns an, wenn sich unsere Augen und Hände mit wachsender Freude trafen. Ich war ohne Partner und fragte mich, wie es wohl wäre, mit einem Mann zu tanzen, den ich liebte. Aber hier gab es keinen Platz für Traurigkeit, denn ich wurde von der Fülle des Augenblicks davongetragen. Ein zweites Lied begann sich mit dem ersten zu verflechten:

»Von der Göttin kommen wir alle,
und zu ihr kehren wir zurück
wie ein Regentropfen,
der in den Ozean fällt.«

Der Tanz und unser Herzschlag beschleunigten sich, und ein drittes Lied wurde angestimmt – der Name der Göttin des Korns, Demeter –, immer von neuem wiederholt, während die beiden anderen Lieder lauter und leiser wurden. Die Musiker drängten uns weiter und führten uns zurück zum ersten Lied, das zu einem ausgelassenen Höhepunkt kam. Ein riesiger Jubel stieg auf, als wir einen üppig mit Mais gefüllten Korb hoch in die Luft hoben, hinein in den Kegel aus grüner und goldener Kraft, der über uns wirbelte.

Nonna legte ihre Hände auf den Korb und sprach die alten Worte der Weisheit:

»Gesegnet sei die Mutter allen Lebens. Gesegnet sei das Leben, das aus ihr hervorgeht und zu ihr zurückkehrt. Gesegnet sei der Vater allen Lebens. Gesegnet sei die Energie, die aus ihm hervorgeht und zu ihm zurückkehrt. Gesegnet seien Erde und Sonne, und gesegnet sei ihre Vereinigung, die dem Geist Gestalt verleiht. Die Sonne hat sich in den Samen gesenkt.«

»So sei es«, antworteten wir.

Der Korb wurde deosil im Kreis herumgereicht. Während wir jeweils ein Stück Mais herausnahmen, sagten wir Dank für das, was wir geerntet hatten – neue Jobs, neue Liebesbeziehungen, beruflichen Erfolg, neue Erkenntnisse, gewonnen aus den Lehren unserer Priesterinnen, die Erde und unser Leben. Als der Korb zu Nonna kam, erklärte sie schlicht: »Ich sage Dank für meine Gesundheit und für meine Familie, deren Liebe mir geholfen hat, wieder gesund zu werden. Ich sage Dank, daß ich heute hiersein kann, um mit euch zu feiern.« Nonnas Lächeln, mit dem sie ihren Blick über den Kreis wandern ließ, war ein Segen, und ihre Augen ruhten schließlich auf mir, als sie mir den Korb reichte.

Wofür sollte ich mich bedanken? Vieles, wofür ich dankbar war, hatten andere schon ausgedrückt. Was gab es noch zu sagen? Mein Herz schlug schneller, als ich spürte, wie sich alle Blicke auf mich richteten. Ich griff in den tiefen Korb und holte einen fetten Stengel mit einer dicken braunen Quaste heraus. Ich hielt sie an mein Herz und atmete tief den süßen Duft ein. »Ich sage Dank für den Mut, das wegzuschneiden, was nicht mehr nützlich ist.« Ich nahm einen raschen Atemzug, wobei ich plötzlich spürte, daß ich mit diesen Worten eine Naturgewalt, eine geistige Kraft freigesetzt hatte, die wie ein geflügeltes Pferd darum gekämpft hatte, fliegen zu können, um eine Magie zu offenbaren, die ich mir nicht hätte träumen lassen. Ich wartete, ein wenig benommen, als Energie plötzlich um mich herumwirbelte, wobei es mir vorkam, als höre ich den Zirkel aus großer Ferne Worte der Unterstützung murmeln, während ich in die Helligkeit des letzten Sommerlichtes blinzelte. Ich hielt den Atem an und fuhr fort: »Ich sage Dank für den Reichtum des Lebens, das uns nach den Mühen der Ernte erwartet. Ich sage Dank für die Großzügigkeit der Mutter und für die Reise, die uns Weisheit, Freiheit und Liebe als Ernte beschert.«

Ich reichte den Korb an Jeanette weiter, die neben mir stand. Als sich unsere Augen trafen, nickte sie verständnisvoll.

»Ich sage Dank für den Mut, meine Freiheit zu sichern. Und für Freundschaft.«

Wir lächelten einander an, streiften das Grün von den Kolben und lachten zusammen, als wir in die saftigen Kerne bissen. Zusammen, als Kreis von Männern und Frauen, feierten und verehrten wir die Erde für ihre heiligen Gaben des Lebens und ihre göttliche Magie, mit der sie Energie in Materie und Materie in Energie verwandelte und so den ewigen Kreislauf des Lebens erhielt. Wir hielten unseren Festschmaus, beobachteten den Sonnenuntergang und freuten uns über unsere heilige Verbindung mit diesem großen Mysterium.

Den ersten Teil des Tages hatten wir damit verbracht, den Mais von den Feldern zu ernten, zwischen den hohen, grünen Stauden herumzugehen und ihrem Rauschen und Flüstern zu lauschen, wenn der Wind über das Land wehte. Die Ernte der in grüne Blätter eingehüllten Kolben war wesentlich einfacher gewesen, als ich erwartet hatte, und so wurden die Jutesäcke rasch voll. Ich genoß die warmen Sonnenstrahlen auf meinem Rücken, das rauhe Gewebe der lebendigen Pflanzen in meinen Händen, den Geruch der Erde und den Klang von Singen und Lachen bei der Arbeit. Doch die Mühe endete allzu früh. Statt vor Erschöpfung gebeugt zu sein, lief ich, erfüllt von der Energie der Erde, an den langen Reihen entlang. Ich wirbelte in wilden Kreisen herum, drückte im Tanz die Energie des Lebens aus, die in üppigem, sonnengereiftem Grün überall gedieh. Atemlos brach ich an ihrer duftenden Brust zusammen, überwältigt von ihrer Großzügigkeit.

Unser Aufenthalt im Paradies war eine Partnerschaft, und ich war dankbar, daß die Erde unserer Mühe bedurfte, um ihre Gaben hervorzubringen. Unsere Arbeit wurde mit Leben belohnt und mit der Erkenntnis unserer heiligen Verbindung. Nie hatte sich Arbeit so vollkommen angefühlt. Die Anstrengung selbst war ein Ritual der Verbindung und Vitalität, und die anschließende traditionelle Erntefeier, die lange vor der Welt verborgen worden war, erschien mir wie eine Offenbarung.

Durch die Symbolik der Maisernte an Mabon entdeckte ich die Wahrheit hinter einem weiteren dunklen Vorurteil über das Opfer an einem Hexensabbat. Wir lernen von der Natur, daß wir die Samen des neuen Lebens erst ernten können, nachdem wir bereitwillig abgeschnitten haben, was verwelkt ist. Das ist die Art und Weise, in der Hexen ihr Opfer darbringen. Wir opfern uns selbst – wir bringen unser Leben dem Göttlichen als Opfer dar. Aber, im Gegensatz zu einem weitverbreiteten Mißverständnis, soll es nicht auf dem Altar des Todes hingegeben, sondern auf dem Altar des Lebens erkannt und erfüllt werden.

Als wir uns bereitmachten, in die Stadt zurückzukehren, fragte ich mich, ob die Ernte meines eigenen Lebens genauso leicht sein würde wie die Arbeit dieses Tages und genauso freudig wie unsere Feier. Welches Opfer sollte ich bringen? Welchen Bedingungen war ich entwachsen? Wo würde das Messer ansetzen? Und welche Frucht würde ich dann in der Hand halten?

Die Sonne war mit ihrer Wärme hinter dem Horizont verschwunden, und die unerwartete Kälte weckte uns aus den schwülen Tagträumen. Es war Zeit zu gehen. Der abnehmende Mond war aufgegangen, die Sichel einer Weisen Alten schien am schwarzen Himmel und erinnerte uns an die tägliche Ernte der Zeit. Wir häuften den Lohn unseres harten Tagewerks und unseres heutigen Glücks auf den Holzkarren, und alle faßten an, um ihn zurück zur Scheune zu ziehen und zu schieben. Ich blieb allein auf dem Feld zurück, lauschte, wie sich das Scherzen und Singen in der Dunkelheit verlor und drehte mich langsam, um den letzten Segen der Erde, die sich nun auf ihre Winterruhe vorbereitete, in mich aufzunehmen.

Ein plötzliches Geräusch in den hohen Stauden ließ mich mitten in der Drehung erstarren. Aus dem Feld im Norden tauchte unvermittelt ein riesiger Hirsch mit einem vollen siebenendigen Geweih auf. Er war weiß wie das Mondlicht, das von oben leuchtete, und mein Herz begann zu rasen. Einen unsterblichen Augenblick lang standen wir uns gegenüber. Mein Herz explodierte, und er sprang vorwärts, flog über die Felder wie ein Traumbild und verschwand in den Wäldern.

Ich war sicher, daß es sich um ein Zeichen handelte – aber was sollte es bedeuten? Die Welt war wiederverzaubert, und alles veränderte sich. Auch ich konnte den Wandel meiner Gestalt spüren, aber ich konnte meine Form nicht erkennen. Wir hatten geerntet, auf magische Weise eine Umhüllung entfernt, eine alte Haut abgeworfen. Ich hatte so viel gelernt, und doch wußte ich nichts, denn was wußte ich vom Geweih eines Sie-benenders und den Reisen der Wiedergeburt, die es vorher-sagte?

Ich hob einen vereinzelten Kokon göttlicher Mysterien auf, in Samen eingeschlossenes Sonnenlicht, enthüllt bis auf die bloßen Kerne, und nahm einen Bissen der milchigen Süße. Ich beugte mich hinunter und grub mit einem Stock ein Loch in die Erde. Dann brach ich den Maiskolben in zwei Hälften, ver-grub den Teil, von dem ich gegessen hatte, und ließ die andere Hälfte für den Vorboten meiner Zukunft liegen. Ich drehte mich um und rannte vom Feld, ein letzter Ausbruch von En-ergie, der meinen Füßen die Schnelligkeit des Götterboten Hermes verlieh. Oder war es Diana, die beobachtete, wie ich mich mit der Geschwindigkeit ihres Pfeils und der Freiheit ihrer heiligen Jagdbeute bewegte?

Wir ließen einen Teil unserer Ernte für den Farmer zurück, damit er sie an seinem Stand verkaufen konnte, und einen Teil für Rehe und Hirsche, Waschbären und Feldmäuse, deren Arbeit in dieser Nacht etwas leichter sein würde. Wir füllten die Autos mit Jutetaschen, die prall vollgestopft waren mit den wunderbaren Wohltaten der Erde und saßen mit angezogenen Beinen, um Platz für all den Mais zu schaffen. Wir sangen und scherzten, während wir durch die ländliche Gegend von Jer-sey fuhren, und wurden still, als die häßliche Silhouette des In-dustriegebietes die nahende Stadt ankündigte.

Der schwarze Himmel glühte in einem phosphoreszieren-den Orange, Flammen schossen nach oben und Wolken che-mischer Abgase, weiß wie gebleichte Knochen, quollen aus den Schornsteinen. Hinter Stacheldrahtzäunen lagen riesige

Fabriken, die Farben herstellten und Erdöl verarbeiteten. Sie waren umgeben von Ketten aus künstlichem Licht, damit die Leute in der »Schicht des toten Mannes« wider die Weisheit der Natur die ganze Nacht durcharbeiten konnten. Wir fuhren durch die surreale Unterwelt und kurbelten in einem vergeblichen Versuch, die ekelhaften Schwefeldämpfe auszusperren, die Fenster hoch. Wir fuhren an alten Reihenhäusern vorbei, wo Familien unter dem Schatten der Fabriken, die ihnen Leben gaben und es gleichzeitig stahlen, geboren wurden, lebten und starben. Es gab Restaurants und Bars, billige Motels und Kirchen und riesige Reklametafeln, die neue Autos und Fernsehshows anpriesen. Und alles wurde dichter und überfüllter, als wir uns der Stadt näherten.

Auf der anderen Seite des Flusses, wieder zurück auf der kleinen Insel, die das Beste und das Schlimmste beheimatete, was die moderne Kultur zu bieten hat, alles unterstützt von dem Ödland, das verleugnet wurde, fuhren wir zu einer der Armenküchen, wo die Obdachlosen der Stadt eine Mahlzeit bekamen. Als wir den größten Teil der Früchte unserer heutigen Arbeit ausluden, war das Lächeln, mit dem unser Geschenk begrüßt wurde, eine reichere Belohnung als jeder Scheck. Wir hatten eine Drehung im Rad des Jahres gefeiert, und es war gut, die Ernte mit anderen zu teilen.

Ich sagte meinen Gefährtinnen gute Nacht und schleppte eine große Plastiktüte voller Göttlichkeit, die sich als Mais verkleidet hatte, in mein Apartment, wobei ich die darin liegende Weisheit zwar spürte, aber noch nicht voll verstand. Ich öffnete die Tüte und füllte einen Korb mit den goldgelben Maiskolben. Es war ein fruchtbares Jahr gewesen, aber was hatte ich dabei außer einem gesunden Bankkonto geerntet? Ich hielt einen Maiskolben an mein Herz.

Die Schönheit und der Überfluß, unser Tun und die Poesie des Sabbatrituals hatten mich tief bewegt. Meine intellektuellen Vorbehalte und mein spitzfindiger Skeptizismus waren nun endlich überwunden. Ich erkannte, daß die Rituale dieser weisen Frauen keine archaische, bedeutungslose Theatralik darstellte, sondern in Handlung umgesetzte Gebete und aktive Meditationen waren. Das Ritual war Kunst und Gebet, ein lebendiges Mandala, eine Beschwörung des Geistes und ein Ausdruck seiner Gegenwart in allem, was lebte. Die Symbole waren mehr als eine bloße Allegorie, sondern gleichzeitig reale Formen göttlicher Energie. Der Mais symbolisierte nicht nur die Gegenwart des ewigen Geistes, der sich von Energie in Leben und wieder zurück in Energie verwandelt. Er *war* Geist in seiner lebenserhaltenden Form. Der Mais verkörperte die Verbindung der Fruchtbarkeit der Erde mit der Kraft der Sonne. Der Mais selbst war der Körper der Göttin, manchmal der ihres Sohnes oder ihrer Tochter. Er repräsentierte die Fruchtbarkeit eines erleuchteten Geistes, eines Geistes, der um die göttliche Gegenwart weiß.

Die Hopi verehren die Maisgöttinnen, die die wachsenden Pflanzen versorgen und aller Welt Fruchtbarkeit schenken. Die Indianer Mexikos nennen die Maisgöttin »Sieben Schlangen«, und die Menschen legen einander die Arme um die Taille und tanzen langsam in einer langen, schlangenförmigen Reihe, bis die Sonne untergeht. Die Bewegung der Schlange und das Mysterium des Labyrinths sind ein und dasselbe. Und die Reise durch das Labyrinth ist die Reise der Schlafenden, der Bewußtlosen und der Toten durch das heilige Mysterium zum Erwachen in der Wiedergeburt. Das ist die symbolische und buchstäbliche Bedeutung, die Mais, Weizen und andere heilige Früchte des Lebens haben.

Alle Dinge, die auf der Erde wachsen, das Leben erhalten und wieder zur Erde zurückkehren, sind Kinder der Großen Göttin und verkörpern die Göttin selbst. Im alten Kreta und Griechenland war Demeter diese Muttergöttin des Getreides, und das Getreide selbst war ihre Tochter Persephone; bei den Römern war es Ceres. Beide werden mit Weizenähren und Girlanden aus Mohnblüten dargestellt. Der Name Ceres geht auf das lateinische *gerere* zurück, was »tragen, hervorbringen, produzieren« bedeutet, und auf das lateinische *creare*, was »produzieren, schaffen« heißt. Wie Demeter ist Ceres eine Göttin aus den frühesten Zeiten der westlichen Kultur, denn sie ist es, von der man sagt, sie habe die Menschen die heiligen, lebensspendenden Künste des Ackerbaus gelehrt, den Ursprung der westlichen Kultur.

Die Verehrung der Demeter begann in Kreta und erreichte schließlich Griechenland, wo der Tempel der Göttin in Eleusis stand. Ihr Kult war über mehrere tausend Jahre die herausragende religiöse Erfahrung, wobei die Menschen aus aller Welt kamen, um in ihre Mysterien der Wiedergeburt eingeweiht zu werden. Die herbstliche Tagundnachtgleiche war die Zeit der Weizenaussaat, die Feier der Eleusinischen Mysterien, bei denen ein Getreidehalm im Augenblick der Offenbarung und des Segens für alle sichtbar hochgehalten wurde mit den Worten: »Im Schweigen erlangt man die Saat der Weisheit.« Die Göttin ist die göttliche Kraft des Wachstums und dessen, was wächst. Ich erinnerte mich daran, wie Buddha, als er nach dem Sinn des Lebens gefragt wurde, schweigend eine einzige Blume hochhielt, wie Jesus in den gnostischen Evangelien sagte: »Spalte das Holz, und ich bin da«; und wie die Taoisten demjenigen, der auf der Suche nach dem Göttlichen ist, raten: »Hacke Holz und trage Wasser.«

Die Alte Religion wird häufig als spirituelle Umweltbewegung bezeichnet. Die Ehrfurcht, die man im Wicca der Erde entgegenbringt, zeugt von einer tiefen ökologischen Sorge, die längst nicht nur pragmatisch ist. Als Verkörperung des Göttlichen wird die Erde nicht nur als nützliches Objekt behandelt, das im Interesse der kurzsichtigen Habgier der Menschen ausgebeutet, vergiftet und zerstört werden durfte, sondern ihr wohnt eine heilige Bedeutung inne. Anhänger der Alten Religion wissen, daß ein Leben in Harmonie mit der Natur bedeutet, sich in Übereinstimmung mit dem Göttlichen zu befinden. Durch diese Ehrfurcht hat der Hexenkult viele Menschen angezogen, und wie bei anderen Naturreligionen, gehört dies vielleicht zu seinen größten Leistungen angesichts einer von ökologischen Krisen bedrohten Welt. Die Wicca-Techniken hatten mich im Tiefsten meines Seins bewegt und mich weit nachhaltiger angesprochen als irgendeine wissenschaftliche, intellektuelle Warnung über die Umweltkatastrophen, welche die herrschende Kultur verursacht hatte. Während des Sabbat hatte ich eine Vision: Ich *war* die Erde – und was ihr angetan wurde, das wurde auch mir angetan. Die Abwässer, die in ihre Flüsse geleitet wurden, flossen mit dem Blut durch meine Adern; die Gifte aus der Luft füllten meine Lunge, und die Gifte, die in ihrem Boden vergraben worden waren, befanden sich in meinem Körper. Was wir ihr antun, tun wir uns selbst und allen ihren Kindern an. Aber es geht nicht nur um unsere eigenen Interessen, denn es ist das Göttliche, dem wir Schaden zufügen, und sich an der rücksichtslosen Mißachtung der Erde zu beteiligen bedeutet, sich an einem Sakrileg zu beteiligen.

Die besten wissenschaftlichen Köpfe haben uns gewarnt, daß wir am Rande des Untergangs stehen, als Ergebnis unkontrollierter Überbevölkerung, Umweltverschmutzung und

Ressourcenausbeutung. Aber jede Spezies kann sich entwikkeln, wenn ihr Überleben davon abhängt. Religiöse Formen wandeln sich, wenn die alten Metaphern und Erklärungen nicht mehr die Wirklichkeit und das Weltverständnis der Menschen ausdrücken. Ein transzendenter Gott, von dem die Menschen auf ewig getrennt sind, weil sie in die Sünde und in einen Körper hineingeboren sind; ein Gott, der nur männlich ist und nur von männlichen Priestern, Rabbis oder Mullahs erreicht werden kann; ein Gott, der rachsüchtig ist und Frauen verdammt und ihre Unterwerfung fordert; ein Gott, für den die Erde ein bloßes Lagerhaus ist und eine Quelle spirituellen Verfalls, ein Gott, der alle Arten von Krieg und Gewalt selbst heute noch rechtfertigt, der ist kein Gott. Wir leben in einer Kultur des Zynismus und der Verzweiflung, und diese Aspekte Gottes sind lediglich ein tragisches Spiegelbild der verlorenen und gequälten Seele des Menschen.

Zuviel unserer menschlichen Natur ist vom Göttlichen getrennt worden. Und doch existiert das Heilige überall um uns herum und in unserem Inneren, erfüllt und erhält uns, nährt und erleuchtet uns mit jedem Atemzug, jedem Bissen, den wir essen, und jeder Seele, mit der wir in Berührung kommen. Wir müssen lediglich unsere Augen öffnen und sehen, daß wir den Garten Eden nie verlassen haben; er existiert überall um uns herum. Eine Gottheit, die in der Welt, in der ich lebe, gegenwärtig ist, eine Gottheit, die alles mit heiliger Energie erfüllt – das war die Gottheit, die ich feiern und von ganzem Herzen verehren konnte. Das war die Bedeutung der Suche nach dem Gral.

Aber wie konnte ich in einem Paradies leben, das für die Welt unsichtbar war? Wie konnte der Schleier vor den Augen der Menschen gelüftet werden? Und vor allem: Konnte der Schleier rechtzeitig gelüftet werden, bevor wir uns selbst und unsere Erde durch unser zerstörerisches Verhalten vernichteten?

Meine Erfahrung hatte mich gelehrt, daß unsere Mythen nicht einfach Geschichten sind, sondern Spiegel des großen kosmischen Dramas scheinbar unpersönlicher Kräfte. Mythen und Metaphern verhelfen uns dazu, unsere persönlichen Geschichten in archetypischen Mustern wiederzuerkennen. Darin lag die Bedeutung der alten Smaragdtafeln des Hermes und der geheimnisvollen Worte: »Wie oben, so unten.« Im Himmel wie auf Erden. Dies war auch eine metaphysische Beschreibung, welche die Gesetze, die über die makroskopische Realität des Raumes, der Zeit, der Schwerkraft und des Universums herrschten, mit jenen verbindet, denen das Unendliche auf der Ebene subatomarer Teilchen gehorcht. Es hat sich erwiesen, daß Pythagoras recht hatte: Die Physiker verstehen das Universum jetzt als eine Harmonie von Energie oder »Saiten«, die miteinander in Wechselwirkung stehen. Alles ist miteinander verbunden, im Kessel der Göttin wie im Lebensnetz des Schamanen und in der Quantenwirklichkeit der Physiker.

Mythen sind die Träume einer gesamten Kultur. Und mythologische Symbole öffnen genauso wie unsere Träume die Tür zu einer größeren Dimension des Göttlichen. Sie sind die Metaphern, die die großen Muster des Universums beschreiben. Rituale helfen uns ebenso wie unsere Träume und unsere Weissagungen, diese Wahrheit zu erleben. Sie sind die Omen unseres Lebens, die verschlüsselten Symbole unserer Geschichte. Sie sind ein Spiegel, der uns vorgehalten wird, damit wir sehen, wie wir durch unser Leben diese großen Geschichten und das Göttliche verkörpern.

Während ich aus dem Fenster in den sternenlosen Himmel über der Stadt starrte, ohne ein himmlisches Zeichen für meine sehnsüchtigen Augen, konnte ich nicht anders, als mich zu fragen, was das verborgene Muster, die Geschichte meines Lebens sein mochte. Was hatte ich aus dieser Drehung des Rades gelernt? Was hatte ich geerntet? Und was mußte ich aufgeben? Seit Monaten hatte ich nicht mehr geträumt. Jeden Morgen wachte ich ohne eine Erinnerung auf, ohne irgend etwas, das ich in mein kleines Notizbuch auf dem Nachttisch schreiben konnte, ohne die Traumvision eines Abendsterns, der mir den Weg durch meine Tage weisen würde. Ich erwachte müde und suchte meine Erfüllung in der Arbeit. Ich war unsichtbar geworden, und so bemühte ich mich jeden Tag, die Leere meiner verlorenen Träume mit der Anerkennung zu füllen, welche die Männer versprachen, die ihre Seelen verloren hatten. Konnte ich meine Geschichte und den Sinn meines Lebens ohne Träume entdecken? Jeden Abend zog ich die Vorhänge zu, deckte das Bett auf und schloß meine Augen voller Sehnsucht nach der Offenbarung, die in den Schatten verborgen blieb.

Große dunkle Woken ballten sich vor den Panzerglasfenstern der Büros von Rosen, Meiser, Dutton und Hadus zusammen. Es war mitten am Tag und so dunkel wie um Mitternacht. Ein Blitz zuckte aus den Wolken hervor, und gleich darauf grollte der Donner. Überall in der Stadt wichen die Leute von ihren Fenstern zurück und warteten darauf, daß der Regen die elektrische Spannung verringerte, die knisternd in der Luft lag. Aber der Regen kam nicht.

»Hadus sucht dich«, warnte mich Madeline.

Ich ging den Flur hinunter und wappnete mich. Die Tür zu Hadus' Büro flog auf und knallte gegen die Wand, als er herausschoß. Jeder im Schreibpool drehte den Kopf, um zu sehen, was passiert war.

»Wo warst du?« brüllte Hadus mich an.

»Hat Sharon dir das nicht gesagt? Max hatte mich gebeten, einen Gerichtstermin für ihn wahrzunehmen. Er fühlte sich krank, und sein Klient mußte erscheinen, deshalb hat er mich gebeten, ihn zu vertreten.« Ich hatte das seltsame Gefühl, als würde die Zeit langsamer vergehen, und als würde ich alle Einzelheiten überscharf wie durch ein Teleobjektiv wahrnehmen, ähnlich wie bei einem Unfall. Ich bemerkte das winzige grüne Fleckchen zwischen seinen Schneidezähnen, den Geruch von Sharons Halston Parfüm und hörte, wie Dutton in ihrem Büro telefonierte.

»Du hast dich nicht um Geschäfte zu kümmern, von denen ich nichts weiß.«

»Ich dachte, es wäre kein Problem. Wir hatten keine Termine und erwarteten keine Klienten. Und ich hatte alle Arbeiten erledigt, über die wir vorher gesprochen hatten.«

»Interessiert mich nicht. Du hättest das Büro nicht ohne meine Zustimmung verlassen dürfen.« Seine Augen waren riesig und standen vor. Er brüllte ungeachtet des Publikums, das sich in den Bürotüren sammelte, aber ich nahm alles genau wahr. Ich konnte fühlen, wie meine Haut kribbelte, als sich prickelnde Hitze wie ein Buschfeuer über meinen Körper ausbreitete. Eine Woge der Verlegenheit ließ meine Wangen erröten. Einen Augenblick war ich gelähmt. Und dann schoß die Wut in mir hoch.

Ich behauptete meinen Standpunkt und bemühte mich, Ruhe zu bewahren, während er einen Schritt auf mich zumachte. Ich flammte auf, und dann, als hätte in meinem Innern jemand einen Schalter betätigt, wurde ich sehr ruhig und zentriert. Meine Körpertemperatur sank. Ich fühlte mich so, als ob jemand oder etwas einen Umhang aus schützender Energie um mich gelegt hätte.

»Es tut mir leid, wenn du meinst, ich hätte etwas falsch gemacht, aber du warst nicht da, es war ein Notfall, und ich konnte mir nicht vorstellen, daß du unter diesen Umständen einem deiner Partner diese Bitte abgeschlagen hättest.«

»Du konntest es dir nicht vorstellen ... ich bezahle dich nicht dafür, daß du dir etwas vorstellst. Ich bezahle dich, damit du für mich arbeitest. FÜR MICH!« bellte er.

Ich spürte, wie der ganze Zorn des letzten Jahres in mir hochschoß wie ein Phoenix, der aus der Asche meiner Demütigung wiedergeboren wurde. »Du bezahlst mich, damit ich arbeite, und das tue ich. Aber du bezahlst mich nicht für den restlichen Mißbrauch, den du mir antust«, antwortete ich laut und jetzt ohne Rücksicht darauf, wer es hörte. Ich wollte sogar, daß die anderen es hörten.

»Ich bezahle dich überhaupt nicht mehr. Du bist gefeuert!« brüllte er.

»Du kannst mich nicht feuern – ich kündige!« Ich drehte mich auf dem Absatz um und ging. Ich genoß die sprachlose Stille, die überall herrschte. Ich brauchte nicht zurückzublikken, um zu sehen, daß er allein, gedemütigt und verlassen auf seinem Schlachtfeld stand. Seine schlimmsten Alpträume waren Wirklichkeit geworden.

Ich schloß die Tür zu meinem Büro, lehnte mich mit dem Rükken dagegen und lauschte meinem Herzschlag, der in meinen Ohren pochte. Ich atmete tief, bis die Zeit wieder in normalem Tempo verging. Dann packte ich rasch meine Sachen – einschließlich der Akten meiner Klienten. Ich hörte ein zaghaftes Klopfen, und als ich aufsah, stand Madeline im Eingang.

»Ich habe gehört, was passiert ist. Bist du okay?« Sie sah besorgt aus.

»Die Gerüchte verbreiten sich hier wohl ziemlich schnell.«

»Gerüchte – ich meine, daß ich *gehört* habe, was passiert ist. Wir haben es alle gehört, und wir finden alle, daß du großartig warst. Er ist so verrückt, daß es ein Wunder ist, wie lange du es bei ihm ausgehalten hast. Seine letzten beiden Assistenten waren nach der Hälfte der Zeit schon weg. Was hast du jetzt vor? Hast du einen anderen Job?«

Ich schüttelte den Kopf. »Keine Ahnung.«

»Max hat mich gebeten, dir zu sagen, du möchtest bitte noch bei ihm vorbeikommen.« Wir umarmten uns. »Ich werde dich vermissen.«

Ich sah mich ein letztes Mal in meinem Büro um und schloß die Tür. Dann ging ich den Flur hinunter zum Büro von Max und rechnete damit, daß ich mich fühlen würde, als müßte ich Spießruten laufen. Würden die Leute ihre Blicke jetzt verlegen von mir abwenden? Seltsamerweise war es nur Sharon, die mich nicht ansah. Die Sekretärinnen flüsterten »in Ordnung!« und »gut gemacht«, und hielten unauffällig den Daumen nach oben. Als ich schließlich zu Max' Büro kam, fühlte ich mich regelrecht als Heldin.

Max sah besorgt aus, als ich mich setzte. »Ich hab gehört, was passiert ist.« Ich lachte. Ich fühlte mich leicht, frei und voller Frieden. Oder vielleicht hatte ich einfach den Verstand verloren. Aber die Wahrheit lautete, daß ich es nicht mehr ertragen konnte. Zum ersten Mal hatte ich nicht auf die Stimme in meinem Kopf gehört, die warnte und sich Sorgen machte. Das war die Stimme, mit der ich erzogen worden war, die Stimme, mit der wir alle erzogen worden waren, die mir sagte, arbeite hart, tu, was dir gesagt wird, sei ein braves Mädchen. Sie war alt, abgenudelt und sprach immer nur von Unterwerfung, nicht von Erfüllung. Diesmal hatte ich auf mein Herz gehört, den Ort, wo Träume geboren und genährt werden.

»Max, *jeder* hat gehört, was passiert ist.« Wir lachten beide, und ich fühlte, wie sich etwas regte und flatterte, etwas, das aus dem Riß hervorkam, der sich jetzt durch die Mitte meiner gepanzerten Seele zog.

»Es tut mir so leid, daß das passiert ist. Ich rede mit ihm. Er weiß, daß ich ihm einen Ausgleich für deine Zeit zahle. Ich zahle ihm den Satz für Partner.«

»Danke. Ich weiß dein Angebot zu schätzen. Aber er hat mich nicht entlassen. Ich habe gekündigt. Ich kann für diesen Bastard keine Minute länger arbeiten.«

»Du solltest nichts überstürzen. Es war nicht dein Fehler – wie kann eine Assistentin einem Seniorpartner etwas verweigern? Ich helfe dir, die Sache zu bereinigen.«

Ich schüttelte den Kopf.

»Bist du sicher?«

Ich nickte.

Er lehnte sich in seinem Stuhl zurück und seufzte. »Ich verstehe es ja, aber du weißt nicht, wie schwierig es draußen ist.«

»Vielleicht ist es voreilig, ich weiß nicht. Ich fange ja gerade erst an, mich selbst zu verstehen.«

»Ich will nur nicht, daß du morgen früh aufwachst und es bereust.«

»Alles was ich bereue, sind die letzten Monate. Weißt du, ich habe nachts nicht einmal mehr geträumt.«

Max hob die Augenbrauen, aber er sagte kein einziges Wort.

»Ich will meine Träume wiederhaben.« Ich erhob mich von der luxuriösen grünen Couch, wobei mir auffiel, daß es mich immer gestört hatte, wie die Rückseite meiner Oberschenkel an dem Leder klebte. Ich fühlte mich ruhig und meiner Entscheidung gewiß, und als ich Max die Hand schüttelte, spürte ich die Kraft durch mich hindurchströmen wie sonst nur im Zirkel. Ich lächelte.

»Wenn ich dir helfen kann, laß es mich bitte wissen.«

»Also, es wäre mir schon eine große Hilfe, wenn ich dies hier eine Weile als Postadresse benutzen könnte. Und wenn du mir ein Empfehlungsschreiben geben könntest.«

»Ich habe etwas Besseres, nämlich ein kleines Büro hier hinten, das du benutzen kannst, bis du eigene Räume hast – mietfrei. Und hin und wieder brauche ich auch Hilfe.«

»Das wäre wunderbar. Danke.«

»Es ist das mindeste, was ich tun kann. Viel Glück!«

Der Tag war zu Ende, das Büro fast völlig leer. Hadus' Tür stand offen, aber er war gegangen, ebenso wie Sharon. Der Raum, der mit so viel tumultartiger Energie gefüllt gewesen war, wirkte jetzt hohl. Ich rief den Hausmeister, und er half mir, meine Akten hinauszutragen. Ich stand an der Straßenecke und sah zu dem riesigen Glasturm und zu den gewaltigen schwarzen Wolken hinauf, die sich über dem Himmel wälzten. Aber es gab nirgendwo einen Schatten. Ich war frei.

Das hatte ich zunächst geglaubt. Meine Träume waren zurückgekehrt, aber mit ihnen auch meine Alpträume, in denen ich unzählige Male aufs neue erlebte, wie Hadus aus seinem Büro herausschoß. Das Ausmaß seiner Wucht machte mir deutlich, wieviel zornige, frustrierte Energie er hinter seiner verschlossenen Tür aufgebaut hatte. Die Explosion war unvermeidlich gewesen. Ich war wütend gewesen, als ich diese bannenden Pentagramme auf seine Tür gezeichnet hatte. Und das war ein Grund, warum der Zauber so schnell und so gut gewirkt hatte – in meiner Magie hatte wesentlich mehr Wut gelegen, als mir selbst bewußt gewesen war. Aber es war ein gerechter Zorn, ein Gefühl, das man Frauen immer wieder verboten hatte. Brave Mädchen werden nicht zornig. Nun, ich war brav und zornig, und wenn ich nun ernte, was mein Zorn gesät hatte, dann sollte es eben so sein, dachte ich trotzig.

Kein Geldbetrag, keine schicke Wohnung, kein Auto und kein Designerkleid konnten die Leere füllen, die zurückgeblieben war, als meine Träume mich verlassen hatten. Nonna hatte recht. Ich hatte aus dieser Erfahrung das gewonnen, was ich brauchte – meine Selbstachtung und meine Werte. Als ich kündigte, hatte ich mir meine Macht zurückgeholt. Aber die Freiheit und Energie, die ich ursprünglich dabei gespürt hatte, verflüchtigten sich. Ich wußte, der Preis für mein monatliches Gehalt war meine Seele, meine Selbstachtung und waren vor allem meine Träume gewesen. Jetzt fürchtete ich, daß der Preis, den ich für meine Freiheit gezahlt hatte, höher war, als ich mir erlauben konnte. Wovon sollte ich leben? Die Plattenindustrie steckte in einer ernsten Rezession, und es gab keine Möglichkeit, an einen Job zu kommen. Man kann Rechnungen nicht mit Träumen bezahlen. Eine Welle von Unsicherheit und Verzweiflung ergriff mich, und ich rollte mich zu einem kleinen festen Ball zusammen.

War die Magie eine Lüge? Mit widersprüchlichen Gefühlen erinnerte ich mich an die Rituale des Wohlstands und der Ernte. Doch statt eine Gehaltserhöhung oder eine Beförderung zu bekommen, hatte ich meinen Job verloren. Hatte ich meine Karriere und all die Jahre rationaler, harter Arbeit nur für schöne Träume von spiritueller Erfüllung geopfert?

Schließlich, nachdem ich meine Tränen monatelang zurückgehalten hatte, weinte ich und schwamm dabei auf einer Welle der Energie, wie ich sie noch nie erlebt hatte. Während ich allein vor dem Spiegel stand, meine verschmierte Wimperntusche und mein tränenüberströmtes Gesicht betrachtete, erkannte ich, daß ich eine Scheinpersönlichkeit dargestellt hatte, ein Spiegelbild gesellschaftlicher Erwartungen. Erst hatte ich die Kleider angezogen, dann die Masken aufgesetzt und schließlich die Haltung eingenommen, die die Gesellschaft forderte. Und dabei war ich am Ende zu einem Schatten meines wahren Selbst geworden. Ohne innere Substanz waren die äußeren Gewänder nichts als des Kaisers unsichtbare Kleider. Das Universum hatte sie mir abgestreift. Geduldig lehrte es mich, zum Kern der Wahrheit vorzudringen, zu meiner eigenen, persönlichen Ernte, die nicht in den äußeren Bedingungen oder den Anforderungen der Gesellschaft lag, wie luxuriös, verlockend oder furchterregend sie auch sein mochten, sondern in meinem *Inneren*.

Ich stand zwischen zwei Welten, verweigerte mich den Definitionen der äußeren Welt und war mir unsicher, was ich im Inneren finden würde. Ich stand auf der Schwelle und war nicht mehr bereit, in das Irrenhaus der verzerrten, von Menschen gemachten Spiegel zurückzukehren. Ich wußte, daß es die Spiegel des Universums waren – die Sterne, die da oben am Himmel leuchteten, der Fluß voller Sterne, der über mich hinweg und durch mich hindurch gerauscht war, ein Kinderlachen, der Gesang der Vögel im Morgengrauen – das waren die echten Spiegel.

Aber als ich an die Energie und die Stärke dachte, die mich bei der Erntefeier durchströmt hatte, und mich an die kraftvolle Bewegung der Sichel erinnerte, die den Mais von seiner Hülle getrennt hatte, wurde mir klar, daß ich mich nicht vor der Kraft der Klinge fürchtete. Die Wahrheit, das Mysterium lag darin, das loszulassen, dem ich entwachsen war.

Tatsächlich war die innere Stärke, die ich bei meiner Kündigung empfunden hatte, Beweis genug, daß ich meine Hüllen abgeworfen hatte. Doch welche Saat hatte ich geerntet? Was lag im Inneren? Würde es, würde ich auf einem kalten, trockenen Boden verdorren und sterben, oder würde ich, in mehr Reichtum und Überfluß als ich mir je hätte träumen lassen, blühen und gedeihen? Die Wahrheit mußte ich auf dem Weg entdecken, der jetzt vor mir lag. Die Sichel war gefallen, und der Samen stürzte der wartenden Erde entgegen.

13

Seitenwechsel

Wir sind Götter im Körper des Gottes,
Wahrheit und Liebe ist unsere Bestimmung.
Gehe hin und mache aus der Welt etwas Schönes,
entzünde ein Licht in der Finsternis.
»HYMNE AN HATHOR«, aus »Das Totenbuch der Ägypter«

Wir begannen, über die Initiation zu flüstern. Unser Zirkel hatte nun fast ein Jahr und einen Tag zusammengearbeitet, die traditionelle Lehrzeit, bevor man sich den mysteriösen Riten unterzog. Welchem Zweck diente die Initiation, und was würde sie von uns fordern? Die Priesterinnen waren nicht bereit, meine Fragen zu beantworten, nicht einmal Nonna. Obwohl Texte von Initiationen veröffentlicht worden waren, wiesen unsere Priesterinnen uns an, sie nicht zu lesen, weil sie die Erfahrung nicht exakt wiedergaben und uns bei unserer Suche sogar Schaden zufügen konnten.

Die vollständigen Einzelheiten der Initiation waren ein altes Geheimnis, das aus der ehrwürdigen Mysterienschule von Eleusis stammte und über Tausende von Jahren bewahrt worden war. Ich wußte, daß es sich dabei um das letztgültige Ritual der Konfrontation mit dem Schatten handelte, eine transformatorische Erfahrung von Tod und Wiedergeburt, und daß diejenigen, die die Initiation überleben, Priesterinnen oder Priester der Alten Religion werden. Ich wußte, daß Sokrates sie als das grundlegendste Ereignis seines Lebens bezeichnet hatte. Aber ich hatte keine Ahnung, was das alles bedeuten sollte. Meine Priesterinnen behaupteten, ich wüßte alles, was ich wissen müßte.

»Ihr müßt um die Initiation bitten«, erklärte uns Maia. »Niemand anders, nicht einmal eure Priesterinnen, werden euch sagen, wann die Zeit dafür reif ist.«

Und Nonna warnte: »Nur ihr selbst könnt es wissen. Wenn ihr die Schwelle einmal überschritten habt, gibt es kein Zurück mehr, deshalb müßt ihr euch absolut sicher sein.«

Meine Schwestern wußten, daß es das war, was sie wollten. Aber wie sicher war ich mir? Wie konnte ich mich einem so drastischen Ritual unterziehen, wenn in meinem persönlichen Leben ein derartiges Durcheinander herrschte? In einem Wirbel wilder Hingabe an Dinge, die so gestaltlos wie meine Seele und meine Träume waren, hatte ich der Sicherheit und dem Status meines Jobs den Rücken gekehrt. Wie konnte ich mich auf etwas einlassen, das mein Leben so chaotisch gemacht hatte? Und doch spürte ich, daß in den äußersten Winkeln des Chaos ein bedeutungsvolles Muster strahlender Spiralen voller Mysterien und Leben wartete.

Ich hatte mich das ganze Jahr über auf diesen Augenblick vorbereitet. Aber was, wenn der Preis zu hoch war? Was, wenn die Herausforderung der Konfrontation und Verwandlung mehr zerstörte, als sie Neues schuf? Vielleicht sollte ich umkehren, bevor es zu spät war, bevor ich das Leben verlor, das ich mir in so harter Arbeit aufgebaut hatte. Wie konnte ich in zwei Welten leben – eine beherrscht von den Zyklen der Erde und des Mondes, die andere regiert von Uhrzeit und dem monatlichen Gehalt? Ich sehnte mich nach einer Welt des Herzens, doch ich lebte in einer Welt, die vom Kopf beherrscht wurde. Hatte ich nicht gerade gelernt, daß beides nicht miteinander vereinbar war? Und wie konnte ich in einer Welt, in der Rechnungen bezahlt werden mußten, überleben, wenn ich dem Trommelrhythmus der Mutter folgte und der Weisheit meiner Seele lauschte?

Seit meiner Kündigung waren einige Wochen vergangen. Hadus war in Urlaub, was meine Besuche in meinem geliehenen Büro leichter und sicherer machte. Ich stand in der leeren Rezeption und starrte auf mein Abbild in den dunklen Spiegeln – ein volles Jahr war vergangen, und ich war ein völlig anderer Mensch als die junge Frau, die hier vor zwölf Monaten angekommen war. Ich wußte nicht, was werden sollte, aber zum ersten Mal in einem Zeitraum, der mir sehr lang vorkam, lächelte ich meine Reisegefährtin an, und sie lächelte zurück. Hinter mir wurde die Tür geöffnet.

»Wie schön – ein Lächeln! Ich habe noch etwas, das dich aufheitern wird«, sagte Madeline. »Du weißt, daß Hadus sich gleich nach deiner Kündigung davongemacht hat. Du hast ihn mit deinem Abgang wirklich aus dem Konzept gebracht. Er hat allen Leuten erzählt, daß er seinen Sommerurlaub nehme, und anfangs hat er noch alle paar Tage angerufen...«

Sie blickte den Gang hinunter, um zu sehen, ob jemand zuhörte, und kicherte dann stillvergnügt. »Also, wir haben über eine Woche nichts von ihm gehört. Ich vermute, daß er versucht hat, seine verletzte Männlichkeit wieder aufzupäppeln, aber der Schuß ging komplett nach hinten los – er wollte Polo lernen und endete im Krankenhaus!«

»Er hatte einen Unfall?« fragte ich besorgt. Er hatte mich entsetzlich behandelt, aber ich wußte, daß sein Verhalten nur seinen Schmerz und seine Unsicherheit ausgedrückt hatte. Und ich rief mir ins Gedächtnis: Mitgefühl in Verbindung mit eigener Unsicherheit und einem fürsorglichen Verhaltensmuster hatte mich an Hadus und eine unmögliche Situation gefesselt. Ich hatte das Muster unserer persönlichen Beziehung wiederholt, weil ich fälschlicherweise gedacht hatte, ich könnte ihm helfen oder zumindest durch meine eigene harte Arbeit und gute Energie unser Arbeitsverhältnis ändern. Weil er Angst davor hatte, und weil ich Angst vor ihm hatte, hatte ich im Lauf der Zeit meine Macht aufgegeben. Erst nachdem ich gekündigt hatte, begann ich zu verstehen, daß man andere Leute nicht ändern kann. Man kann nur sich selbst ändern. Die Arbeit für Hadus hatte mich auf eine Weise verändert, mit der ich nicht leben konnte. Sie hatte mir meine Kraft geraubt. Manchmal ist loslassen und weggehen die mutigste Entscheidung, die man treffen kann.

Madeline schüttelte den Kopf. »Er hat irgendwelche größeren Blasenprobleme und mußte sich einer Prostataoperation unterziehen. Kannst du dir das vorstellen?«

Ich schüttelte den Kopf, während ein Grinsen sich langsam über mein Gesicht ausbreitete, als ich die Neuigkeit allmählich verarbeitete. »Doch, ich kann es mir vorstellen.« Ich war erstaunt, wie schnell und wie treffend das Karma seine Post zustellte.

»Jedenfalls ist er deshalb schon so lange weg. Und nicht nur das, sondern Sharon hat mir erzählt, daß er auch eine Menge Klienten verliert. Und da wir gerade davon sprechen, das sind alles Nachrichten für dich.« Sie lächelte schelmisch und reichte mir ein Bündel pinkfarbener Notizzettel, wozu auch mehrere Nachrichten von Hadus' Klienten gehörten, die mich alle um einen Anruf baten.

Ich lehnte mich in meinen geliehenen Stuhl zurück und starrte hinaus auf einen benachbarten Büroturm. In seinen silbrig glänzenden Fenstern spiegelten sich Teile des Gebäudes, in dem ich saß. Magie wirkt, nur nicht unbedingt so, wie man es erwartet. Und ihre Nebenwirkungen sind nicht unbedingt das, was man beabsichtigt hat.

Ich hatte nie vorgehabt, Hadus irgendwelchen Schaden zuzufügen – ich wollte nur, daß er mich in Ruhe ließ, aber ich war verletzt und wütend gewesen, und diese Gefühle hatten meine Magie beeinflußt. Das lebendige Universum oder vielleicht auch meine eigene unbewußte Energie hatten ein Gespür für Verhältnismäßigkeit und einen Sinn für Humor. Bei beiden schützenden Bannritualen, die Jeanette und ich durchgeführt hatten, war eine Art angemessener Gerechtigkeit herausgekommen. Zwischen Rache und Gerechtigkeit verläuft eine feine Linie. Im stillen gelobte ich mir, in Zukunft vorsichtig mit Magie umzugehen, wenn ich verärgert war, selbst dann, wenn es sich um einen gerechten Zorn handelte. Ich schloß meine Augen, atmete tief ein und merkte, wie die Bürogeräusche verschwanden und mit ihnen die Wut und die Angst, die mich so viele Monate begleitet hatten.

Ich zerriß die Zettel mit den Nachrichten von Hadus' Klienten und ließ sie in den Papierkorb fallen.

Die Vergangenheit verschwand vor meinen Augen. Was würde mir bleiben, wenn die Zukunft begann?

Ich erwachte sorgenvoll und frierend. Die Hitze war von einem Tag auf den anderen vergangen, und Eisblumen bedeckten mein Fenster. Ich wickelte mich in die Decke und starrte hinaus in die unfruchtbare, schneebedeckte Landschaft. Meine Zukunftsaussichten erschienen mir genauso trostlos. Ich war es leid, Angst zu haben und mich selbst zu bemitleiden. Ich wandte mich vom Fenster ab und wieder dem eiskalten Raum zu.

Die Antworten, das hatte ich gelernt, lagen im Inneren. Aber wie sollte ich dorthin kommen? Ein lautes Geräusch erschreckte mich, und als ich mich umdrehte, sah ich ein großes, schwarzes Etwas gegen mein Fenster flattern. Verängstigt trat ich zurück. Der schrille Schrei einer Krähe hallte durch mein Zimmer.

Ein Vogel am Fenster ist ein Todesbote. Mein Herz raste, und ich stand da wie gelähmt. Die Krähe schrie noch einmal, während sie sich umdrehte und mich ansah. Langsam, unendlich langsam, erhob sie sich dann und flog im Morgenlicht davon. Ich öffnete das Fenster, lehnte mich hinaus und sah zu, wie der silbrige Nebel meines Atems mit dem Vogel in das Reich des Geistes entschwand. Er hatte seine Botschaft des Lebens überbracht.

»Ich habe nie erlebt, daß ein wildes Tier sich selbst bemitleidet. Ein kleiner Vogel fällt erfroren von der Stange, ohne je Selbstmitleid empfunden zu haben.« Ich erinnerte mich an diese Zeilen von D. H. Lawrence über das Selbstmitleid. In der Kunst der Weisen, in der Mystik des Lebens folgt auf jeden Tod eine Wiedergeburt. Leidenschaft brennt wie Feuer und vergeht dann, Mut weicht Zweifeln, die erschreckender und vernichtender sind als die entsetzlichen geflügelten Monster, die man in den Ecken der alten Seefahrerkarten findet. Aber ich wußte, wer diese Kreaturen waren, ich kannte die Göttin des Abgrunds und die Wahrheit über das Chaos. Das Universum hatte recht. Es war Zeit für eine Veränderung, und es war Zeit für mein neues Leben. Ich entwickelte ein Ritual zu Reinigung und Selbstheilung. In einem Raum, in dem zahlreiche weiße Kerzen brannten, badete ich in Tränen und Salzwasser und ritt auf Meeresungeheuern, deren Schuppen wie feuchte Smaragde schimmerten und von denen ich lernte, voller Freude auf den Wellen zu reiten. Und nachdem meine Ängste in einer Flut von Erleichterung und bei abnehmendem Mond fortgespült worden waren, benutzte ich die Werkzeuge der Weissagung, um die magische Bedeutung meiner Verluste zu verstehen. Weisheit entzündet die Fackel des Mutes, und Handeln verleiht Flammen Kraft.

Ich benutzte meine Werkzeuge, um den engen Durchgang durch das irdische Labyrinth meiner unsicheren Tage auszuleuchten, und ich benutzte meine inneren Augen, um zu sehen, was dort verborgen war. Ich zog die Tarotkarte des Teufels. Sie ängstigte mich nicht mehr, denn im Wicca gibt es keine Teufel. Es war ein Symbol des Schattens, des Hüters der Schwelle. Das Bild auf der Karte stellte einen Mann und eine Frau dar, eingeschlossen in eine dunkle Höhle, die beide nach den Juwelen in einer reichgefüllten Schatztruhe greifen, welche in der Höhle angekettet ist. Mit ihrer jeweils freien Hand recken sie sich verzweifelt der Freiheit entgegen, die aus einer entfernten Öffnung schimmert. Ihre Gesichter sind voller Verzweiflung, ihre Körper angespannt vom vergeblichen Kampf, weil sie nicht auf die Schatztruhe verzichten wollen. Das Bild wurde als Affenkäfig bezeichnet, weil sie sich nach Freiheit sehnen, aber in der Falle ihrer eigenen Gier stecken und sich weigern, das loszulassen, was sie gefangenhält. Was hatte das zu bedeuten?

Ich erdete und zentrierte mich, starrte auf die Karte und erlaubte dem Bild die verborgene Bedeutung aus meinem Unterbewußtsein hervorzulocken. Und dann sah ich klar. Die Welt der Reichtümer hatte mich der Dinge beraubt, die kostbarer als Gold sind. Sie bot mir einen Weg zu Sicherheit und Macht, doch es waren nur Schatten dessen, wonach ich mich sehnte. Die Welt der Reichtümer, des Glanzes und der Macht waren in

Wirklichkeit die Unterwelt, und ich war von ihrem Herrn, dem Gott in seinem herausfordernden Schattenaspekt, entführt worden. Der Name dieses Schattens, im Lateinischen *Pluto*, bedeutete Reichtum, und er ist der Herrscher in einer Welt der Schatten, die sich der Anhäufung von Geld verschrieben haben. Seine Unterwelt ist die Welt, in der wir alle täglich leben, ein Ödland voll von illusionärem, hohlem Materialismus ohne jede spirituelle Vitalität.

Allmählich verstand ich nun die Bedeutung der kryptischen Warnung, die Nonna vor vielen Monaten ausgesprochen hatte. Mein Traumjob war das Gegenteil dessen gewesen, was ich erwartet hatte. Aber ich hatte dabei viel über mich selbst gelernt und darüber, wo ich meinen eigentlichen Weg finden konnte. Reichtum an sich ist nichts Schlechtes. Immerhin ist die Alte Religion eine Fruchtbarkeitsreligion. Wohlstand und Komfort sind Freuden, die jedem zustehen. Aber mit der Jagd nach Geld als Selbstzweck auf Kosten der Selbstachtung, Kreativität und mitfühlenden Menschlichkeit verehrt man ein falsches Idol. Hadus war mein Schatten, der mich herausgefordert hatte, tiefer in mich hineinzusehen, um meine Energie neu auszurichten auf die Suche nach dem einzigen Schatz von wirklichem Wert: meine Seele.

Ich zog weitere Tarotkarten. Dreimal zog ich den Turm, ein anderes furchterregendes Bild: Eine Krone, die weltliche Leistungen repräsentiert, saß auf der Spitze eines hohen Turms, der vom Blitz getroffen wurde und in Flammen aufging. Gestalten fielen von dem Turm nach unten in das aufgewühlte Meer.

Ich notierte die Bedeutung der Karte in mein Tagebuch: »Unerwartete Herausforderungen, abrupte Veränderungen, göttliche Intervention.« Wieder führte mich das Bild zur Einsicht:

Der Blitz, obwohl erschreckend und zerstörerisch, war ein heimlicher Segen. Er traf den phallischen Turm, wo so viele Prinzessinnen lange gefangengehalten worden waren, befreite sie, wenn auch drastisch, und brachte sie auf die Erde zurück, auf dem Weg durch das Wasser – das Element des Fühlens und der Fruchtbarkeit. Zerstörung ist manchmal nötig, um sich selbst aus einer Falle zu befreien. Am Ende wurde ich aus einem Leben befreit, wo mein Geist vor langer Zeit von meinem Körper abgetrennt worden war, einem Leben, wo die Privilegierten sich in schützenden Türmen aufhielten, abgeschnitten von den Kämpfen der Welt. Der Blitz schlug ein, und ich war aus einem Leben vermeintlicher Sicherheit herausgestürzt. Es war Zeit, loszulassen, weiterzugehen, und wenn ich das nicht konnte, dann würde mich das göttliche Universum so lange schütteln, bis ich in die Freiheit fiel. Und so war es geschehen.

Magie hat nicht nur mit Zugewinn, sondern auch mit Entzug zu tun, mit Versuchungen ebenso wie mit Offenbarungen. Sie ist ein Prozeß spiritueller Transformation. Den Sinn des Lebens findet man nicht nur in einer fernen himmlischen Bestimmung, sondern man entdeckt ihn überall entlang des irdischen Weges, wo der Segen und der Lohn von Weisheit und Göttlichkeit allgegenwärtig ist. Ich wußte nun, daß Magie einen nicht gegen die Härte des Lebens immunisierte. Als Pfad der spirituellen Suche kann sie uns sogar in Herausforderungen und Gefahren führen, die wesentlich größer sind, als wenn man ein sicheres Leben zu Hause führt. Aber die »magischen« Werkzeuge und Techniken verleihen dem Reisenden außerordentliche Kräfte und befähigen uns, die Herausforderungen und Härten in Weisheit, Kraft, Mitgefühl, Kreativität und Einssein zu verwandeln. Sie führen uns zur Heilung des öden, unfruchtbaren Landes und lassen darauf wieder einen üppigen Garten entstehen.

Mein spontaner Entschluß zur Kündigung war ein Wendepunkt. Es ergab keinen Sinn, aber das brauchte es auch nicht, nicht in der alten, rationalen Weise der Versicherung und Rechtfertigung. Ich erinnerte mich an meine Runenreise, und ich erinnerte mich an TriVia und Hekate, die Göttinnen, die an den Weggabelungen des Lebens standen. Ich war nicht so weit gekommen, um nun umzukehren, denn es stimmte, daß das Herz Gründe hat, von denen der Verstand nichts weiß. Mich erwarten einige Jahre des Kampfes, aber auch die Gelegenheit, mit einem alten Freund aus meiner Gewerkschaftszeit zusammenzuarbeiten, der ein anerkannter und erfolgreicher Immobilienanwalt war. Und nachdem ich mehrere Jahre mit ihm zusammengearbeitet hatte, setzte er sich zur Ruhe, und ich übernahm seine lukrative Kanzlei. An seinem Küchentisch brachte er mir bei, wie man das Gesetz in einem Bereich anwendet, wo ein Handel für alle Parteien zufriedenstellend ist und glücklich enden kann und wo jeder gewinnen kann, ohne daß irgend jemand dabei etwas verlieren muß.

Man braucht für die Initiation einen magischen Namen. Er ist der wichtigste Schlüssel zur eigenen Lebensgeschichte. Der Name sagt nichts darüber aus, wer man ist, sondern er wirft eher ein Licht auf den Weg, auf dem man sich entwickelt.

»Wie finde ich den richtigen Namen?« fragte ich Nonna.

»Auf jede erdenkliche Weise«, antwortete sie. »In einem Traum oder einem Buch, durch Zufall oder indem du deinem Instinkt folgst. Durch Visualisierung, durch eine Reise, durch eine Vision. Aber wenn es soweit ist, dann weißt du, daß du ihn gefunden hast.«

Ich wartete auf einen Traum und erhielt Hinweise, aber keinen Namen. Ich träumte von Höhlen und Schlangen, die sich spiralförmig zusammenrollten und Lieder sangen von Wein und Weizen und Granatäpfeln, die aus ihren gespaltenen roten Zungen hervorkamen.

Ich ging langsam, nach Zeichen suchend, fast wie in Trance durch die ägyptische Abteilung des Metropolitan Museum of Art. Ich stand im Tempel der Dendur, rief die Mutter Hathor an, sehnte mich nach der Stärke der ruhmreichen Sekmeth, die den Tempeleingang bewachte, spürte die sanften Schwingen der Isis über meinem Kopf und meinen Schultern und saß schließlich vor meiner libyschen Sibylle und las aufs neue »Kubla Khan«, meine poetische Landkarte.

Ich ahnte nicht, wie nah ich dran war, denn obwohl er direkt vor mir lag, sah ich den Hinweis nicht, der alles offenbarte. Also wandte ich mich wieder den Büchern zu und suchte nach Göttinnen und Heldinnen abessinischer Herkunft – vielleicht sollte ich den Namen des abessinischen Mädchens annehmen?

Leise murmelte ich abessinische Namen – Myrine, Omphale, Sambatu und Melanippe –, alles Amazonenköniginnen, und ihre Namen klangen wie musikalische Beschwörungen und vibrierten in der Luft um mich herum. Aber immer noch war mein Name nicht dabei. Obwohl ich Zeichen erhalten hatte, konnte ich sie nicht deuten, und so ging meine Suche weiter.

Während ich weiterhin Bücher wälzte, hatte Gillian ihren Namen gefunden. Sie war die erste aus unserem Kreis, die mutig um die Initiation bat.

»Was ist dein Name?« fragte ich sie, als wir zusammen in der Ölkammer standen.

»Morgain«, und in ihren Augen strahlte ein inneres Licht. »Ein anderer Name für Morgan le Fay. Ich habe mein Leben

lang nach dem Gral gesucht – und nun habe ich ihn endlich gefunden.«

Und dann war Annabelle an der Reihe, unsere liebeskranke
schöne Prinzessin, die uns alle damit überraschte, daß sie ihr
Haar abschneiden ließ und den Namen der mächtigen keltischen Kriegsgöttin Macha annahm.

Marcia und Naomi, die sich ineinander verliebt hatten, wurden zusammen initiiert und wählten die Namen ägyptischer
Schwesterngöttinnen. Onatah behielt ihren Namen, denn es
war der einer Göttin, der Tochter von Nokomis, der Erdgöttin
der Algonquin.

Und dann beschloß Jeanette, daß ihre Zeit gekommen war.
Sie wählte den Namen Tara, der Göttin der Sterne. Tara ist eine
Göttin des Mitgefühls und der Erleuchtung, des Mystizismus
und der Selbstbeherrschung, die von Hindus, Buddhisten, Jai-
nisten und tibetischen Lamas verehrt wird. Sie ist ein Symbol
unablässigen Hungers und zugleich der Kraft, der Jeanette
schließlich Zügel angelegt hatte.

»Bist du nervös?« fragte ich. Wir hatten uns im Laden getroffen, um die reinigende Kräutermischung zusammenzu-
stellen, die sie vor ihrer Initiation verwenden würde.

»Ein bißchen. Aber vor allem kann ich es kaum erwarten«,
lächelte Jeanette, als wir die Zutaten zusammenstellten.

»Wie kannst du sicher sein, wenn du nicht weißt, was dich
erwartet?«

»Ich kann nicht sicher sein – vielleicht ist es einfach eine Prüfung des Glaubens.« Sie wedelte mit einer kleinen braunen Öl-
flasche unter meiner Nase herum. »Inspiration«, las sie vom
Etikett ab.

»Glauben. Immer wenn uns ein Unglück trifft, suchen wir
Zuflucht im Glauben, weil wir uns nicht vorstellen können,

wie ein wahrhaft allwissender und mitfühlender Gott so schreckliche Dinge geschehen lassen kann.« Ich setzte mich auf den Hocker hinter ihr.

»Wahrscheinlich deshalb, weil der Glaube an ein Mysterium oft der einzige Trost ist, der uns bleibt.«

»Aber das ist nicht genug«, beharrte ich. »Glauben auf diese Art zu benutzen, wirkt einschläfernd auf das Irrationale. Glaube ist das Vertrauen auf eine heilige Wirklichkeit. Aber Vertrauen muß verdient werden, man verschenkt es nicht blind. Einer der Hauptgründe, warum ich in diesem seltsamen Kurs bleiben konnte, war seine Fähigkeit, sich mir gegenüber selbst zu beweisen. Wenn ich die Hand ausstreckte, dann ist da etwas, wonach ich greifen kann – um es zu sehen, zu berühren, zu fühlen. Das ist eine Antwort auf meine Fragen.«

»Und deine Gebete. Das ist auch ein Wort, das wir nicht oft benutzen, aber es sind Gebete. Ganz gewiß habe ich die Göttin um Hilfe in bezug auf Richard gebeten.« Die Kräuter, die Jeanette zerkleinerte, verströmten einen belebenden Duft.

»Aber das ist doch Magie, bis zu einem gewissen Grad jedenfalls, oder?« fragte ich, und dann gab ich mir selbst die Antwort, wie ich es im Laufe dieses Jahres zu tun gelernt hatte. »Aktive Gebete. Man verläßt sich nicht nur auf eine äußere Gottheit, sondern auch auf die eigene heilige Kraft. Die Leute benutzen den Glauben als Ersatz, wenn sie nicht verstehen, daß Gott etwas nicht gewährt oder etwas geschehen läßt. Aber *wir* tun es. *Wir* lassen schlimme Dinge geschehen. Wir sind das Selbstbewußtsein, die Verkörperung und der Ausdruck des Göttlichen. Erst wenn wir das Heilige in uns selbst und in anderen entdecken, können wir Dinge wie Krieg und Mord verhindern. Wenn man sich dabei auf Gott verläßt, ist das so, als würde man ein Kind bleiben, das von den Eltern Fürsorge erwartet. Es liegt an uns, die Verantwortung zu übernehmen und aus unserem Gespür für die uns allen gemeinsame Göttlichkeit zu handeln.« Ich schüttelte den Kopf. »Es ist eine Sache, das intellektuell zu wissen; aber es ist eine ganz andere Sache, es gemeinsam wirklich im Leben umzusetzen.«

Jeanette nickte. »Wie heißt doch der alte Spruch – Gott hilft denen, die sich selbst helfen? Ich nehme an, daß es genau darum bei der Initiation geht, für mich jedenfalls. Es ist meine Art von Anerkennung der innewohnenden Gottheit.«

»Und die Übernahme der Verantwortung, die damit verbunden ist?«

Jeanette nickte. »Ganz schön heftig, was?«

Wir lachten.

»Jedenfalls bin ich bereit, den Sprung von der Klippe zu wagen. Ich schätze, Glaube ist die Gewißheit, daß du, wenn du springst, entweder entdeckst, daß du Flügel hast oder daß der Sturz nicht tödlich enden wird.«

»Oder man kann vielleicht metaphorisch sagen, es ist der Glaube daran, daß wir sogar nach einem tödlichen Sprung die Kraft haben, uns selbst wieder zum Leben zu erwecken.« Ich dachte an die Karte des Turms im Tarot. »Ich denke, die Wiedergeburt kommt, wenn du verstehst, warum du gefallen bist. Die magische Kraft liegt in den göttlichen Erscheinungen, in der Einsicht, in der Weisheit, die du erlangst. Und du hast keine Angst mehr, wenn dir klar ist, daß alles zyklisch verläuft – daß nach jedem Winter wieder der Frühling kommt.«

Maia gesellte sich zu uns. »Wie läuft deine Suche?«

»Die Familie meines Vaters stammt aus Norwegen, also habe ich an *Freya* gedacht«, sagte ich, Begeisterung vortäuschend. Es war eine intellektuelle Entscheidung, gut begründet, aber ohne echte Inspiration.

»*Freya* ... Meinst du wirklich?« war alles, was Maia sagte, denn wir beide wußten, daß das nicht mein Name war. Aber sie durfte mir weder etwas vorschlagen noch mich drängen oder mir auch nur einen Rat geben, deshalb sagte sie nichts weiter.

Ich wartete auf eine Offenbarung, und obwohl ich durch die Poesie, durch Bücher und Lebensereignisse schon Zeichen und Hinweise erhalten hatte, schien meine Suche fruchtlos zu sein. Ich beschloß, die Bücher wegzulegen. Ich wollte den Namen meines wahren Selbst durch magische Intuition finden. Ich wollte, daß das Universum zu mir sprach.

Um mein Ziel zu erreichen, hatte ich vor, mich zu einer alten Höhle zu begeben, die in den Hügeln am Delaware Stausee lag. Ich würde in den Leib von Mutter Erde hinabsteigen, genau wie unsere Vorfahren es getan hatten, um eine Vision zu suchen. Ich verließ New York und überquerte den dunkel dahinströmenden Fluß auf dem Weg zu einem kleinen Stück meines verheißenen Landes. Die Wälder waren wunderbar, aber gefährlich, denn es war Jagdsaison, und selbst in dem rotkarierten Melton-Hemd meines Vaters aus schwerer Wolle zitterte ich fröstelnd bei jedem Gewehrschuß, dessen Echo ich aus der Ferne vernahm. Ich ging durch die goldenen Wälder zum Eingang der Höhle. Er war mit Graffiti und verrosteten Bierdosen gefüllt, zurückgelassen von irgendwelchen Teenagern, die sich hier ihrer Sehnsucht nach einer eigenen Initiation bis zur Bewußtlosigkeit betrunken hatten. Ich nahm meine Taschenlampe und drückte mich an diesen modernen Relikten alter dionysischer Riten vorbei, hinter denen der Weg allmählich in den inneren Reichtum der dunklen, umarmenden, ursprünglichen Mutter führte.

Es war wesentlich kälter, als ich erwartet hatte. Das Tageslicht verschwand hinter mir, und mein Weg wurde nur durch den schmalen Strahl meiner Taschenlampe ausgeleuchtet. Ich beruhigte mich selbst mit Bildern von Alice, die in ihr Kaninchenloch hinabstieg, aber mich ergriff doch ein frostiges Gefühl von leiser Angst und unerwarteter Klaustrophobie, und mein Mut schwand. Ich ließ meine Hand an den Höhlenwänden entlanggleiten, um meine Nerven zu beruhigen und mich abzustützen, wobei mir die zweite Dimension des Raums ein Gefühl von Sicherheit vermittelte. Es war tödlich feucht und kalt. Ich bewegte mich langsam und vorsichtig und fragte mich, was ich in dieser Höhle voll unbekannter Gefahren suchte. Der Boden war schlüpfrig und naß. Plötzlich verlor mein rechter Fuß an Halt, ich rutschte aus und krachte gegen den erbarmungslosen Stein. Ich stürzte in die absolute Dunkelheit. Meine Taschenlampe fiel mir aus der Hand, und ich lag in tiefer Bewußtlosigkeit in der Dunkelheit.

Mein Kopf dröhnte, als ich schließlich wieder zu mir kam, und eine entsetzliche Angst und Verwirrung ergriff mich. *Wo war ich?* Mir war übel, als ich mich bemühte, mich auf meine Hände und Knie zu stützen, und ich konnte fühlen, wie mein Herzschlag in meinen Schläfen explodierte, während das Blut durch meinen Kopf donnerte. Ich kroch in die absolute Dunkelheit hinein, und Panik würgte mich. *Ich bin blind*, dachte ich voller Entsetzen. *Und taub,* denn es gab kein Geräusch. *Oh Göttin, vielleicht bin ich tot.* Und dann kam es: *Proserpina, Proserpina, Proserpina...* rief dreimal eine unheimliche Stimme aus weiter Ferne. Träumte ich? Ich hatte das Gefühl, in der Falle zu stecken, keuchend und krank vor Angst. Mein Fuß stieß gegen etwas, und ich krümmte mich zusammen, erst entsetzt, dann erleichtert – die Taschenlampe. Ich tastete in der Dunkelheit herum, unendlich dankbar, als ich meine kostbare Leuchte wieder in der Hand hielt und ihr winziges gelbes Licht mich beruhigte.

Mühsam kam ich wieder auf die Füße. Ich war nicht sicher, in welche Richtung ich gehen mußte, aber der Boden stieg leicht an, und ich betete, daß dieser Weg mich nach draußen führen würde. Ich hatte das Gefühl, mich wie in Zeitlupe zu bewegen. Allmählich wich die Dunkelheit einem gnädigen Grau, und aus dem Grau tauchten Umrisse auf, bis schließlich etwas Licht durch den offenen Höhleneingang fiel, ein zarter, kostbarer Schimmer, der sich golden färbte und durchdringender wurde, als ich aus der Höhle in das Dämmerlicht des Morgens heraustrat. Ein blutroter Streifen, die Farbe des Lebens, trennte die Nacht vom Tag – es war ein Anblick von außergewöhnlicher Schönheit.

Ich holte eine Flasche Wasser aus meinem Rucksack und schüttete es schnell herunter. Ich wusch mein schmutziges Gesicht und saß zitternd da, bis mir beim Sonnenaufgang langsam wieder wärmer wurde. Ich lehnte mich gegen eine süß duftende Kiefer, atmete langsam und lachte beim Ausatmen. *Ich lebe.*

Als ich Stunden später wieder zu Hause war, konnte ich mich kaum bewegen. Es tat weh zu atmen; es tat weh, einfach nur in meinem Körper zu sein. Ich zog die Vorhänge zu, um das Tageslicht auszusperren, und fiel ins Bett. *Proserpina* – nach dieser entnervenden Nacht hatte ich Vorbehalte gegen den Namen. Trotzdem erklärte ich ein paar Tage später meinen Priesterinnen, ich sei bereit.

Es war Samhain, der keltische Sabbat, an dem der Schleier zwischen den Welten der Sterblichen und der Geister am durchlässigsten ist, die Nacht, in der wir und sie am leichtesten zwischen den Reichen hin- und herreisen können. Es war die Nacht, in der wir unsere Vorfahren ehrten, in der sie uns, wenn sie es wünschten, besuchen konnten; es war die Nacht, in der wir uns an unsere früheren Leben erinnern konnten. Es war die Nacht, in der für die Kelten das neue Jahr begann, die Nacht, in der sich die Göttin in die Unterwelt begab, um dem Gott in seinem Aspekt als Herr der Unterwelt, des Todes und der Wiedergeburt gegenüberzutreten. Es ist eine heilige Nacht wilder, unerwarteter Energien, unvorhersagbarer Ereignisse und Heimsuchungen, der höchsten Sterblichkeit und des dunkelsten Todes. Es ist eine Nacht tiefster Mysterien und Offenbarungen.

Es war die Nacht, in der ich initiiert werden sollte.

Ich stand wartend vor dem Tempel. Bellona nahm gnädig mit einem Kuß die Blumen, den Wein, das Obst und den Kuchen in Empfang, die Gaben die ich mitgebracht hatte.

»Maia ist schon im Tempel. Nervös?« fragte sie mit einem hintergründigen Lächeln.

Ich nickte. *Was war mit Nonna?* wunderte ich mich, aber ich fragte nicht.

»Gut, du hast auch allen Grund dazu.«

»Danke, das ist sehr beruhigend.«

»Ich versuche nicht, dich zu beruhigen. Du mußt dir deiner Sache absolut sicher sein – wenn du irgendwelche Zweifel oder Bedenken hast, mußt du mir das sagen, bevor wir anfangen. Dein Leben hängt davon ab.«

Ein Frostschauer durchlief mich. Meinte sie das ernst? Sie sah so aus. Die Frauen im Zirkel hatten sich gegenseitig entsetzliche Geschichten erzählt, die sie von Angestellten des Buchladens gehört hatten, die behaupteten, der Eigentümer selbst habe sie berichtet. Geschichten von unwürdigen Initiierten, die von Schwertern durchbohrt worden waren, ihre

Kehlen aufgeschlitzt, ihre Köpfe abgeschnitten. Unfälle oder Morde? Oder Opfer? Ich sagte mir, das seien nur Gespenstergeschichten, welche Kinder erzählen, die ein seltsames Vergnügen daran finden, sich selbst in Angst und Schrecken zu versetzen. Ich dachte an meine Schwestern, die mir durch das Tor der Initiation vorausgegangen waren, an das Lachen, das so rasch auf ihre Lippen kam, und an das Licht, das in ihren Augen tanzte. Ich dachte an den weiten Weg, den ich im letzten Jahr zurückgelegt hatte. Ich nickte.

»Ich bin bereit. Kann ich euch irgendwie helfen?«

»Noch nicht.« Sie tätschelte meine Wange und verschwand hinter der Geheimtür. Ich konnte nicht stillsitzen. Ich streckte mich, ging zwischen den langen Reihen der Buchregale auf und ab, versuchte einfache Hatha-Yoga- und Atemübungen, um ruhiger zu werden.

In dem kleinen Laden herrschte nur Dämmerlicht. Ich saß da, gähnte, schloß meine Augen und ließ meine Gedanken wandern. Nun etwas ruhiger dachte ich an das Unbehagen, das ich immer noch bezüglich des Namens hatte, der mir erschienen war. Es gefiel mir nicht, mir den Namen einer Göttin zu geben; es kam mir anmaßend vor. Aber nach meiner Nacht in der dunklen Höhle hatte ich nicht weiter gesucht. Ich wußte, er war ein Markstein auf meinem Weg. Ich wußte, daß der Aspekt der Gottheit, der mit diesem Namen bezeichnet wurde, mein Führer sein würde. Dies war der letztendliche Hinweis.

Schließlich hatte ich den Namen akzeptiert, weil ich den Vorgang akzeptierte, durch den ich ihn gefunden hatte. Ich hatte der Versuchung widerstanden, über Proserpina zu lesen, und darauf vertraut, daß, nachdem ihr Name mir offenbart worden war, das Universum mir auch ihre Bedeutung offenbaren würde.

Das Warten schien endlos, und ich durchstreifte den Laden, während mich eine Welle der Erregung erfaßte. Ich öffnete Ölflaschen und atmete ihre magischen Düfte ein – Inspiration, Frieden, Isis. Ich ließ mich durch die Gänge treiben, fragte mich, wann wir anfangen würden, versuchte geduldig zu sein und mir keine Sorgen zu machen. Plötzlich fiel ein Buch vom obersten Brett eines Regals und landete vor meinen Füßen. Es überschlug sich nicht, sondern bewegte sich ganz gerade abwärts, als ob es von einer unsichtbaren Hand gelenkt würde, und fiel dann auf den Boden. Ich blieb wie angewurzelt stehen und bückte mich dann, um es aufzuheben. Ich hielt es vorsichtig und ließ den Bibliotheksengel meine Hand führen. Ich öffnete das Buch nach dem Zufallsprinzip.

Ein Energiestoß durchzuckte mich, als ich auf die Seite blickte und über Aradia zu lesen begann, eine italienische Priesterin der Proserpina-Mysterien. Sie hatte vermutlich um 1300 gelebt und war eine Art weiblicher Robin Hood. Als eine Priesterin des Volkes lehrte sie die Riten und Weisheiten der Alten Religion und führte Bauern und entlaufene Sklaven in einen Aufstand gegen den brutalen Adel und die mit ihm verbündete katholische Kirche. Sie versammelten sich am See Nemi, wo einst ein Tempel der Diana in den Albanischen Hügeln stand, die Rom umgeben, und wo sie einst von ihren Feinden angegriffen wurden. Sie kämpften verbissen um ihre Freiheit, und es wurden entsetzliche Schlachten ausgetragen, bis die Überlebenden vertrieben wurden. Einige verbargen sich in Florenz, andere fanden Asyl beim König von Neapel. Aradia selbst, so heißt es, sei gefangengenommen und eingekerkert worden, und ihre Lehren, die auf dreizehn Schriftrollen aufgezeichnet waren, seien zum Papst gebracht worden, dessen Residenz damals im französischen Avignon war. In der Mythologie gilt sie als Tochter der Diana, die sich aus eigenem Entschluß in die Unterwelt begibt, um den Tod herauszufordern.

Frostschauer überliefen mich. Der Buchladen verwandelte sich in einen langen Tunnel, in dem ich mich befand, und ich hatte das Gefühl, wenn ich nur einen Schritt vorwärts täte, würde ich nicht mehr in Manhattan, sondern auf einem Hügel stehen, zu dessen Füßen ein See lag, an dessen Ufer die Reste eines Tempels der Diana standen. Ich blinzelte, und der Tunnel verschwand. Ich schloß das Buch und stellte es wieder ins Regal.

Das war mein Hexenname.

Bellona kam in einem Gewand aus purpurfarbener Seide aus dem Tempel.

»Welchen Namen wirst du annehmen?«

»Aradia«, antwortete ich ohne Zögern.

Bellona lächelte breit. »Wir haben auf dich gewartet.«

Sie antwortete mir mit denselben seltsamen Worten, mit denen Nonna mich vor so vielen Monaten begrüßt hatte!

»Zieh dich bitte aus und bleib hier sitzen.« Bellona zeigte auf den Tisch, an dem ich Maia zum ersten Mal getroffen hatte. »Wenn ich zurückkomme, ist es Zeit anzufangen. Es gibt bestimmte Worte, die du wissen mußt, sonst wirst du die Prüfung nicht bestehen.« Sie beugte sich zu mir und flüsterte sie mir leise ins Ohr. Dann lächelte sie mich an und verschwand wieder hinter der Geheimtür.

Ich zog meine Schuhe und Socken aus, meine Jeans und meinen Pullover und meine Unterwäsche. Ich saß in dem abgedunkelten Laden, die Arme um mich geschlungen, und zitterte. Es war kälter, als ich erwartet hatte. Die Zeit dehnte sich. Ich machte Atemübungen und erdete mich, aber mir wurde immer kälter und langweiliger, und ich wurde immer unruhiger. Plötzlich öffnete sich die Tür, und Bellona erschien wieder. Ein kurzer Adrenalinstoß durchschoß mich.

»Steh bitte auf.« Sie trat hinter mich und band mir rasch ein schweres Tuch vor die Augen.

»Kannst du sehen?« fragte sie.

Ich schüttelte lächelnd den Kopf. Das ist nicht so schlimm, dachte ich, nur eine kleine Parodie auf die amerikanischen Studentenverbindungen. Ihre Hände ergriffen fest meine Handgelenke und zogen sie auf meinen Rücken. Meine amüsierte Zuversicht verwandelte sich in eine mächtige Woge des Widerstands, als ich spürte, wie sie meine Hände hinter meinem Rücken fesselte und dann nach oben zog. Dann spürte ich, wie eine Schnur um meinen Nacken gelegt und fest um meinen Hals geknotet wurde. Eine weitere Schnur wurde fest um meine Beine und Fußgelenke gezogen. Ich fühlte, wie Bellonas Hände ein unbekanntes Öl in meine sieben Chakras und die Pulse rieben – unter meinen Armen, an der Innenseite meiner Ellbogen, an meinen Handgelenken, hinter meinen Ohren, in den Kniekehlen und an den Fußgelenken.

Dann hörte ich, wie die Türe geöffnet und wieder geschlossen wurde.

Ich hätte mich beklagen und ihr sagen können, sie solle aufhören. Aber ich hatte schweigend stillgehalten, und jetzt stand ich allein vor der Tür zum Tempel. Meine Beine begannen, sich wie Gummi anzufühlen. Die Fesseln schienen zu verschwinden, aber ich konnte meine Arme und Beine nicht bewegen. Mir wurde sehr schwindelig, und ich hätte mich am liebsten zum Schlafen zusammengerollt. Die Zeit löste sich auf, und ich hatte das Gefühl, als würde ich plötzlich nach oben schweben. Die Augenbinde verschwand, und ich konnte den kleinen Laden unter mir sehen. Als ob ich unter Wasser wäre, hörte ich

Stimmen, die mir vertraut vorkamen, doch plötzlich sehr bedrohlich wirkten. Sie waren im Tempel. Maia war dabei, ebenso Nonna und einige andere Alte unserer Tradition, aber wo war das Lachen, das ich mittlerweile bei all unseren Versammlungen erwartete? Plötzlich schwebte ich nicht mehr. Ich stand zitternd, unfähig, mich zu bewegen, und alleine draußen vor der Tür des Tempels.

Als ob eine große Tsunami-Welle über den Strand meiner sicheren Insel der Gewißheit rollen würde, überwältigte mich plötzlich die Panik. Vielleicht waren diese Leute wirklich Satanisten. Vielleicht war das alles nur eine wohldurchdachte Verschwörung, um Opfer für einen geheimen Ritus zu bekommen. Und überhaupt, wie lange kannte ich diese Frauen eigentlich? Auf der Schwelle zur unbekannten Unterwelt stand ich einem entsetzlichen Schatten der Angst gegenüber.

Im Angesicht des Terrors begann ich das Ritual der Initiation. Als Ebenbild der Opfer stand ich gefesselt und mit verbundenen Augen im Eingang zum Tempel. Ohne meine äußere Umgebung sehen zu können, wandte ich mich nach innen in die Stille, in die innere Höhle. Dort tauchten sie aus den Schatten der Zeit empor, die Erinnerungen an jene, die mir in den Jahren der Verfolgung, der Isolation und des Widerstandes vorausgegangen waren – Kinder, Männer und so viele, viele Frauen. Ich sah Priesterinnen, die in den Tempeln der Göttin ermordet wurden, Bauern, hingestreckt vom Schwert der Kirche und des Adels, alte Frauen, gefesselt und ertränkt, und der Rauch zahlloser Feuer, die von menschlichem Fleisch genährt und von der Angst entzündet wurden, stieg hinauf in einen leeren Himmel. Ich sah Giordano Bruno auf dem Scheiterhaufen und Galileo im Gefängnis. Ich sah amerikanische Indianer, junge und alte, Männer und Frauen, niedergemäht von einer Welle blau gekleideter Brutalität mit grauen Kanonen-kugeln, und Aborigines, die aus ihrem Land vertrieben wurden. Ich sah, wie ein junges irisches Mädchen mit leuchtend-rotem Haar und Augen, die zu groß für seinen Kopf waren, verhungerte und starb. Ich sah tibetische Mönche, die in den schneebedeckten Bergen ermordet wurden, und Juden, die gnadenlos von der Inquisition abgeschlachtet und in den Gas-kammern hingerichtet wurden. Eine Frau in Algerien lag blu-tend auf der Straße, erschossen, weil sie ohne einen *Tschador* hinausgegangen war, und eine andere Frau wurde in Saudi-Arabien enthauptet, weil sie versucht hatte, aus ihrem Land zu fliehen. Ich sah Kinder, die in die Sklaverei verkauft wurden, um Teppiche in Pakistan zu knüpfen, und kleine Mädchen, die im Sexhandel von Thailand versklavt wurden. Ich sah eine junge schwarze Frau, die vor Entsetzen und Schmerz schrie, blutüberströmt von der unmenschlichen Beschneidung, die ihre Genitalien verstümmelte und ihr das Leben auf der alten Erde Afrikas stahl. Ich sah einen schwarzen Mann, der an einem Baum hing, und einen schwarzen Teenager, der in sei-nem Wohnviertel von einer Kugel niedergestreckt wurde. Ich sah, wie Jesus vom Kreuz genommen wurde und im Schoß seiner trauernden göttlichen Mutter Maria lag. Ich sah Ge-wehre, die Feuer und Tod in eine Menge von streikenden Ar-beitern schickte, und ich sah einen Mann, der, arbeitslos und verzweifelt in irgendeiner Kleinstadt, sich selbst mit Alkohol umbrachte. Ich sah, wie ein kleines Kind auf eine Landmine trat und ein junger Chinese einer langen Reihe von Panzern gegenüberstand. Ich sah ein hohes Podest, von dem aus kleine Männer auf andere herabsahen und fragten: »Sind Sie jetzt oder waren sie jemals…?« Ich sah Tribunale, die Menschen zu Folter und Tod verurteilten, und ich sah jene, die sich weigerten, sich vor den Idolen der Grausamkeiten zu verneigen.

War ich dabei, mich unwissentlich selbst als Opferlamm zur Schlachtbank zu begeben, ein weiterer Sündenbock in der langen Geschichte menschlicher Grausamkeit? Oder war ich dabei, mich intensiver den gegenwärtigen Herausforderungen und Veränderungen zu verpflichten, die immer aus den tiefsten Quellen unseres Menschseins heraufsteigen, wo das Heilige seinen Platz hat.

Ich hörte, wie sich die Tür öffnete, und spürte, wie starke Hände nach mir griffen und mich führten, während ich ins Unbekannte stolperte. Es kam mir vor, als stehe ich am Rande eines hohen, dunklen Abgrunds.

Mein Herz pochte. Ich fühlte, wie sich die scharfe Spitze eines schweren Schwertes meinem Hals näherte. Sie wurde wieder entfernt, und ich atmete erleichtert auf, nur um zu spüren, daß sie nun über meinem Herzen schwebte. In meinem Inneren breitete sich Kälte aus. Sie kroch von meinem hohlen Brustkorb zum meinen immer schwächer werdenden Armen und Beinen. Einsam, blind, gefesselt und verängstigt stürzte ich in eine Unterwelt. Dann wurde mir alles klar, als der Klang des Lebens und der Freiheit durch Raum und Zeit und Tod und mich selbst hindurchströmte. Ich wußte die Antwort auf meine Frage. Das Göttliche wohnt im Inneren, in ständig sich wandelnden Formen ist es im Inneren auf ewig gegenwärtig. Die Aufgabe besteht darin, es zu entdecken.

Ich wurde davon geweckt, daß meine Priesterin ihre Stimme erhob. Ich antwortete mit derselben Verehrung wie die zahllosen anderen, die neben mir standen, und plötzlich begriff ich die Bedeutung meiner Erklärung. Ich hörte, wie das Schwert zur Antwort erhoben wurde und die Luft zwischen meinem

Geist und meinem Verstand durchschnitt. Als das Schwert nun auf meinem Kopf ruhte, hatte es meinen Glauben von der Angst befreit. Jenseits der Stürme des Zweifels hörte ich die alten Gesänge von Wundern und inmitten der Dunkelheit erkannte ich den Leib der Großen Mutter. Im Angesicht des Todes umarmte ich die Zeit und empfing das strahlende Licht. Inmitten der Wüste fand ich die heilige Quelle. Nun erkannte mein Herz die Einheit und die Schönheit, die Freude und das Versprechen des Lebens. Verbunden mit allem, was war, was ist und was sein wird, hatte meine Seele nun heimgefunden. Über den Abgrund von Zeit und Raum, von Dunkelheit und Furcht hinweg vernahm ich das Echo der Worte: *Wenn ihr das, was ihr sucht, nicht in eurem Inneren findet, werdet ihr es in der äußeren Welt niemals finden. Denn seht, ich war bei euch von Anbeginn, und ich bin das Ziel eures Begehrens.*

Mit Dankbarkeit und Gewißheit betrat ich den Kreis der Wiedergeburt. Indem ich in vollkommener Liebe und vollkommenem Vetrauen handelte, überwand ich im Augenblick der Initiation die Ängste, die meine Seele verkrüppelt hatten. Ich wurde die Göttin auf ihrer alten Reise in die verborgene Welt. Dort erlebte ich die Konfrontation mit dem Tod und entdeckte die ewige, geheimnisvolle Fähigkeit, mit den wunderbaren Gaben des Geistes und des Lebens zurückzukehren, den Geschenken, die ich während der Probezeit von einem Jahr und einem Tag erhalten hatte, jener Zeit, die der rituelle Weg zu meinem neuen Leben gewesen war.

Ich kniete vor dem Altar nieder und sprach meinen heiligen Eid, ein Relikt aus einer Zeit, als das Praktizieren der alten Riten noch den sicheren und gewaltsamen Tod bedeutete. Diejenigen, die gemeinsam lernten, praktizierten und die Göttin verehrten, hielten das Leben ihrer Brüder und Schwestern in der Hand, und so wurde jede und jeder zur Geheimhaltung verpflichtet. Diese Zugehörigkeit zu dieser geheimen Gemeinschaft erforderte außerordentliches Vertrauen und großen Mut, und obwohl wir nicht mehr den Tod fürchten mußten, schwor ich diesen Eid im Gedenken an jene, die uns vorausgegangen waren und an jene, die uns folgen würden.

Ich erfuhr, wie man die magischen Werkzeuge benutzte, Schwert und Stab, Kelch und Pentakel und mehr. Ich erfuhr die geheimen Namen der Göttin und des Gottes. Und ich erhielt meine Abschrift unseres traditionellen Buchs der Schatten. Während ich es an mein Herz drückte, hatte ich das Gefühl, ein Kind in meinen Armen zu halten; ein Kind, dessen Leben ein Wunder voll unendlicher Verheißungen war. Ich faßte einen Vorsatz – seinen Segen zu bewahren und reifen zu lassen, seine Weisheit aus der Unterwelt der Schatten ans Licht des Tages zu bringen. Es war das Versprechen eines neuen Lebens, eines veränderten Bewußtseins, eines geheilten Herzens und einer erneuten Göttlichkeit, die vielleicht eines Tages dazu beitragen würden, die Lebenskraft unserer sterbenden Erde wiederherzustellen.

Schließlich wurde ich, von Fesseln und Augenbinde befreit, meiner Gemeinschaft und den Göttinnen als Aradia vorgestellt, in deren Namen ich als eine geweihte Priesterin der Göttin aus meiner Initiation hervorgegangen war.

Mir war nun klar, daß mein Bewußtsein und mein Leben sich für immer verändert hatten. Ich hatte die Göttin, und mit ihr den Schlüssel zum Geheimnis meiner Lebensgeschichte gefunden... und die andere Seite der Schwelle erreicht; ein Leben war zu Ende gegangen, und zugleich war ein neues geboren.

Ich verschlief den größten Teil des nächsten Tages, und als ich aufwachte, öffnete ich mein »Buch der Schatten«. Ich blätterte es schnell durch und fand dabei nicht nur Philosphie, Theologie oder Erläuterungen, sondern auch Rituale, Zaubersprüche, geheime Alphabete und Gedichte. Das Verständnis würde im Lauf der Zeit, wie auch im vergangengen Jahr, durch die Praxis kommen müssen. Niemand würde den Inhalt für mich interpretieren. Aber nun hatte ich mehr kostbare Werkzeuge, mit denen ich arbeiten konnte. Ich war früh zu Bett gegangen und überrascht davon, wie sich heitere Gelassenheit und Erschöpfung in meinen Träumen mischten. Ich erwachte mit der Gewißheit, daß noch ein letztes Geheimnis blieb. Ich hatte eine erstaunliche Veränderung erlebt – der Vorhang hatte sich gehoben, aber das Mysterium hatte gerade erst begonnen.

Am nächsten Tag folgte ich einem spontanen Impuls, winkte ein Taxi herbei und fuhr zum Modehaus Bergdorf. Doch mein Herz wurde schwer, als ich an der ausgeleuchteten Nische vorbeiging, in der jetzt ein warmer Mantel für die kommende Jahreszeit ausgestellt war. Ich ging in die Designerabteilung und sah schnell die Abendkleider durch. Es war nicht da.

»Hallo! Wie geht es Ihnen? Ich habe sie ja seit Monaten nicht mehr gesehen.« Es war eine meiner alten Helferinnen.

»Es geht mir gut. Ich habe gekündigt.«

Sie hob die Augenbrauen.

»Es war eindeutig die richtige Entscheidung.«

»Solange sie glücklich sind«, sagte sie freundlich. »Suchen sie jetzt ein Kostüm für Bewerbungsgespräche?«

»Nein. Wahrscheinlich ist es längst verkauft, aber – das Abendkleid, das diesen Sommer im Foyer ausgestellt war?«

Sie lächelte. »Ein wunderschönes Kleid, nicht wahr? So

feminin, und doch so kraftvoll. Aber ich fürchte, die Sommer-sachen sind ausverkauft.«

Es war eine verrückte Idee, versuchte ich mich selbst zu trösten.

»Kann ich Ihnen etwas anderes zeigen. Wir haben einige wunderschöne Abendkleider …«

»Nein, danke – dieses Kleid hatte etwas Besonderes.«

Sie blickte in mein niedergeschlagenes Gesicht. »Können Sie einen Moment warten? Ich will eben nachsehen.« Sie ver-schwand nach hinten. Ich starrte aus dem Fenster in den herbstlichen Park hinunter und kämpfte mit meiner Enttäu-schung. Die Verkäuferin kam freudestrahlend zurück. Sie hielt das Kleid hoch.

»Wir hatten es aus dem Laden genommen, weil es beschä-digt war«, erklärte sie und zeigte mir eine aufgerissene Naht und ein kleines Loch hinten am Saum. »Ich denke, es ist eine Nummer zu groß für Sie, aber das können wir leicht ändern und bei der Gelegenheit auch die kleinen Risse ausbessern. Probieren Sie es an.«

Ich drehte mich langsam vor dem Spiegel und sah mich selbst wie noch nie zuvor. Meine Hände glitten über meinen Körper, der in dem silbernen Kleid ebenso anmutig wie kraft-voll und muskulös wirkte.

»Sie sehen wunderschön aus – wie eine Göttin«, strahlte sie. Ich errötete. Sie blickte auf das Preisschild. »Und mit dem Nach-laß, um diese Jahreszeit …« Sie zog einen Rotstift aus ihrem hübschen Haarknoten, strich den ursprünglichen atemberau-benden Preis durch und schrieb eine Zahl auf den Anhänger. Sie zeigte ihn mir, und ich traute meinen Augen kaum – weniger als ein Kostüm von der Stange.

»Ich nehme es!« rief ich aus.

»Natürlich nehmen Sie es – es ist wie für Sie gemacht. Ich rufe die Schneiderin, und in zwei Wochen können Sie es abholen.«

»Danke.« Ich umarmte sie.

Während sie nach der Schneiderin telefonierte, starrte ich aus dem Fenster und fürchtete mich fast, in den Spiegel zu sehen. Ich hatte Angst, immer noch unsichtbar zu sein, selbst in dieser Beschwörung göttlicher Weiblichkeit. Ich drehte mich langsam um. In meinen Augen glänzte ein Licht, und ich erkannte jemanden, den ich noch nie gesehen hatte. Es war so, als wäre ich endlich in meinem Körper angekommen.

Ich hatte beschlossen, daß es Zeit war, meine Mutter schließlich in die Geschichte meiner Suche und der Veränderungen, zu denen sie geführt hatte, einzuweihen. Während des letzten Jahres hatte ich mich auf Andeutungen über meine ungewöhnlichen feministischen Interessen beschränkt, und als Feministin hatte meine Mutter mir mit Offenheit und Sympathie zugehört. Aber sie war eine Intellektuelle, die sich vor langer Zeit von dem Aberglauben und der Unterdrückung der Religion distanziert hatte. Wie würde sie auf eine Tochter reagieren, die die Göttin entdeckt hatte? Doch ich machte mir keine Sorgen mehr über ihre Reaktion. Ein Teil meines Weges, war zu erklären, ein anderer blieb geheimnisvoll. Ich würde mein Bestes tun, und das war alles, was meine Mutter je von mir erwartet hatte. Heute wollte ich aus dem muffigen alten Besenschrank herauskommen.

Meine Mutter erwartete mich in einem eleganten Upper-East-Side-Restaurant, wo wir uns oft trafen, bevor wir einen Nachmittag im Metropolitan Museum verbrachten. Umgeben von Frauen, die hier ihr Mittagessen einnahmen, redeten wir stundenlang, und meine Mutter, eine pragmatische, vernünftige Eleanor-Roosevelt-Feministin, fand das alles historisch und intellektuell faszinierend. Doch es war die nicht zu leugnende Kraft unserer inneren Verbindung, die die Brücke zu ihrer Akzeptanz bildete. Während sie mein Strahlen in sich aufnahm, verstand sie in ihrem Herzen die Wahrheit und den Wert meiner Erfahrungen.

Ein paar Tage später erhielt ich mit der Post ein großes in Leder gebundenes Buch, das ich sofort erkannte. Es war »Bullfinch's Mythology«. Ich las die Notiz, die meine Mutter dazugelegt hatte: »Fand dies, und dachte, du würdest es gerne haben. Es hat so viele schöne Erinnerungen daran geweckt, wie ich dir abends Gutenachtgeschichten vorgelesen habe, und es ist voller Göttinnen.«

Ich war entzückt darüber, auf welche magische Weise sie mir im richtigen Moment das richtige Geschenk geschickt hatte. Aber selbst ich wußte noch nicht, wie magisch es war. Ich ließ meine Finger durch den Staub meiner Kindheit gleiten und öffnete das Buch voller alter Geschichten. Langsam blätterte ich durch die Seiten, erkannte vieles wieder und ließ mich aufs neue davon bewegen. Ich erinnerte mich an bestimmte Passagen, las sie nun wieder, und sie ergaben einen neuen Sinn. Ich fühlte, wie eine bestimmte Geschichte mich durch die dichten Seiten rief, doch ich schob sie auf, denn ich konnte mit ungewohnter Sicherheit vorhersagen, daß sich dahinter eine Bedeutung verbarg, wie ein Schatz, der in einer Höhle voller Schatten begraben liegt. Doch schließlich gab ich nach und schlug die Geschichte der Proserpina auf, die von den Griechen Persephone genannt wurde.

Vor langer Zeit, bevor die Menschen die Wälder rodeten und das Land mit Lärm erfüllten, herrschte in der Welt das Glück ewigen Frühlings. In einer fruchtbaren Grotte auf der

Insel Sizilien berauschte sich die jungfräuliche Göttin Persephone am Duft einer karmesinroten Hyazinthe und pflückte
die Blume. Da tat sich plötzlich eine Kluft am Abhang des Vul-
kans Aetna auf, und heraus kam Hermes in einer schwarzen
Kutsche, die von sechs schwarzen Hengsten gezogen wurde.
Er ergriff Persephone und entführte sie in die Unterwelt, wo
Hades, der entsetzliche Herr der Unterwelt, sie zu seiner Königin machte.

Demeter, die Göttin der fruchtbaren Erde, hatte die Angst-
schreie ihrer Tochter gehört, nahm die Gestalt eines Vogels an
und flog schnell herbei, um Persephone zu suchen. Als sie sie
nicht fand, verkleidete sie sich als alte Frau und fragte alle
Leute, die sie traf, ob sie ihre Tochter gesehen hätten. Niemand
wußte, wo Persephone war, aber die Menschen behandelten
die trauernde Göttin freundlich, und als Dank für ihre Großzügigkeit schenkte sie ihnen Weizen und Mais und lehrte sie
die Geheimnisse des Ackerbaus. Und man errichtete ihr zu
Ehren einen Tempel in Eleusis.

Aber Trauer und Verzweiflung verzehrten die Göttin Demeter, und sie beklagte den Verlust ihrer Tochter, bis eine freundliche Stimme sie aus ihrem Schmerz aufrüttelte. Es war eine
sprudelnde Quelle, die Persephone auf dem Thron von Tarta-
nos gesehen hatte, wo sie die Verse der Mysterien sprach und
den Toten Trost spendete.

Demeter forderte Zeus auf, für die Rückkehr ihrer Tochter
zu sorgen. Doch Hades war sein Bruder, und so weigerte er
sich. Wutentbrannt legte Demeter einen Fluch über das Land,
so daß nichts mehr wuchs und die Erde sich in eine sterbende
Wüste verwandelte. Da die Götter fürchteten, daß bald keine
Menschen mehr dasein würden, um sie zu verehren, beschlossen sie Persephone freizulassen. Hades stimmte zu, überredete

Persephone jedoch, drei Granatapfelkerne zu essen, in der Hoffnung, daß sie durch diesen Trick gezwungen wäre, bei ihm zu bleiben.

Die schnelle Kutsche des Hermes brachte Persephone aus der Unterwelt herauf, und Mutter und Tochter weinten vor Freude, daß sie wieder zusammen waren. Als Demeter jedoch erfuhr, daß Persephone die drei Granatapfelkerne gegessen hatte, weigerte sie sich, das Land von ihrem Fluch zu befreien. Und so wurde ein Handel abgeschlossen – drei Monate des Jahres würde die Erde im Winter brach liegen, und während dieser Zeit würde Persephone als Königin der Unterwelt zu Hades zurückkehren. Derweil sollten Samen und Seelen im Reich der Träume schlummern, während die Göttin ihren Zauber der Erneuerung wirkte. Im Frühling, der aus ihren Armen geboren wird, kommt das neue Leben mit der Göttin wieder ans Licht, und die Erde grünt und blüht unter Persephones tanzenden Füßen.

Aber das war nicht alles, denn am Ende der Geschichte stand ein Gedicht, dessen vertraute Worte wie geschliffene Edelsteine auf dem Grabhügel einer Königin schimmerten – Schatz und Landkarte zugleich –, die geheimnisvollen Worte von »Kubla Khan«. Die Botschaft, die mich von Anfang an auf meinem Weg begleitet und geführt hatte, wurde endlich erklärt:

»Wo Alph, der heilige Fluß,
durch Höhlen, die dem Menschen unermeßlich sind,
hinunter zu einem sonnenlosen Meer floß.«

In der Erläuterung, die auf die Geschichte der Persephone folgte, entdeckte ich, daß Coleridges Alph der Fluß Alpheus war, der in Griechenland entsprang, dann unter dem Mittelmeer verschwand und in Sizilien als Quelle Arethusa wieder an die Oberfläche kam. Dieser schlangenartige Fluß war es, der auf seinem unterirdischen Weg Zeuge von Persephones Entführung geworden war. Ich hatte die ganze Zeit recht gehabt. In dem Gedicht verbarg sich eine Geschichte, die in mir einen unsterblichen Widerhall ausgelöst hatte, die Geschichte der Persephone und ihrer Geheimnisse der inneren Welt. Sie war mir versteckt in meinen Synchronizitäten und Träumen erschienen und hatte mir aus der Dunkelheit meiner unbewußten Möglichkeiten das bevorstehende Erwachen angekündigt. Ihr Symbol ist die Fackel, und sie ist die Führerin auf jeder Entdeckungsreise, erklärt die Bedeutung und enthüllt die verborgenen Muster unseres Lebens. Bei ihrer Rückkehr aus der Unterwelt erneuert sie in der ausgedörrten Wüste das Geschenk des Lebens, die Weisheit und die Wege des Herzens, den Heiligen Gral. Ich würde entdecken, wie die Mysterien von Demeter und Persephone und ihrer Priesterin Aradia aus denen der Isis und ihrer Priesterin, der libyschen Sibylle entstanden waren, als die Mysterien der Göttin sich von Ägypten und Abessinien über Kreta, Griechenland, Sizilien und Italien ausbreiteten. Und ich würde auch entdecken, wie viele Gemeinsamkeiten sie mit den Gralsmysterien hatten.

Behutsam schloß ich das Buch, während mir Bilder und Erkenntnisse durch den Kopf schossen. Dieser alte Mythos der Persephone und ihres Abstiegs in die Unterwelt enthielt den endgültigen und ersten Spiegel meiner Seelenreise – Sinn und Bedeutung meiner eigenen Suche, das Muster meines Schicksals. Ich erkannte mich selbst in Persephones Unsichtbarkeit. Auch ich war von einer männlichen Macht entführt worden, die Reichtum und Herrschaft, Tod und Verlust des Körpers repräsentierte. Ich hatte versucht zu gefallen, unfähig meine eigene Stimme zu finden, die sich in ein leises Flüstern der Beschwichtigung und Verzweiflung verwandelt hatte. Ich war ein Schatten gewesen, substanzlos und verletzlich in meiner Jugend und Unerfahrenheit, verloren in einer feindlichen Welt.

Die Luft entzündete sich um mich herum und sprühte tausend Feuerfunken, als ich erkannte, daß dieser alte Mythos mehr als nur meine eigene Geschichte war. Es war eine Geschichte, die die Wahrheit aller Frauen erzählte. Und er hatte auch Männern etwas zu sagen, denn ohne einen Ausgleich des weiblichen Elements blieben sie verwundete und impotente Könige in einem sterbenden Land. Dieser Mythos zeugte von einer grundlegenden Einsicht in unsere Kultur, denn er war die Geschichte unseres Zeitalters – wenn man die Zeitung liest oder den Fernseher einschaltet, erlebt man tagtäglich, wie die Liste von Tod und Verwüstung durch neue grausame Ereignisse verlängert wird. Wir sind alle entführt worden, und in Abwesenheit unseres göttlichen weiblichen Selbst hat sich die Welt in eine unfruchtbare Wüste verwandelt, in eine Unterwelt, deren Kinder nun alle dem Winter der Vernichtung entgegensehen.

Getrennt von der Muttergöttin, von dem Göttlichen in unserem eigenen Inneren, von unserer Kraft, Kultur und Leben zu schaffen, haben wir Frauen Fertigkeiten von erstaunlicher spiritueller Reinheit entwickelt und verfeinert: Wir nähren das Leben im Angesicht des Todes, wir verstehen die Weisheit der Träume und hüten die ewige Flamme, die die Kraft des mitfühlenden Herzens ist. Wir nutzen die göttliche Gabe des Hellsehens, die gelegentlich als weibliche Intuition bezeichnet wird. Wir verändern unsere Gestalt, überleben zwischen Tempelruinen, vergessen sogar unseren eigenen Namen, doch wir erinnern uns stets an das Versprechen der Liebe. Regierungen herrschen, Männer ziehen in den Krieg, Wirtschaftssysteme blühen auf und gehen unter, Journalisten schreiben darüber, und Künstler reagieren darauf, und währenddessen waren Frauen die ganze Zeit in Gefängnistürmen eingekerkert, verborgen hinter schwarzen Schleiern, Opfer religiöser und endloser sozialer Verbote, ohne das Recht zu wählen, erwerbstätig zu sein, frei zu reisen, über Eigentum zu verfügen, in Kirchen zu predigen und die Weisheiten des Herzens auszusprechen. Frauenträume wurden weder aufgezeichnet noch veröffentlicht. Doch selbst körperlos und machtlos wie Persephone, haben Frauen die Mysterien der Wiedergeburt ihrer Seele gemeistert.

Über zahllose Jahre wurde diese archetypische Geschichte des heldenhaften Abstiegs ins Reich der Schatten, der Konfrontation mit Furcht, Tod und Verwüstung und die Wiedergeburt durch den göttlichen Gebrauch unserer eigenen inneren Ressourcen und heiliger heilender Werkzeuge beispielhaft durch die Lebenserfahrungen von Männern dargestellt – Moses, Buddha, Jesus, Mohammed und andere. In diesen Versionen der Geschichte sind die Schlußfolgerungen für Frauen immer die gleichen: Männer machen sich auf die Suche nach dem Göttlichen, und Frauen müssen zu Hause bleiben oder dürfen ihren Führern bestenfalls folgen. Aber die früheste Darstellung, die all diesen männlichen Neuinterpretationen vorausging, war die Geschichte vom Abstieg der Göttin in die Unterwelt. Und in diesen frühen Versionen wurde die Göttin nicht entführt, sondern ging freiwillig, um sich dem Mysterium des Todes zu stellen und es in die Wiedergeburt zu verwandeln. Die Göttin hat ihre Hand ausgestreckt, geflügelte Drachen erreichen als Botschafter die Unterwelt, und mit ihrer

Bevölkerung erinnern wir uns daran, wer wir sind, und warum wir hier sind. In diesem Augenblick der größten Krise, am Ende des Jahrtausends, am Ende des großen patriarchalen Zeitalters ereignete sich ein Quantensprung. Dies ist der Augenblick der Wiedergeburt, der Augenblick der Rückkehr aus der Unterwelt. Es genügt nicht mehr, an die Reise eines anderen zu glauben oder der Interpretation dieser Reise durch Kirchenfürsten und Seelenklempner zu lauschen. Ihre Geschichten können kein Ersatz für unsere eigene Suche sein. Sie müssen uns vielmehr dazu anregen, daß wir unseren Weg selbst gehen, denn es wird keine dauerhafte Veränderung geben, solange die Menschen sich nicht selbst verändern und ihr eigenes göttliches Erbe erkennen. Im Spiegel dieser alten Geschichte erkannte ich die größte Magie: Wir sind ein Teil des sich selbst erkennenden Bewußtseins des göttlichen, lebendigen Universums, das versucht, sich selbst zu verstehen. Wenn wir gemeinsam den Weg dieser wunderbaren Suche gehen, können wir der Welt die großzügigen Geschenke der Liebe, des Mitgefühls und der Ehrfurcht vor dem Leben in all seinen heiligen Formen zurückgeben. Dann wird die Wüste wieder zu einem Paradies erblühen. Dies ist der Weg, auf den die Frauen sich begeben, und die Männer müssen sie begleiten, denn nur gemeinsam können wir dem Mysterium der Wiedergeburt Gestalt verleihen. Und dies war ein Teil der Reise, die noch vor mir lag.

Ich blickte in den alten Spiegel der Göttin, und dort sah ich nicht nur die Vergangenheit, sondern auch die strahlende Zukunft. Ich sah meine Schwestern und mich selbst, geliebt von Göttern und Männern, aus dem Reich der Schatten auftauchen, und wir hielten die Zukunft dieses heiligen, geliebten Planeten in unseren Armen.

Mondlicht fällt durch das Dachfenster eines Hauses in der Stadt. Der Duft von Blumen und Räucherwerk liegt in der Luft. Flackernde Kerzen tauchen unsere Körper in goldenes Licht... Ich atme langsam ein und spüre, wie die Energie durch mich hindurchschießt. Noch nie habe ich mich so lebendig gefühlt. Ich blicke die Frauen an, die mit mir im Kreis stehen – ihre Augen sind voller Feuer, ihre Haut ist gerötet und glüht, ihr Haar tanzt um die strahlenden Gesichter. »Du bist die Göttin«, sagt die Frau neben mir. »Du bist die Göttin«, antworte ich und wende mich der nächsten Frau zu, um den Segen in unserem Kreis weiterzugeben.

Unsere Magie hat gerade erst begonnen.

Anhang

Korrespondenztabelle

	Osten	Süden	Westen	Norden
Elemente:	Luft	Feuer	Wasser	Erde
Naturkräfte:	Wind	Sonne	Meere, Flüsse, Regen	Berge, Felder
Aspekte:	Verstand	Wille/ Energie	Emotionen	Körper
Eigen- schaften:	Vorstellungs- kraft	Leidenschaft	Liebe	Kreativität
	Wunder	Mut	Mitgefühl	Frucht- barkeit
	Musik	Entschlos- senheit	Träume	Stärke
Göttinnen:	Nike	Amaterasu	Aphrodite	Demeter
	Arianrod	Brigid	Yemanja	Parvati
	Isis	Pele	Tiamat	Freya
Götter:	Hermes	Horus	Poseidon	Dionysos
	Toth	Surya	Njod	Cernunnos
	Quetzalcoatl	Lugh	Agwe	Osiris
Tiere:	Flügel: Vögel, Schmetter- linge	Kralle: Löwen, Drachen	Flosse: Delphine, Wale	Pfote u. Huf: Bär, Wolf, Bison, Pferd
Zeit:	Morgen- grauen	Mittag	Sonnen- untergang	Nacht
Farben:	Weiß	Rot	Blau	Grün
	Lavendel	Orange	Meergrün	Braun
Werkzeuge:	Schwert	Stab	Kelch	Pentakel
Stern- zeichen:	Wassermann	Löwe	Skorpion	Stier
	Zwillinge	Widder	Fische	Jungfrau
	Waage	Schütze	Krebs	Steinbock
Pflanzen/ Kräuter:	Lavendel	Myrrhe	Johannis- kraut	Patchouli
	Bodhibaum	Olivenbaum	Weide	Eiche
Geister:	Sylphe	Salamander	Meer- jungfrau	Gnom

Zaubersprüche, Kräutermischungen
und Zaubertränke

Reinigungsritual

Es kann jederzeit bei Bedarf durchgeführt werden, ist jedoch besonders wirksam bei abnehmendem und dunklem Mond.

Schnelles Rezept: 140g Meersalz und 280g Bittersalz auf ein heißes Wannenbad. Zünden Sie eine weiße Kerze an, steigen Sie in die Wanne und entspannen Sie sich!

Geben Sie eine Mischung aus folgenden Kräutern in einen Topf mit fünf Tassen Wasser:

40g Baldrian	*40g Ringelblumen*
40g Lavendel	*80g Beinwell*
40g Engelwurz	*80g Ysop*

Sprudelnd aufkochen, dann bei schwacher Hitze zwanzig Minuten köcheln lassen, dabei alle fünf Minuten im Uhrzeigersinn umrühren. Abseihen und die Flüssigkeit in ein warmes Wannenbad gießen. Drei Tropfen Nelkenöl*, fünf weiße Nelken, zwei Tropfen Eukalyptusöl und eine Tasse Bittersalz hinzufügen. Verteilen Sie die ausgekochten Kräuter um eine

---

* Geben Sie ätherische Öle nie pur ins Badewasser. Damit sich das Öl mit dem Wasser verbinden kann, brauchen Sie einen Emulgator wie z.B. Sahne oder flüssiges Lecithin. Andernfalls schwimmt das Öl auf dem Wasser und kann evtl. zu unangenehmen Hautreizungen führen. (A. d. Ü.)

weiße Kerze, und zünden Sie die Kerze an. Erklären Sie, wovon Sie sich reinigen wollen, beispielsweise von Einsamkeit, Trauer, Selbstzweifeln, Streß, Krankheit, Verwirrung oder anderen negativen Gefühlen oder Situationen. Bitten Sie um Unterstützung durch die reinigende Kraft des Wassers und der Erde sowie der göttlichen Kraft in Ihrem Inneren und Ihrer Umgebung. Sie können auch um den Segen einer speziellen Gottheit wie Hygiea, Aphrodite, Cerridwen, Morgan le Fay oder Yemanja bitten.

Steigen Sie in die Wanne. Schließen Sie die Augen, atmen Sie tief und spüren Sie, wie Ihre Muskeln und Ihr Geist sich entspannen. Visualisieren Sie, wie Ihre Sorgen, Probleme und negativen Gefühle Sie verlassen; sehen Sie, wie die Kräutermischung sie aus Ihrem Körper herauszieht. Steigen Sie aus der Wanne, wenn Sie sich ausgeruht und erneuert fühlen, und bevor das Wasser zu kalt wird. Visualisieren Sie, wie Ihre Sorgen mit dem Wasser durch den Abfluß verschwinden. Stellen Sie eine Kerze ins Waschbecken oder an einen anderen Ort, wo sie gefahrlos abbrennen kann. Danken Sie den Elementen und dem allgegenwärtigen Göttlichen. Sie können Ihr Reinigungsritual mit einer beruhigenden Tasse Kamillentee beenden. Kleiden Sie sich 24 Stunden in Weiß. Legen Sie die verwendeten Kräuter auf den Kompost oder an einen anderen Ort, wo sie wieder zu Erde werden können. Wiederholen Sie das Ritual bei Bedarf.

Ritual, um sich selbst zu segnen

Dieses Ritual sollte nach dem Reinigungsritual durchgeführt werden. Menstruierende Frauen führen es am besten in der ersten Nacht ihrer Menstruation durch. Für Frauen nach der

Menopause ist die Zeit des dunklen Mondes, den man auch als den Mond der Alten Weisheit oder den Mond der Hekate bezeichnet, vielleicht günstiger. Aber jeder, auch Männer (die den Text dann entsprechend abwandeln), kann das Ritual auch bei zunehmendem Mond oder Vollmond durchführen.

Bereiten Sie eine Räuchermischung zu, wobei Sie von den folgenden Kräutern jeweils ungefähr zwei Eßlöffel nehmen. Mischen und zerkleinern Sie alles mit Hilfe von Mörser und Pistill:

Sandelholz	*Rosmarin*
Iris	*Rose*
Mastix	*Zimt*

Mischen Sie ein Salböl aus folgenden Bestandteilen:

Patchouli	*Mandel*
Eisenkraut	*Rose*
Zimt (mäßig verwenden)*	

Gestalten Sie einen Altar in den Farben Weiß, Pink, Blau oder Lavendel. Darauf sollte ein Symbol der Göttin stehen oder liegen – eine Statue, ein Bild, ein Kelch, eine Schale, Obst, Blumen, Muscheln oder ein anderer schöner Gegenstand aus der Natur. Männer können zusätzlich auch ein Symbol des Gottes benutzen – eine Statue, ein Geweih oder einen Maiskolben. Vielleicht wollen Sie auch Schmuck, den Sie regelmäßig tragen oder der ein Ausdruck Ihrer Spiritualität ist, zum Aufladen auf den Altar legen.

---

* Auf keinen Fall das Öl der Zimtrinde verwenden, denn es kann zu schweren Hautreizungen führen. Das Öl der Zimtblätter ist relativ gut verträglich, kann jedoch bei empfindlichen Menschen die Schleimhäute reizen. (A. d. Ü.)

Stellen Sie das Öl, das Räucherwerk sowie Schalen mit Wasser und Wein oder Fruchtsaft auf den Altar; ebenso eine Opfergabe, die Sie selbst geschaffen haben, beispielsweise ein Gedicht, ein Lied oder ein Kunstwerk. Nehmen Sie Ihr Reinigungsbad.

Steigen Sie erneuert, als Göttin oder Gott aus dem Bad. Bewundern Sie beim Abtrocknen die Schönheit und Stärke Ihres Körpers und bedanken Sie sich für alles, was er Ihnen täglich schenkt. Bleiben Sie unbekleidet. Entzünden Sie die Kerzen an den vier Ecken des Altars. (Schalten Sie das elektrische Licht aus.) Stehen Sie vor dem Altar und weihen Sie die mittlere Altarkerze mit dem Salböl. Zünden Sie auch diese Kerze an.

Zünden Sie die Kohle an und verbrennen Sie das Räucherwerk.

Erden und zentrieren Sie sich und atmen Sie bewußt.

Ziehen Sie einen einfachen Kreis.

Rufen Sie die Große Göttin an.

Große Göttin,
Mutter aller Geschöpfe
Dein Kind steht vor dir –
Inspiriere mich, damit ich jeden Tag voller Jubel erlebe,
in Frieden und Schönheit, Weisheit und Kraft.
Segne mich und das Leben, das ich führe.

Sie können auch den Gott anrufen:

Allgegenwärtiger Gott,
Gefährte und Sohn der großen Göttin
etc.

Im Namen der Großen Göttin und des Gottes, wenn Sie ihn angerufen haben, segnen Sie sich nun dreifach – zuerst mit dem Wasser, dann mit Wein oder Saft und schließlich mit dem Salböl.

Beginnen Sie mit Ihren Händen, weihen Sie Ihre Handflächen und sagen Sie:

Große Göttin, segne meine Hände, damit ich kreativ arbeiten, kraftvoll heilen und mich durch ihre Berührung mit dir verbinden kann.

Weihen Sie Ihre Fußsohlen, indem Sie sagen:

Segne meine Füße, damit sie deinen Weg mit Leichtigkeit und Kraft gehen können.

Weihen Sie die Basis Ihrer Wirbelsäule, indem Sie das strahlende Licht Ihres Wurzelchakras visualisieren und sagen:

Segne meinen Körper, der aus heiliger Erde besteht und immer mit ihr verbunden ist,
segne dieses Geschenk der verkörperten Göttlichkeit,
segne mich und weihe mich, erfülle mich mit deiner Gegenwart,
belebe mich mit deiner Weisheit, Schönheit und Kraft, deinem Mut und deiner Liebe.
Segne dein Kind, das eins ist mit dir, dessen Körper dein Tempel ist, dessen Geist dein Selbstbewußtsein ist, und dessen Liebe aus der vollkommenen Einheit mit dir entsteht.

Weihen sie Ihre Genitalien (Gebärmutter, Vagina oder Penis), indem sie das strahlend orangefarbene Licht des betreffenden Chakras visualisieren und sagen:

egne meine Vagina (meinen Penis), damit ich durch sie die
Freuden der Ekstase und das Wunder der Vereinigung erfahre.
Segne meine Gebärmutter, die das Mysterium des Lebens ent-
hält.
(Segne meinen Penis, aus dem der Samen des Lebens hervor-
geht.)

Weihen Sie Ihren Bauch am Nabel, indem Sie das strahlend-
gelbe Licht des Solarplexus visualisieren und sagen:

Segne meinen Leib, den Schmelzofen des Lebens, die Quelle von
Energie und Kraft, den Kessel des Wandels.

Weihen Sie Ihr Herz, indem Sie das strahlende Grün des Herz-
chakras visualisieren und sagen:

Segne mein Herz, laß es erfüllt sein von deiner Gegenwart in
meinem Leben, laß es erfüllt sein von Liebe und Mitgefühl für
alle Wesen.

Weihen Sie Ihre Brüste, indem Sie sagen:

Segne meine Brüste, die Wunder, die das Leben mit der Milch
des Paradieses erhalten.

Weihen Sie Ihren Hals, indem Sie das lebhafte Blau des Hals-
chakras visualisieren und sagen:

Segne meine Stimme, damit ich mit deiner Weisheit und deinem
Mitgefühl, deinem Humor und deiner Inspiration sprechen
kann.

Weihen Sie Ihr drittes Auge, die Mitte Ihrer Stirn, indem Sie das leuchtende Indigo des Stirnchakras visualisieren und sagen:

Segne das Auge meines Geistes, damit ich dich klar in den unendlich vielen Formen erkenne, durch die du deine Schönheit und Kraft ausdrückst.

Weihen Sie Ihre Augen, Ohren, Nase und Lippen, indem Sie sagen:

Segne meine Augen, damit ich deine Wunder in der Welt erkenne.
Segne meine Ohren, damit ich deine Worte, deine Lieder und dein Lachen höre.
Segne meine Nase, damit ich deinen Duft in Früchten, Blumen und geliebten Menschen wahrnehme.
Segne meine Lippen, damit ich dich im Honig, im Korn und in den Küssen aller Menschen, die ich liebe, schmecke, und damit ich deine Weisheit voller Poesie ausspreche.
Segne alle meine Sinne, damit sie mir deine Wunder enthüllen, die mein Leben mit Freude erfüllen.

Weihen Sie Ihr Kronenchakra am oberen Hinterkopf, indem Sie strahlendes lavendelfarbiges Licht und einen leuchtend bunten Regenbogen visualisieren und sagen:

Segne meine Seele, die aus den heiligen Himmeln hervorgegan-
gen und immer mit ihnen verbunden ist.
Segne dieses Geschenk der göttlichen Energie.
Segne mich und weihe mich, erfülle mich mit deiner Gegen-
wart, belebe mich mit deiner Weisheit und Kraft, deinem Mut
und deiner Liebe.
Segne dein Kind, das eins ist mit dir, dessen Körper dein Tem-
pel ist, dessen Geist dein Selbstbewußtsein ist und dessen Liebe
aus der vollkommenen Einheit mit dir entsteht.
Segne mich, Große Göttin.

Meditieren Sie über den Segen, den Sie empfangen und erteilt
haben. Sie können auch Ihre Opfergaben und Ihren Schmuck
segnen und weihen. Wenn Sie fühlen, daß die Gegenwart der
Göttin Sie durchströmt, bedanken Sie sich, blasen Sie die Kerze
aus und sagen Sie:

Ich danke dir, Große Göttin, die allen Segen spendet.

Erden Sie jede überschüssige Energie, die Sie vielleicht noch in
sich spüren, und öffnen Sie Ihren Kreis.

Inspirationszauber
und Räucherwerk für heilige Einsichten

Bereiten Sie einen Altar vor, auf den Sie ein Symbol Ihres Ziels
legen: ein Buch, eine CD, ein Video, ein Bild der Göttin etc. Arbeiten Sie mit einem Altartuch, Kerzen, Blumen und Kleidung
in den Farben Pink oder Lavendel. Es gibt viele Göttinnen, beispielsweise Inanna, Athene, Brigid, Lakshmi, Oya, Amaterasu
oder die Spinnenfrau, die Sie als Musen anrufen können.

Mischen und zerkleinern Sie folgende Kräuter mit Hilfe von Mörser und Pistill:

40g Beifuß	*40g Salomonsiegel*
20g amerikanischer Hundszahn	*20g Sandelholz*
20g Salbei	

3–5 Tropfen Heliotropöl
   (mehr, wenn die Mischung zu trocken ist)
3–5 Tropfen Sandelholzöl
   (mehr, wenn die Mischung zu trocken ist)

Ziehen Sie einen einfachen Kreis. Setzen Sie sich in die Mitte mit dem Gesicht nach Osten. Bitten Sie die Luft und die Göttin, für die Sie sich entschieden haben, um den Segen der Inspiration. Entzünden Sie vorsichtig ein Stück Räucherkohle, und legen Sie es rasch in eine Kohlenpfanne oder einen kleinen schmiedeisernen Kessel, den Sie auf eine Kachel stellen, oder in einen schweren, mit Sand gefüllten Aschenbecher. Häufen Sie die Räuchermischung auf die Kohle, schließen Sie Ihre Augen, entspannen Sie sich, benutzen Sie die Meditationstechniken, um die Atmung zu vertiefen, sich zu erden und zu zentrieren, und erlauben Sie sich, inspirierende Visionen zu erleben. Vielleicht haben Sie anschließend das Bedürfnis, diese aufzuschreiben. Bedanken Sie sich, öffnen Sie den Kreis und folgen Sie Ihren Inspirationen.

Liebeszauber

Lesen Sie auf Seite 380 nach, wie man einen Zauber wirkt. Wasser ist das Element für Liebe, und es ist auch das Element, das der Göttin Aphrodite zugeordnet ist. Deshalb folgt nun das Rezept für ein Liebesbad. Sie können es alleine oder zusammen mit einem Partner oder einer Partnerin benutzen. Wenn Sie das Bad allein nehmen, sollten Sie die Göttinnen der Aphrodite, Lakshmi oder Oshun um die Liebe bitten, die Sie am glücklichsten macht und mit der Sie sich am erfülltesten fühlen, wenn Sie sie geben und empfangen.

Verwenden Sie für das Liebesbad die folgenden Kräuter zu gleichen Teilen:

Patchouli	*Vetiver*
Zitronenverbena	*Rose*
Zimt*	

Wenn Sie die Mischung zubereitet und ins Badewassr gegeben haben, fügen Sie noch hinzu:

3 Tropfen Moschusöl
4 Tropfen Frangipani (Mandel-) Öl
3 Tropfen Vanilleöl

Amulett für Schutz und Stärke:
Schild der Artemis

Wenn Sie sich vor negativen Einflüssen schützen müssen oder mehr Kraft und Zuversicht brauchen, machen Sie dieses Amulett und tragen es bei sich.

Zerkleinern und mischen Sie mit Mörser und Pistill folgende Kräuter:

1 Eßlöffel Lorbeerblätter	*1 Eßlöffel Eisenkraut*
1 Eßlöffel High John the Conqueror	*1 Eßlöffel Rosmarin*
1 Eßlöffel Nesseln	*1 Prise Drachenblut-*
1 Eßlöffel Weinraute	*pulver*

*vgl. Anmerkung auf Seite 485 und 487.

Schneiden Sie aus indigoblauer Baumwolle oder Seide ein etwa 10 cm großes Quadrat zu. Zeichnen oder sticken Sie darauf Ihren Namen, ihre Initialen oder ein persönliches Symbol. Legen Sie die zerkleinerten Kräuter in die Mitte des Stoffs und visualisieren Sie sich selbst als sicher und gestärkt. Ziehen Sie das Bündel mit einem blauen Faden oder einer blauen Kordel zusammen, die Sie achtmal verknoten, und sagen Sie:

Ich beschwöre die Kräfte der mächtigen Göttin Artemis, Herrin der wilden Tiere. Segne dieses Amulett und lade es mit Schutz und Kraft auf. Schütze mich vor Schaden. Stärke mich und verleihe mir Macht. So sei es.

Halten Sie das Amulett an Ihr Herz, während Sie visualisieren und fühlen, wie Sie durch die göttliche Kraft von Artemis gestärkt und geschützt werden. Wenn Sie den Schutz nicht mehr benötigen, streuen Sie die Bestandteile des Amuletts in alle vier Winde und bedanken Sie sich, indem Sie jemandem helfen, der in Not ist.

Kerzenzauber für Erfolg

Kennzeichnen Sie eine orangefarbene oder gelbe Siebentagekerze mit Ihrem Namen, dem Wort Erfolg und einem Wort für Ihr Ziel, beispielsweise Arbeit, Lied, Buch etc. Zeichnen Sie außerdem ein Bild der Sonne auf die Kerze (so wie ein Kind sie zeichnen würde). Zeichnen Sie einen Stern auf den Boden der Kerze.
Mischen Sie ein Erfolgsöl, das zu gleichen Teilen aus folgenden Ölen besteht:

High John the Conqueror	Myrrhe
Iris	Sandelholz
Patchouli	

Weihen Sie die Kerze mit dem Erfolgsöl und visualisieren Sie Ihren Erfolg, während Sie die ganze Kerze im Uhrzeigersinn mit dem Öl einreiben. Zünden Sie die Kerze an, stellen Sie sie an einen sicheren Platz und lassen Sie sie ohne Unterbrechung sieben Tage lang brennen. Konzentrieren Sie sich jeden Tag möglichst zur gleichen Zeit auf die brennende Kerze und visualisieren Sie dabei Ihren Erfolg.

Kräutermischung für hellsichtige Träume

Man benutzt sie am besten am Wochenende, weil es sein könnte, daß man mit dem Gefühl aufwacht, man hätte überhaupt nicht geschlafen. Bevor Sie ins Bett gehen, trinken Sie eine Tasse Beifußtee. Schütten Sie eine Tasse kochendes Wasser auf zwei Eßlöffel Beifuß und lassen Sie den Tee mindestens sechs Minuten ziehen, dann können Sie ihn abseihen und trinken. Mischen Sie das Traumpulver zu gleichen Teilen aus:

Kardamom	Beifuß
Koriander	Sandelholz
Süßholzwurzel	amerikanische Hundszunge
Zimt	Moschus

Streuen Sie die Traummischung um Ihr Bett herum, unter das Bett, über die Bettücher sowie zwischen Kissen und Kissenbezug. Verbrennen Sie außerdem einen Teil davon als Räucherwerk in Ihrem Schlafzimmer, bevor Sie ins Bett gehen. (Achten

Sie darauf, daß die Räucherkohle eine feuerfeste Unterlage hat, denn sie wird sehr heiß.)

Legen Sie sich Stift und Notizbuch ans Bett, um jeden Ihrer Träume zu notieren. Machen Sie Ihre Notizen sofort nach dem Aufwachen. Bevor Sie ins Bett gehen, rezitieren Sie folgenden Zauberspruch:

Geister des Westens,
Führer ins Reich der Träume,
schwimmt mit mir
und führt meine Seele zu Visionen.

Das Rad des Jahres

Die Namen der Sabbate und die Erklärungen dazu stammen aus der keltischen Tradition. Es gibt zahllose Parallelen in griechischen und italienischen Traditionen, die jedoch aufgrund von Unterschieden bei den Aussaatzeiten entsprechend variieren.

Samhain – 31. Oktober, letzter Tag des Jahres im keltischen und zeitgenössischen Wicca-Kalender. Dies ist die Nacht, in welcher der Schleier zwischen den Welten am dünnsten ist und in der wir die Geister unserer Vorfahren ehren, wenn sie uns besuchen. Dies ist auch die Nacht, in der die Göttin sich in die Unterwelt begibt und in der wir uns in die Traumzeit begeben. Entsprechungen im christlichen Kalender sind Allerheiligen am 1. November und Allerseelen am 2. November, wenn man der Verstorbenen gedenkt.

Julfest – 21. Dezember: Das Fest der Wintersonnenwende ist die längste Nacht des Jahres. Es wird als Fest des Lichts gefeiert, denn zu diesem Zeitpunkt empfängt oder gebiert, je nach Tradition, die Große Göttin ihren Sohn, den Sonnengott. Es ist der Sabbat des Jubels über die Entdeckung des Lichts und des neuen Lebens, das im Mutterleib der Dunkelheit nun von Tag zu Tag heller scheint. Im sechsten Jahrhundert nach Christus wurde der christliche Kalender angepaßt und der offizielle Tag der Geburt Christi auf den 25. Dezember festgelegt.

Imbolc – 2. Februar (Lichtmeß): Imbolc bedeutet im Gaelischen »im Bauch« und ist der Tag, an dem die ersten Zeichen des wiederkehrenden Lebens gefeiert werden. Es ist zugleich der Tag, der der keltischen Göttin Brigid geweiht ist, der Göttin des inspirierenden Feuers, der Heilkraft, der Schmiede- und der Dichtkunst. Die Gemeinschaft versammelt sich, um sie zu ehren und das erwachende Leben mit Kerzenlicht und Feuerschein, dem Licht unseres Lachens, der Poesie, der Musik, der Kunst und des Geschichtenerzählens zu feiern. Im christlichen Kalender ist dies der Tag der heiligen Brigid oder Lichtmeß, das Fest der Reinheit der Jungfrau Maria, der Tag, an dem die Kirchenkerzen für das Jahr geweiht werden.

Ostara – 21. März: Die Frühjahrs-Tagundnachtgleiche ist der heilige Tag, an dem Licht und Dunkelheit ausgeglichen sind. Dies ist der Tag, an dem die Große Mutter das neue Leben gebiert, das in seinem ganzen Jubel wieder auf der Erde erscheint. Es heißt, dies sei der Tag, an dem die Göttin aus der Unterwelt zurückkehrt und der Gott wiedergeboren wird. Ostara ist die germanische Göttin der fruchtbaren Erde, und ihre Symbole sind die allgegenwärtigen Eier, Häschen und Blumen, die überleben, um uns an die Segnungen der Göttin zu erinnern. Dem entspricht in der katholischen Kirche »Mariä Verkündigung«, der Tag, an dem der Engel Gabriel der Jungfrau Maria offenbarte, daß sie Christus zur Welt bringen würde. Das Datum legt außerdem den Zeitpunkt für die Feier der Auferstehung Christi fest, den ersten Sonntag nach dem ersten Vollmond, der auf die Frühjahrs-Tagundnachtgleiche folgt und nach der Göttin Ostara als Ostern bezeichnet wird.

Beltane – 1. Mai: Die Walpurgisnacht wird am Abend vorher, und das Maifest am ersten Mai gefeiert. Dies ist der Tag, an dem sich die junge Göttin und der Gott zum ersten Mal begegnen und sich ineinander verlieben. Es ist die Feier der Liebesekstase, die die Erde mit blühendem Leben erfüllt. Die Frauen tragen Blumenkränze, und traditionelle Tänze um den Maibaum feiern die Fruchtbarkeit der Erde. Dies war auch der Mittelpunkt des römischen Florafestes zu Ehren der Blumengöttin. In England baden manche Frauen im ersten Tau des Maimorgens und treffen ihre wahren Liebsten, während andere ihre Heilkräfte benutzen. Manche katholischen Kirchen feiern die »Maikrönung«, wenn, wie in heidnischen Traditionen, Statuen der Jungfrau Maria mit Blumenkränzen geschmückt werden und man sie als Königin der Engel und Maikönigin bezeichnet; ein Titel, der sich einst auf die Göttin, ihre Priesterin oder die junge Frau bezog, die von der Gemeinschaft als Repräsentantin der Göttin ausgewählt wurde.

Litha – 21. Juni: Die Sommersonnenwende ist der längste Tag des Jahres und zugleich der Zeitpunkt, von dem an die Tage wieder kürzer werden. Die fruchtbare Verbindung von Sonne und Erde wird als Vereinigung von Gott und Göttin gefeiert. Die Menschen jubeln über den Reichtum ihres Lebens, sagen Dank für die fruchtbaren Segnungen der Großen Mutter Erde, ohne die es kein Leben gäbe. Der Sommersonnenwende entspricht im christlichen Kalender der Mittsommernacht, die Johannes dem Täufer geweiht ist.

Lughnassad – 1. August: Das Schnitterfest ist die erste Erntefeier zum Dank für die Früchte der Erde. Es ist zugleich das Fest für den keltischen Sonnenkönig Lugh, von dem es heißt, er begebe sich an diesem Tag (bei Sonnenuntergang) in die Unterwelt. Das Schnitterfest wurde mit Spielen und Wettrennen, Tanz und rituellen Feuern gefeiert. Die Sachsen bezeichnen dieses Erntefest als *Hlafmaesse* oder Lammas, das Fest des Brotes. Die Römer feierten die Geburt der Göttin Diana und die Griechen ehrten Artemis, beide Göttinnen der Tiere, des Waldes und des Mondes. Auch die Kirche von England übernahm das Lammasfest und machte aus dem Sabbat den Tag des heiligen Petrus, an dem die Kirche geweihtes Brot verteilt. Auch der 13. August wurde von den alten Römern und im heidnischen Italien als Geburtstag der Göttin Diana gefeiert und im christlichen Kalender als »Mariä Himmelfahrt« aufgenommen.

Mabon – 21. September: Bei der Herbst-Tagundnachtgleiche befinden sich Licht und Dunkelheit wieder in vollkommenem Gleichgewicht, wobei anschließend die Dunkelheit zunimmt. An diesem heiligen Tag besinnt man sich auf das Mysterium des ewigen Lebens, wenn die Sonne sich in den Samen senkt, der das Leben während der kommenden dunklen Wintermonate erhält. Am Ende der Erde dankt man der Göttin für ihre Großzügigkeit; dem Gott dankt man für sein Geschenk der Energie, das durch die sinkende Sonne verkörpert wird. Man denkt darüber nach, was man erreicht hat und welche Aspekte des Lebens man loslassen muß, um weiter wachsen zu können. Diesem Feiertag entspricht im christlichen Kalender der Tag des heiligen Michael, Erzengel des Feuers, der eine Woche später am 29. September begangen wird.

Literaturempfehlungen

Viele der hier aufgeführten Autorinnen und Autoren haben mehrere Bücher veröffentlicht. Aus Platzgründen ist hier jeweils nur ein Titel als Empfehlung angegeben.

Adler, Margot: *Drawing Down the Moon;* New York, Viking Press, 1982

Allen, Paula Gunn: *The Sacred Hoop: Recovering the Feminine in American Indian Traditions;* Boston, Beacon Press, 1987

Aradia: *Die Lehren der Hexen. Mythen, Zaubersprüche, Weisheiten, Bilder.* Komment. v. Leland, Charles G. München, Goldmann Verlag, 1991

Ashcroft Nowicki, Dolores: *Magische Rituale. Ein praktischer Lehrgang;* Freiburg i. Br., Bauer-Verlag, 3. Aufl. 1994

Berry, Thomas: *The Dream of the Earth;* San Francisco, Sierra Club, 1990

Blum, Ralph: *Runen. Anleitung für den Gebrauch und die Interpretation der Gemeingermanischen Runenreihe;* München, Hugendubel, 9. Aufl. 1996

Bolen, Jean Shinoda: *Göttinnen in jeder Frau. Psychologie einer neuen Weiblichkeit;* München, Heyne, 1997

Briffault, Robert: *The Mothers. A Study of the Origins of Sentiments and Institutions;* London, Allen, 1927

Buckland, Raymond: *Witchcraft from the Inside;* St. Paul, Llewellyn, 1971

Budapest, Zsuzsanna E.: *Herrin der Dunkelheit – Königin des Lichts. Das praktische Anleitungsbuch für die neuen Hexen;* Freiburg im Br., Bauer-Verlag, 3. Aufl. 1995

Bullfinch, Thomas: *Bullfinch's Mythology;* New York, Dell, 1967

Campbell, Joseph: *Der Heros in tausend Gestalten;* Frankfurt/M., Suhrkamp, 1978

Capra, Fritjof: *Das Tao der Physik. Die Konvergenz von westlicher Wissenschaft und östlicher Weisheit;* Bern/München, Scherz Verlag, 1984

Castaneda, Carlos: *Die Lehren des Don Juan. Ein Yaqui-Weg des Wissens;* Frankfurt/M., Fischer, 1989

Chadwick, Nora K.: *Celtic Britain,* New York, Prager, 1963

Chinmoy, Sri (Hrsg.): *Veden, Upanishaden, Bhaga Vadgita;* München, Diederichs, 1996

Christ, Carol P., und Plasko, Judith, eds.: *Womanspirit Rising;* San Francisco, Harper & Row, 1979

Crowley, Vivianne: *Wicca. Die alte Religion im neuen Zeitalter;* Bad Ischl, Edition Ananael, Neuauflage 1998

Cunningham, Scott: *Guide for the Solitary Practitioner;* St. Paul, Minnesota, Llewellyn, 1989

Daly, Mary: *Jenseits von Gottvater, Sohn & Co. Aufbruch zu einer Philosophie der Frauenbefreiung;* München, Frauenoffensive, 4. erw. Aufl. 1986

Beauvoir, Simone de: *Das andere Geschlecht. Sitte und Sexus der Frau;* Reinbek b. Hamburg, Rowohlt Verlag, 1986

Dunwich, Gerina: *Liebeszauber, Verführen durch Aromen, Riten, Liebestränke;* Niedernhausen/Ts., Falken Taschenbuch, 1997

Ehrenreich, Barbara/Englisch, Deidre: *Hexen, Hebammen und Krankenschwestern;* München, Frauenoffensive, 1975

Eisler, Riane: *Kelch und Schwert. Von der Herrschaft zur Partnerschaft. Weibliches und männliches Prinzip in der Geschichte;* München, Goldmann Verlag, 1993

Eller, Cynthia: *Living in the Lap of the Goddess, The Feminist Spirituality Movement in America;* New York, Crossroad, 1993

Ellis, Normandi: *Awakening Osiris, The Egyptian Book of the Dead;* Trans. Ellis. Michigan, Phanes Press, 1988

Estès, Clarissa P.: *Die Wolfsfrau. Die Kraft der weiblichen Urin-stinkte;* München, Heyne, 1993

Farrar, Stewart/Farrar, Janet: *Acht Sabbate für Hexen. Und Riten für Geburt, Heirat und Tod;* Soltendieck, Bohmeier, 1994

Fortune, Dion: *Die mystische Kabbala. Ein praktisches System der spirituellen Entfaltung;* Freiburg i. Br., Bauer-Verlag, 4. Aufl. 1995

Frazier, Sir James: *The New Golden Bough.* Ed. Thodor H. Gaster; New York, Criterion Books, 1959

Gardner, Gerald B. *Witchcraft Today;* Cavendish Suffolk, G. B., Great Britain, Ryder, 1954

Geerdts, Hans W.: *Inanna.* Mit einem Text von Diane Wolken-stein; Kiel, Nieswand, 1992

Gimbutas, Marija: *Die Sprache der Göttin. Das verschüttete Symbolsystem der westlichen Zivilisation;* Frankfurt/M., Verlag Zweitausendeins, 1995

Ginzburg, Carlo: *Hexensabbat. Entzifferung einer nächtlichen Geschichte;* Frankfurt/M., Fischer, 1993

Gladstar, Rosemary: *Herbal Healing for Women;* New York, Fireside – Simon & Schuster, 1993

Goldenberg, Naomi: *The Changing of the Gods;* Boston, Beacon Press, 1979

Griffin, Susan: *Frau und Natur. Das Brüllen in ihr;* Frankfurt/M., Suhrkamp Verlag, 1987

Harding, Esther: *Frauenmysterien einst und jetzt;* Berlin, Verlag Schwarze Katz, 1982

Harner, Michael: *Der Weg des Schamanen. Ein praktischer Führer zu innerer Heilkraft;* Reinbek b. Hamburg, Rowohlt, 1996

Harrison, Jane Ellen: *Prolegomena to the Study of Greek Religion;* New York, Meridian, 1955

Hawkes, Jaquetta: *The First Great Civilization;* New York, Knopf, 1973; Random House, 1968

Jayakar, Pupul: *The Earth Mother: Legends, Goddesses, and Ritual Arts of India;* San Francisco, Harper & Row, 1990

Johnson, Buffie: *Die Große Mutter in ihren Tieren. Göttinnen alter Kulturen;* Olten, Walter-Verlag, 1990

Jong, Erica: *Witches;* New York, Harry N. Abrams, 1997

Jung, C. G.: *C. G. Jung, Taschenbuchausgabe,* hrsg. v. Lorenz Jung, 11 Bände, München, Deutscher Taschenbuch Verlag, 1997

Kennealy Morrison, Patricia: *The Silver Branch;* New York, Penguin, 1988

Lao-tse: *Tao te King. Das Buch vom Sinn und Leben;* München, Diederichs, Bd. 19, 10. Aufl. 1996

Leek, Sybil: *Diary of a Witch;* New York, Signet, 1968

The Mabinogian, ed.: *Lady Charlotte Guest;* Wellingborough, Great Britain, Ballantyne Press, 1910

Matthews, Caitlin: *Ladies of the Lake;* Wellingborough, Great Britain; Aquarian Press, 1992

Matthews, John: *At the Table of the Grail;* Ed. John Matthews, Great Britain, Arkana, 1984

Merchant, Carolyn: *Der Tod der Natur. Frauen und neuzeitliche Naturwissenschaft;* München, Beck Verlag, 2. Aufl. 1994

Mernissi, Fatima: *Beyond the Veil: Male-Female Dynamics in a Modern Muslim Society;* Cambridge, Massachusetts, Schenkman Publishing, 1975

Monaghan, Patricia: *Lexikon der Göttinnen;* Bern/München, Scherz Verlag, 1997

Morgan, Robin, ed.: *Sisterhood is Powerful: An Anthology of Writings from the Women's Liberation Movement;* New York, Vintage Books, 1970

Murray, Margaret A.: *The Witch-Cult in Western Europe;* New York, Oxford University Press, 1971

Neimark, Philip J.: *Die Kraft der Orischa. Traditionen und Rituale afrikanischer Spiritualität;* Bern/München, Scherz-Verlag, 1996

Neumann, Erich: *Die große Mutter. Eine Phänomenologie der weiblichen Gestaltungen des Unbewußten;* Soluthurn, Walter-Verlag, 10. Aufl. 1994

Nilsson, Martin P.: *Geschichte der griechischen Religion. Handbuch der Altertumswissenschaft;* München, Beck Verlag, 1992

Noble, Vicki: *Mythen, Musen und Tarot;* München, Frauenoffensive, 1987

Paul, Diana Y.; *Women in Buddhism: Images of the Feminine in Mahayana Tradition;* Berkeley, Univ. of California Press, 1985

Plant, Judith, ed.: *Healing the Wounds: the Promise of Ecofeminism;* Philadelphia, New Society Publishers, 1989

Rae, Eleanor: *Women, the Earth, the Divine;* Maryknoll, New York, Orbis Books, 1994

Ranke-Graves, Robert von: *Die weiße Göttin. Sprache des Mythos;* Reinbek b. Hamburg, Rowohlt Verlag, 1995

Reuther, Rosemary R.: *New Women/New Earth;* New York, Seabury Press, 1975

Robbins Tom: *Skinny Legs and All;* New York, Bantam Doubleday Dell, 1995

Sjöö, Monica/Mor, Barbara: *Wiederkehr der Göttin. Die Religion der großen kosmischen Mutter und ihre Vertreibung durch den Vatergott;* Labyrinth Braunschweig, 1985

Spretnak, Charlene: *Lost Goddesses of Early Greece;* Boston, Beacon Press, 1978, 1984

Starhawk: *Der Hexenkult als Ur-Religion der großen Göttin. Magische Übungen, Rituale und Anrufungen:* München, Goldmann Verlag, 1997

Stein, Diane: *Die Weisheit der Göttin umarmen. Das spirituelle Heilbuch für Frauen;* Bern/München, Scherz Verlag, 1997

Steinbeck, John: *König Artus und die Heldentaten der Ritter seiner Tafelrunde;* München, Deutscher Taschenbuch Verlag, 1992

Stewart, R. J.: *The Underworld Initiation;* Wellingborough, Aquarian Press, 1985

Stone, Merlin: *Als Gott eine Frau war;* München, Goldmann, 1989

Teish, Luisah: *Jambalaya;* San Francisco, Harper & Row, 1985

Walker, Barbara G.: *Das geheime Wissen der Frauen. Ein Lexikon;* Frankfurt/M., Verlag Zweitausendeins, 1993

Weed, Susan: *Wise Woman Ways – Menopausal Years;* New York, Ashs Tree Publishing, 1992

Wilhelm, Richard (Hrsg.): *I Ging. Das Buch der Wandlungen;* München, Diederichs, 22. Aufl. 1995

Wilson, Robert A.: *Cosmic Trigger. Die letzten Geheimnisse der Illuminanten oder An den Grenzen des erweiterten Bewußtseins;* Reinbek b. Hamburg, Rowohlt Verlag, 1985

White, T. H.: *The Once and Future King;* Collins, 1952

Yeats, W. B.: *The Collected Poems of W. B. Yeats.* Ed. by R. Finneran; New York: Macmillan Publishing Co., 1983

Zimmer Bradley, Marion: *Die Nebel von Avalon;* Frankfurt/M., Fischer, 20. Aufl. 1997

Quellennachweise der zitierten Texte

Seite 89
Euripides: Medea; Stuttgart, Reclam, 1997; S. 19, Zeilen 413–418

Seite 116
Kubla Khan, aus S. T. Coleridge, Gedichte Englisch/Deutsch, übersetzt und herausgegeben von Edgar Mertner; Stuttgart, Reclam, 1989, S. 180/181, Zeilen 1–5

Seite 118
Kubla Khan, aus S. T. Coleridge, Gedichte Englisch/Deutsch, übersetzt und herausgegeben von Edgar Mertner, Stuttgart, Reclam, 1989, S. 182/183, Zeilen 37–41

Seite 154
Wir sind ein Teil der Erde. Die Rede des Häuptlings Seattle an den Präsidenten der Vereinigten Staaten von Amerika im Jahre 1855; Zürich, Düsseldorf, Walter-Verlag, 27. Auflage 1997, S. 9, 10, 24, 25, 26

Seite 160
Dante Alighieri: Die Göttliche Komödie; Stuttgart, Reclam, 1996; S. 7, Zeilen 1–3

Seite 197
Walt Whitman: Grashalme; Stuttgart, Reclam, 1996; »Gesang von mir selbst«, Strophe 31, S. 66

Seite 211
Kubla Khan, aus S.T. Coleridge, Gedichte Englisch/Deutsch, übersetzt und herausgegeben von Edgar Mertner; Stuttgart, Reclam, 1989; S. 183/184

Seite 266
T.S. Eliot: Gesammelte Gedichte 1909–1962, herausgegeben und Nachwort von Eva Hesse; Frankfurt/M., Suhrkamp, 1988; »Die hohlen Männer«, übersetzt von Hans Magnus Enzensberger, S. 136/137

Seite 301
Lao tse: Tao te King, übersetzt von Richard Wilhelm; München, Diederich, 8. Auflage 1994; S. 46

Danksagungen

Ich danke den vielen wunderbaren Menschen, die mich beim Schreiben dieses Buches ermutigt und mir geholfen haben.

Von Anfang an war meine Agentin und Freundin Joanna Pulcini ein Geschenk der Göttin, indem sie meine Arbeit mit Liebe, Güte, Hingabe und Begeisterung gefördert hat. Ausgestattet mit allen Instinkten einer Priesterin war sie die Hebamme meiner literarischen Magie.

Auch von seiten der Linda Cester Literary Agency hätte ich mir keine stärkere Hand in keinem eleganteren Samthandschuh wünschen können als jene von Linda Cester; Gary Jaffe war mir eine unschätzbare Hilfe, und die Zusammenarbeit mit ihm hat mir viel Freude gemacht; Meredith Phelan, Judith Ehrlich und Laurie Fox danke ich für die wertvollen kritischen Anmerkungen. Meine Herausgeberin Lauren Marino hat mich ermutigt, nach den Sternen zu greifen, und mich unterstützt, als ich es wagte. Sie hat sich als starker Ritter auf dem Turnierplatz der Verlagswelt, wo sie die Fahne der Göttin trägt, für dieses Buch eingesetzt; ich bin dankbar für ihren Mut, ihren Weitblick und ihre Zuversicht. Ich danke Janet Goldstein und Betsy Thorpe, daß sie das Manuskript erworben haben. Auch andere haben durch ihre engagierte Arbeit bei Broadway diesem Werk zu einer weltweiten Öffentlichkeit verholfen: Bill Shinker, John Sterling, Trigg Robinson, Nancy Clare Morgan,

509

Robert Allen, Kathy Spinelli, Sharon Swados, Ann Campbell, Roberto de Vicq de Cumptich und viele mehr, von den Setzern bis zu den Mitarbeiter/inne/n im Vertrieb. Ihnen allen gilt mein Dank ebenso wie den ausländischen Verlagen, die dazu beitragen, daß die Göttin in ihre Welt zurückkehrt.

Nancy Peskes Unterstützung beim Verfassen des Manuskripts hat mir geholfen, eine Galaxie aus Licht in einen Kometen zu verwandeln, und sie hat diese Aufgabe mit Wärme, Geschick, Humor und Intelligenz vollbracht. Lara Webb hat meine Arbeit durch ihren ausgezeichneten Sinn für Geschichten gefördert und mir geholfen, am einmal gewählten Kurs festzuhalten.

Ich bin dankbar für die Anstrengungen einer außergewöhnlichen Gruppe von Menschen, die dazu beigetragen haben, dieses Buch und seine Botschaft an die Öffentlichkeit zu bringen: Arielle Ford, Lynn Goldberg, Grace McQuade, Lynn Ludlam und Mitchell Feldman.

Patricia Kennealy Morrison hat mich mit ihrer Weisheit, ihrem scharfen Verstand und vor allem ihrer liebevollen Freundschaft gesegnet. Sie ist eine Inspiration.

Die Mitglieder meines Zirkels, die sowohl meine Schüler/innen als auch meine Freunde und Freundinnen sind, haben mich mit ihrer Liebe gesegnet und viele schwierige und wichtige Aufgaben übernommen: Mary Alagna, Charles Boyce, Jeff Courtney, Gene Dratva, Tracy Grandstaff, Marilee Hartley, Anna Hill, Debby Horton, Judy Landon, Linda Maglionico, Lorenza Menegoni, Anne McCord, Mikaele Pearson, Cory Rochester, Bruce Smith, Tana Freya und mein enger Freund Webster. In unserer erweiterten Familie habe ich vielfältige Hilfe auch von Roger Parsons, Lisa Cady, Sally-Jo O'Brien und Caitlin Creed erhalten.

Mein tiefster Dank gilt den beiden Priesterinnen, bei denen ich gelernt habe und die mich initiiert haben: Lady Rhea und Lady Miw Sekmet, a/k/a Carol Bulzone. Der Inhalt dieses Buches gibt zwangsläufig meine Sicht der Dinge in meinen Worten wieder, aber auch sie sind in diesen Seiten präsent, und ich hoffe, sie finden in diesem Buch meinen nachhaltigen Respekt und meine Anerkennung ausgedrückt. Die Frauen des ersten Zirkels des Mutterhains der minoischen Schwesternschaft werden sich in meiner Geschichte ebenfalls wiederfinden. Ich habe sie verändert und unkenntlich gemacht, aber wenn sie Aspekte ihrer eigenen Persönlichkeit erkennen, werden sie hoffentlich das Gefühl haben, daß ich ihnen als den außergewöhnlichen Frauen, die sie sind, gerecht geworden bin. Ich hoffe, ihnen ist auch bewußt, wie sehr ich unsere gemeinsame Zeit und die Schwesternschaft, die wir gebildet haben, in Ehren halte.

Mein Dank gilt auch den folgenden Personen, die mich unterstützt, gefördert und inspiriert haben: Alan Barnes, Herman Benson, Rev. Darrell Berger, Edith Deutsch, Philip und Phyllis Deutsch, Max Evans, David Friedman, Jane Froman, Ampere Giguere, Matthew und Leigh Grant, Marjorie und Philip Gross, Susan Hellerer, Hans Holzer, Henry Jaglom, Betty Jensen, Paula Keogh, Leonore Krieger, Ruth Lehr, Deborah Anne Light, Howard Lorber, Patrick Miller, Barbara Nevins-Taylor und Nick Taylor, Phil und Beth Press, Basil Pollitt, Dr. Eleanor Rae, Professor Duncan Smith und Barbara Zahm. Besonders danken möchte ich außerdem Giorgio Armani, Linda Gant, Judith Smitten, David Webb und Stanley Silberstein.

Ich bin dankbar für die mutigen und öffentlichen Bemühungen vieler bemerkenswerter Frauen und Männer, die sich zur Wicca-Tradition und zum Göttinnen-Kult bekennen. Ihre Bereitschaft, für unsere wachsende Gemeinschaft zu arbeiten und sich für sie einzusetzen, hat die Grundlage für gesellschaftliche Anerkennung und öffentliches Interesse geschaffen. Viele von ihnen habe ich im Lauf der Jahre kennengelernt und mit ihnen zusammengearbeitet. Andere sind mir nur dem Namen nach bekannt. Es ist unmöglich, sie hier alle aufzuführen, und es gibt noch viele andere, die unbekannt bleiben, deren Anstrengungen aber von genauso unschätzbarem Wert für das Wachstum dieser wichtigen spirituellen Bewegung sind. Mein herzlicher Dank gilt ihnen allen und ganz besonders Margot Adler, Z. Budapest, Andras, Deirdre und Annya Corbin Arthen und der Earthspirit Community, Janet und Stewart Farrar, Selene Fox, Macha Nightmare und Brightshadow. Besonders erwähnen möchte ich auch noch die folgenden prominenten Persönlichkeiten, die in der Öffentlichkeit mutig für ihre Überzeugungen und für die Anerkennung der Göttin eingetreten sind: Tori Amos, Deepak Chopra, Olympia Dukakis, Erica Jong und Cybill Shepherd.

Meinen Eltern kann ich nicht genug dafür danken, daß sie mich gelehrt haben, an das Gute im menschlichen Herzen zu glauben. Obwohl sie es nicht lesen können, weiß ich, daß sie wissen, daß dieses Buch ihrem Mut und ihrer Liebe gewidmet ist.

Und schließlich: Ohne die grenzenlose Liebe und Unterstützung meines Mannes Bruce Fields hätte dieses Buch nie geschrieben werden können. Er ließ mich gehen, er hielt mich fest, und er zweifelte nie daran, daß ich es schaffen würde.